IVAN IVANJI

KAISER KONSTANTIN

HISTORISCHER ROMAN

Aus dem Serbokroatischen von
Barbara Antkowiak

VERLAG
VOLK UND WELT
BERLIN

ISBN 3-353-00326-6

1. Auflage · © Verlag Volk und Welt, Berlin 1988 (deutsche Übersetzung) L. N. 302, 410/40/88 · Originalausgabe: *Konstantin,* erschienen bei Narodna knjiga, Beograd 1988 · Printed in the German Democratic Republic · Alle Rechte für die Deutsche Demokratische Republik vorbehalten · Einbandentwurf: Hans-Joachim Petzak · Satz, Druck und Einband: Karl-Marx-Werk Pößneck V 15/30

LSV 7271

Bestell-Nr. 648 894 5

0[redacted]0

I

DIE ARMENISCHE LEGENDE

Tiridates, der König von Armenien, blieb einen Augenblick im halbrunden Vestibül des nach römischem Vorbild errichteten Bades auf dem Sommersitz Garni nahe der Hauptstadt Etschmiadsin stehen. Mürrisch fragte er die alte Sklavin: »Wer hat heute morgen Dienst, Nuschriwana?«

»Da du nichts zu befehlen geruhtest, habe ich auf dich gewartet.«

Er warf den Mantel ab, unter dem er nackt war, und betrat den Raum mit dem Bassin. Ein unterirdisches Rohrsystem, durch das Dampf geleitet wurde, erwärmte das Wasser, und die ganze Anlage wurde von außen geheizt. Die Baumeister hatte Tiridates von Diokletians Hof geholt. Er setzte sich auf einen dreibeinigen Ebenholzschemel und überließ sich stumm der alten Frau. Sie begann mit Wassergüssen aus einer großen hölzernen Schöpfkelle.

»Du brauchst nur ein Wort zu sagen, und ich lasse sofort ein junges Mädchen holen.« Da der König weiter schwieg, fuhr sie vertraulicher fort: »Es tut mir leid, daß du schlechter Stimmung bist, Tiridates.«

»Es ist mir einerlei. Alles ist mir einerlei. Ich nehme schnell ein Bad, auf deine Mädchen habe ich keine Lust. Danach wirst du mich ölen und massieren, wie früher, nicht wahr? Du kannst es am besten ...«

Der König, der bisweilen ganz entspannt mit seiner einstigen Amme plaudern konnte, war an diesem Morgen nicht gesprächig. Und sie wußte genau, was sie sich erlauben durfte. Sie betrachtete ihn mit unverhohlenem Stolz. Tiridates war hochgewachsen, und obwohl er im fünften Lebensjahrzehnt stand, wirkte er wie ein Jüngling.

Als junger Exulant war er seinerzeit sogar Sieger bei den Olympischen Spielen gewesen, und er hatte das tägliche Training auch als römischer General und nach dem erneuten Antritt der Herrschaft in seinem Vaterland beibehalten. Ziemlich lange blieb er in dem warmen, von den aromatischen Salzen grünlichen Wasser sitzen. Er kniff sich zerstreut in den Bauch: die Fettschicht war zwei Finger dick. Und einst waren seine Muskeln hart und glatt wie Marmor gewesen. Auf einer Pritsche aus Rohrgeflecht ausgestreckt, überließ er sich der alten Frau, deren schmale Hände ihn abwechselnd sanft und kraftvoll massierten. Plötzlich stand er auf, nahm den Mantel um.

»Komm mit!«

Nuschriwana folgte ihm erstaunt.

»Dieses Mosaik magst du nicht besonders?« Der König wies auf den Fußboden aus geschliffenen Steinen in fünfzehn Farben. Er zeigte Liebeszenen zwischen Göttern und Nymphen, Kentauren und Mädchen, aber auch zwischen Greisen und Jünglingen.

»Kommt es darauf an, was mir gefällt?«

»Die größten römischen Meister haben es für mich geschaffen!« Da jetzt sie schwieg, fuhr er finster fort: »Ein bißchen Luxus darf ich mir wohl leisten, wenn man mich schon in diese Einöde verbannt hat.«

»Gestattest du, daß ich etwas sage, König?«

»Wenn ich mich mit dir unterhalte, gestatte ich es nicht nur, sondern ich verlange es!«

»Damals in Rom, da warst du in der Verbannung. Jetzt bist du in deinem Vaterland. Und wenn es wirklich eine Einöde ist, dann ist es an dir, einen Garten daraus zu machen.«

»Wenn es der Wunsch der Götter ist...«

Die Alte schwieg.

»Schon gut. Dein Gott. Ich weiß, daß du Christin bist. Du brauchst keine Angst zu haben, es gibt sie auch am Hof unseres Kaisers Diokletian.«

So schnell, daß sie ihm kaum folgen konnte, überquerte er das dreieckige Plateau. Zuerst dachte sie, er wolle die breiten Stufen zum Tempel des Sonnengottes Mithras hinaufsteigen, den sein Großvater von griechischen Baumeistern hatte errichten lassen. Der König aber ging weiter bis zum Rand des Abgrunds. Die Hochebene endete plötzlich, und dreihundert Meter unter ihnen toste der reißende Gebirgsfluß Asak.

Der Komplex aus Palästen, Tempeln und Unterkünften für Soldaten und Bedienstete war auf ziemlich engem Raum zusammengedrängt. Kaum hatte sich Platz für das römische Bad gefunden, ohne das Tiridates jedoch nicht leben konnte. Eingedenk seiner eigenen Kämpfe mit den Persern, aber auch ihrer Überfälle während vergangener Jahrzehnte und Jahrhunderte, hatte er alles mit einem starken Wall aus gewaltigen Basaltquadern umgeben, doch hier über dem steilen Abgrund war keine Einfriedigung nötig. Diese Wände vermochte niemand zu erklimmen. Todesstrafen waren am einfachsten zu vollstrecken, indem man die Verurteilten hinunterstürzte. Blieb einer zufällig am Leben, konnte es nur der Wille der Götter sein.

Der Frühlingswind wehte Wolken über den Morgenhimmel, die Sonne brach durch. Auch jenseits der Schlucht ragten Berge auf, zwischen ihnen flog ein einsamer Adler. Plötzlich tauchte in der Ferne aus dem Dunst der Ararat auf, der von hier aus nur selten zu sehen war. Meist waren seine zerklüfteten Gipfel von Wolken verhüllt.

»Das ist ein gutes Zeichen!« sagte Tiridates, ohne sich umzuwenden. Er war sicher, daß die alte Sklavin schon herangekommen war.

»Wenn du es sagst.«

»Komm näher, wovor hast du Angst? Warst du mir nicht wie eine Mutter?« Er legte ihr den Arm um die Schultern und zog sie an sich. Ganz leise fragte er: »Dieser Gregor ... ob er noch lebt?«

»Weißt du es denn nicht?«

»Ich weiß allerhand. Zum Beispiel weiß ich, daß ihr, du und einige andere Sklavinnen, ihm zu essen bringt und alles, was er braucht, in seine Felsenhöhle hinunterlaßt, obwohl er wegen einer Verschwörung gegen die Götter dort eingesperrt wurde. Wenn ihr meine Anordnungen geschickt genug umgangen habt, lebt er vielleicht noch.«

Er ließ es geschehen, daß Nuschriwana sich aus seinem Arm befreite.

Sie trat an den Rand des Abgrunds und straffte sich. »Mir liegt nichts am Leben, König. Stoß mich mit dem kleinen Finger an, damit ich nicht mehr an deinen Absichten zweifle. Hättest du gewollt, daß er dort unten verhungert, konntest du uns leicht daran hindern, ihm zu essen zu geben. Wenn du dir den Finger nicht schmutzig machen willst, kann ich auch selbst hinunterspringen, denn ich weiß, daß die Engel meine Seele auffangen und zum Himmel hinauftragen werden ...«

»Tu es noch nicht. Ich bin nicht sicher, daß deine Engel existieren. Natürlich weiß ich, daß ihr ihn auch mit Wein und sogar mit Büchern und Lampen versorgt habt. Ihr nennt ihn Illuminator, Erleuchter. Wenn es so ist — warum leuchtet er sich nicht selbst in der Dunkelheit?«

»Du kannst tun, was du willst, nur verspotte mich nicht.«

»Nein, Nuschriwana. Hör auf zu schmollen. Ist die Luft hier nicht köstlich? Du hast recht, nirgends im ganzen Römischen Reich atmet man so leicht wie hier oben. Wir sind den Göttern näher. Auch deinem einzigen Gott. Soweit ich weiß, ist er doch ein Verwandter von Mithras ...«

»Er ist der Herr, unser Gott, und wir haben keine anderen Götter neben ihm.«

»Lassen wir das. Sag mir lieber, wann du zum letztenmal mit Gregor gesprochen hast.«

»Gestern abend, König.«

»Geht es ihm gut?«

»Ganz gut.«

»Heute abend sagst du ihm, daß er sich bereithalten soll. Ich werde befehlen, daß er aus dem Loch geholt wird. Ich muß mit ihm reden.«

Unvermittelt kehrte er zum Tempel zurück, stieg zwei, drei Stufen hinauf und drehte sich noch einmal um.

»Nuschriwana!«

»König?«

»Unter den Sklavinnen ist eine, die Ripsime heißt, nicht wahr?«

Zum erstenmal an diesem Morgen war die Greisin verlegen.

»So ist es, Majestät.«

»Wie lange ist sie schon an meinem Hof?«

»Ein paar Monate. Vielleicht etwas länger.«

»Das habe ich auch gehört. Man hat mir sie und noch elf andere geschickt. Warum habe ich sie noch nie in meinem Schlafgemach gesehen? Weil sie Christin ist und weil du versuchst, sie vor einem Sünder wie mir zu beschützen?«

Nuschriwana schwieg.

Der König lachte. »Heute abend will ich sie und ihre Gefährtinnen bei Tisch sehen. Mach sie schön zurecht . . .«

Er stieg leichtfüßig zum Tempel hinauf, betrachtete kritisch den Fries. Der Stein war von kundiger Hand gemeißelt, um die Löwenköpfe wanden sich Girlanden, die Blattornamente traten so plastisch aus dem harten Stein, als wäre es Ton. Um den Opferaltar standen vierundzwanzig griechische Säulen. Er konnte mit diesem Bauwerk zufrieden sein, nirgends im ganzen Imperium war ein schöneres kleines Heiligtum anzutreffen. Aber hier hatte er niemanden, mit dem er sich unterhalten konnte. Ihn langweilten die ewig gleichen Jagden, die ewig gleichen Trinkgelage, die ewig gleichen Umarmungen unterschiedlicher Frauen. Etwas atemlos lief Asir, der Priester der unbesiegbaren

Sonne, herbei. Man hatte ihn informiert, daß der König unverhofft im Tempel erschienen war.

»Majestät!« Er verneigte sich.

»Heute brauche ich dich nicht, aber danke, daß du gekommen bist. Ich will nicht opfern, sondern allein zu Mithras beten. Es wird ein Zwiegespräch zwischen König und Gott, verstehst du?«

Nach einer weiteren Verneigung zog sich Asir etwas erstaunt zurück.

Tiridates fühlte einen leichten Schauder. Plötzlich war auch der seltsame Kopfschmerz wieder da, der ihn schon seit Monaten quälte. Im Tempel war ihm jetzt kalt, denn er trug nur den leichten Mantel. Er versuchte sich zu konzentrieren, stand still mit angehaltenem Atem, zwang seinen trainierten Körper zur Reglosigkeit ohne ein Muskelzukken.

Er mußte etwas tun. Eine Entscheidung treffen. Kaiser Aurelianus, der durch seinen großen Sieg über die Perser die Befreiung Armeniens ermöglicht hatte, war ein großer Anhänger von Mithras gewesen, und Constantius Chlorus, der Cäsar im fernen Eburacum und Mitglied der Tetrarchie, an deren Spitze Diokletian stand, hatte den Mithraskult besonders gepflegt und den Gott *Sol invictus,* unbesiegbare Sonne, genannt. Wenn ich König bin, dachte der gealterte Athlet im Purpurmantel, dann muß mir dieser Gott einfach ein Zeichen geben! Mit der erprobten Energie und Disziplin eines Soldaten kämpfte er gegen eine plötzliche Schwäche seines Organismus an, er wollte sich noch immer nicht bewegen, doch auf einmal war ihm, als hebe sich ihm der Steinfußboden entgegen. Mit furchtbarer Kraft prallte er gegen seine Stirn.

Der König war vornüber gestürzt, der instinktiv angewinkelte Arm hatte die Wucht des Falls kaum ein wenig abfangen können. Lange lag er bewußtlos und mit blutender Stirn. Asir, der erst nach einer halben Stunde in seinen Tempel zu spähen wagte, befahl, den ohnmächtigen Herrscher auf der Stelle in den Palast zu bringen und einen Arzt zu rufen.

»König Tiridates hat direkt mit dem Sonnengott gesprochen!« flüsterte er, überzeugt, daß das seinem Kult und seiner persönlichen Karriere nur zuträglich sein konnte, ganz gleich ob der König überlebte oder jetzt starb, weil er die Begegnung mit der Gottheit ohne Vermittlung des zuständigen Priesters und ohne die erforderlichen Opfer gesucht hatte.

Persien war seit einigen Jahrhunderten der größte Feind des Römischen Reiches. Obwohl auch die Kämpfe gegen verschiedene Barbarenvölker in Afrika und Nordeuropa nie aufgehört hatten, war dieses mächtige und rätselhafte Land im Osten die einzige Kraft, die die befestigten Grenzen auf Dauer ernsthaft bedrohen konnte und die den römischen Legionen immer wieder empfindliche Niederlagen beigebracht hatte. Persien galt als Heimat der Magier. Armenien, das kleine Königreich inmitten der kaukasischen Berge, hatte es nicht leicht, seine Eigenständigkeit zwischen den beiden mächtigen Imperien zu bewahren. Rom lag weiter entfernt und war vermutlich aus diesem Grund — schon um östlich des Schwarzen Meeres gesicherte Verhältnisse zu haben — zu Kompromissen bereit, die für die Unabhängigkeit Armeniens günstiger waren.

Zur Zeit der Kaiser Valerianus und Gallienus, als es schien, daß das Römische Reich zerfallen würde, war es Sapor I. geglückt, ganz Armenien zu unterwerfen. Daran erinnerten die Perser gern, ebenso wie an die Hofintrige, der der armenische König Mithradates zum Opfer gefallen war; sein Sohn Tiridates I. hatte sich nach neunmonatiger Reise in Rom vor Kaiser und Senat verneigt. Die gegnerische Seite indes wies darauf hin, daß der Auszug dieses älteren Tiridates durchaus triumphal gewesen war. Er hatte die Erlaubnis, von dreitausend Höflingen begleitet zu werden und mit gegürtetem Schwert vor die römischen Größen zu treten statt unbewaffnet, wie es die alten Bräuche verlangten, und er war nicht nur mit der Krone, sondern auch mit Hilfsgeldern in Höhe von hundertfünfzig Millionen Denar in soliden Truhen an seinen Hof zurückgekehrt. Eben mit diesem Geld hatte er unter anderem auch die Residenz in Garni erbaut, so daß sein junger Verwandter, Nachfolger und Namensvetter nur noch das mosaikverzierte Bad hinzufügen mußte.

Innere Zwistigkeiten, von außen durch einander feindliche Agenten Persiens beziehungsweise Roms geschickt geschürt, erschütterten Armenien wiederum, als der jetzige König ein Knabe war. Parteigänger Roms verhalfen ihm im letzten Augenblick zur Flucht. Die Perser brachten ihre finstere Religion mit, stürzten die alten Standbilder der ruhmreichen armenischen Herrscher, entzündeten in neuen Kultstätten ihre heiligen Feuer und zerstörten oder verbrannten hier und dort sogar die hölzernen Götzenbilder. Um den Anführer einer Reiterhorde, der sich Mamgo nannte, sammelten sich die Häuptlinge armenischer Bergstämme. Mamgo, der kein Armenier, sondern turkomannischer Abstammung war, mehr geborener Krieger als schlauer Politiker oder Staatsmann, kam während Diokletians Feldzug gegen Sapor definitiv zu dem Schluß, daß es besser war, auf die römische Seite überzugehen, und er akzeptierte den wesentlich jüngeren Tiridates als seinen König.

Während Diokletian in Ägypten beschäftigt war und im fernen Nordosten nicht eine vollständige Legion stand, wandte sich Sapor mit der ganzen Front wiederum gegen die Berge nördlich des Ararat und nahm sie in einem einzigen Ansturm, so daß Tiridates, nun bereits als König, abermals fliehen und Zuflucht bei seinen römischen Gönnern suchen mußte. Mamgo zog sich in die Unwegsamkeit der Berge zurück. Tiridates nahm zusammen mit Galerius an dem schicksalhaften Feldzug unter dem Oberkommando von Diokletian selbst teil. Dem Cäsar Galerius rettete er sogar das Leben, als sie nach der Niederlage in einer Schlacht allein den breiten Euphrat durchschwimmen mußten. Aber den endgültigen Sieg trug das römische Heer davon, so daß Armenien schließlich relative Unabhängigkeit errang. Tiridates konnte diesmal siegreich in sein Land heimkehren.

Er war jetzt König, aber auch römischer Satrap.

Diokletian setzte die Politik von Augustus und Hadrian fort; er wollte die Grenzen seines Reiches nicht mehr erweitern. Nur den Einfluß seiner Herrschaft. In den fernen Nordosten ans andere Ufer des Schwarzen Meeres wollte er seine Legionen nicht mehr schicken. Aber ihm lag daran, dort treue Bündnispartner zu haben. Er verlangte nicht, daß sie sich Rom offiziell unterwarfen. Wichtig war, daß in den kleineren Nachbarstaaten Männer herrschten, die in römischem Geist erzogen waren.

Tiridates war zweifellos ein geeigneter Mann. Er hatte seine Bildung in Griechenland, seine Erziehung in der römischen Armee erhalten. Dennoch gehörte er bereits einer anderen Generation an, er huldigte nicht der Tradition. An Diokletians Hof hatte er keinen richtigen Freund. Wirklich sympathisch war ihm nur Hauptmann Konstantin, der Sohn des Cäsars Constantius Chlorus. Leider hatte er keine intimere Beziehung zu ihm herstellen können. Damals in Nikomedia war Konstantin in seiner freien Zeit stets seiner eigenen Wege gegangen.

Tiridates fühlte sich nirgends auf der Welt wirklich zu Hause. Als Jüngling hatte er sich an schwerem Rotwein laben können oder, wenn er durstig war, an frischem Quellwasser, er hatte sich an der Kraft und Geschicklichkeit seines Körpers oder der Schönheit einer einsamen, nutzlosen Zypresse erfreuen können. Jetzt genügte ihm das alles nicht mehr, er fand aber auch in der Lektüre philosophischer Traktate keinen Trost. Er suchte etwas und wußte nicht, was. Trotz aller Anerkennung, die er einst in Griechenland und Rom gefunden hatte, war er ein Fremder geblieben. Er hatte bei den Olympischen Spielen gekämpft und gewußt, daß ihm der Lorbeerkranz mehr bedeutete als jeder Sieg auf einem Feldzug. Wohin er auch kam, wurde nach wie vor von seinen Erfolgen gesprochen, und früher hatten ihn selbst die angesehensten römischen Damen bewundert. Als Jüngling war er bei den reichsten und mächtigsten Männern des Reiches zu Gast gewesen. Aber er hatte stets gewußt, daß er nur seiner exotischen Wirkung wegen interessant war. Überhaupt waren Barbaren zeitweilig in Mode, doch Intimität mit ihnen konnte es nicht geben. Sie durften vorübergehend als Zierde einer ansonsten unzugänglichen Gesellschaft dienen. Später hatte er zweimal seine Heimat von Grund auf neu kennenlernen müssen. Er war in das bergige Land seiner Ahnen zurückgekehrt, als hätte man ihn nunmehr aus Rom verbannt, der strahlenden ewigen Stadt, aus dem mächtigen, gutorganisierten römischen Heer, in dem er als Offizier Privilegien genoß. Als König mußte er für den Staat wie auch für sich selbst geradestehen.

Er tröstete sich mit Cäsars Ausspruch, daß es besser ist, der Erste auf dem Dorf als der Zweite in Rom zu sein. Aber das beruhigte ihn nicht ganz. Er wußte, daß er den Zenit seiner Lebensbahn bereits hinter sich hatte. Was hatte er erreicht? Olympischen Lorbeer? Zwei oder drei Siege auf dem Schlachtfeld? Er hatte die Krone eines abgelegenen Königreichs bekommen. Der Wein schmeckte ihm nicht mehr wie früher, Leidenschaft und Neugier trieben ihn nicht mehr in immer neue Umarmungen. Er suchte nach einer Verbindung mit der Ewigkeit, mit den Göttern, vor allem mit Mithras, doch sein gesunder Zynismus siegte stets über den aufrichtigen Wunsch, in neue Räume des Übernatürlichen aufzusteigen. Zu seinem Pech kannte er die Priester zu gut. Sie alle waren mehr mit irdischen Gütern als mit den geheimnisvollen Wünschen ihrer himmlischen Herrscher beschäftigt.

Als Tiridates in seinem breiten, vergoldeten Bett wieder zu sich gekommen war, erinnerte er sich an alles bis zum Sturz im Tempel des Sonnengottes.

»Wie lange war ich bewußtlos?« fragte er seinen griechischen Arzt Hippolyt.

»Vermutlich eine Stunde, Majestät.«

»Was habe ich?«

Der Grieche lachte.

»Asir sagt, daß du Probleme mit dem Gott Mithras hattest.«

»Laß den Unsinn. Was sagt deine Erfahrung?«

»Ich bin nicht sicher, König. Dein Puls ist jetzt in Ordnung, die Augen sind klar, der Atem ist nur wenig beschleunigt. Solche Ohnmachten sind oft Warnsignale des Organismus. Sie können vor schweren Erkrankungen auftreten. Oder sie bleiben einmalig. Leider ist unser Wissen diesbezüglich begrenzt. Die Priester sagen, daß man in solchen Ohnmachten manchmal mit den Göttern spricht. Dafür bin ich nicht zuständig. Hast du . . .«

»Ich erinnere mich an nichts. Aber ich könnte jetzt natürlich alles erzählen, was ich möchte . . .«

Der Arzt stand auf.

»Das kannst du immer. Wenn dir die Weisheit des Herrschers einflüstert, daß so eine Chance genutzt werden muß . . .«

»Ich habe Kopfschmerzen.«

»Ich gebe dir eine Arznei. Streck bitte die Hände aus. Spreize die Finger . . .«

Die Hände des Königs zitterten nicht. Tiridates konnte aufstehen, wobei sich der Kopfschmerz verstärkte, aber er trat in normaler Haltung ans Fenster. Am Stand der Sonne sah er, daß noch nicht Mittag war.

»Heute solltest du dich nicht zu sehr anstrengen. Ich empfehle auch leichtere Kost. Den Trunk gegen die Kopfschmerzen mische ich dir sofort. Deine Lebensweise brauchst du nicht zu ändern, nur vielleicht ein, zwei Tage nicht reiten, wenn möglich ...«

Tiridates klatschte in die Hände, befahl den Sklaven, ihn anzukleiden, und ging hinüber in den Thronsaal. Er ließ sich Obst bringen, bestellte zum Mittagessen Rebhühner und verlangte, unverzüglich Mamgo zu sehen.

Die Boten ritten sofort los. Mamgo hielt sich gerade in einer nahegelegenen Garnison auf. Der alte Krieger regierte im Namen des Königs sozusagen vom Sattel aus das Land, auf eine Art, wie es Nomadenhäuptlinge tun. Er geriet in Zorn, wenn man ihm sagte, daß das so nicht mehr anging. Die aufblühende Wirtschaft Armeniens verlangte nach einer stabilen Macht. Sie mußte von bestimmten Persönlichkeiten verkörpert werden, die möglichst oft in der Hauptstadt Etschmiadsin zu weilen hatten. Und das mochten weder der König noch sein Vertrauter Mamgo.

Den Bewohnern des Landes waren sowohl Rom als auch Persien eigentlich gleichgültig. Sie glaubten, daß es in der Luft, im Feuer, im Wasser und in den Wäldern, im Himmel und unter der Erde Götter gab, und sie wußten, daß es auf der Erde Könige und Heerführer gab, denen man gehorchen mußte, wollte man nicht, daß einem der Sohn zur Armee geholt, die Tochter oder Frau entführt, daß einem das Haus angesteckt und man selbst ermordet wurde.

Tiridates verbrachte einen jener Tage, die des Erinnerns nicht wert sind. Der bittere Trunk, den ihm Hippolyt in einem Becher reichte, half tatsächlich gegen den Schmerz, er hatte nicht mehr das Gefühl, daß ihm ein eiserner Ring um Stirn und Nacken lag, aber das Unwohlsein blieb. Selbst die Rebhühner mit den feinen Gemüsen schmeckten ihm nicht. Er ließ sein Lager unter einer Eiche in der Nähe des Abgrunds aufschlagen.

Er schlief nicht, dämmerte eher, als er Hufgetrappel hörte. Er dachte, daß Mamgo, wenn er eines Tages beschlösse, die Macht an sich zu reißen, mit einem Dutzend ergebener Soldaten so heransprengen und ihn im Schlaf töten könnte. Tiridates hatte keine Leibwächter. Und er wußte, daß Armenien gleichgültig reagieren würde. Doch er war auch überzeugt, daß Mamgo an keinen Umsturz dachte. Mamgos Standpunkt war, daß König sein mochte, wer da wollte, die Hauptsache war, daß er nicht seine Vorrechte antastete, denen zufolge er durchs Land reiten und die Dinge nach eigenem Gutdünken ordnen konnte.

Mamgo verneigte sich zeremoniell. Tiridates stand auf, gab dem Geleit ein Zeichen, sich zu entfernen. Zunächst erkundigte er sich höflich nach der Gesundheit von Mamgos Frauen, Kindern, Enkeln und neuen Konkubinen, dann nach der Weizen- und Gerstenernte und den Problemen mit einer Krankheit der Weinstöcke. Er wußte, daß der alte Reiter das von seinem König erwartete, bevor er selbst seine erste Frage stellte: »Dir war heute nicht wohl, Majestät? Sag es mir bitte. Du warst ohnmächtig?«

»Dir will ich die Warheit sagen, Mamgo, aber ich bitte dich, mit niemandem darüber zu sprechen. Allenfalls mit deinen zuverlässigsten Mitarbeitern. Ich habe mit Mithras gesprochen. Es war fast ein Gespräch unter Gleichgestellten, nur habe ich am Ende den Fehler gemacht und versucht, ihm in die Augen zu sehen, und das konnte ich natürlich nicht aushalten. Denn seine Augen sind ein Teil der Sonne selbst. Wer in sie blickt, stirbt auf der Stelle oder erblindet zumindest. Nur weil ich König bin und der Sonnengott seine Pläne mit unserem Land hat, war er gnädig zu mir, so daß ich ihn Ohnmacht gefallen bin und weiterlebe, um seinen Willen zu erfüllen. Sieh hier, sein Zeichen . . .«

Tiridates löste das Purpurtuch, das Hippolyt um seinen Stirnverband geschlungen hatte. Er zeigte dem abergläubischen Mamgo seine frische Wunde.

»Was beabsichtigt der göttliche Mithras?«

»Er hat mir noch nicht alles gesagt, nur befohlen, daß ich den Christen Gregor aus der Grube befreie, in die wir ihn vor einem Jahr geworfen haben. Du erinnerst dich doch, Mamgo?«

»Vor einem Jahr? Ja, ich weiß. Natürlich. Ich selbst habe dir empfohlen, König, ihn so zu bestrafen. Aber er muß schon längst tot sein.«

»Davon war ich auch überzeugt, und darum habe ich es gleich überprüfen lassen. Er lebt. Nur die Götter wissen, was er ein Jahr lang gegessen und getrunken hat. Morgen will ich ihn sehen. Darum habe ich dich auch rufen lassen, mein treuer Mamgo, mein Lehrer und Beschützer ...«

Tiridates wußte genau, daß er keine plötzlichen Veränderungen einführen konnte, ohne daß Mamgo und seine schrecklichen Reiter sie beim Volk durchsetzten. Wer weiß, dachte er und unterdrückte mühsam ein Lächeln über sich selbst, vielleicht hat mir wirklich irgendein Gott diesen Plan eingegeben, als ich ich ohnmächtig war. Er staunte selbst, daß sich auf einmal alles zueinander fügte wie die Mosaiksteine in seinem Bad.

»Laß hören, König.«

»Heute nacht, wenn der Mond untergegangen ist, sollen deine treuen und zuverlässigen Männer Gregor aus der Grube holen. Aber sie sollen sich auf kein Gespräch einlassen. Was er auch sagt, sie sollen schweigen. Ich weiß nicht, welche Dämonen sich seiner bedienen werden. Am Tage werden ältere Sklavinnen unter Anleitung meiner Amme Nuschriwana ihn baden, kleiden, ihm leichte Nahrung und Milch geben. Wenn die Sonne untergeht, bringen sie ihn zu uns auf die Terrasse.«

Mamgo nickte ernst.

»Wie du befiehlst. Lebt er tatsächlich noch, nach einem Jahr ohne Nahrung in der Schlangengrube?« Er wunderte sich. Indes wußte er, daß er nicht imstande war, den Willen der allmächtigen Götter zu ergründen. Das war nicht sein Metier. Was er konnte, war, Soldaten befehligen, die Ernte eintreiben, Feinde bestrafen. Aufgabe der Könige, Priester und Magier war es, sich mit den seltsam verworrenen Interessen zahlreicher übernatürlicher Wesen auseinanderzusetzen. Als über Sechzigjähriger konnte er noch immer mit Leichtigkeit den schweren Schild in der einen und die lange Lanze in der anderen Hand halten, aber der Schweiß brach ihm aus, wenn er nur daran dachte, wie viele Vorschriften mit der Opferung eines gewöhnlichen Ziegenbocks oder anderen Tieres aus feierlichem Anlaß verbunden waren.

Wie am Morgen mit der alten Sklavin, ging Tiridates jetzt auch mit seinem Vertrauten zum Abgrund.

»Schön ist unser Land, Mamgo.«

Man konnte jetzt nicht so weit sehen. Der Ararat, von grauen Wolken umhüllt, verschwamm in der Ferne.

»Ja, König.« Nach kurzer Pause fuhr er unverhofft mit einem eigenen Gedanken fort: »Jedes Land ist schön, Tiridates, wenn es gehorsam und untertan ist.«

»Meinst du?« fragte der König überrascht. »Vielleicht hast du recht. Ja, vielleicht ... Du bist nicht hier geboren. Aber weißt du, es ist immerhin mein Land. Als ich jünger war, habe ich das gar nicht empfunden, verstehst du? Ich bin nicht nur sein Herrscher, sondern zugleich auch sein Sohn. Das habe ich oft vergessen, wenn ich vor den römischen Legionen einher durch ferne Lande geritten bin, aber heute ist es mir klar. Mithras, der Gott der unbesiegbaren Sonne, hat es mir gezeigt.« Er richtete sich auf.

»Es ist nicht meine Sache, das zu begreifen.«

»Ich sage dir, Mamgo, ich mag die Römer lieber als die Perser. Aber nicht, weil ich lange unter ihnen gelebt habe. Die Römer drängen uns ihre Götter nicht auf. Sie lassen uns mehr Freiheit. Ich möchte aber, daß mein Land völlig frei und unabhängig ist, und darüber bestimmen vor allem die Götter, denen es huldigt. Ich möchte weder dem persischen noch dem römischen Kaiser gehorchen, wenn es schon mein Los ist, über diese Schluchten und Felsen zu herrschen. Und welcher Gott auch immer mir hilft, das zu erreichen, mein Mamgo, welcher Gott auch immer mich befähigt, Armenien zu einigen, dem werde ich in Treue dienen, verstehst du mich? Wirst du mir auf diesem Weg folgen?«

»Ja, König!«

»Gut. Du brauchst nicht zu schwören. Dein Wort, Mamgo, gilt mehr als jeder Eid. Aber wenn du dein Versprechen nicht hältst, dann werde ich befehlen, daß du von diesem Felsen gestürzt wirst.«

»Ich stürze mich selbst hinunter!« sagte Mamgo bewegt. »Ich springe selbst, wenn ich je in die Versuchung gerate, mich deiner Weisheit nicht zu unterwerfen, König Tiridates.«

Gregor war eigentlich mit Tiridates verwandt. Auch er entstammte der Dynastie der Arsakiden, allerdings einer Nebenlinie, und auch ihm drohte Gefahr, als die Perser sich anschickten, alle männlichen Nachkommen dieses Geschlechts auszurotten. So gelangte er, selbst noch ein Kind, zur gleichen Zeit wie Tiridates nach Italien. Er wuchs in Kappadokien in der Obhut einer angesehenen christlichen Familie auf. Er wurde getauft und mit einer Christin namens Maria verheiratet. Nach dreijähriger Ehe trennten sie sich, um in freiwilliger Enthaltsamkeit Gott zu dienen; der jüngere von ihren beiden Söhnen, Aristakes, wurde später selbst ein frommer Eremit, ein Anachoret, und schließlich ein Bischof. Der ältere sorgte für den Fortbestand der Familie.

Schon bei Tiridates' erster Rückkehr war auch Gregor wieder in seine Heimat gekommen und hatte begonnen, das Christentum zu predigen. Bei den Armen hatte er recht großen Erfolg. Er wanderte zu Fuß von Dorf zu Dorf, schlief in Ställen, aß, was man ihm anbot, betete. Mit seinem Bart und dem langen ungepflegten Haar sah er nicht aus wie der Sproß einer königlichen Familie. Nur seine gewählte Redeweise konnte ihn verraten, doch die erklärte man sich so, daß sein Gott durch seinen Mund sprach.

Während er so durch Armenien zog, erlebte er die neue persische Okkupation. Gregor waren alle Götter fremd außer dem einen, in dessen Namen er predigte und taufte. Die Perser hatten keine Zeit, sich mit allen Religionen und Ideologien zu befassen, für sie ging es vorerst um die nackte Macht. Die unzugänglichen armenischen Gebirge konnten von großer strategischer Bedeutung sein, aber nur, wenn sie sich in persischer Hand befanden. Ein neutralisiertes Armenien war für die Perser nicht wichtig, ihr Interesse lag südlicher, auf den Straßen, die entlang der großen Flüsse, besonders des Euphrat, verliefen. Wichtig war nur, daß Armenien auf keinen Fall eine römische Basis wurde, die eine Bedrohung für die Verkehrsadern durch Mesopotamien darstellte.

Später, als wieder Tiridates' Leute im Land herrschten und Mamgo auch in den entferntesten Gegenden des Königreichs Ordnung geschaffen hatte, wurde Gregor festgenommen. Mamgo erfuhr natürlich, daß er mit dem König verwandt war, so wie er in Armenien nahezu alles erfuhr. Er informierte Tiridates, aber der Herrscher war nicht geneigt, sich eingehend mit uninteressanten polizeilichen Aktionen zu beschäftigen.

»Von der Familie hat er sich losgesagt, also kümmert er mich nicht. Behandle ihn, als wäre er kein Arsakide ...«

»Aber wenn er das nicht wäre, müßte ich ihn hinrichten. Er wiegelt das Volk auf und redet ihm ein, daß es weder dem Kaiser noch den alten Göttern zu opfern braucht. Alles, was sich gegen unsere Tradition richtet, kann nur dem Gegner nützen. Aber ohne deine Einwilligung darf ich kein königliches Blut vergießen.«

»Dann vergieße es nicht. Als gäbe es keine anderen Möglichkeiten! Ich sagte schon, mach mit ihm, was du willst.«

Mamgo hielt sich an die alten Bräuche und Gesetze. Er brachte Gregor nicht um, sondern ließ ihn an Seilen in eine tiefe Höhle nahe der königlichen Sommerresidenz Garni hinab. Er vertraute darauf, daß Giftschlangen oder unterirdische Gewässer das Ihre tun würden oder daß Gregor im schlimmsten Fall langsam und qualvoll verhungern und verdursten würde. Was er nicht einkalkulierte, war, daß es unter Tiridates' Dienerschaft viele Christen gab, vor allem unter den Sklavinnen, bis hinauf zu Nuschriwana, der einstigen Amme des Königs.

Die Grube war ziemlich trocken. Behaglicher auf jeden Fall als viele Höhlen, in die sich Eremiten freiwillig zurückzogen. Gregor bekam nicht nur ausreichend Nahrung und Obst, sondern in den Weidenkörben ließ man ihm auch Bücher, Pergament und Schreibstifte hinab. Er betete, er trank frisches Wasser, denn in der Tiefe hatte er eine unterirdische Quelle entdeckt. Da er mit Licht sparen mußte und so fast ständig im Dunkeln saß, nahm er dankbar Gottes Willen an, sich hier in Ruhe auf die Rettung seiner Seele konzentrieren zu können, denn sein ganzes Leben war nur Vorbereitung auf den Augenblick, da er ins ewige Licht und vor Gottes Angesicht treten würde. Er wußte, daß er sich nicht fragen durfte, wie lange all das dauern sollte und was der Sinn seiner Leiden war. Gott sorgte für ihn. Manchmal las er bei flackerndem Licht etwas in den heiligen Büchern nach, aber er kannte vieles auswendig, er sprach die Evangelientexte zuerst bei sich und dann laut und lauschte dem Echo der eigenen Stimme. Tage und Nächte zählte er nicht, da er sie nicht unterscheiden konnte. Er mußte den Kopf weit zurücklegen, um zu der runden Öffnung der Grube hinaufzublikken und daran, ob sie dämmrig oder völlig finster war, das Verrinnen der Zeit zu erkennen. Wenn die Stunde kommt, sagte er sich, wird mich der Herr rufen. Das ist nicht meine Sorge.

Da ihm die Sklavinnen etwas zugerufen hatten, was er nicht verstand, gelang es ihm, kaltblütig zu bleiben, als er kurz darauf ungewöhnliche, stärkere Geräusche vernahm. Sie waren viel lauter, als wenn die guten Frauen Nahrung, eine Decke, Öl für die Lampe oder ein Schriftstück hinabließen und der Korb gegen die Grubenwände schlug. Jetzt senkte sich etwas Größeres herunter, von den Wänden bröckelten kleine Steine, und er zwang sich, den Kopf nicht zu heben, obwohl er bald begriff, daß jemand zu ihm hinuntergelassen wurde. Ein neuer Gefangener? Gesellschaft in der ewigen Finsternis? Oder der Henker, der ihn hinrichten würde? Hatten sie ihm das zugerufen, damit er sich bereithielt? Das war nicht nötig gewesen. Er war immer vorbereitet.

Gregor stand auf, senkte ergeben den Blick und wartete, wie er schon seit einem Jahr gewartet hatte.

»He!« rief eine rauhe Stimme. »Wir holen dich ans Tageslicht.«

»Der Wille des Herrn geschehe, geheiligt werde sein Name!« sagte Gregor in der Überzeugung, daß man ihn töten würde.

»Rede nicht, sondern beeil dich!«

»Er ist schwach«, sagte eine andere Stimme. »Wir müssen ihm helfen. Ihr da oben, zieht!«

Gregor öffnete die Augen und sah, daß sich zwei armenische Soldaten, ein älterer und ein jüngerer, an Stricken zu ihm heruntergelassen hatten. Der ältere leuchtete mit einer Fackel, der jüngere wand das Seil um den Leib des Gefangenen. Von oben wurde kräftig gezogen, und es begann ein schmerzvoller Aufstieg, denn das Seil schnitt in seinen mageren Körper, und ständig stieß er mit Kopf, Ellenbogen und Knien gegen die Grubenwände.

Als er den Fuß auf die Lichtung über der Grube setzte, blieb er geblendet stehen. Nach so langem Aufenthalt im Dunkeln vermochte er nichts zu sehen. Er lehnte sich an einen Baum.

»Wir müssen ihn tragen.«

Er murmelte Gebete, fühlte sich erleichtert, als sie ihn in ein Haus brachten, wo es dämmrig war.

»Du bist erblindet, weil du den guten Sonnengott gelästert und zu deinem Krestos gebetet hast«, belehrte ihn der ältere Soldat.

»Ich werde auch für dich beten, Soldat, damit deine Augen durch ein anderes Licht geöffnet werden, viel herrlicher als das irdische Sonnenlicht.«

»Bete nur«, sagte der Wächter skeptisch, jedoch bereit, sich jedem Geist oder Dämon anzuvertrauen. Er übertrat den Befehl, mit diesem struppigen Mann nicht zu sprechen, denn er wollte gar zu gern wissen, wie er überlebt hatte. »Schaden kann es nicht, wenn es auch nicht hilft. Aber bezahlen werde ich dich nicht. Das muß doch ein ziemlich schwacher Gott sein, wenn nur die Armen ihn verehren.«

Gregor wollte antworten, aber die beiden Soldaten waren schon fortgegangen. Er war allein mit den Sklavinnen, die ihm seine alten Lumpen auszogen und ihn wuschen. Nuschriwana hatte Salben aus der persönlichen Apotheke des Königs mitgeschickt, damit sie ihn einrieben und parfümierten.

Obwohl er in Tiridates' Alter war, wirkte Gregor nach den Jahren des Wanderlebens unter armen Bauern und nach dem in der Grube verbrachten Jahr wie ein Greis. Als der Barbier des Königs eintraf, fand er die Kraft, sich zu widersetzen: »Das dulde ich nicht! Haar und Bart dürft ihr nicht anrühren!«

DIE VEREINBARUNG ZWISCHEN KÖNIG UND PRIESTER

Kopfschmerz war nicht das richtige Wort, er spürte einen Druck, der nicht nachlassen wollte und ihn an die Zeit erinnerte, da er von früh bis spät den schweren Helm tragen mußte und kaum den Abend erwarten konnte, um ihn abnehmen zu dürfen. Der Spaziergang über die Wälle tat gut, die Abendluft war kühler, der Blick auf die vertrauten Umrisse der Berggipfel beruhigte ihn, aber er fühlte sich nicht gut. Tiridates hatte seit je in seinem Körper ein gehorsames Instrument gehabt, das er gründlich kannte und von dem er nur verlangte, was es leisten konnte, aber er wußte, daß er den meisten anderen Menschen an Kraft überlegen war. Er war noch nicht berauscht, wenn seine Gefährten schon von den Bänken fielen, er war als Liebhaber unersättlich, er konnte ungeachtet voraufgegangener Anstrengung auch im Harnisch leichtfüßig laufen, wenn andere, dünner Gekleidete, schon ermatteten. Er hatte nie darüber nachdenken müssen, wie er sich fühlte, und die Gesellschaft von Ärzten suchte er nur, wenn er das Bedürfnis hatte, über Leben und Tod zu sprechen, oder wenn ihm Wunden verbunden werden mußten.

Erst in Griechenland, wo man der körperlichen und militärischen Erziehung ebensoviel Bedeutung beimaß wie der Philosophie, hatte er bewußt zu denken begonnen. Er hatte nicht nur gelernt, seinen Körper zu pflegen und zu trainieren, sondern auch, sich Empfindungen und Schmerzen nicht anmerken zu lassen. Auch jetzt durfte seine Umgebung nicht spüren, daß es ihm nicht gut ging. Er beschloß, das bekanntgegebene Programm nicht zu ändern und sich ans Protokoll zu halten, obwohl er eigentlich niemanden sehen mochte. Natürlich mußte er Mamgo zum Abendessen bitten. Er gab seinem Sekretär Agatangel entsprechende Anweisungen.

Nach römischer Sitte lag man beim Essen auf bequemen Kissen ausgestreckt. Zu seiner Linken der alte Vertraute, zur Rechten der Priester Asir. Er lud die Priester der verschiedenen Kulte regelmäßig zum Essen ein. Die Musik, die auf Lyren unterschiedlicher Größe und Blasinstrumenten gespielt wurde, war vermutlich recht durchschnittlich, aber Tiridates maß dem weder Bedeutung bei noch verstand seine Gesellschaft etwas von dieser Kunst. Für den armenischen König war nur wesentlich, daß an den Höfen der römischen Kaiser zum Essen musiziert wurde, also mußte es auch bei ihm so sein. Mit allem, was er tat, wollte er beweisen: Wir stehen nicht am Rand der zivilisierten Welt, sondern sind ein Teil von ihr.

Vielleicht war der König an diesem Abend etwas wortkarger als sonst. Es ist das Recht der Herrscher, über das Geschick ihres Staates und der Welt nachzudenken. Und da es unhöflich gewesen wäre, sich über seinen Kopf hinweg zu unterhalten, aßen alle fast schweigend und sprachen um so eifriger dem Wein zu.

»Wird es auch Spiele geben, Majestät?« fragte schließlich der Ehrengast Mamgo.

»Selbstverständlich!« Tiridates klatschte in die Hände. »Agatangel, worauf wartet man noch?«

Die Gäste wunderten sich, daß die zwölf Mädchen lange weiße Gewänder trugen. Nicht einmal ihre Füße waren zu sehen. An der Tafel lagen nur Männer. Sie machten es sich bequemer. Wahrscheinlich erwarteten viele, daß sich die jungen Frauen nach und nach ihrer Kleidung entledigen würden. Stattdessen aber trat eine von ihnen, die die Größte und offensichtlich schlank und biegsam war, denn sie hatte trotz dem vielen Stoff schöne Bewegungen, etwas vor und begann in griechischer Sprache zu rezitieren, während sich die anderen hinter ihr kaum merklich wiegten. Es war eine rhythmische Deklamation, die bisweilen an Gesang erinnerte. Das Mädchen sprach von Gnade und Buße.

»Verbirg dein Antlitz nicht vor mir in der Not; neige deine Ohren zu mir; wenn ich dich anrufe, so erhöre mich bald. Denn meine Tage sind vergangen wie ein Rauch; und meine Gebeine sind verbrannt wie ein Brand. Mein Herz ist geschlagen, und verdorret wie Gras, daß ich auch vergesse, mein Brot zu essen. Mein Gebein klebet an meinem Fleisch, vor Heulen und Seufzen. Ich bin gleich wie eine Rohrdommel in der Wüsten; ich bin gleich wie ein Käuzlein in den verstöreten Städten. Ich wache, und bin wie ein einsamer Vogel auf dem Dache . . .«

Nur Tiridates und Hippolyt konnten gut griechisch, und der König wußte außerdem, daß es sich um biblische Texte handelte. Mamgo glaubte wahrscheinlich, daß im fernen Westen solche Klagelieder als fein galten und die notwendige Einleitung für leidenschaftlichere Töne und schließlich die Enthüllung der weißen Mädchenkörper waren. Er wußte, daß er bei solchen langweiligen königlichen Festen warten mußte, bis etwas kam, das ihn interessierte, und deshalb trank er kräftig weiter.

Dann hob Tiridates die Hand und gab das Zeichen zum Innehalten.

»Wer bist du?« fragte er die griechische Sängerin.

»Ich heiße Ripsime.«

»Du bist das also? Man hat mir gesagt, daß du mit deinen Gefährtinnen hergebracht wurdest. Was könnt ihr noch?«

»Bist du nicht zufrieden, König?«

»Mir hat heute abend wohlgetan, daß du gesungen hast. Aber wir sind in der Wildnis, mein Kind. Hier erwartet man von Mädchen etwas anderes, hat man dir das nicht gesagt?«

»Wir sind Christinnen.«

»Soweit ich weiß, sind Christinnen ebenso gebaut wie alle anderen Frauen auf der Welt. Ich habe nie gehört, daß ihnen etwas fehlt, was den Männern gefällt. Ich würde sagen, daß du schön bist. Willst du dich uns zeigen?«

»Ich habe gelobt, Jungfrau zu bleiben. Ich bin meinem Gott versprochen.«

Tiridates stand langsam auf, als wäre ihm etwas eingefallen. Laut Protokoll mußten sich auch die anderen erheben.

»Ich bin müde«, sagte er zu Mamgo. »Verzeih mir, alter Freund. Ich hatte eine anstrengende Begegnung mit dem Sonnengott und werde mich jetzt zurückziehen. Euch bitte ich, weiter zu feiern, als wäre ich unter euch. Du kommst mit mir, Mädchen!«

Er wandte sich nicht um, denn er wußte, daß seine Anordnungen ohne Widerrede erfüllt wurden. Durch den gewölbten Säulengang begab er sich zu seinen persönlichen

Gemächern und wartete hier auf Ripsime, die ihm tatsächlich demütig gefolgt war. Er faßte ihren Arm und spürte, daß sie zitterte. Aber sie schien sich nicht wehren zu wollen. Im Vorraum seines Schlafgemachs ließ er sich in einen bequemen Sessel fallen und winkte dem schwarzen Sklaven, dem man die Zunge abgeschnitten hatte, damit er nie über das sprechen konnte, was beim König vor sich ging. Der Sklave löste ihm die Sandalen und brachte ein Kupfergefäß mit lauwarmem Wasser, in dem er aromatische Salze aufgelöst hatte. Tiridates steckte die Füße ins Wasser.

Ripsime stand stumm vor ihm. Sie hielt sich sehr gerade. Auf einen weiteren Wink des Königs rückte ihr der Sklave einen Schemel hin, und nach einem Augenblick des Zögerns setzte sie sich. Eine Zeitlang schwiegen sie. Die Fenster waren weit geöffnet, die Nachtluft war kühl. Vielleicht deshalb überlief Ripsime ein Schauder, und sie zitterte merklich.

»Du weißt natürlich, daß ich dir jetzt leicht deine Jungfräulichkeit nehmen könnte, ob du es nun willst oder nicht.«

»Was geschieht mit meinen Gefährtinnen?«

»Was mit dir geschieht, danach fragst du nicht?«

»Du hast recht, König. Ich sollte weder nach ihnen noch nach mir fragen. Wir alle sind in Gottes Hand.«

»Vorerst seid ihr in meiner Hand.«

»Auch deine Hand ist ein Werkzeug des allmächtigen Gottes.«

Der König schüttelte den Kopf, als sei er leicht unzufrieden.

»Fordere mich nicht heraus, schönes Mädchen. Ich mag dich, weil du wirklich gut deklamiert und meine Stimmung getroffen hast. Außerdem bin ich ziemlich müde. Trotzdem habe ich noch Kraft genug, um dir zu zeigen, wer hier die Befehle erteilt.«

»All das ist nur von dieser Welt.«

»Von dieser Welt, sicher. Und deshalb werden deine

Gefährtinnen meinen Gästen zur Verfügung stehen. Jeder wählt sich die aus, mit der er die Nacht verbringt. Wenn sie gehorsam sind, werden sie reich belohnt.«

»Wenn sie entehrt werden, können sie nicht vor Gottes Angesicht treten, denn ihr Schwur wäre gebrochen.«

»Wieso? Wäre es nicht doch sein Wille? Ihr redet und redet, aber Logik hat man euch nicht beigebracht. Mädchen Ripsime! Ich möchte, daß du weitersingst, bis ich einschlafe, sei es auch über deinen Gott. Ich habe viel über ihn gehört. Er ähnelt auch meinem Mithras und dem Sonnenkult ... Rede nicht von dir. Sei nicht unbescheiden. Sing, wie man es dich gelehrt hat. Soll die schöne alte griechische Sprache in unseren Bergen erklingen.«

Der Druck in seinem Kopf hatte nicht nachgelassen, aber er entkleidete sich und legte sich nieder. Geraume Weile lauschte er der Stimme des Mädchens und dem fernen Murmeln des Gebirgsflusses in der Schlucht.

Bevor Mamgo am nächsten Morgen zur Inspektion einiger Garnisonen aufbrach, meldete er sich bei seinem beträchtlich jüngeren Herrn. Nachdem er kurz erläutert hatte, wie er die für das Heer nötigen Vorräte aufzufüllen gedachte, sagte er: »Verzeih mir, aber ich war gestern abend ziemlich berauscht, und so habe ich einen deiner Gegenstände beschädigt.«

»Ich besitze nichts, was nicht auch dir gehörte, Mamgo. Worum handelt es sich?«

»Ich habe eine deiner Sklavinnen beschädigt ...«

»Na und!« Tiridates lachte. »Dazu sind sie da.«

»Nicht wie du glaubst, Majestät. Sie wollte nicht. Verstehst du? Sie hat gezappelt wie eine dumme Katze. Und ich bin zu alt, um mich im Bett lange abzuplagen. Irgendwie bin ich in Rage geraten und habe ihr den Kopf abgeschlagen. Ich zahle dir, was sie wert war. Man braucht mir nur den Preis zu sagen.«

Tiridates zuckte zusammen, beherrschte sich aber sofort.

»Wenn sie dir nicht zu Willen war, dann hat sie nichts getaugt. Du brauchst keinen Schaden zu ersetzen. Wie hieß sie?«

»Gajaneh.«

Tiridates und Gregor empfanden schon bei ihrer ersten Begegnung Sympathie füreinander. Gregor hatte sich im Laufe eines Tages sichtlich erholt. Seine Augen waren noch gerötet und brannten in der Helligkeit, aber der Abend brachte Erleichterung. Obwohl er sich ein Jahr lang fast nicht bewegt hatte, unten in der Grube hatte er nur ein paar Schritte im Kreis tun können, ging er jetzt nicht sehr gebeugt, und der lange Stab, mit dem er sich behalf, schien eher Zier und Zeichen der Würde zu sein als Stütze. Die Silberfarbe seines natürlich gelockten Haars, das er wie den Bart nicht hatte kürzen lassen, betonte noch die große fleischige Nase und die eingesunkenen dunklen Augen. Seine Stimme war überraschend tief, der Körper zart. Es war ein ungewöhnlicher Kontrast: der zierliche, bärtige Mann in dem weiten braunen Mantel, der bis zu den Sandalen reichte, und der hochgewachsene König mit dem schwarzen Haar, dem vorspringenden Kinn und den langen, sonnengebräunten, muskulösen Beinen.

»Ich weiß nicht, was ich dir anbieten darf, mein Vetter Gregor, ich kenne deine Gewohnheiten nicht. Verbietet dir deine Religion, Wein zu trinken?«

»Ich hatte kaum Gelegenheit, eigene Gewohnheiten zu pflegen, Vetter«, antwortete er unerschrocken und sah dem König, der mit einem Wort seinen Tod befehlen konnte, gerade in die Augen. »In Maßen darf ich trinken. Ich muß mich nur schonen, denn ich habe lange nichts getrunken. Wie du weißt, habe ich ein Jahr lang ohne Speise und Trank ausgehalten. Daß ich lebe, habe ich lediglich dem Willen des allmächtigen Gottes zu verdanken.«

»Ich möchte, daß von vornherein Klarheit zwischen uns herrscht, Gregor«, entgegnete Tiridates etwas schärfer. »Es ist ein Unterschied, was für die Ohren der Plebejer bestimmt ist, und was wir unter uns sagen. Täusche dich nicht: Nuschriwana, die Aufseherin meiner Sklavinnen, hätte dir ohne mein Wissen keinen Krug Wein, keinen Laib Brot, keine Öllampe und kein Buch in die Grube hinunterlassen können. Ich habe es nicht ausdrücklich erlaubt, aber stillschweigend geduldet. Und zwar nicht aus Gutherzigkeit, sondern mit Absicht und bestimmten Plänen. Also mach mir bitte nichts vor.«

»Du hast recht, verzeih mir!« sagte Gregor ruhig. »Es war zwar Gottes Wille, aber ich Sünder war nicht würdig, daß er sich in einem Wunder kundtat. Vielmehr hat er dich veranlaßt, den Gefangenen in der Grube gnädig zu behandeln.«

»Du bist ein guter Sophist.«

»Ich bemühe mich, Christ zu sein.«

»Darüber sprechen wir noch. Obwohl ich einiges schon weiß. Aber wenn wir beide uns einigen, erlaube ich dir, mich zu taufen. Ich werde der erste christliche König der Welt sein. Und du sein Täufer. Das wird Armenien zu ewigem Ruhm verhelfen.«

Gregor war sehr überrascht. Er kniete rasch nieder, hob beide Hände und rief: »Halleluja!«

»Ich habe dich doch gebeten, mir nichts vorzumachen, wenigstens nicht, wenn wir unter vier Augen sind.«

»Gut!« Der Priester setzte sich wieder und rieb sich unwillkürlich die Knie, denn er hatte sich ziemlich gestoßen. »Ich muß mich daran gewöhnen, daß Gott seinen heiligen Willen nicht immer auf dieselbe Weise zu erkennen gibt, sondern auch durch deinen Mund sprechen kann. Erkläre mit bitte deine Wünsche.«

»Soviel ich weiß, Gregor, bist du kein ungebildeter Mann. In deiner Jugend hast du eine standesgemäße Erziehung genossen. Deshalb hoffe ich, daß wir uns auch in dieser Wildnis, die unsere Heimat ist, wie kultivierte Menschen unterhalten können.«

»Gott sei Dank!«

Tiridates erläuterte Gregor seine Ansicht vom gegenwärtigen Stand der Dinge im Römischen Reich. Diokletian würde abdanken, wie es seiner Staatstheorie entsprach. Danach würde er eine neue Tetrarchie einsetzen. Durch diesen regelmäßigen Wechsel der Herrscher an der Spitze des Imperiums hoffe er, den Kaiser im Bewußtsein des Volkes allgegenwärtig und unsterblich zu machen, denn vier konnten schneller überallhin gelangen, und niemand war imstande, sie zugleich zu töten. Da der Rhythmus ihrer Ablösung bekannt war, würde man wissen, daß immer die vier besten Politiker und Militärs des Reiches auf den höchsten Rang hoffen durften. Und damit wirklich alle nach einer bestimmten Periode abdankten, würde Diokletian noch in diesem Jahr ein leuchtendes Beispiel geben, indem er freiwillig vom Thron stieg.

»Aber seinen und Maximians Platz als Augusti werden Constantius Chlorus, der ein guter Mensch ist, jedoch weich und nicht beharrlich genug und ohne die Aura des Herrschers, und Galerius einnehmen, ein grober Soldat, ungebildet, ohne Gefühl für die Macht. Ihre Cäsaren werden noch schlimmer sein. Maximinus Daza ist ein zweiter Galerius, und Severius auch nur ein durchschnittlicher höherer Offizier aus Illyrien. Ich kenne sie alle auch persönlich gut. Diokletian denkt nur an die Beständigkeit der Herrschaft, aber mit solchen namenlosen Männern kann sie nicht gefestigt werden.«

Gregor zeigte sich etwas ungeduldig: »Warum sagst du mir das alles? Ich verstehe mich kaum auf weltliche Dinge.«

»Weil es sich nicht mehr nur um Macht handelt, lieber Gregor, sondern um Ideen. Und in der Ideologie seid ihr Christen nicht so naiv, scheint mir . . .«

Tiridates sagte, Christen nähmen jetzt schon hohe Posten ein, sogar an Diokletians Hof und in der Stadt Rom. Besonders stark seien sie im östlichen Teil des Reichs vertreten, und das sei für Armenien äußerst wichtig. Am westlichen Hof von Constantius Chlorus machten sie sich ebenfalls bemerkbar. Noch stellten sie eine Minderheit dar, jedoch eine, mit der man rechnen mußte.

Er gab zu, sich des Risikos bewußt zu sein. Wenn sich erwies, daß er allgemeinen neuen Tendenzen etwas voraus gewesen war, konnte er sich und seinem Land beträchtlichen Nutzen und Vorrang sichern. Wenn er sich indes irrte und das Christentum nicht obsiegte, dann würde sein Geschlecht aussterben. Aber das wäre kein großer Schade. Ihn interessierte nicht, was in ferner Zukunft geschah, von der er nichts wußte.

»Ich habe beschlossen, auf die christliche Karte zu setzen. Diese Idee ist mir gestern im Tempel des Gottes Mithras gekommen ...«

»Mithras ist nur ein heidnischer Götze, kein Gott, Tiridates!«

»Er hat mehr mit deinem Gott gemein, als du zu ahnen scheinst. Bei Constantius Chlorus in Eburacum und Augusta Treverorum ist die Ähnlichkeit beider Kulte mehr als offensichtlich. Denn man vernachlässigt alle anderen Götter zugunsten des einen Unsichtbaren, dessen Abbild weder als Statue noch als Gemälde existiert. Weißt du, wir brauchen nur eine gute Erklärung, eine Legende, etwas, was die Menschen weitererzählen können. So hat Diokletian die Mär von dem Eber erfunden, den er töten mußte, bevor er die Weltherrschaft antreten konnte, und er hat seinen Kollegen General Arrius Aper — was Eber bedeutet — getötet, damit die Legionen das verbreiteten ...«

»Wenn ich dich so höre, König«, bemerkte Gregor ernst, »dann mache ich mir Sorgen, weil du die heilige Taufe und die Verbreitung des einzigen wahren Glaubens mit solchen weltlichen Überlegungen verbindest. Aber was kann ich Sterblicher mit meinem bescheidenen Verstand tun, wenn ich Gottes Willen nicht zu erraten vermag, jedoch helfen möchte, sein Reich schon auf Erden zu errichten ...«

Tiridates winkte nur ab. »Du brauchst dir keine Sorgen zu machen. Ich habe jemanden, der alles, worüber wir beide uns einigen, ausarbeiten wird. Das ist mein Sekretär Agatangel, ein schweigsamer, aber hochgebildeter junger Mann. Ich vertraue ihm . . .«

Diokletian wurde in einem Feldlager der östlichen Legionen, wo er den Gardepräfekten Aper — was im Lateinischen Eber bedeutet — getötet hatte, zum Kaiser ausgerufen. Alles, was Tiridates hier sagt, stützt sich teils auf historische Fakten, teils auf den Roman »Kaiser Diokletian«.

Zu Beginn des vierten Jahrhunderts hatte sich der Glaube der Gebildeteren an viele Götter längst in die Suche nach einer möglichen Gleichwertigkeit aller Gottheiten verwandelt. So wie sie sich bemühten, die Welt als ein Ganzes zu sehen, strebten sie danach, in den Göttern und Kulten, die aus den verschiedensten Gegenden der Welt stammten, etwas Gemeinsames zu entdecken. Bei der stückweisen Eroberung Europas, Afrikas und Asiens hatte Rom auch alle fremden Religionen übernommen, um die unterworfene Bevölkerung zu beruhigen. In der Ewigen Stadt selbst standen Tempel und Religionsschulen zu Ehren aller möglichen Götter. Auf der einen Seite war das eine bewußte Politik der Zugeständnisse und der Anerkennung spezifischer Unterschiede, um diejenigen gewaltlos zu einigen, die zusammen unter der Kappe der Interessen des Imperiums steckten, wie es durch den obersten Gott, den kapitolinischen Jupiter, symbolisiert wurde, und auf der anderen Seite steckte auch viel Aberglaube dahinter: Die Kaiser und Heerführer waren nicht sicher, welches Gebet am wirksamsten half, also wandten sie sich an jeden Gott, jeden Dämon, jeden Geist, über den sie etwas Günstiges gehört hatten.

Solange das Imperium immer größer wurde, waren immer mehr Götter dazugekommen. Jetzt aber, wo es nicht mehr nach Ausdehnung, sondern nach Stabilisierung und Sicherung der Grenzen strebte, verlangten der politische Alltag und die Philosophie der Einigkeit auch nach einer neuen Ideologie, nach der Wissenschaft von einer Idee, einer einzigen Wissenschaft, nicht einer Vielfalt von Götzendienerei.

Die Suche nach einer obersten Gottheit konnte nicht bei dem römischen Jupiter stehenbleiben, vor allem weil ihm durch die Jahrhunderte allzu menschliche Eigenschaften zugeschrieben worden waren. Jupiter erschien als eifersüchtiger und lüsterner Familienvater, stolz auf seine Macht und seine Liebesabenteuer. Er ähnelte mehr den Persönlichkeiten einzelner Herrscher, als daß sie sich dem Ideal einer obersten Gottheit annäherten. Der ägyptische oder jedenfalls asiatische Sonnenkult bot sich als neue gemeinsame Religion an. Vor mehr als tausend Jahren hatte bereits Amenophis IV. Echnaton versucht, alle Götter seines Landes, das damals das mächtigste der Welt war, zugunsten Atons, des Gottes der ewigen und unermeßlichen Sonne, abzuschaffen. Demnach war die Idee vom Kult des *Sol invictus* — der unbesiegbaren Sonne — in Rom nicht sonderlich neu. Man konnte eher sagen, daß sie wieder aufgegriffen wurde, daß sie in dem Augenblick zu neuem Leben erwachte, als das Reich einen gemeinsamen Leitgedanken brauchte, um die Gefahr des unvermeidlichen Zerfalls als Folge zentrifugaler Kräfte noch für einige Zeit abzuwenden.

Die Panegyriker, bezahlte Redner zum Lob des Kaisers und seiner Werke, sprachen in Rom vor Stadt und Welt bereits Gebete wie dieses:

»Wir flehen zu dir, höchster Urheber aller Dinge, dessen Namen so viele sind als du den Völkern Zungen gegeben hast, ohne daß wir wissen, welchen Namen dein eigener Wille verlangt! Sei nun in dir eine göttliche Kraft und Intelligenz, durch welche du in die ganze Welt ergossen, dich mit allen Elementen vermischest und ohne irgendeine

Kraft von außen dich selbst bewegst, oder seiest du eine Macht über allen Himmeln und schauest auf dieses dein Werk aus einer höheren Warte hernieder — wir bitten dich und flehen zu dir, daß du uns diesen Fürsten auf ewig erhaltest.«

Wenn auf diese Weise der Segen für den Herrscher herabgefleht wurde, konnten dem sowohl die Christen als auch die Anhänger des sonnengleichen Mithras und aller anderen Götter und Religionen rings im Reich zustimmen. Das allgemeine Bestreben war, daß die Götter in ihre Ursprungsländer zurückkehrten oder Verkörperung bestimmter Tugenden und Eigenschaften blieben — zugunsten einer Summe aus ihnen allen, einer Gesamtheit des Göttlichen, eines Gemeinsamen, das körperlos, nicht personifiziert, komplex war, so daß zum Begreifen dieser zusammengesetzten Übernatürlichkeit bessere Schulung und abstrakteres Denken erforderlich waren als beispielsweise zur Opferung eines Hahns für Äskulap, dessen Statue man sehen konnte und die dem vielleicht guten, vielleicht nur listigen Arzt oder Apotheker aus der Nachbarschaft ziemlich ähnlich war.

»Verstehst du, Gregor: Will ich die Idee deines Gottes nicht nur den weniger Gebildeten nahebringen, denen alles einerlei ist, sondern auch den Anspruchsvolleren, muß ich eine schöne Legende erfinden. Eure Kreuzlegende ist nicht für jeden gut. Das ist ein so erbärmlicher Tod. Meinen Mamgo würde sie nicht überzeugen, und ohne ihn kann ich in Armenien nichts ausrichten.«

»Ich höre dir weiter zu, weil Gott dich zum König erhoben hat. Die Wege des Herrn sind unerforschlich, und es ist nicht an mir, mich zu empören oder auch nur überflüssige Fragen zu stellen. Ich werde fest darum beten, mich weniger über das zu wundern, was du sagst.«

»Gut. Aber höre, wenn man bewußt Legenden erfindet, muß man jede Einzelheit genau überlegen. Mir ist gestern die Hauptlinie eingefallen, der wir folgen werden, aber wir müssen uns über die Ausführung klar werden ...«

Tiridates beabsichtigte zu verkünden, er sei nach dem Mord an zwölf Jungfrauen von so heftigem Kopfschmerz befallen worden, daß er nicht mehr gewußt habe, wie er die schreckliche Krankheit heilen solle. Da sei ihm im Traum eine der christlichen Märtyrerinnen erschienen, beispielsweise diese Ripsime, die nebenbei gesagt die biblischen Psalmen wirklich schön deklamierte, und habe ihm geraten, Gregor aus der Grube zu holen, das Christentum anzunehmen, worauf ihm die Sünden vergeben würden und er genesen sollte. Obwohl er nach dem Erwachen aus diesem Traum keine Hoffnung gehabt habe, denn Gregor hatte ein ganzes Jahr ohne Speise und Trank bei Giftschlangen und Skorpionen verbracht, war das Wunder geschehen. Gregor war gesund und munter ans Tageslicht zurückgekehrt, hatte ihm den Glauben und Erleichterung gebracht, und darum werde nun das ganze Königreich die Religion der Zukunft annehmen. Mamgo habe er im Grunde schon vorbereitet, indem er ihm erzählte, Mithras selbst habe ihm befohlen, den heiligen Mann aus der Grube zu befreien.

»Was sagst du dazu?« fragte Tiridates triumphierend.

»Welche christlichen Jungfrauen hast du für diese Legende getötet?«

»Selbst wenn ich es getan hätte, wäre das nicht nach deiner Auffassung als Gottes Wille zu erklären? Ihr habt doch einen Hang zum Märtyrertum.«

»Ich weiß nicht, mein König, bist du ein Narr, ein Werkzeug in Gottes Hand oder der Antichrist selbst. Mein Verstand ist zu schwach, das zu begreifen. Dennoch weiß ich, daß sich Frömmigkeit weniger in Worten und Gebeten ausdrückt als in gottgefälligen Werken und moralischem Verhalten. Wenn ich dich so vor mir sehe, würde ich dich für keinen Bösewicht halten.«

»Das brauchst du auch nicht.« Tiridates' Stimme klang

zufrieden. Er nahm einen Schluck aus seinem Becher. Die ganze Zeit hatte er nicht an den Kopfschmerz gedacht, und er merkte erst jetzt, daß der Druck nachgelassen hatte. Er nickte, leerte den Becher und winkte dem stummen Sklaven, ihm nachzuschenken. »Und du?«

Gregor bekreuzigte sich und trank ebenfalls seinen Wein. Da er nichts sagte, fuhr der König fort: »Natürlich habe ich die Jungfrau, die nicht mit mir ins Bett wollte, nicht getötet. Dafür hat sie fast die ganze Nacht schön für mich gesungen. Sie ist irgendwo hier am Hof, Nuschriwana wacht über sie. Nur der dumme Mamgo hat ihre Gefährtin Gajaneh getötet. Was willst du, so etwas kommt vor. Ich habe befohlen, daß sie alle in Sicherheit gebracht werden. Wir bringen sie nach Griechenland oder an einen anderen fernen Ort, und dich bitte ich, sie bei eurem Gott zu beschwören, daß sie nirgends ein Wort darüber sagen, wer sie sind und wieso sie am Leben sind. Ich brauche sie als Märtyrerinnen. Und das ist auch für deine Kirche sehr günstig, nicht wahr?«

Der Priester nickte nachdenklich. »Vielleicht ist es so.«

»Das heißt, wir sind uns einig?«

»Aber bevor ich dich taufe, muß ich dich unterrichten, damit du die Gnade unseres Heilands verstehst. So ist unser Brauch.«

»Ich habe jetzt sowieso nicht viel zu tun ...«

Über das Zeremoniell verständigten sie sich schnell. Gregor wie Tiridates wünschten, daß die Taufe des armenischen Königs ein sehr feierlicher Akt sei. Ihre Motive waren unterschiedlich, aber das augenblicklich gemeinsame Interesse stand außer Zweifel.

»Rom wird sich eine Zeitlang nicht in unsere Angelegenheiten einmischen können!« meinte Tiridates. »Ihm stehen schwere Zeiten der inneren Abrechnung bevor, und heute kann man noch nicht absehen, wer siegen wird. Ich würde auf Konstantin setzen, obwohl er vorerst noch nicht einmal zu den ersten vier gehört.«

»Auf wen?« fragte Gregor zerstreut. Er kannte die führenden Männer des Imperiums nicht.

»Konstantin ist ein unehelicher Sohn des Cäsars und künftigen Augustus Constantius Chlorus. Ein Illyrer, in Naissos geboren. Zu meiner Zeit war er Hauptmann und Tribun erster Klasse an Diokletians Hof. Wir haben uns gut verstanden. Ich bin überzeugt, daß wir ähnlich denken. Weißt du, Gregor, in den weltlichen Auseinandersetzungen und in der hohen Politik hängt es meist vom Zufall ab, wer überlebt. Aber ich glaube, wenn das Glück Konstantin hold ist, hat er das Zeug, Wunder zu vollbringen. Und ich weiß, daß er seit langem über den Sonnenkult und seinen Zusammenhang mit dem Christentum nachdenkt. Also wir werden sagen, daß nach der Taufe mein Kopfschmerz verschwunden ist.«

»Hast du wirklich Kopfschmerzen?«

»Ja, Gregor, ganz schreckliche.«

»Auch jetzt?«

Der König lächelte. »Während unseres Gesprächs habe ich plötzlich gemerkt, daß sie nachließen. Ich habe mich gewundert. Normalerweise brauche ich viel Kraft, um mich zu beherrschen und nicht laut zu jammern.«

»Ich werde für dich beten«, versprach Gregor leise und bekreuzigte sich wieder. »Ich bewundere deine Stärke, König und Vetter.«

»Es ist nur meine griechisch-römische Erziehung: Den Leiden des eigenen unwichtigen Körpers nicht zuviel Bedeutung beimessen.«

»Das lehrt auch unser Glaube. Aber ich bin überzeugt, daß der Herr in seiner Gnade dich nach der Taufe von den Schmerzen befreien wird.«

»Um so besser!« Tiridates stand auf und gab damit zu verstehen, daß die Audienz beendet war.

Allein schritt er durch die helle Nacht. Der Vollmond beschien seinen Weg. Er ging an den hohen Mauern und Säulen des Mithrastempels vorüber, blieb am Abgrund stehen. Wenn er hinunterspränge, wäre es mit dem Kopfschmerz vorbei. Aber wer würde dann seinen Plan ausführen? Der unsichtbare Reif zog sich wieder zusammen, drückte auf die Stirn, grub sich in den Nacken. Er schaute zum Sternenhimmel auf, atmete die frische Luft. Tief unter ihm toste der Gebirgsfluß.

Im Jahr 302 u.Z. empfing der armenische König Tiridates die heilige Taufe vom heiligen Gregor, genannt Illuminator, dem Begründer der Armenischen Apostolischen Kirche.

In Armenien erzählt man noch heute die Legende von der schweren Krankheit, die Tiridates nach der Hinrichtung der christlichen Jungfrau Ripsime und ihrer Gefährtinnen befiel und von der er erst geheilt wurde, nachdem er Gregor aus dem unterirdischen Gefängnis befreit und die Taufe erhalten hatte.

Der hellenistische Sonnentempel, von dem in diesem Kapitel die Rede ist, stand bis zum 17. Jahrhundert, als er durch ein Erdbeben zerstört wurde. Er wurde nach Errichtung der Armenischen SSR sorgfältig rekonstruiert und kann in dem Ort Garni, 28 km von Jerewan, besichtigt werden. Erhalten ist auch ein Teil des Bodenmosaiks aus dem halbrunden Bad des Königs Tiridates. In Etschmiadsin, der einstigen Hauptstadt Armeniens, steht noch heute die Kirche der heiligen Ripsime, die im Mittelalter an der Stelle erbaut wurde, wo diese Märtyrerin den Tod gefunden haben soll. Ripsime ist eine der größten Heiligen der armenischen Kirche.

II

DIE VERKÜNDIGUNG DES GOLDENEN ZEITALTERS

Die letzte Beratung vor der entscheidenden Schlacht begann spät abends. Im kaiserlichen Prunkzelt hatten sich die Präfekten der Legionen und die Ratgeber versammelt. Konstantin wandte sich zunächst an Astrax, den ältesten Haruspex: »Sprich, Verehrter!«

»Wie es die heiligen Regeln verlangen, Herr, haben wir Leber, Herz und Lunge der Opfertiere eingehend betrachtet ...«

»Mach es kurz!«

Der Alte hob beleidigt die Stimme: »Die Stunde ist nicht günstig!«

Konstantin nickte nur. Er hatte längst gelernt, seine Empfindungen nicht durch den Gesichtsausdruck zu verraten. Nun rief er den ältesten General, Martianus, auf.

»Die militärische Situation?«

»Wie dir bekannt ist, Herr ...«

»Sie ist nicht allen bekannt. Faß dich aber trotzdem kurz.«

»Da wir nicht genug Soldaten haben, konnten wir den Ring um die Stadt Rom nicht schließen. Wir haben Nachricht, daß die Lebensmittellager gefüllt sind, also besteht keine Aussicht, den Gegner auszuhungern, selbst wenn unsere Belagerung undurchdringlich wäre. Die Befestigungen der großen Aureliansmauer sind verstärkt worden, mit unseren technischen Mitteln kommen wir ihnen nicht bei. Die Stadt Rom stellt augenblicklich ein einziges Heerlager dar und ist bis an die Zähne bewaffnet. Schließlich haben sie dreimal mehr Krieger, aber nach den Regeln der Kriegskunst müßte der Angreifer dreifach überlegen sein. Das heißt, die feindlichen Verteidigungskräfte sind in neunfacher Übermacht.«

»Spricht etwas zu unseren Gunsten?«

Der General antwortete langsam und gemessen: »Vielleicht können wir mit der Abneigung der Bürger gegen Maxentius rechnen, obwohl wir keine Zeichen von Aufruhr bemerkt haben. Die Prätorianer waren früher mit Leib und Seele für ihn, aber auch unter ihnen hat es Zusammenstöße gegeben. Vor einigen Wochen sind bei Unruhen sechstausend Menschen umgekommen. Maxentius hat keinerlei militärische Erfahrung, aber sein Kommandant Rurius ist ein ausgezeichneter Stratege. Über die Beziehungen zwischen beiden wissen wir nicht genug, also auch nicht, wer von ihnen das letzte Wort haben wird. Wenn es Rurius ist, haben wir wenig Chancen.«

»Deine Meinung?« fragte Konstantin so ungerührt, als ginge es nicht um sein Schicksal, sondern nur um die Sorte Wein, die seine Gäste zu trinken wünschten.

»Das Risiko ist zu groß, Herr. Wir müssen sachlich bleiben. Ich schlage vor, daß wir noch heute nacht die Zelte abbrechen und uns nach Norditalien zurückziehen. Die Zeit arbeitet für uns. Die Auseinandersetzungen zwischen Heer und Zivilbevölkerung werden auf jeden Fall weitergehen, und wenn es zum offenen Aufruhr kommt, können wir schnell wieder hier sein.«

»Vom Norden?« Nur aufmerksame Beobachter konnten bemerken, daß Konstantin unwillig den Kopf schüttelte. Er wandte sich zu dem jungen Adjutanten um, der hinter ihm stand.

»Ablavius!«

»Herr?«

»Dein Vorschlag?«

Es war sehr ungewöhnlich, vor einem solchen Gremium

einen unerfahrenen Offizier zu befragen. Ein Adjutant war dazu da, kleine Befehle auszuführen, einen Abwesenden herbeizurufen, ein Pergament zu bringen, ja sogar Wein einzuschenken, wenn die Vertraulichkeit eines Gesprächs die Gegenwart von Sklaven verbot.

»Mein Vorschlag, Herr? Daß du entscheidest. Deine Entscheidung wird uns den Sieg bringen.«

»Gut! Wartet alle hier. Niemand darf sich entfernen. Ihr könnt einen Becher Wein trinken ...«

Konstantin stand auf. Sie sahen ihn erstaunt an, begriffen, daß sie sitzenbleiben konnten. Mit einer eleganten Armbewegung korrigierte Konstantin den Sitz seines Mantels und trat vor das Zelt. Die Wächter erschraken und nahmen Haltung an. Konstantin winkte ihnen zu und tat noch ein paar Schritte. Auf dem freien Platz vor den Stabszelten blieb er stehen, legte den Kopf in den Nacken und sah ruhig zu den Sternen des Oktoberhimmels auf. Er wußte, daß er nicht mehr zurück konnte. Dafür hatte er keine vernünftige Erklärung. Diokletian hatte ihm oft gesagt, er habe nie um Gold spielen wollen. Die Entscheidung, die Konstantin treffen mußte, war dem Würfel anvertraut, der Einsatz war nicht nur die Stadt Rom, sondern das Imperium und auch sein eigenes Leben. Jetzt erst begriff er, was Julius Cäsar gefühlt hatte, als er beim Überschreiten des Rubikon sagte, der Würfel sei gefallen. Aber Konstantins Würfel war längst gefallen, er konnte nur verfolgen, wie er rollte, und abwarten, welche Fläche am Ende der Sonne zugewandt sein würde. Er konnte seine Bewegung nicht mehr aufhalten.

Hastig drehte er sich um und kehrte zu seinen Ratgebern zurück. Ihr Gespräch verstummte sofort. Konstantin wirkte jugendlich, obwohl er schon achtunddreißig Jahre alt war. Er freute sich, wenn er zehn Jahre jünger geschätzt wurde.

»Ablavius, bring das neue Zeichen.«

»Zu Befehl!«

Der junge Offizier kehrte mit einer Fahne zurück, die zwei griechische Buchstaben zeigte. Ein langgezogenes P, dessen vertikaler Strich von einem kleineren X gekreuzt wurde.

»Mit diesem Zeichen werden wir siegen!«

Astrax erhob sich. »Was bedeutet das?«

»Wenn deine Eingeweidebeschau etwas taugt, Priester, dann müßtest du es wissen.«

»Wessen Monogramm das ist, weiß ich auch ohne Leber, Herr. Aber du wirst deine Soldaten in Verwirrung stürzen.«

»Laß die Soldaten meine Sorge sein«, fertigte Konstantin ihn ab. »Dir werde ich Fragen stellen, wann immer ich will. Entscheidungen treffe ich in Übereinstimmung mit dem, was mir als dem Herrscher die Gesamtheit der Götter mitteilt. Martianus!«

»Was befiehlst du?«

»Diese Zeichen an alle Legionen verteilen. Ablavius gibt sie dir; wir haben genügend. Die Hauptkräfte vor Tagesanbruch bei den Saxa rubra sammeln!«

»Das ist neun Meilen vom Tiber entfernt.«

»Geographie habe ich schon als Junge gelernt.«

»Wenn sie hinter unsere Absicht kommen, können sie ein Umzingelungsmanöver ausführen. Ich habe früher zusammen mit Rurius gekämpft und kenne seine Art zu denken... Er kann unseren Schachzug schon an den Geräuschen, die er in der Nacht hört, voraussehen. Außerdem haben sie natürlich ihre Spione in unseren Reihen, ebenso wie wir in den ihrigen...«

Martianus verstummte, als er merkte, daß man ihm nicht mehr zuhörte. Alle sahen nur Konstantin an. Er stand aufrecht, den Kopf erhoben, als erblickte er etwas über dem Zeltdach, hoch oben, was für die anderen unsichtbar war. Nach einem Weilchen erwartungsvoller Stille befahl Konstantin ganz leise: »An die Ausführung!«

Martianus war beharrlich: »Und wenn wir angetreten sind?«

»Dann bekommst du neue Anweisungen. Ich habe gesagt: An die Ausführung!«

Konstantin stand am Ausgang, und alle mußten an ihm vorbei. Jeder verneigte sich auf seine Weise vor ihm, die einen tiefer, die anderen deuteten nur durch ein Nicken oder ein Beugen des Knies ihre Ehrerbietung an. Er hatte bei weitem noch nicht die Autorität eine Diokletian. Strittig war sogar sein Kaisertitel, das Imperium war geteilt. Aber er schien nicht zu bemerken, wie sich die einzelnen verhielten. Ablavius stand wie immer ein paar Schritte hinter ihm.

»Nun geh schon!« befahl der Kaiser.

»Hast du bemerkt, Herr, wie sie dich grüßen?«

»Was verlangst du denn? Keiner weiß, wer morgen siegen wird. Sie glauben, daß unsere Sache verloren ist, und überlegen, ob sie zu Maxentius überlaufen sollen. Sie wägen die Chancen ab.«

»Befiehl mir, die Verräter zu töten. Wenn du weißt, wer sie sind.«

»Wer? Jeder. Du. Ich. Oder niemand. Wir alle wollen auf der Seite des Triumphators sein. Das liegt in der menschlichen Natur. Wer die menschliche Natur nicht kennt, kann nicht Herrscher sein. Mach dir keine Sorgen, Ablavius. Sie müssen nichts wissen. Aber ich weiß. Bring den christlichen Bischof Ossius zu mir.«

»Ausgerechnet ihn?«

Konstantin sah seinen jungen Adjutanten ironisch lächelnd an. »Ja, ihn. Wundere dich nicht, wenn ich dir nicht alles erklären kann. Geh jetzt, aber laß dir Zeit.«

»Ich verstehe. Erlaube mir nur zu sagen, daß du dich vor der morgigen Schlacht ausruhen solltest, Herr.«

»Du kannst gehen.«

Wieder allein unter dem Sternenhimmel, seufzte der Heerführer. Er wußte, daß jetzt am wichtigsten war, was seine Krieger dachten, und er mußte sich so verhalten, daß ihm alle glaubten. Er mußte ausstrahlen. Schauspielern. In jedem Augenblick das rechte Wort finden. Das Wort, das Widerhall hatte, das von Kohorte zu Kohorte weitergegeben wurde, von Legion zu Legion, von Stadt zu Stadt. Das den Feind zittern machte. Auf das die Verbündeten schwören konnten. Er verließ sich nicht sehr auf die Berichte der bezahlten Spione. Die Zuträger kümmerten sich mehr darum, was ihre Auftraggeber hören wollten, als daß sie imstande waren, genau über Tatsachen zu informieren. Oft konnten sie nicht einmal beobachten. Ein Anführer konnte Berichte vergleichen, vor allem aber mußte er sich auf seine Intuition verlassen.

Er wußte nur eines: Morgen um diese Zeit würde er tot sein oder die Gewißheit haben, daß er den wichtigsten, ersten Schritt auf dem Weg zur Weltherrschaft getan hatte. Und für weniger lohnte es nicht, Kriege zu führen. Das habe ich gut gesagt! dachte er zufrieden. Das ist ein Ausspruch, den man sich merken und zitieren wird: Mit diesem Zeichen werden wir siegen!

In Konstantins Heer waren nicht viele Christen. Und auch sie wußten nicht alle, daß X und P die Anfangsbuchstaben des Namens Christi in griechischer Sprache waren: ΧΡΙΣΤΟΣ. Es war nicht ungewöhnlich, vor einer entscheidenden Schlacht auch die Hilfe einer weniger bekannten Gottheit zu erflehen. Die Priester anderer Götter mochten eifersüchtig darauf reagieren, so wie Astrax bei der Beratung, aber die Kaiser hatten auch früher häufig die Mysterien und Kulte neuer Dämonen und Gottheiten übernommen, teils um den Bedürfnissen und Bräuchen eines Stammes oder Volkes entgegenzukommen, dessen Beistand erwünscht oder notwendig war, teils aus Widerspruchsgeist oder Aberglauben. Die zeitweilige Übernahme eines fremden Idols mußte durchaus nicht Absage an Jupiter als den höchsten römischen Gott bedeuten. Schließlich hatte auch der als Traditionalist bekannte Aurelianus vor der entscheidenden Schlacht gegen das palmyrische Reich in Emesa den Sonnengott des Feindes anerkannt und ausdrücklich gesagt: »Die unbesiegbare Sonne hat ihre alte Heimat verlassen und sich Rom zugeneigt.«

Konstantin nutzte die guten Verbindungen, die die christlichen Priester auf der eigenen wie der gegnerischen Seite hatten, um seine Informationen zu ergänzen. Die Christen meldeten ihm, was der militärische Nachrichtendienst nicht in Erfahrung bringen konnte. Er wußte, daß Maxentius seinem Stabschef nicht vertraute, daß er nervös war und zu übereilten Schritten neigte.

Die Veränderungen an der Spitze des Staates gingen so schnell vor sich, daß sie auch einen stärkeren Charakter als Maxentius in Verwirrung stürzen konnten. Als erster hatte Diokletian abgedankt und Maximianus, Maxentius' Vater, veranlaßt, es ihm gleichzutun. An die Herrschaft waren vier von Diokletian erwählte Männer gelangt, zwei Augusti — Galerius und Constantius Chlorus, Konstantins Vater — und zwei Cäsaren — Severius und Maximinus Daza. Der Plan sah vor, daß nach zehn Jahren die Augusti abdankten, die Cäsaren an ihre Stelle traten und sich neue Cäsaren bestimmten. Aber Constantius Chlorus war verstorben, und Konstantin hatte seinen Platz usurpiert und sich sofort zum Augustus ausgerufen, obwohl er nur ein unehelicher Sohn war. Das hatte Maxentius beleidigt, denn wenn der Sohn des Constantius Chlorus Augustus werden konnte, wieso nicht auch er? Er rief seinen Vater zu Hilfe. Severius fiel im Kampf gegen Maxentius' Prätorianer. An seiner Stelle wurde Licinius ernannt. Nun gab es sechs Männer, die sich Kaiser nannten: Galerius, Licinius, Konstantin, Maximinus Daza, Maxentius und dessen Vater Miximianus, der zurückgekehrt war und behauptete, das Imperium könne ohne seine Erfahrung nicht auskommen. Diokletian, der einsam, mißgelaunt und enttäuscht von seinen Adepten in seiner Residenz in Asphalatos saß, mochte sich in die politischen Angelegenheiten nicht mehr einmischen. Galerius starb an Krebs. Konstantin verlor die Geduld mit dem alten Intriganten Maximianus und ließ ihn erdrosseln, obwohl er kurz zuvor dessen jüngste Tochter geheiratet hatte. So war er zum Schwager seines jetzigen Gegners geworden.

Da eine starke Zentralgewalt nicht bestand, kam es in vielen Gegenden des Kaiserreichs zu Revolten, vornehmlich in Afrika. Und wieder waren vier an der Macht, Konstantin in Westeuropa, Maxentius in Rom, Italien und Afrika, Licinius und Maximinus Daza im Osten. Doch das war keine einverständliche Teilung der Zuständigkeiten, jeder haßte jeden und lauerte, gegen wen sich die anderen drei wenden würden. Konstantin rechnete sich aus, daß er zuerst Maxentius beseitigen mußte. Er wollte klare Verhältnisse schaffen. Wenn die Völker unter römischer Herrschaft nicht mehr wußten, wem sie zu gehorchen hatten, war es unmöglich, Ruhe und Ordnung herzustellen.

Maxentius hatte sich den Titel Prinzeps zugelegt. Damit distanzierte er sich eindeutig von den übrigen Herrschern. Diokletian hatte sich seinerzeit von der alten römischen Garde, den Prätorianern, getrennt. Er hatte sich auf andere Einheiten gestützt und sie als Garnison in die Stadt Rom zurückverlegt. Severius wollte sie sogar ganz abschaffen. Dafür biederte sich der Prinzeps Maxentius bei ihnen an. Er organisierte wieder Gladiatorenspiele in Rom und verteilte großzügig Geschenke. Damit gewann er anfangs nicht nur den Pöbel und die Soldaten, sondern auch ziemlich viele Bürger von altem Schrot und Korn. Deshalb desertierte ein gut Teil von Severius' Heer und lief zu dem jungen Herrscher der Ewigen Stadt über. Und er war jetzt auch weise genug, es mit den Christen nicht zu verderben. Er erlaubte sogar, daß der römische Bischof wieder öffentlich gewählt wurde, der behauptete, der angesehenste unter seinen Mitbrüdern zu sein und sich im Namen von Gott Vater und Gott Sohn an alle Christen der Welt wenden zu können. Wer den römischen Bischof hat, kalkulierte Maxentius, hat Verbündete im ganzen Reich. Seine Macht wurde gefestigt, nachdem es seinen Soldaten mittels Verrat gelungen war, Severius gefangenzusetzen. Maxentius unterwarf ihn allen erdenklichen Demütigungen, ehe er ihn öffentlich hinrichten ließ.

»So wird es allen Usurpatoren ergehen!« ließ er verkünden.

Über seine christlichen Verbindungen wußte Konstantin, daß trotz vollen Vorratslagern die Angst vor Hunger in der Stadt groß war. Auch wenn in früheren Kriegen die Kornkammer Afrika zeitweilig vom Imperium abgeschnitten war und das verwöhnte Rom Brotmangel litt, hatte es blutige Aufstände gegeben. Die Römer waren an zahlreiche Privilegien gewöhnt. Es gab Gerüchte, daß die Belagerung jeden Handel lähmen würde. Wenn einst schon ein Aufstand im fernen Afrika zu Mangel geführt hatte, was würde erst sein, falls die Stadt umzingelt wäre. Konstantins Agenten verbreiteten auch selbst solche alarmierenden Nachrichten. Deshalb war er überzeugt, daß sein Gegner nicht wagen würde, sich hinter den sicheren Befestigungen zu verschanzen, sondern den offenen Kampf suchen würde.

Konstantin hatte ein ausgezeichnetes Gehör. Er vernahm Schritte in der Dunkelheit und erriet, daß jemand kam, der leichte Sandalen trug, also kein Soldat. Er legte den Kopf noch weiter zurück und tat, als wäre er ganz in die Betrachtung der Gestirne versunken.

»Herr!« sagte eine leise Stimme hinter ihm.

»Ossius!« grüßte der Kaiser fast gleichzeitig.

Der Bischof von Cordoba staunte. »Wie hast du mich erkannt?«

Konstantin blickte weiter in die Sterne.

»Mir entdeckt sich so manches. Aber jetzt höre mir zu. Ich habe befohlen, daß Fahnen mit dem Zeichen deines Gottes verteilt werden.«

»Unseres Gottes, irdischer Herrscher.«

»Gut, gut. Wir haben jetzt keine Zeit für Theologiestunden. Du läßt über deine Anhänger in allen unseren Einheiten verbreiten, daß ich bei dem Kriegsrat gesagt habe: Mit diesem Zeichen werden wir siegen. Es ist übrigens wahr. Hast du mich verstanden?«

»Natürlich, ich werde ...«

Konstantin mochte keine langen Erklärungen. Er pflegte andere nicht bis zu Ende anzuhören, sondern bevorzugte Menschen, die ihn sofort verstanden und seine Befehle ausführten.

»Hör mir gut zu. Betätigt euch jetzt nicht als Missionare, erklärt nicht lange, wer Christus ist und euer Gott und der heilige Geist, das stiftet nur Verwirrung. Dafür ist später Zeit. Meine Soldaten sollen jetzt nicht groß nachdenken, denn sonst wird nichts aus dem Kampf und aus dem Sieg. Wichtig ist nur das eine: Mit diesem Zeichen werden wir siegen! Sonst nichts! Glaub mir, mehr ist nicht nötig!« Er wußte, daß er den Priestern nicht nur befehlen durfte, sondern sie überzeugen mußte. »Hast du noch Verbindungen mit Rom?«

»Natürlich.«

»Sie sollen dasselbe verbreiten. Überall, überall! Das ist jetzt das Wichtigste. Höre, wenn sich meine ägyptischen Priester nicht geirrt haben ...«

»Die Gottlosen!«

»Warte, Ossius, sei nicht so widerspenstig. Von Wettervorhersagen haben deine Leute keine Ahnung, sie aber verstehen sich darauf. Sie sagen, daß es morgen früh bewölkt sein, daß aber gegen Mittag die Sonne durchbrechen wird. Dann sagen wir, daß sie im Zeichen des Kreuzes erschienen ist, verstehst du?«

»Nein, Herr.«

»Das macht nichts. Wesentlich ist: Wenn die Sonne die Wolken durchbricht, sollen alle deine Leute schreien: Das Kreuz, das Zeichen, der Sieg! Die Sonne! Sie sollen glauben, daß es das Kreuz ist. Sag ihnen, daß in der Sonne das Kreuz erscheinen wird, und sie werden es sehen. Als ob je einer etwas sähe, der in die Sonne blickt. Sollen sie an das Kreuz glauben und die anderen an die Sonne, an *Sol invic-*

tus, an Mithras, ganz gleich woran, wichtig ist der Glaube, irgendein Glaube ...«

»Der wahre Glaube!«

»Sicher«, stimmte Konstantin erschöpft zu, denn er brauchte jetzt diesen Mann, durch den er mit Gewalt nichts erreichen konnte. »Wichtig ist, daß sie glauben und schreien! Begreifst du jetzt, was ich will, Bischof?«

»Ja.«

»Gut. Beide Heere, Maxentius' und meins, sind bunt zusammengesetzt. Wir müssen ihnen jetzt einen Glauben anbieten, den jeder annehmen kann.«

Die christlichen Bischöfe in aller Welt dachten im wesentlichen ähnlich. Wie Gregor in Armenien meinte auch Ossius, die Wege des Herrn nicht erforschen zu dürfen. Er war dankbar, daß ihm im Kampf um die gerechte Sache eine so wichtige Aufgabe übertragen war, und beschloß, sich im Gebet zu stärken und dann den Befehl dieses seltsamen ernsten Herrschers und Heerführers auszuführen. Nach zwei Jahrzehnten grausamer Christenverfolgungen schien jetzt Gott der Herr zu wünschen, daß Konstantin siegte und vielleicht sein Reich auf Erden errichtete. Diesem Ziel wollte Ossius dienen.

»Dann gehe ich jetzt ...«

»Geh mit Gott, Bischof. Aber vorher segne mich!«

Konstantin lächelte, denn er wußte, daß im Dunkeln seine Wächter standen und jede Bewegung beobachteten. In der Gewißheit, daß sie sehen, aber nichts hören konnten, fügte er hinzu: »Wenn es nicht hilft, so kann es zumindest nicht schaden.«

DIE VERMÄHLUNG MIT DEM KLEINEN MÄDCHEN

Mitternacht war vorüber. Er mußte ein wenig schlafen, Ablavius hatte recht. Mühsam unterdrückte er seine Unruhe, zog sich ins Zelt zurück, legte selbst den Harnisch ab, den Sklaven hatte er den Zutritt untersagt. Er ließ sich auf dem breiten, bequemen Lager nieder. Die Primitivität der Soldatenpritschen konnte er nicht ertragen. Das Zelt war mit Perserteppichen ausgekleidet. Er deckte sich mit dem Tigerfell zu, dessen noch immer wilden Geruch er liebte.

Diokletian hatte behauptet, jederzeit einschlafen zu können, und bei jeder Übersiedlung in einen neuen Palast hatte er sein altes Feldbett mitgenommen. Konstantin hingegen brauchte überall, wo er hinkam, eine neue kaiserliche Lagerstatt. Aber er schlief niemals gut, er dachte noch lange im Dunkeln nach. Wenn ihn der Schlaf floh, erinnerte er sich an alles, was früher schön gewesen war, an die Kindheit, an seine Mutter, Helena. Auf den Feldzug hatte er sie nicht mitnehmen können. Seine Soldaten hätten das nicht begriffen und sich nur darüber lustig gemacht. Sie wartete auf ihn in Augusta Treverorum, der einstigen Residenz seines Vaters. Als ehemalige Schankwirtin aus Naissos hatte sie keinen Kaiser heiraten dürfen. Jetzt betreute sie Crispus, Konstantins ersten Sohn, der, wie auch er, unehelich geboren war.

So wie sein Vater aus Rücksicht auf die Dynastie nicht Helena zur Frau genommen hatte, sondern Theodora, die Stieftochter von Maximianus und Halbschwester von Konstantins jetzigem Gegner Maxentius, so war Konstantin offiziell die Ehe mit Fausta, Maximians jüngster Tochter, eingegangen, also mit der Halbschwester seiner Stiefmutter. Das alles hatte sich Diokletian ausgedacht. Wenn er einen Entschluß faßte, gab es keine Widerrede.

Gewissermaßen wiederholte sich alles. Sein Vater, Constantius Chlorus, hatte Helena geliebt, und Konstantin hatte sich in eine gewisse Minervina verliebt und von ihr den Sohn Crispus bekommen. Dennoch war die Situation etwas anders. Ein Mann von seinem Format konnte und mußte eine reifere, erfahrene Gefährtin für die Liebe haben, denn Fausta war noch ein Kind gewesen, als sie ihm angetraut wurde.

Er erinnerte sich noch genau, wie er von Sirmium durch ganz Europa bis an die Atlantikküste gereist war, wo ihn der kranke Vater erwartete. Er hatte fast schlafend im Sattel gesessen. Leider hatte er nicht notiert, wieviel Zeit er brauchte. Drei Wochen? Vier? Erst da hatte er begriffen, wie groß das Imperium war. Auf Einzelheiten konnte er sich nicht besinnen, nur auf seine schreckliche Erschöpfung. Bisweilen hatte er geglaubt, nicht mehr durchhalten zu können, und irgendwo unter einer übelriechenden Decke geschlafen, war in den Stationen an der Staatsstraße eingekehrt und hatte ein paar Stunden geruht. Er ritt bei Regen, sengender Sonne, beißendem Wind, über Felder, durch Wälder, durch die Furten fremder Flüsse. An Gefahren zu denken, hatte er keine Zeit. Er fragte niemanden nach den Namen der Orte, an denen er sich jeweils befand, nur nach der Richtung. Dabei kannte er die Geographie des Reiches genau, er hatte sie als Kind an Diokletians Hof gelernt. Dort hatte man ihn über Entfernungen, Flüsse, Städte, Gebirge unterrichtet. Nun aber begriff er alle Unzulänglichkeiten theoretischen, auswendig gelernten Wissens. Das Land konnte man nur reitend erkunden. Und während er so von Sirmium zur atlantischen Küste unterwegs war, teils auf der ausgezeichneten Staatsstraße, teils auf kaum erkennbaren Pfaden, war er ständig überzeugt, daß jemand oder etwas ihn leitete, daß er sich nicht verirren konnte, daß ihn keine Räuber überfallen würden, obwohl er kein Geleit hatte, das sein Tempo zu halten vermochte. Damals war sich Konstantin zum erstenmal so vorgekommen, als ritte er vor einer unbesiegbaren Armee, so wie er jetzt in der Nacht vor der Stadt Rom fühlte, daß das Schicksal auf seiner Seite war und ihm nichts Böses geschehen konnte.

Er hatte das Lager seines Vaters, des westlichen Augustus, erreicht und sich dessen Kommando unterstellt. Er war an Diokletians Hof, in seinem Stab ausgebildet worden und hatte danach unter Galerius gedient. Jetzt begriff er, wozu das gut gewesen war. Constantius Chlorus war beliebt, konnte aber nicht streng sein. Sein Sohn übernahm bald praktisch alle Macht. Der Vater lächelte dazu und mischte sich nicht ein. Er sah, daß der junge Mann das Soldatenhandwerk beherrschte. Mehr noch: Er verschaffte sich Respekt bei der Truppe, er hatte Begabung. Die Siege über die Pikten in Nordbritannien waren sein Verdienst.

All das war jedoch sehr kompliziert. Diokletians Wunsch, daß die Fähigsten an die Spitze des Staates rückten, zugleich aber die dynastische Ordnung durch Adoptionen beibehalten wurde, hatte ein unentwirrbares Knäuel geschaffen. Maximianus in seiner Eigenschaft als Augustus hatte Constantius Chlorus adoptiert, und dieser hatte, um seine Stellung als Sohn zu bekräftigen, die Tochter des Adoptivvaters heiraten müssen. Maximians Geschlecht wurde das Herkulische genannt. Konstantin wiederum hatte Maximians jüngste Tochter geehelicht, um vor den legitimen Söhnen seines Vaters, seinen jüngeren Halbbrüdern Dalmatianus, Hannibalianus und Julianus Constantius zu bestehen. Wozu das alles, dachte Konstantin unter seinem Tigerfell, wichtig ist nur, wer morgen wen umbringen wird.

Die Legionen standen auf seiner Seite. Er war als Beschützer seiner jüngeren Halbbrüder hervorgetreten. Galerius war nicht stark genug, sich dem klar formulierten Willen der Legionen zu widersetzen. Er hatte sich schon seinerzeit aus Sirmium nach Romuliana zurückgezogen und versucht, es Diokletian gleichzutun. Aber Diokletian hatte eine neue Stadt am Meer mit dem Blick auf herrliche Inseln erbaut. Das Adriatische Meer stellte zusammen mit dem Mittelmeer eine Verbindung aller Küstenstädte Illyriens, Italiens, Spaniens, Afrikas, Kleinasiens und Griechenlands dar. Galerius indes hatte sich mitten in der Wildnis, fern der guten Verkehrswege niedergelassen. Seine Stadt hatte er zu Ehren seiner Mutter, der Stammespriesterin eines unbekannten Gottes, errichtet. Die Nachrichten brauchten Wochen, um von Eburacum nach Romuliana zu gelangen. Endlich war eine Offizierspatrouille in Begleitung einer silbergeharnischten Halbkohorte auf Schimmeln eingetroffen. Sie brachte Konstantin den Purpurmantel im Auftrag von Galerius, der ihn damit auch offiziell anerkannte. Zwar nicht als Augustus, aber immerhin als Cäsar. Damals hatte er aufgeatmet. Derselbe Purpurmantel lag jetzt über einen Sessel gebreitet, damit er ihn anlegte, ehe er vor seine Einheiten trat.

Als er seine Residenz endgültig von Eburacum auf den Britischen Inseln nach Augusta Treverorum verlegt hatte, trat er den Beweis an, daß er nicht nur von der Kriegskunst, sondern auch vom Regieren etwas verstand. Obwohl er weder Diokletian noch Galerius recht mochte, hatte er von beiden alles Nötige gelernt. Von ersterem die Strategie, das ruhige Kalkül, die Geduld, von letzterem die Taktik, das Aufstellen der Einheiten, das Kommandieren bei Angriff und Verteidigung. Bald zeigte sich, daß er energischer, aber auch härter, in jedem Fall erfolgreicher war als sein Vater. Er wartete nicht auf eine Attacke der Germanen, sondern überquerte selbst den Rhein und befahl, keine Gefangenen zu machen: Alles töten, was vor die römischen Schwerter kam! Er ließ Dörfer niederbrennen, Vieh erbeuten. Er wußte, daß er sich auch selbst der Gefahr, dem Risiko aussetzen mußte, doch er hatte niemals Angst in einer Schlacht, weil er fest überzeugt war, daß ihn das Glück nicht verließ. Häufig ritt er an der Spitze seiner Legionen und gewann so immer aufs neue die Sympathien von Offizieren und Soldaten. Danach glaubte er so fest, den Frieden gesichert zu haben, daß er bei Colonia Agrippina eine steinerne Brücke über den Rhein schlagen ließ.

Er konnte nicht schlafen und wäre am liebsten aufgestanden. Den Einfall, sich eine gute Sklavin kommen zu lassen, verwarf er wieder. Lächelnd dachte er an seine Gattin, die kleine Fausta, mit der er noch nicht geschlafen hatte. Sie war nun schon fünfzehn Jahre alt. Bald würde es Zeit dafür sein. Es war eine seltsame Vorstellung: Irgendwo reifte für ihn das kleine Mädchen heran, das vor Göttern und Menschen schon seine Frau war.

Diese Hochzeit, ein Jahr nach dem Tod seines Vaters, war mehr als lächerlich gewesen. Seine Mutter, Helena, hatte ihm dringend zu diesem Schritt geraten. Die Herkulische Herkunft! Diokletian hatte sich Jovier, Jupiters Sohn, genannt und diesen Titel auch seinem Adoptivsohn Galerius verliehen, der Diokletians Tochter ehelichen mußte. So wie das Verhältnis des Herkules zu Jupiter, dem er diente, sollte Maximian sein Verhältnis zu Diokletian begreifen, damit sie wiederum gleichberechtigte Augusti werden konnten. Das mußte alles reorganisiert werden. Ja, aber zunächst mußte er Maxentius besiegen und Rom, die Hauptstadt, erobern.

Immerhin, Konstantin achtete Diokletian, dessen Autorität sich alle unterworfen hatten. Aber die bäuerlichen Manieren des Maximianus Herculius konnte er nicht ertragen. Er begriff nicht, wieso Diokletian bereit gewesen war, Macht und Ruhm mit einem Mann zu teilen, der einfach nicht wie ein Herrscher aussah und sich nicht benehmen konnte. Anfangs hatte er den Gedanken, mit ihm in familiäre Beziehungen zu treten, von sich gewiesen, aber er war anderen Sinnes geworden. Die Macht lockte ihn immer mehr. Wenn es dem Kaiserreich nützte, sollte es denn sein! Schließlich brauchten die Kaiser nicht mit ihren Gattinnen zu leben. Auch Diokletian hatte mit seiner Gattin Prisca nur eine Scheinehe geführt.

Mit wem hätte er über all das sprechen sollen? Helena

kannte sowohl Diokletian als auch Maximian sehr gut. Aber konnte man mit der Mutter rückhaltlos über Männerangelegenheiten reden?

Er mußte natürlich dulden, daß der »Kaiservater« Maximian zur Hochzeit erschien. Er begleitete das Töchterlein. Anwesend war auch Maximians Gattin, Eutropia, eine noch immer schöne Syrerin. Das Protokoll hatte wohl noch nie vor einer derart komplizierten Aufgabe gestanden, denn in der Stadt befanden sich so viele Kaiserinnen, daß man nicht wußte, welcher der Vorrang gebührte. Vor allem war da die Augusta und offizielle Kaiserwitwe, Theodora, Konstantins Stiefmutter. Den Titel und Rang billigte er jedoch auch seiner leiblichen Mutter, Helena, zu. Und nun noch seine künftige Schwiegermutter mit dem kleinen Mädchen, das er heiraten würde. Die Witwe eines Kaisers, die Gattin eines abgedankten Kaisers, die Mutter eines lebenden Kaisers und ein Kind, das dieses Herrschers Gattin wurde... Welche sollte auf dem Ehrenplatz sitzen, als erste den Speisesaal betreten? Sie kamen in feierlichem Zug mit ihrem Höflingsgefolge aus verschiedenen Himmelsrichtungen, aus verschiedenen Palästen, aber das vorhandene Gold- und Silbergeschirr hätte nicht einmal für einen anständigen reichen Bürgerhaushalt genügt, ganz zu schweigen von drei Kaiserhöfen.

Im Mittelpunkt der Aufmerksamkeit stand immerhin das verwöhnte, lebhafte zehnjährige Mädchen, das dem stattlichen, fast ein Vierteljahrhundert älteren Mann vermählt werden sollte. Wenn ich nur wüßte, worüber damals Eutropia, Theodora und meine Mutter gesprochen haben, ich muß sie einmal danach fragen, dachte Konstantin an der Grenze zwischen Wachen und Schlaf.

Nach römischer Sitte durften Mädchen nicht vor ihrem zwölften Geburtstag verheiratet werden. Aber welche Vorschriften galten schon für kaiserliche Familien?

Fausta hatte das runde Gesicht ihres Vaters und schönes, seidiges, zu einer hohen damenhaften Frisur aufgestecktes

Haar. Ihre Züge waren noch weich, aber der Mund ausdrucksvoll geschwungen, und die Augen blickten erwachsen. Sie wird einmal schön sein, flüsterte man hinter ihr. Sie rannte munter zwischen den prachtvollen Säulen des Palastes umher, kam nie zur Ruhe, auch wenn sie saß, zappelte sie ständig mit den dünnen Beinen, aber diese kindlichen Bewegungen verrieten schon die Leidenschaft des künftigen jungen Mädchens. Die Augen und Lippen einer Frau bildeten zu dem blassen, wie unfertigen Kindergesicht einen Kontrast, der Konstantin auch jetzt beunruhigte, da er an seine Gattin als ein eigentlich fremdes menschliches Wesen dachte. Natürlich war sie verzärtelt. Nach der Hochzeit hatte er angeordnet, daß sie weiterhin eine kaiserliche Erziehung erhielt. Er hatte nicht einmal die Geduld, sie näher kennenzulernen. Was hätte er schon mit ihr anfangen sollen? Ball spielen? Die Tage waren mit Verwaltungstätigkeit und Zeremonien ausgefüllt, die kurzen Nächte gehörten Minervina, die selbstverständlich nicht öffentlich in Erscheinung treten durfte. Wer wollte es Fausta verübeln, daß sie nicht das Benehmen einer Prinzessin und kaiserlichen Braut hatte? Obwohl in Rom geboren, war sie in Aquileia und auf einem Gut in Lucania aufgewachsen. Für sie war schon Augusta Treverorum mit seinen Palästen, Villen und breiten Straßen eine große und elegante Stadt.

Was mochte man ihr über ihn, den Sohn der Schankwirtin aus dem halbwilden illyrischen Naissos, erzählt haben? Wie hatte sie sich gefühlt? Wie ein angepflocktes Lämmchen, das den Wolf anlocken sollte? Ihr greiser Vater, der gut ihr Großvater hätte sein können, war natürlich nur mit seinen Intrigen und dynastischen Kombinationen beschäftigt.

Vielleicht hatte er zu früh geheiratet. Heute hätte er die Feierlichkeiten und die Reden der Panegyriker ganz anders genossen. Er hätte auch länger und gewandter mit Maximian plaudern können, vor dem er damals noch Scheu gehabt hatte.

Er erinnerte sich, wie er durch den großen Saal geschritten war und Faustas Hand gehalten hatte. Die warme, vor Aufregung etwas feuchte Hand eines kleinen Mädchens. Sie war seine Frau? Mit Minervina hatte er bereits einen zweijährigen Sohn. Jetzt aber, jetzt hätte er dieses Kind, dieses inzwischen sicher herangereifte Mädchen, den kleinen Fratz von damals, seine kaiserliche Gattin, gern bei sich unter dem Tigerfell gehabt.

Endlich schlief er ein.

Konstantin heiratete Fausta vielleicht in Aquileia, vielleicht auch in Augusta Treverorum, dem heutigen Trier, dessen Grundstein um das Jahr 15 u.Z. unter der Herrschaft des Octavianus Augustus gelegt wurde. Colonia Agrippina ist das jetzige Köln, den Kopf der Brücke bildeten die Castra Divitensia, nunmehr Deutz. Eburacum war der Name von York.

Konstantin wurde höchstwahrscheinlich 274 in Niš geboren. Es gibt auch Vermutungen, daß er zehn Jahre später zur Welt kam; die Unklarheiten dürften daher rühren, daß er selbst sein Alter verschleierte. Seine Frau, Fausta, wurde, wie wir annehmen, um 296 geboren, Crispus 304. Die Hochzeit soll im Jahr 307 stattgefunden haben,und von Constantius Chlorus weiß man, daß er am 25. Juli 306 starb.

Sirmium heißt heute Sremska Mitrovica, und Romuliana Felix, die letzte Residenz des Galerius, ist das erst unlängst von den Archäologen gründlicher erforschte Gamzigrad.

DIE SCHLACHT AN DER MULVISCHEN BRÜCKE

Er träumte, daß er auf einem großen, schweren Rappen ritt. Kaum konnte er sich im Sattel halten, und das beunruhigte ihn. Er wunderte sich im Traum, wie schwer es ihm fiel, das Gleichgewicht zu wahren. Im Wachen war er nämlich ein ausgezeichneter Reiter.

Dann sah er viele neben sich reiten, alle leicht und elegant, denn sie hatten Pferde von normalem Wuchs, während seines größer war als ein Elefant.

In gestrecktem Galopp flogen sie über Stoppelfelder dahin. Über ihnen waren noch schnellere, riesige Vögel, die sich in Wolken verwandelten. Die Wolken hatten lachende Gesichter, und Konstantin wußte nicht, ob dieser Ausdruck freundlich oder ironisch, ja drohend war.

Plötzlich war so grelles Licht vor ihm, daß er die Zügel loslassen und die Augen beschirmen mußte. Obwohl er furchtbar erschrocken war, fiel er nicht vom Pferd, im Gegenteil, er kam sich sogar viel sicherer vor, und er galoppierte diesem Licht entgegen. Inmitten des ohrenbetäubenden Lärms aus Hufschlägen, Rufen, Waffengerassel und heulendem Wind vernahm er auf einmal deutlich Ablavius' leise Stimme: »Herr!«

»Ja, ja ... gleich.«

»Die Legionen sind angereten, wie du befohlen hast.«

Konstantin sprang mit beiden Beinen zugleich aus dem Bett und winkte den Sklaven, die sich mit einer Waschschüssel und einem Krug warmen Wassers diskret im Hintergrund hielten.

»Wie ist das Wetter, Ablavius?«

»Trüb, wolkig, schlechte Sicht, aber kein Nebel. Auch nicht besonders kalt ...«

»Gut. Ruf mir die Chaldäer. Schnell!«

Man wußte, daß sie seine Wetterpropheten waren. Jede Einzelheit war jetzt wichtig. Als die kahlköpfigen, schlanken Priester im Zelt erschienen, hatte Konstantin schon den glänzenden Harnisch angelegt und aß einen Fladen mit gebratenem Schweinefleisch. »Ändert sich etwas an eurer Prognose?«

»Nein, Herr, alles deutet darauf hin, daß die Sonne genau zum genannten Zeitpunkt durchbrechen wird. Es ist jetzt sichter, nach der Beschau ...«

»Was ihr beschaut habt, interessiert mich nicht. Ich habe

keine Lust, euer Handwerk zu erlernen. Wenn ihr recht behaltet, werdet ihr reich belohnt.«

Ein Sklave meldete furchtsam: »General Martianus wartet vor dem Zelt.«

»Ich komme.«

Vor dem Zelt umarmte er herzlich seinen alten General und befahl, die Pferde zu bringen.

»Wie sieht unser Plan aus, Herr?« fragte Martianus skeptisch.

»Daß du bei mir bist, bis ich dich mit einem konkreten Auftrag aussende, und daß genügend Kuriere hinter uns sind, die den Legionen schnell alle Befehle übermitteln können. Bringt mein Zeichen!«

Die perlenbestickte kaiserliche Fahne trug ebenfalls die Buchstaben P und X. An der Lanzenspitze funkelten Edelsteine. Drei ausgewählte Krieger trugen Konstantin das Zeichen voran.

Unter den Kiefern am Rand des freien Platzes zwischen den kaiserlichen Zelten tauchte der Bischof Ossius in brauner Kutte auf. Offenbar wollte er sich dem Heerführer nähern, doch die Wächter ließen ihn nicht passieren.

»Ihr wartet hier!« gebot der Kaiser und gab seinem Pferd die Sporen, so daß es mit wenigen Sätzen bei dem Priester war. Im Absitzen warf er einem Wächter die Zügel zu. Er faßte den mageren Bischof um die Schultern und führte ihn zu den Bäumen.

Das dauerte nur ein paar Minuten, aber Martianus hielt es für äußerst unpassend.

»Das Heer erwartet ihn vor der Schlacht, und er nimmt sich Zeit für solche verdächtigen Gestalten. Das ist nicht mehr unser altes Imperium, Ablavius!« seufzte er betrübt.

»Allerdings, General. Das ist das neue Rom, das neue Imperium. Konstantin weiß, was er tut und mit wem er sich berät.«

»Die Götter seien uns gnädig.«

Konstantin schwang sich ohne Hilfe leicht in den Sattel

und lenkte sein Pferd zu der Wiese, wo die Legionen warteten. Den Generalen, dem Adjutanten, den Fahnenträgern und Leibwächtern winkte er nur, ihm zu folgen.

Natürlich ahnten alle, daß an diesem Tag nach mehrjährigem Taktieren die entscheidende Schlacht bevorstand. Konstantin überließ nichts dem Zufall. Obwohl er tat, als faßte er rasche Entschlüsse, bereitete er sie in Wirklichkeit lange und gründlich vor. Er legte sich seine kurzen Befehle zurecht, die er dann so schnell aussprach, als wären sie ihm eben eingefallen. Er vermied Improvisationen, was aber nicht einmal seine nächste Umgebung wußte.

Schon vor reichlich einem Jahr hatte er genehmigt, daß in Spanien, das zu seinem Herrschaftsbereich gehörte, ein Konzil christlicher Bischöfe zusammentrat. Er hatte es mit Geld und durch Sicherung der Reisewege für die Teilnehmer unterstützt und sich für seinen Verlauf interessiert. Ossius war ihm als kluger, politisch vernünftiger Priester und guter Organisator aufgefallen. Er hatte ihn zu sich gerufen und mit seiner Hilfe einen Informationsdienst aufgebaut, der die Beichten der Gläubigen und andere von den Geistlichen gemachten Beobachtungen nutzte. Natürlich ging das nicht ohne Gegenleistung, nämlich die Erlaubnis, daß sich auch die Kirche besser organisierte, ihre Reihen schloß. Und erst als er sich überzeugt hatte, daß es auch im Osten unter Licinius' Gerichtsbarkeit keine Überraschungen geben würde, als er das Hinterland gesichert hatte, wandte er sich gegen Maxentius, das heißt gegen Italien, gegen Rom, das Herz des Imperiums.

»Ich würde mich meines Lebens nicht mehr freuen können, wenn ich dulden müßte, daß die Hauptstadt der Welt länger unter dem Usurpator stöhnt!« verkündete er allerorten.

Zu Beginn dieses Krieges verfügte Maxentius über mehr als 170000 Krieger in den Legionen des Fußvolkes und etwa 18000 geharnischte Reiter. Konstantins Armee zählte höchstens 100000 Soldaten, vor allem Briten, Gallier und

Barbaren, die aber die mutigeren und rücksichtsloseren Kämpfer waren. Auch das Kommando war wesentlich besser. Die christlichen Priester verbreiteten auf beiden Seiten das Gerücht, die entscheidende Rolle würden auf jeden Fall die »himmlischen Legionen« unter der Anführung des seligen Constantius Chlorus spielen, die natürlich auf der Seite seines Sohnes für die gerechte Sache und den wahren Gott streiten würden.

In raschem Tempo eroberte Konstantin von Norden her eine italienische Stadt nach der anderen. Er sagte nicht mehr, daß er keine Gefangenen brauche, im Gegenteil, sie wurden sehr gut behandelt. Er befahl, ihre Schwerter zu Fesseln für die Ungehorsamen umzuschmieden oder sie ihnen sogar zu lassen, sofern sie sich verpflichteten, bis zur Befreiung der Stadt Rom ausschließlich ihm zu dienen.

Maxentius und seine Heerführer mit Rurius an der Spitze waren so überrascht, daß ihnen die militärische Überlegenheit nicht mehr half. Bei rechtzeitiger Besetzung der Alpenpässe hätten sie den Durchbruch wahrscheinlich verhindern können, aber da sie erst am Fuß des Gebirges Widerstand leisteten, gelang es Konstantins Legionen, beim Herabstürmen den Feind einfach zu überrennen. In Italien selbst war die Plünderung der eroberten Städte verboten, was sonst von jeher ein Vorrecht des siegreichen Heeres war. Konstantins Soldaten halfen der Bevölkerung sogar beim Löschen der Brände, die während der Kämpfe ausgebrochen waren, die Militärärzte leisteten auch den Bürgern Beistand, das Getreide aus den Magazinen wurde nicht nur für die Truppen requiriert, sondern auch an die Armen verteilt. Daraufhin wurden die Tore einzelner Befestigungen den disziplinierten Legionen oft freiwillig geöffnet.

Diese anfänglichen Erfolge, so wesentlich sie auch waren, konnten sich jedoch in ihr Gegenteil verkehren. Maxentius hatte alle seine Kräfte in Rom selbst konzentriert, während Konstantin einen Teil seiner Einheiten in Garnisonen zurücklassen mußte. Die wichtigste Frage war, wem das Abwarten nützen würde. Konstantin war überzeugt, daß der Feldzug vor dem Winter beendet sein mußte. Die Stadt Rom, die in den letzten Jahrzehnten, vornehmlich von Diokletian, hintangesetzt worden war, wurde wieder zum Symbol, als wäre sie die Krone des Imperiums.

Konstantin wußte ganz sicher etwas, wovon Martianus und die anderen Berater und Generale nichts ahnten: Er wußte, daß Maxentius bereits die Nerven verloren hatte. Einige Tage zuvor hatte er durch Ossius die Nachricht erhalten, der Prinzeps in Rom habe die Zerstörung der über den Tiber führenden Mulvischen Brücke befohlen, die den einzigen Ausgang aus der Stadt nach Norden darstellte. Neben ihren Ruinen sei eine neue Pontonbrücke errichtet worden. Das konnte nur bedeuten, daß Maxentius jetzt seiner Übermacht sicher war und daß seine Einheiten die Stadt verlassen und in die offene Schlacht ziehen würden. Wenn die Entscheidung wirklich an diesem Tag fallen sollte, konnte nichts Günstigeres geschehen. Alles entwikkelte sich genau nach Konstantins Plänen. Aber noch immer vertraute er sich niemandem an. Was er auf Grund eingehend studierter Informationen vorbereitete, sollte wie eine Eingebung des Augenblicks erscheinen.

Es war tatsächlich nicht neblig, aber bewölkt, und die Sicht war nicht gut. Mit seinem Gefolge ritt Konstantin vorbei an den Legionen, die ihn mit Trompetenstößen und Schlägen der kurzen Schwerter gegen die Schilde begrüßten, und hielt auf einem Hügel an.

»Laßt uns Wein bringen!«

Dem Kaiser und seiner Begleitung wurde das Getränk in Goldbechern gereicht, als befände man sich auf einem Manöver in der Provinz und nicht vor einer entscheidenden Schlacht. Plötzlich sprengte ein Kurier herbei, und da der Kaiser keine Notiz von ihm nahm, wandte sich der staubbedeckte Offizier an Martianus und flüsterte ihm erregt etwas zu.

Martianus trat sofort zum Kaiser. »Es wird gemeldet, daß

Maxentius' Heer soeben die *Via Flaminia* besetzt hat und im Vormarsch begriffen ist ...«

»Ich weiß. So muß es auch sein!« sagte der Kaiser ruhig zu dem bestürzten General. »Bringt mir jetzt die Chaldäer und den Christenbischof Ossius.«

Konstantin wußte, welche Rolle im Leben eines Soldaten die Episoden spielten, denen er beiwohnte. Die römischen Generale liebten es, auf geeigneten Hügeln ganze kleine Vorstellungen zu geben, um ihre Legionen zu ermutigen. Mit Rücksicht auf diesen Brauch und in Anbetracht des Aberglaubens, der unter den Soldaten herrschte, empfing er jetzt die miteinander verfeindeten Priester gemeinsam, statt sie getrennt anzuhören.

Die Chaldäer fragte er: »Wie lange noch?«

»Eine Stunde, Herr. Der Wind frischt auf.«

»Gut. Ossius!«

Der christliche Bischof bekreuzigte sich mit einem Blick auf die kahlköpfige Konkurrenz und trat einen Schritt vor.

»Halte die Deinigen in Bereitschaft. In einer Stunde ist es soweit. Haben wir uns verstanden?«

»Gewiß. Sei unbesorgt.«

»Ihr könnt gehen. Mein Pferd!«

Er saß auf und mit ihm sein Gefolge. Die Sklaven verstauten die goldenen Becher in Truhen.

»Martianus, ich lasse dir ein Viertel der Truppe. Du wirst Maxentius' Legionen hier empfangen. Versuche, möglichst viel Zeit zu gewinnen. Schlag dich wacker, aber ohne große Opfer, verstehst du? Stell die Einheiten so auf, daß der Gegner nicht sofort begreift, wie wenige ihr seid. Die Haupttruppe zieht mit mir.«

»Ich habe schon deinem Vater treu gedient, Konstantin!« antwortete Martianus leise und ohne jede Förmlichkeit, denn er hielt alles schon für verloren. »Ich bin bereit, heute für dich zu fallen. Und das wird auch geschehen. Aber wenn du einen Plan hast oder etwas weißt, was ich nicht weiß — sofern du nicht den Verstand verloren hast, sag es mir jetzt, denn in dieser Ungewißheit kann ich beim besten Willen das Kommando nicht richtig führen.«

Konstantin gab seinem Pferd die Sporen, daß es sich bäumte, und ritt so dicht an seinen General heran, daß dieser unwillkürlich nach dem Schwertknauf griff, als müßte er einen Angriff abwehren.

Während die beiden Pferde schnaubend, aber friedlich Seite an Seite standen, ging Konstantin jedoch auf den vertraulichen Ton ein.

»Du hast natürlich recht, Martianus. Vielleicht habe ich übertrieben. Aber ich wollte nicht, daß es jemand erfährt, denn davon hängt alles ab. Ich wußte, daß Maxentius Rom verlassen wird. Er marschiert auf uns zu, denn er glaubt, uns schlagen zu können. Ich führe den Hauptteil der Truppe nach Nordwesten, als wollten wir abziehen, aber wir kehren über die *Via Cassia* vor der Mulvischen Brücke auf die *Via Flaminia* zurück, so daß wir in Maxentius' Rükken stehen. Dann wird uns der Himmel selbst ein Zeichen geben, und der Sieg ist unser ...«

»Wie meinst du das: der Himmel selbst?«

»Du wirst es sehen, Martianus, hab Geduld. Ich bitte dich, bring dich nicht unnötig in Gefahr. Halte den Feind nur eine Stunde auf, weniger als eine Stunde. Das schaffst du mit den Kräften, die ich dir zuteile. Mehr Zeit brauche ich nicht. Du kannst mir vertrauen!«

Konstantin war erst achtunddreißig Jahre alt, aber schon mehr als ein Vierteljahrhundert Soldat. Er hatte gelernt, Menschen zu beobachten, und wußte, wie er wen behandeln mußte. Wie weit er den Herrscher herauskehren mußte, in welchem Augenblick er die wärmsten Worte gebrauchen mußte, um jemand an sich zu binden. Er hatte längst begriffen, wie er andere Menschen ausnutzen konnte, denn er glaubte an seine Fähigkeit, sie allen seinen Wünschen zu unterwerfen. Jetzt konnte er den beruhigten Heerführer verlassen, den anderen Kommandeuren die unmittelbar bevorstehenden Schritte erklären und dann selbstsicher befehlen: »An die Ausführung. Meine Truppenteile — mir nach!«

Er wandte sich direkt nach Nordwesten.

Maxentius bewegte sich inzwischen sehr langsam und vorsichtig weiter. Er wußte, daß sein Gegner der bessere Stratege war, und das Risiko seines Unterfangens beunruhigte ihn. Konstantin hatte wirklich reichlich Zeit. Er ritt zunächst über schwieriges, hügeliges Terrain, dann durch Sümpfe und über Wiesen, die von den Herbstregen der letzten Tage durchweicht waren, aber schließlich kam er auf eine gute Straße, die ihn geradewegs hinter die feindlichen Linien führte. Jetzt brauchten nur noch die Infanterielegionen einzutreffen. Im Dreieck zwischen dem herbstlich angeschwollenen Tiber und den beiden großen Straßen *Via Cassia* und *Via Flaminia* ließ Maxentius eine Linie gegenüber den schwachen Einheiten unter Martianus' Kommando bilden, aber in der Flanke hatte er, ohne es zu ahnen, Konstantins Haupttruppe. Der Wind wurde immer stärker und pfiff in den Baumkronen, auf der Straße stampften zahllose Schritte, auch durch die Sümpfe wateten Soldatenfüße. Ab und zu wieherten Pferde.

Wer die Zeit gehabt hätte, zum Himmel aufzublicken, hätte bemerkt, daß der Wind die großen grauen Wolken immer schneller davontrug. Plötzlich zerriß ihr Vorhang, die Sonne brach durch, und sofort wurde die Sicht besser. Rufe gingen durch die Reihen der Legionen, die einander in Schlachtordnung gegenüberstanden.

»Das Kreuz! Das Kreuz des Herrn!« schrien die christlichen Priester, wie Ossius sie instruiert hatte, und wiesen zum Himmel.

»Die Sonne! *Sol invictus!* Der Sieg ist unser!« schrien ebenso die heidnischen Propheten und Magier in den Reihen von Konstantins Heer. »Vorwärts!«

Dann traten die Legionen zum unaufhaltsamen Sturm an.

»Das also hat er gewußt!« begeisterte sich Martianus, der

seine Einheiten jetzt ganz sicher dirigierte, und als ihm die Kuriere meldeten, Maxentius' Heer stünde in langer Linie so, daß es den Tiber im Rücken hatte, rief der alte General: »Er ist völlig verrückt! Mein alter Rurius, wie konntest du so einen Fehler machen? Offenbar sind die Götter wirklich auf unserer Seite!«

Alles andere, was Konstantins Truppen ausführten, glich einem gut vorbereiteten Manöver, aber für die Verteidiger der Stadt wurde es zum Gemetzel. An der Spitze seiner gallischen Reiter griff Konstantin persönlich die Flanke des Gegners an. Das war ein Überraschungsschlag, Maxentius' Soldaten konnten sich nicht schnell genug nach dieser Seite wenden, sie kamen auch nicht voran, weil sich dort ihre eigene Vorhut in Scharmützeln mit Martianus befand, und hinter ihnen toste der geschwollene Fluß. Die Panik war unausbleiblich.

Maxentius befand sich mit den Prätorianern im Zentrum seiner Armee. Vergebens schickte er nach allen Seiten Befehle aus, niemand hörte mehr auf ihn. Die Verbindung mit Rurius, der an der Spitze der Kolonne ritt, war abgerissen. Die meisten Soldaten drängten zurück in Richtung Rom, auch ohne Befehl, denn sie glaubten, hinter den Befestigungsmauern dem Tod entgehen zu können. Maxentius selbst zögerte noch, dann beschloß er, in die Stadt zurückzukehren. Aber auf der einzigen schmalen Brücke war bereits ein unbeschreibliches Chaos, als er mit seinen Gardisten eintraf.

Die Pontonbrücke gab genau in dem Augenblick nach, als der Prinzeps sich darauf befand. Er stürzte in den Tiber. Sogleich verschlangen die trüben Wellen ihn und seine vergoldete Rüstung, sogar den Federbusch seines Helms. Gefallen war ein direkter Abkömmling von Diokletians herkulischem Geschlecht. Konstantin, dessen Vater die älteste Stieftochter Maximianus' und Halbschwester des Usurpators hatte heiraten müssen und der selbst Maximianus' jüngste Tochter, Maxentius' Schwester Fausta, geheiratet hatte, nachdem er seinen Schwiegervater und zugleich Vater seiner Stiefmutter und seiner Gattin, den alten Intriganten, hatte erdrosseln lassen, hatte nun im offenen Kampf gesiegt und seinen Schwager getötet. Nun war er selbst durch Adoption und durch Vermählung Träger der Dynastie, deren Mitglieder er fast sämtlich ausgerottet hatte.

Als Ossius von seinen treuen Christen hörte, daß die Brücke unter den Soldaten nachgegeben hatte und daß der Usurpator und dessen Gardisten ins Wasser gestürzt waren, entwarf er sogleich ein Bild von biblischen Dimensionen: »Wie zu Moses Zeiten die Wagen Pharaos und seine Macht ins Meer geworfen wurden, so sind Maxentius und seine Krieger hinabgestürzt, die Brücke ist unter ihren Füßen zusammengebrochen, die Boote sind mit ihrer Besatzung gesunken, und er, der Gottloseste, wurde als erster von den Wogen verschlungen ...«

In Wahrheit hatten die Prätorianer vor der eingestürzten Brücke gestanden und tapfer bis zum letzten Mann gekämpft, wie es ihre Plicht war. Auch dies war für Konstantin von Nutzen. Er wußte, daß er diese Garde nicht verschonen durfte, denn solange sie existierte, konnte er Rom nicht völlig beherrschen. Eineinhalb Jahrhunderte lang hatten die Prätorianer bei der Wahl der Imperatoren eine wesentliche, wenn nicht sogar die entscheidende Rolle gespielt. Es wäre schwer gewesen, die Überlebenden zum Tode zu verurteilen oder in die Verbannung zu schicken. Wäre das geschehen, hätte Rom ihr Schicksal beklagt. Dieser Mühe war er nun enthoben. An der Mulvischen Brücke war der letzte Prätorianer in der römischen Geschichte gefallen.

Die Schlacht an der Mulvischen (oder Milvischen) Brücke (Pons Mulvius) wurde am 28. Oktober 312 geführt. Der Historiker und christliche Prediger Lactantius beschrieb sie fünf Jahre später mit diesen Worten: »Konstantin hat im Traum den Hinweis erhalten, das Zeichen Gottes auf die Schilde seiner Soldaten zu schreiben und erst danach in den Kampf zu ziehen. Er gehorchte und befahl, ein schräges X mit umgebogener oberer Spitze aufzumalen. Mit diesem Zeichen ausgerüstet, zog sein Heer in die Attacke . . .« Diese Beschreibung klingt ziemlich kühl und realistisch, während Eusebius ein paar Jahrzehnte später, schon nach Konstantins Tod, in seiner »Vita Constantini« schreibt, der Kaiser selbst habe ihm erzählt, daß sich ihm bei einem früheren Feldzug eines Morgens die Sonne am Himmel in das Zeichen des Kreuzes verwandelt habe und daß am Firmament die Worte erschienen seien: Mit diesem Zeichen wirst du siegen! Eusebius behauptet auch, persönlich das edelsteingeschmückte Feldzeichen oder »labarum« gesehen zu haben, dessen Lanzenspitze einen goldenen Kranz trug und von dessen Querbalken eine quadratische Fahne mit dem »himmlischen Zeichen«, vermutlich eben jenem P und X, hing. An der Lanze waren auch ein Medaillon mit Konstantins Bildnis sowie Medaillons mit den Porträts seiner Söhne befestigt.

Noch am selben Tag zog Konstantin an der Spitze seiner Legionen über die schnell instandgesetzte Pontonbrücke in der Ewigen Stadt ein. Das Volk empfing ihn jubelnd. Diese Begeisterung war aufrichtig, denn die Schlacht hatte sich vor den Stadttoren abgespielt, innerhalb der Mauern war nichts verwüstet worden. Jedem war klar, daß dem gesamten Westen durch diesen Sieg ein neuer Alleinherrscher gegeben war, der ohne weitere Kämpfe auch das Mittelmeer mit allen seinen Inseln und mit ganz Nordafrika unterwerfen würde.

Der Einzug in die Stadt wirkte spontan, aber Konstantin wußte genau, wie man Zeremonien organisierte, die lange in Erinnerung bleiben sollten, er hatte auch gute Berater. Über dem vergoldeten Harnisch trug er den goldverbrämten Purpurmantel. Vor seinem vierspännigen Wagen marschierten Trompeter und andere Musikanten mit Handglocken. Der Zug führte Bronzestatuen von Göttern mit, an erster Stelle die des Sonnengottes mit einem Strahlenkranz um den Kopf.

Der Kaiser begab sich geradewegs zum Forum, wo ihn der gesamte Senat in weißen Togen und Tuniken empfing.

Ablavius hatte den Ablauf der Begrüßung vorher festgelegt. Der Senat feierte den »Befreier der Stadt« und erkannte ihm zur Erinnerung an das Ereignis des Tages einen Triumphbogen zu, der zum zehnten Jahrestag seiner Ernennung fertig werden sollte. Das bedeutete, daß der Tag, an dem ihn seine Soldaten ziemlich eigenmächtig zum Kaiser ausgerufen hatten, offiziell als Datum der Thronbesteigung zu gelten hatte. Konstantins vergoldete Statue im Gewand des Sonnengottes sollte in einem runden Tempel an der *Via sacra* stehen. Der Senat verlieh Konstantin auf eigenes Verlangen auch den Titel Maximus, der Höchste, wodurch er zum ranghöchsten Kaiser erklärt wurde. Diokletian war es tatsächlich gewesen, er hatte diesen Titel jedoch formal nie getragen. Damit erheischte Konstantin das Recht, daß beispielsweise auf allen Edikten und Gesetzen sein Name vor den Namen von Licinius und Maximinus Daza stand, daß er zumindest theoretisch Verordnungen erlassen konnte, die für das ganze Imperium galten, daß er Konsuln ernennen durfte. Diese Vollmacht nutzte er sofort und erhob für das folgende Jahr sich selbst und Maximinus Daza zu Konsuln. Der Titel eines Konsuls hatte praktisch keine Bedeutung mehr, war aber noch immer geschätzt.

Am Abend gab es ein großes Bankett, an dem alle siegreichen Generale und die Senatoren teilnahmen. Konstantin tat großzügig so, als wüßte er nicht, wer in Rom sozusagen noch am Morgen auf der Seite des besiegten Maxentius gestanden hatte.

Ein Panegyriker sprach pathetisch: »Was soll ich über deine Vorschläge sagen, die du in der Kurie unterbreitet hast, was über deine jüngsten Beschlüsse? Du hast dem Senat die alte Würde wiedergegeben, hast geschworen, ihr stets Rechnung zu tragen. Du hast Gnade gewährt, die niemand zu erbitten wagte. Welches Glück ist mit deinem wunderbaren Sieg in Rom eingezogen! Nicht einmal diejenigen hast du bestraft, deren Tod Rom forderte.«

Konstantin zog sich in die Privatgemächer zurück, die er von dem bisherigen Herrscher übernommen hatte, kleidete sich in dem Schlafraum um, wo der jetzt tote Maxentius die letzte Nacht verbracht hatte, und erließ einen Befehl betreffend den Triumphbogen. Dann blieb nur noch Ablavius bei ihm.

»Er hatte keinen Geschmack.«

»Wer, Herr?«

»Maxentius, wer sonst? Sieh dir diese Vasen und diese Portieren an! Wie in einem öffentlichen Haus. Aber einerlei ... Wir brauchen keinen Gedanken an ihn zu verschwenden. Wir haben viel zu tun. Mit der Tetrarchie ist es vorbei, Ablavius. Ich muß allein herrschen.«

»Das heißt, du stößt Diokletians Ordnung völlig um?«

»Ja, ich muß es ... Das war alles schön gedacht, aber du siehst daß es nicht funktioniert hat. Natürlich wird es eine Weile dauern, bis wir Licinius und Daza los sind. Darum bitte ich dich, vorerst über die weitreichenden Pläne Stillschweigen zu wahren. Wichtig ist, daß wir jetzt den Westen in der Hand haben. Aber der Osten hat größere strategische Bedeutung, mußt du wissen. Ich bin müde ...«

»Sicher! Es war für uns alle ein schwerer Tag ... Und du hast das alles vorher gewußt?«

Konstantin entspannte sich. Er gab dem Bedürfnis nach, aufrichtig zu sprechen, und er glaubte an die absolute Ergebenheit seines Adjutanten.

»Vor allem muß man eine gute Organisation haben. Du bist als Offizier ausgebildet, aber das mußt du noch lernen, um mir zu helfen. Ich habe viel von Diokletian gelernt. In einzelnen Dingen werde ich wie er vorgehen. Nur daß er viele Dinge unter- und andere überschätzt hat. Wie gesagt, viel hängt von der perfekten Planung und Organisation ab. Man muß die Zügel fest in der Hand halten, aber ohne Glück im entscheidenden Augenblick erreicht man nichts.

Einige nennen es den Willen der Götter. Oder den Willen jenes einen, höchsten Gottes ... Wer weiß ...«

»Glaubst du wirklich, Herr, daß es dieser Galiläer ist? Ich denke auch darüber nach ...«

»Es geht jetzt nicht um den Glauben. Seine Priester haben die besten Verbindungen mit dem Osten. Dort sind ihrer sogar mehr. Ohne sie kann man heute nicht herrschen. Ach, es fragt sich, wer wirklich herrscht. Und nun laß mich schlafen, und suche dir selbst ein bequemes Lager ...«

»Ich habe schon befohlen, daß man mir hier vor deiner Tür ein Lager bereitet. Man weiß nie ...«

Zum Abschied umarmte Konstantin den jungen Ablavius.

Am nächsten Tag gab es im Forum noch eine Zeremonie nach uralter Sitte. Der Kaiser fuhr zur Kurie, und der ganze Senat begleitete ihn zur Rostra, der Rednerbühne. Davor standen die Vertreter der römischen Einwohnerschaft, um die Beschlüsse vom Vorabend durch Akklamation zu bekräftigen. Es wurden Gesetze erlassen, die die Sicherheit aller Bürger garantierten. Maxentius' allzu strenges Steuersystem wurde annulliert. Die Vorräte, die man aus Furcht vor einer längeren Belagerung der Stadt angehäuft hatte, wurden sofort als Geschenk des Kaisers an die Einwohner verteilt. Obwohl Konstantin die Ewige Stadt nicht gut kannte, war er bemüht, ihre Erwartungen zu erfüllen. Er verzichtete lediglich auf das Opfer für Jupiter auf dem Kapitol.

Am Schluß seiner Ansprache hob er die Stimme, damit ihn alle auf dem großen Platz hören konnten: »Ich verkündige den Bürgern dieser Stadt und den Bewohnern der ganzen Erde Freiheit von jeglicher Tyrannei und den Beginn eines goldenen Zeitalters!«

III

DER BESTE AUF DER WELT

Die Stadt Augusta Treverorum lag an einer Krümmung der Mosel. Durch eine Hügelkette vor Winden geschützt, hatte sie ein angenehmes Klima. Im Zentrum der Siedlung standen die privaten kaiserlichen Paläste. Augusta Treverorum befand sich am Knotenpunkt von Straßen, die das gallische Hinterland mit dem Rheingebiet, die Rhonetäler mit der Atlantikküste verbanden. Der Ort bekam auch für Geschäftsleute immer größere Bedeutung. Auf den Flüssen fuhren Schiffe mit Weizen, Fellen und Gewürzen. In den Magazinen wurden Getreidevorräte aufbewahrt. Konstantin glaubte, neuen Bürgern keine besonderen Privilegien einräumen zu müssen. Ihr eigenes Interesse sollte sie herführen. Die Art, wie der Kaiser den Belangen einer Stadt Rechnung trug, schien auf größere, wenn auch ähnliche Unternehmungen hinzudeuten.

Ganz gleich, ob man aus Gallien oder vom Ärmelkanal, aus Colonia Agrippina im Norden oder aus Italien kam, man gelangte durch das westliche Tor in die Stadt. Der erste Eindruck war der von Reichtum. Am Flußufer standen imposante Anlagen zum Umladen von Waren. Im Zentrum kreuzten sich die beiden Hauptstraßen. Von Westen nach Osten führte der *Decumanus maximus,* die Nord-Süd-Achse trug den Namen *Cardo maximus.* Die Miethäuser in den Wohn- und Geschäftsvierteln wurden *Insulae* genannt.

Konstantin hatte eigentlich nur die Residenz seines Vaters ausgebaut. Auf den ersten Blick schien es, als wollte er sich für immer hier niederlassen. Er gab das repräsentative, architektonisch schöne zweistöckige Gebäude auf, dessen Erdgeschoß einen überwölbten Durchgang hatte. Es stand am Eingang zur Innenstadt und schien ihm nicht sicher genug. Mit seinen vielen Säulen aus riesigen, durch Eisenstangen und ohne Mörtel verbundenen Sandsteinquadern, mit seinen hohen schmalen Fenstern konnte es jetzt als Stadttor dienen, denn der Durchgang maß sechsunddreißig Meter in der Breite, dreißig in der Höhe und dreiundzwanzig in der Tiefe. Er bot Platz für eine marschierende Legion, für einen Einritt im Galopp mit Gefolge, für den bequemen Wagen eines Würdenträgers.

Die größte Aufmerksamkeit wurde dem neuen Komplex der kaiserlichen Paläste südwestlich des alten zweistöckigen Bauwerks gewidmet. Zunächst wurde der monumentale rechteckige Saal vollendet, die *Aula Palatina,* wo der Herrscher in gebührender Weise Abordnungen empfangen konnte. Er war umgeben von Galerien, Salons, Räumlichkeiten für die Garde und das Protokoll, einem Archiv und Kanzleien für die kaiserlichen Beamten.

Verschönert und erweitert wurde das alte städtische Amphitheater, denn die Künste und die einfacheren Vergnügungen für Bürger und Soldaten sollten ebenso gedeihen wie die kaiserliche Macht. An den Außenmauern wurde Erde in Form eines schrägen Walls aufgehäuft und mit Gras und Sträuchern bepflanzt, die das ganze Jahr über blühten. So glich das Amphitheater einem bewaldeten Hügel mitten in der Stadt. Tunnelartige Gänge führten zu den Tribünen und Logen und auf den Kampfplatz.

In unmittelbarer Nähe der Stadt gab es gute Steinbrüche, aber der Marmor für die Paläste wurde aus Italien, der Porphyr aus Ägypten herbeigeschafft. Am Moselufer standen die herrschaftlichen Villen der hohen imperialen Finanzbeamten, denn Augusta Treverorum besaß eine der wichtigsten Münzstätten im ganzen Staat. Mit seinen vierzigtausend Einwohnern war es eine schöne größere Siedlung. Das in der nördlichen Vorstadt errichtete Theater zog das Publikum auch aus den umliegenden Orten an. Die Heilige Straße führte zu den Tempeln der alten Götter auf einer Anhöhe und war mit Steinbänken, Skulpturen und Kupferschalen geschmückt, in denen ewige Feuer brannten; man konnte auch Weihrauch entzünden. Der Übergang über den Fluß war am westlichen Ufer durch Tore gesichert, und auf der Stadtseite befand sich noch eine Barriere. Das Zentrum war von einer sechseinhalb Kilometer langen Mauer mit 44 Türmen umgeben.

Die reichen Beamten und kaiserlichen Berater, die sich hier niedergelassen hatten, die Geschäftsleute, die im Interesse ihrer Unternehmungen stets die Nähe der zentralen Macht suchten, ermöglichten auch den Landleuten ein gutes Auskommen. Sie nutzten die sanften Hänge der Hügel, das gemäßigte Klima, die warmen Sommer und schneereichen Winter, die milden Herbste und frischen Frühlinge. Der Boden war fruchtbar, der Fluß reich an wohlschmekkenden Fischen. Und die Handwerker, Schneider und Schuhmacher, Glaser und Töpfer, Gold- und Waffenschmiede belieferten den ganzen Westen des Reiches. Die importierte Seide wurde hier in speziellen Werkstätten mit Goldstickerei versehen. Bildhauer und Maler hatten stets günstige und gutbezahlte Aufträge.

Konstantin erinnerte sich oft der Zeit, da er bei Diokletian gedient hatte, besonders in Nikomedia, einer Stadt, die sich ebenfalls rasch entwickelt hatte. Als diensthabender Gardeoffizier hatte er häufig die Besucher beobachtet. Wenn sie ankamen, waren sie bisweilen arrogant, selbstsicher, wollten auf ihren Rechten bestehen oder gar dem Kaiser Ratschläge geben. Wurden sie jedoch mit dem ausgeklügelten orientalischen Protokoll konfrontiert und durch zahllose Salons und Flure geführt, verloren sie allmählich ihre Dreistigkeit, und ihre Bescheidenhet nahm mit dem Pomp der Architektur zu. Der Augenblick, in dem sie schließlich dem Herrscher gegenüberstanden, mußte so inszeniert werden, daß er sich für das ganze Leben in ihr Gedächtnis eingrub.

»Und ich muß sie genauso beeindrucken, damit sie sich winzig und unwichtig vorkommen.«

Er schärfte seinen Architekten ein, daß ihm nicht an abstrakter Schönheit lag, sondern an Wirksamkeit im Dienst von Politik und Zeremoniell.

Der Thronsaal war dreißig Meter hoch. An der nördlichen Schmalseite befand sich eine Erhöhung für den Thron, von hier konnte Konstantin unter dem Baldachin hervor und umgeben von seiner Suite auf den Gast hinunterblicken, der sich langsam zu nähern und vor ihm das Knie zu beugen hatte. Der Mörtel, mit dem der Festsaal verputzt war, enthielt Ziegelstaub, so daß die Wände rötlich wie aus Porphyr wirkten.

Die Stadt rüstete zum dreihundertsten Jubiläum ihrer Gründung und zugleich zum zehnten Jahrestag von Konstantins Ausrufung zum Kaiser.

Als der neue Palast fertig gebaut, eingerichtet und geschmückt und von einer entsprechenden Menge Bediensteter und Sklaven bezogen war, befahl Konstantin, daß man auch seine Gattin herbrachte. Fausta war jetzt siebzehn Jahre alt. Die junge Kaiserin passierte das prunkvolle Tor. Der Verwalter des Palastes empfing sie mit tiefen Verbeugungen und geleitete sie durch die mit Gold und Marmor und Möbeln aus afrikanischen Hölzern geschmückten Räume. Der Palast bot tatsächlich jeden erdenklichen Luxus.

»Darf ich befehlen, daß eine Erfrischung gebracht wird?«

»Wann werde ich meinen Mann sehen?« Fausta hatte noch nicht die kühle Geduld einer Herrscherin, sie war ein temperamentvolles junges Mädchen mit lästig damenhafter Frisur und in unbequemer Kleidung.

»Verzeih, aber der Herr hat mir nicht befohlen, etwas über seinen Tagesplan mitzuteilen.«

Die junge Kaiserin warf das hübsche Köpfchen in den Nacken und stampfte mit dem rechten Fuß auf.

»Du bist hier Diener?«

»Verwalter des kaiserlichen Hauses, Herrin!«

»Und wer weiß, was unser Herr beabsichtigt?«

»Vielleicht nur die Götter.«

»Weiß Konstantin, daß ich angekommen bin?«

»Der Herr weiß alles.«

Sie mußte sich fügen.

»Dann laßt das Abendessen in meinen Gemächern servieren. Danach möchte ich in den Gärten spazierengehen. Es soll jemand kommen, der mich begleitet...«

Obwohl sie allein essen mußte, tat sie es mit gutem Appetit. Niemand war da, mit dem sie reden, dem sie sagen konnte, wie enttäuscht sie war, weil sie auf den Stufen nicht ihr Mann, der Kaiser, der Heerführer, der Sieger, empfangen hatte. Der Mörder ihres Vaters und ihres Bruders. Der Mann, mit dem sie, wenn er es verlangte, das Bett teilen mußte. Sie konnte sich kaum an den ungelenken, hochgewachsenen Jüngling erinnern, der sie an der Hand gehalten hatte.

Endlich erschien ein Eunuch, begleitet von zehn schwarzen Sklaven mit Fackeln. Sie schritten durch große Säle und lange Galerien, dann über breite Stufen hinab in den Park mit einem künstlichen Wasserlauf und hübschen schmalen Brückchen darüber. So erreichten sie den dichter bewachsenen, waldähnlichen Teil des Geländes, ohne daß einer ein Wort sprach. Die Sklaven leuchteten ihr nur beflissen auf dem Kiespfad. Die Nacht war mild. Am Himmel stand der Vollmond.

Wie auf ein lautloses Kommando liefen die Begleiter plötzlich nach allen Seiten davon, verschwanden hinter Büschen oder Bäumen. Sie hatte Angst, aber das war ihrem jungen Gesicht im silbernen Mondlicht nicht anzusehen. Sie schrak erst zusammen, als jemandes kräftige Arme sie so umschlangen, daß sie sich an seine Brust lehnen mußte. Sie wurde herumgedreht, eine Hand griff ihr sanft unters Kinn und hob ihr den Kopf. Vor ihr stand ein großer Mann mit energischem Gesicht und dunklem, lockigem Haar. Sie hatte lange genug eine standesgemäße Erziehung genossen und war nicht umsonst als jüngste Tochter eines Kaisers aufgewachsen — obwohl sie ihn nicht erkannte, wußte sie, daß nur einer sich ihr so nähern durfte.

»Endlich hast du geruht zu erscheinen.«

»So ist das in unserer Situation, mein Mädchen!« Er faßte sie um die Schultern und führte sie zu einer Bank. Sie setzten sich. Vor ihnen war ein Blumenbeet, von Mondlicht umflossen. »Unsere Herkunft legt uns Verpflichtungen auf, und unsere Stellung noch mehr. Ich wollte nicht, daß die Höflinge beobachten, wie wir beide uns begrüßen oder vielmehr kennenlernen. Diese Peinlichkeit wollte ich dir und mir ersparen.«

»Wahrscheinlich hast du recht. Ich danke dir ...«

»Normalerweise lege ich Wert auf das Zeremoniell, schon aus Gründen der Autorität. Eben deshalb soll niemand sehen, wie ich meine intimen Gefühle äußere ...«

»Konstantin!«

»Warte, mein Mädchen. Unsere Verbindung ist von der Vorsehung und vom Interesse des Imperiums gewollt ...«

»Das weiß ich.«

»Trotzdem liegt es nur an uns, was wir aus diesem einen Leben auf Erden machen. Wie wir miteinander auskommen. Steh bitte auf, damit ich dich besser anschauen kann.«

Fausta erhob sich langsam, tat ein paar Schritte und blieb stehen. Konstantin sah nicht nur die natürliche Grazie eines siebzehnjährigen Mädchens. Fausta hatte eine elegante, vornehme Haltung, aber sie war auch von Kindesbeinen an gelehrt worden, wie sie sich zu bewegen hatte. Sie wußte, daß bis jetzt alles nur ein Spiel, eine Probe gewesen war; dies war die erste richtige Premiere in ihrem Leben. Ebenso wußte sie, daß viel davon abhing, wie sie dem Mann vor sich auf der Bank gefiel. Und sie stellte mit Befriedigung fest, daß er ihr sympathisch war.

»Ich freue mich, daß du so ein schönes Mädchen geworden bist. In meiner Erinnerung warst du nur das mutwillige Kind, das ich heiraten mußte. Nimm bitte den Schal von Schultern ...«

Sie zögerte einen Augenblick. Dann entblößte sie mit einer stolzen Bewegung, als täte sie etwas Unerlaubtes und Endgültiges, die runden Schultern. Er erhob sich und umarmte sie. Sie sträubte sich ein wenig.

»Hab keine Angst ... In den Gärten ist jetzt keine Menschenseele. Draußen hält meine Garde die Wache. Ich habe für alles gesorgt. Wir sind allein. Aber ich möchte nicht, daß wir jetzt Kaiser und Kaiserin sind. Wir sind ein Mann und ein Mädchen, die sich unter seltsamen Umständen getroffen haben und die sich jetzt in einem nächtlichen Garten fern aller menschlichen Blicke ihre Liebe zeigen werden ...«

Er konnte zärtlich, aber auch so fordernd sein, daß es an Grobheit grenzte. Er spielte mit ihr wie ein erfahrener Musiker, der ein neues, kostbares Instrument in die Hand nimmt und weiß, daß es auf jede kleinste Berührung reagiert. Er nahm die Kaiserin auf der Bank wie ein Soldat eine Dienstmagd, aber ohne sie zu demütigen, denn er war jetzt Mann, kein Herr. Er unterwarf sie mit seinen Händen, den kräftigen Beinen, ohne Worte, doch er wandte keine Gewalt an, er suchte, er fand, er führte. Am Ende hüllte er sein entblößtes Mädchen in den Purpurmantel, zog sich selbst nur flüchtig an und trug sie über die Pfade des Parks, all die kleinen Brücken, die Stufen hinauf in den Palast und zum Obergeschoß in seine persönlichen Gemächer, wo auf einem vergoldeten Tisch Braten, Obst, verschiedene Weine warteten.

»Ich weiß nicht einmal, was du magst«, sagte er zärtlich. »Möchtest du vielleicht ein Bad nehmen?«

»Du weißt genau, was eine Frau braucht ... Ich möchte mich nur etwas erfrischen, Konstantin!«

Sie speisten zu zweit, sie wollte ihm nicht sagen, daß sie schon einmal gegessen hatte. Das kam ihr jetzt vor wie übertriebene Ungeduld, ja Unhöflichkeit. Auf einen Kaiser hatte man zu warten.

»Ich glaube, wir haben Glück gehabt«, sagte sie auf einmal ernst mit altkluger Stimme.

»Ja. Aber was meinst du damit?«

»Ich werde dich lieben können, Konstantin. Dich lieben, wie jedes Mädchen seinen ersten Mann liebt. Nicht wie eine Prinzessin, die man im Staatsinteresse verheiratet hat.«

»Ich bin ein glücklicher Mensch! Dein Kaiser ist ein glücklicher Mensch, Fausta. Und alle, die mit mir verbunden sind, müssen glücklich sein. Darum hüte dich!«

»Was soll das heißen?«

»Du hast gesagt, daß du mich lieben wirst wie ein Mädchen seinen ersten Mann. Das genügt nicht. Ich bin für dich nicht nur der erste, sondern auch der letzte, vergiß das nicht!«

»Und was bin ich für dich?«

»Weder die erste noch die letzte, Fausta. Du weißt, daß ich einen Sohn habe. Ich bin ein Mann, ich bin Soldat, und ich bin Kaiser! Du aber bist meine einzige Kaiserin!« Um seine schroffen Worte abzuschwächen, fragte er: »Magst du diese afrikanischen Trauben?«

Sie nahm eine große blaue Beere.

»Ja.«

»Du wirst immer haben, was du am liebsten auf der Welt magst . . .«

Sie schliefen zusammen, und als sie sich am Morgen aus seiner Umarmung befreite, sagte sie leise und spröde: »Ein Mann, Soldat und Kaiser!«

»Ja. Warum sagst du das?«

»Mein Vater ist auf deinen Befehl erdrosselt worden . . . Er war alt, er hätte fast mein Großvater sein können. Trotzdem . . .

Konstantin stand auf, als könnte er im Liegen nicht antworten. Er warf sich etwas über und zog einen Stuhl ans Bett.

»Ja, Fausta. Ich habe seinen Tod befohlen. Ich mußte!« sagte er sehr leise, aber entschlossen. »Vielleicht werde auch ich eines Tages getötet. Vielleicht auch du. Vergiß nicht, wir sind keine gewöhnlichen Menschen. Ich habe dich nicht erwählt, weil du die Schöne warst, die mir am meisten gefiel und in die ich mich verliebte. Es geht um das Geschlecht der Herkulier ...«

»Ich weiß es.«

»Wäre ich Hauptmann der Garde, Tribun erster Klasse, vielleicht Präfekt einer Legion, Oberst oder sogar General geblieben, hätte ich mit Minervina gelebt, mir irgendwo in Illyrien ein schönes Gut gekauft, und wenn ich nicht in einer Schlacht gefallen wäre, hätte ich mich eines Tages dorthin zurückgezogen und mich an der Natur und meinen Enkelkindern erfreut. Aber das Schicksal hat es nicht gewollt.«

Sonnenstrahlen spielten über die Wände. Der Tag brach an.

»Wir werden uns oft verstellen müssen«, fuhr er fort. »Aber wenn wir allein sind, sollten wir nicht an die Verhältnisse im Reich denken, an die Intrigen deines Vaters gegen mich und die Ordnung, daran, daß ich deinen Bruder getötet habe. Im offenen Kampf habe ich ihn getötet, Fausta. Wir werden auch nicht daran denken, daß deine Halbschwester meine Stiefmutter ist, daß sie meiner Mutter meinen Vater weggenommen hat. Warum? Weil sie ihn wollte? Nein, sondern im Interesse der Dynastie. Wenn wir nicht manchmal wie diese Nacht und heute Morgen einfach eine junge Frau und ihr Mann sein können, dann werden wir keinen Augenblick glücklich sein, so wie wir es gestern Abend für möglich gehalten haben. Wenn wir aber in der Aula Palatina auf dem Thron sitzen, das Diadem auf dem Kopf und den Purpurmantel über den Schultern, dann müssen wir unsere Nächte und unsere Spiele vergessen und nur Herrscher sein. Wirst du das können?«

»Du wirst es mich lehren.«

»Gut. Noch etwas. Du hast von meinem Sohn Crispus gewußt...«

»Natürlich. Ich werde ihn achten, versuchen, ihn zu lieben.«

»Auch ich bin ein illegitimer Sohn meines Vaters, Fausta. Aber mit dir möchte ich viele Kinder haben. Unsertwegen und um des Staates willen. Wir wissen nicht, wie unsere Söhne sein werden. Das Reich werde ich dem Besten übergeben, einerlei, wer seine Mutter ist.«

Fausta seufzte. »Sie sind noch nicht gezeugt, und du schiebst sie schon umher wie Figuren auf dem politischen Schachbrett. Bleibe noch ein wenig der junge Mann, sei nicht immer nur der Herrscher...«

Am ersten Tag in ihrem neuen Haus erneuerte Fausta die Bekanntschaft mit Konstantins Mutter, Helena, an die sie sich aus ihrer Kindheit kaum erinnerte. Man stellte ihr Crispus vor, einen fröhlichen, lebhaften Jungen. Der Chef des Protokolls bot ihr an, die Glashütte vor der Stadt zu besichtigen. Hier wurden schön geformte und künstlerisch vollendete Trinkgläser, Pokale, Gefäße für wohlriechende Salben und für Arzneien geblasen und auch Ringe und Armschmuck aus Glas gefertigt. Der Besitzer der Werkstatt bat demütig um die Erlaubnis, der jungen Kaiserin einige besonders schöne Stücke schenken zu dürfen. Der Protokollchef verteilte große Goldstücke als Trinkgeld.

Danach besuchte sie die staatliche Münzanstalt. In den streng bewachten Tresoren lagen Gold und Silber, Kupfer und Zink für die Bronzelegierungen, Blei und andere Metalle. Zahlreiche Kontrolleure wachten darüber, daß kein Staatseigentum entwendet wurde. Gute Bildhauer waren engagiert, um nach höchster Anweisung Modelle zu entwerfen und Gießformen aus Hartholz herzustellen. Spezielle Öfen dienten zum Schmelzen der Edelmetalle. Eine sehr wichtige Aufgabe war das Auswiegen der Metallmengen. Die Wägemeister waren dafür verantwortlich, daß jede Münze ihr genau festgelegtes Gewicht hatte.

»Unsere Münzanstalt ist schon über zwanzig Jahre in Betrieb, Herrin. Wie wir wissen, wird seit mehr als tausend Jahren Geld geprägt. Man sagt, daß die Lydier als erste Geld aus Elektron gemacht haben, das ist eine seltene natürliche Legierung aus Gold und Silber, die es in ihren Flüssen gab.«

»Was ist deine Aufgabe, guter Mann?« Fausta fand sich gut zurecht, sie trat würdevoll auf, wirkte sogar etwas älter.

»Ich bin der *procurator monetae,* der Verwalter der Münzanstalt, verehrte junge Herrin.«

»Ist das eine schwere Arbeit? Sind deine Mitarbeiter in großer Versuchung, etwas zu stehlen?«

»Die Arbeit ist verantwortungsvoll, aber ich glaube, man kann Diebstähle verhindern, wenn man die Menschen, die Zugang zu den Edelmetallen haben, gut bezahlt. Es ist besser, ihnen ein gutes Auskommen auf legalem Weg zu sichern, als sie in Versuchung zu führen. Dank der Einsicht der Kaiser haben wir da keine Schwierigkeiten.«

»Du sprichst von ›den Kaisern‹?« fragte Fausta überrascht. Der Prokurator hatte offenbar nicht nur Konstantin im Sinn.

»Wir sind keine Politiker, sondern Finanzfachleute. Wir arbeiten nach gesetzlicher Vorschrift. Noch immer hat Diokletians Reform des monetaren Systems Gültigkeit. Aber jedes Gesetz, das von der legalen Macht erlassen wird, führen wir präzise, bedingungslos und ohne Kommentar durch. Wenn du mir eine Bemerkung erlaubst, Herrin: Kaiser können sich ändern, und sie werden abgelöst, noch viel leichter ist es, Verwaltern der Münzanstalten die Köpfe abzuschlagen, aber die ordnungsgemäße Herstellung und Verteilung des Geldes ist eine Grundvoraussetzung für einen stabilen Handel im Reich, ist die Basis der gesamten Wirtschaft und damit des Lebens. Daran darf niemand rühren!«

»Es freut mich, daß ich meinem erhabenen Gatten berichten kann, was für einen gewissenhaften und gesetzestreuen Diener er in dir hat!« sagte Fausta leicht ironisch.

Der Verwalter schien es nicht zu bemerken. Er erklärte weiter, daß aus seiner Institution, wie er sagte, aus der *Sacra Moneta Treveris,* pro Jahr eine halbe Million Gold-, Silber- und Bronzemünzen kam, fast zwei Drittel des im westlichen Teil des Reiches umlaufenden Geldes. Aber er versorgte nicht nur Italien, Gallien und die germanischen Provinzen, sein Geld zirkulierte auch in Ägypten, Palästina, Syrien und Mesopotamien. Am Ende des Besuchs überreichte er der Kaiserin ein Goldstück von zehnfacher Größe in einem schönen Kästchen aus grünem Stein.

»Zur Erinnerung, Herrin!«

Faustas Sänfte wurde auch zu den Werkstätten einiger bekannter Handwerker getragen. Sie sah, wie Schafwolle gereinigt, in großen Kesseln gefärbt und gewebt wurde. Die mit starken Seilen verschnürten Ballen wurden auf vierrädrige Karren oder auf Maultiere geladen. Die junge Kaiserin bekam einen Begriff davon, wie viele Beschäftigungen auf der Welt existierten. Im Zusammenhang mit der Wolle gab es viel Arbeit, die bestimmte Werkzeuge erforderte, zum Beispiel Scheren für die Schafschur. Als sie fragte, woher sie bezogen wurden, brachte man sie sogleich zu einem Schmied, der sie herstellte.

Zum erstenmal sah sie, wie die Schuhmacher das Leder in Wasser weichten, bevor sie es zu feinen Damenschuhen, Offiziersstiefeln oder einfachen Sandalen verarbeiteten.

Nachdem sie auch noch einige Werkstätten besucht hatte, wo Sitzbänke, Sessel, Tische und sonstige Möbel aus Rohr gefertigt wurden, weigerte sie sich, zum Fluß hinabzusteigen und die Arbeit der Fischer, Netzmacher und Schiffsbauer kennenzulernen.

»Etwas können wir doch für das nächstemal aufsparen?«

Fausta vermochte sich natürlich zu geben, den Menschen mit aufrichtiger, mädchenhafter Neugier Fragen zu stellen, aber ihr Benehmen war stets auch damenhaft. In der Stadt wurde bereits geflüstert: »Unser Kaiser hat eine wunderbare junge Frau.«

Konstantin konnte zufrieden sein mit den ersten Berichten seiner Spione über das Auftreten der Kaiserin und über den guten Eindruck, den sie bei den Einwohnern von Augusta Treverorum gemacht hatte.

Die Porta Nigra, *das zweistöckige Bauwerk am Eingang zur antiken Stadt — zu Konstantins Zeit trug es noch nicht diesen Namen, sondern bekam ihn viel später, als sich der Sandstein dunkel verfärbt hatte —, das kaiserliche Bad und viele andere Architekturdenkmale, sowie Geschirr, Schmuck, Werkzeuge usw. kann man noch heute in Trier, dem einstigen Augusta Treverorum, und in den Museen der Umgebung besichtigen. Gut erhalten sind auch die Aula des kaiserlichen Palastes und die Reste des Amphitheaters für 25000 Zuschauer. Zusammen mit freigelegten Mosaiken und Reliefs vermitteln sie uns heute ein ziemlich klares Bild vom Leben im 4. Jahrhundert. Die Münzprägung übrigens ist einer der sichersten Wegweiser durch die politische Geschichte.*

ES GIBT WUNDER

Schon vor dem Sieg über Rom galt Konstantin als ausgezeichneter Heerführer. Kurz nach dem Tod seines Vaters Constantius hatte er die Frankenfürsten Askarich und Merogais besiegt und sie im Amphitheater zu Trier von wilden Tieren zerreißen lassen, und das Publikum war zufrieden, daß es auch bezüglich solcher Veranstaltungen nicht mehr hinter Rom zurückstehen mußte. Er war sich seiner militärischen Übermacht so sicher, daß er bei Colonia Agrippina eine große steinerne Brücke über den Rhein schlagen ließ, deren Kopf die *Castra Divitensia* bildeten. Zu Ehren seiner Siege gründete er die »Fränkischen Spiele« — *Ludi Francici* — in deren Verlauf regelmäßig fränkische Gefangene öffentlich den Bestien vorgeworfen wurden. Der Kaiser selbst mied die Arena, und später, als er sicher war, seine Sensationslust befriedigt und diese Art der Popularität nicht mehr nötig zu haben, besuchte er nie wieder Gladiatorenkämpfe und Hinrichtungen. Er konnte einfach kein Blut sehen, schon die Farbe und der Geruch verursachten ihm Übelkeit, und ihm wurde bereits schwindlig, wenn sich jemand in seiner Gegenwart mit einem Messer schnitt. Aber das durfte niemand erfahren. Er fürchtete, daß diese Schwäche seiner Autorität als Kaiser und Kommandeur schaden könnte.

Nachdem er die westlichen Grenzen, für die er verantwortlich war, befriedet hatte, fand Konstantin mehr Zeit für ideologische und religiöse Fragen. In der Welt, die er sich vorstellte, waren die alten Götter immer mehr zu Dämonen degradiert oder doch zu fast persönlich gewordenen Eigenschaften: *Nemesis* war ein erhabenes Recht der handelnden Gottheit, hieß aber Tochter der *Justitia*. *Themis* war das ewige Gesetz, stand aber den Auspizien vor. *Merkur* wurde *mundi velocior sensus* genannt, also das Bewegungsprinzip des Weltganzen. *Fortuna* schließlich leitete die menschlichen Schicksale. Und alle diese Gottheiten standen zueinander in enger Beziehung, es war schwer auszumachen, wo die Zuständigkeit der einen aufhörte und die Macht der anderen begann.

Die höchste Gottheit mußte für die Menschen von damals dennoch mehr sein als nur eine Summe guter Eigenschaften, die über die schlechten gesiegt hatten. Am einfachsten war es noch, sie mit der gleißenden Scheibe der Sonne zu identifizieren, ohne die das Leben undenkbar gewesen wäre. Konstantin wußte genau, daß Diokletian aus moralischen Gründen den Glauben an die Götter gefordert hatte, nicht weil er von ihrer Existenz überzeugt war. Der neue junge Kaiser jedoch akzeptierte weder das Herrschaftsprinzip der Tetrarchie, noch wünschte er eine allzu komplizierte Religion, die jenem entsprochen hätte. Er mußte etwas Simpleres finden. Die Beziehungen in der eigenen Familie machten ihn schon nervös, und bei den alten Göttern Roms und Griechenlands schien es ihm ebenso chaotisch zuzugehen.

Wann immer er mit seinen Offizieren sprach, hatte er

den Eindruck, daß auch sie für neue und sinnvolle Lösungen waren.

»Herr, wir können nicht jedesmal, wenn wir eine Legion in eine andere Provinz verlegen, einen neuen Kult erlernen. Wenn wir ein geeintes Kaiserreich haben, warum dann nicht Götter und religiöse Gebräuche, die für alle gleich sind?«

Er machte sich allmählich klar, daß die Alleinherrschaft nur mit Hilfe einer einheitlichen Glaubenslehre zu verwirklichen war. Was er tun würde, wußte er noch nicht, doch er überlegte, auf welche Weise ihm die bis vor kurzem noch verfolgten Anhänger des nahöstlichen Gottes nutzen konnten, der angeblich seinen einzigen Sohn für die Errettung der Menschheit geopfert hatte.

Er berief den christlichen Orator und Schriftsteller Lactantius nach Augusta Treverorum. Ihn kannte er noch aus Nikomedia, wo er bis zu seiner Vertreibung nach dem großen Brand im Kaiserpalast an Diokletians Hof gewirkt hatte. Im letzten Augenblick war er durch seine Flucht der Folter und vielleicht der Hinrichtung entgangen.

Konstantin empfing ihn in seinem Arbeitskabinett, nicht im Audienzsaal, was eine große Ehre war.

»Ich werde Männer wie dich brauchen, Lactantius. Wie geht es dir?«

»Ich stehe dir gern zu Diensten. Dein Vater hat uns Gläubigen seine Milde geschenkt, und ich höre, daß unser Gott auch dich gesegnet hat ...«

»Alle Götter. Aber lassen wir das, ich gestehe jedem seinen Glauben zu. Mir gefällt dein guter Stil. Ich werde dir Gelegenheit geben, an meinem Hof dein Talent zu entfalten.«

»Mit deiner Erlaubnis, Herr, habe ich beschlossen, ein Buch über die Todesarten der Christenverfolger zu schreiben. Gott selbst hat Galerius als ersten bestraft ...«

»Ja. Der Ärmste. Ich habe gehört, daß er einen langsamen und qualvollen Tod hatte.«

»Und Diokletian, der größte Sünder, hat sich selbst den Tod gegeben, weil er fürchtete, du würdest ihn ins Jenseits schicken ...«

»Das ist nicht wahr, Lactantius. Die Leute reden allerlei. Aber er ist am Leben und für sein Alter ziemlich gesund. Wir werden ihn einladen, uns demnächst zu besuchen ...«

Der christliche Literat erbleichte.

»Er muß einen schrecklichen Tod haben. Das ist für die Wirkung meines Buches wichtig ...«

Konstantin lachte, dann wurde er nachdenklich.

»Mach dir keine Sorgen. Ich glaube, die Idee deines Buches kommt mir entgegen. Aber du wirst jetzt vor allem die Aufgabe haben, meinen Sohn Crispus zu unterrichten.«

»Ich werde dem jungen Prinzen gern all mein Wissen vermitteln.«

»Gut. Aber paß auf! Du wirst ihn so gewissenhaft unterweisen, wie es auch seine anderen Lehrer tun. Er muß alle Anschauungen kennenlernen, die es heute in der Welt gibt. Du lehrst ihn, was du weißt, du sagst ihm, woran du glaubst, doch du wirst nicht im Namen deines Gottes um seine Seele kämpfen ...«

»Aber außer dem einzigen Gott gibt es nur Dämonen, Herr, böse Dämonen, die sich gegen das Reich Gottes und die Rettung der Menschheit stellen.«

Der Kaiser hob die Brauen. Das Schlimme an diesen Christen war, daß sie ihre Meinung ziemlich dreist vertraten. Zwar hätte er auf diese Weise Nützliches von ihnen erfahren können, doch er duldete keinen Widerspruch.

»Einerlei. Selbst wenn du recht hast, wir müssen auch ihnen Genugtuung geben.«

»Diese überirdischen und irdischen Dämonen wissen vieles Künftige«, begann Lactantius weitschweifig. »Den eigentlichen Ratschluß Gottes wissen sie nicht. Sie sind es, die sich beschwören lassen durch Magier, auf deren Anrufung sie die Sinne des Menschen mit blendendem Gaukelwerk betrügen, so daß er nicht sieht, was ist, sondern zu sehen glaubt, was nicht ist ... Sie bringen Krankheiten, Träume, Wahnsinn, um die Menschen durch Schrecken immer mehr an sich zu ketten ... Man darf sie aber deshalb nicht etwa aus Furcht verehren, denn sie haben nur Kraft, solange man sie fürchtet; vor dem Namen Gottes müssen sie weichen, und der Fromme kann sie sogar zur Nennung ihres eigenen Namens zwingen ... Sie haben die Menschen gelehrt, Bilder verstorbener Könige, Helden, Erfinder zu machen und göttlich zu verehren; hinter deren Namen verbergen sie aber nur sich selber wie hinter Masken. All das sind nur schreckliche Masken, Herr, bei Christi Wunden!«

»Warte, Lactantius. Du sprichst gut und überzeugend. Das wird mir nützen. Aber meine Statuen dürft ihr nicht stürzen, obwohl ich kein Gott bin, ich weiß es. Ich glaube, dein Prophet hat gesagt: ›So gebet dem Kaiser, was des Kaisers ist; und Gott, was Gottes ist.‹ «

»Er hat deine erhabene Person erleuchtet, Herr, denn du kennst seine heiligen Worte. So ist es!«

»Da ich also Kaiser bin, bleiben meine Statuen stehen, klar? Und diese Wunden Christi, das sind Kindermärchen. Jeder bessere ägyptische Magier kann mit Wunden alle möglichen Tricks anstellen ...«

»Täusche dich nicht, Herr, das ist etwas anderes! Die Magier bekommen ihre Wunden durch Anrufung der Dämonen. Aber unser Herr Jesus Christus hat im Namen Gottes und für die Errettung unserer Seelen seine Wunden am Kreuz von römischen Legionären erhalten!«

Der Kaiser verlor allmählich die Geduld. Manchmal hörte er gern Geschichten über Wunder und schwarze Magie, aber nicht immer, nicht wenn er Wichtigeres vorhatte. Er erkannte, daß Lactantius nicht aufhören würde zu reden, wie es sich gehört hätte, sondern daß er ihn wegschicken mußte. Es geschah immer öfter, daß er Gespräche begann, sie jedoch, wenn sie ihm zu lang wurden, plötzlich abbrach, um sich anderen Dingen, anderen Mitarbeitern zuzuwenden.

»Du kannst jetzt gehen. Mein Adjutant Ablavius gibt dir die nötigen Anweisungen. Wenn du etwas brauchst, wende dich an ihn. Bei Gelegenheit werde ich dich rufen, um zu sehen, welche Fortschritte mein Crispus macht.«

Gespräche über das Christentum waren in der Umgebung des Kaisers nicht selten. Konstantin hörte mit großem Interesse die Geschichte von der Tochter des christlichen Bischofs von Zypern, Spiridion. Sie hieß Irene. Ein Bekannter hatte ihr einen wertvollen Gegenstand anvertraut. Sie starb darüber, vielleicht an einer ansteckenden Krankheit, ohne daß sie rechtzeitig jemandem verraten konnte, wo sich der Schatz befand. Spiridion wurde beschuldigt, ihn an sich gebracht zu haben. Der Bischof flehte zu seinem Gott, er möge ihm vor der Zeit die verheißene Auferstehung an einem Beispiel zeigen, damit er von dem toten Mädchen erführe, wo der Schatz war. Gott erhörte ihn als seinen treuen Diener und half ihm durch die Verstorbene, seine Unschuld zu beweisen ... Solche Dinge wurden auch bei Abendgesellschaften in der kaiserlichen Stadtvilla häufig erzählt.

»Glaubst du, daß dir so etwas widerfahren könnte, Ablavius?« fragte Konstantin seinen stets gegenwärtigen Adjutanten.

»Was möchtest du hören, Herr?«

»Wenn wir schon zusammen bei Tisch sitzen und reichlich dem Falerner zugesprochen haben, möchte ich ausnahmsweise hören, was du wirklich denkst und nicht das, wovon du glaubst, daß ich es hören will!« rief er aufgebracht, aber Fausta zu seiner Rechten antwortete an Ablavius' Stelle besänftigend: »Ja, ich glaube es. In unserem Leben gibt es so viele Wunder!«

»Dich habe ich gefragt, Ablavius!« mahnte der Kaiser etwas versöhnlicher.

»Es gibt Wunder, Herr, ganz sicher. Ich glaube daran. Ist uns nicht vor der entscheidenden Schlacht an der Mulvischen Brücke das göttliche Zeichen am Himmel erschienen?«

Es blieb wieder offen, ob er aufrichtig sprach oder heuchelte. Sie wußten doch, wie es zu diesem »Wunder« gekommen war. Oder hatten es die meisten wirklich schon vergessen?

Für Konstantin waren die Christen Untertanen, Anhänger eines Gottes wie andere, die an andere Götter glaubten. Christus war nur eine mögliche Verkörperung des Göttlichen. Den Kaiser interessierte vor allem, wer bereit und imstande war, der Idee eines neuen, einheitlichen Staates zu dienen.

Pünktlich zum zehnten Jahrestag der Proklamation Konstantins zum Kaiser wurde in Rom der Triumphbogen fertig, den der Senat ihm nach seinem Sieg über Maxentius versprochen hatte. Um Zeit und Mittel zu sparen, hatte man schöne Bruchstücke eines Bogens des Trajan verwendet. Konstantin erfuhr natürlich davon, und auf einem sorglosen Ritt zur Jagd fragte Ablavius ihn: »Hältst du es nicht für Mißachtung oder sogar für Betrug, daß dein Denkmal aus schon benutzten Steinen errichtet wird?«

»Wenn schon! Was auf Trajans Triumphbogen stand, war nur Geschwätz. Laß die Römer … Diokletian hat sie nie verstanden. Er hatte immer ein merkwürdiges Verhältnis zur Ewigen Stadt, nicht einmal seinen eigenen Triumph wollte er feiern … Weißt du, er hat oft so mit mir gesprochen wie ich jetzt mit dir. Möchtest du vielleicht Kaiser werden?«

Der junge Offizier erschrak.

»Die Götter mögen mich vor solchen Gedanken bewahren! Was sind das für Ideen, Herr?«

»Was weiß ich … Ich habe ihn beobachtet, ihn oft bewundert, aber noch öfter gedacht: Du irrst dich, Alter, ich würde das anders und besser machen. Ich weiß nicht, was du denkst …«

»Ich bin nicht göttlicher Herkunft wie du …«

Der Kaiser und sein Vertrauter hatten sich etwas vom

Gefolge entfernt. Konstantin hatte offensichtlich keine Lust zum Jagen, er genoß den Wald, die Lichtungen, die Bäche, die Schatten. Nachdenklich und mehr für sich sagte er: »Göttliche Herkunft ... Meine Mutter ist eine Schankwirtin aus Naissos. Wir berufen uns auf das Geschlecht der Herkulier, aber was ist das? Wer war Maximianus Herculius? Im Alter ein gefährlicher Intrigant und, was noch schlimmer ist, ein Narr und in der Jugend ein Bauernlümmel. Er verstand nur etwas von Prügeleien. Ansonsten war er primitiver und dümmer als du. Und meine hohe Herkunft besteht darin, daß Diokletian ihn gezwungen hat, meinen Vater zu adoptieren. Und der göttliche Diokletian? Der Sohn eines ausgedienten Soldaten und Schreibers. Wir alle sind Illyrer, Provinzler, nichts sind wir, Ablavius ... Wir haben uns mit Waffengewalt durchgesetzt, mit List und ziemlich viel Glück ... Weißt du noch, worüber wir neulich abends gesprochen haben? Was das betrifft, muß auch ich tatsächlich an Wunder glauben!«

Der arme Ablavius wußte oft nicht, was er seinem Kaiser antworten sollte.

Der Triumph in Rom wurde nach uralter Tradition gefeiert. Es gab Spiele, Geschenke für das Volk. Konstantin lehnte es nur ab, auf dem Kapitol Jupiter zu opfern. Einige römische Bürger und Aristokraten zeigten sich durch eine weitere Einzelheit erstaunt. Die Inschrift des Bogens besagte, daß Flavius Constantinus Maximus über den Tyrannen und seine gesamte Partei mit Hilfe des höchsten und besten Jupiter gesiegt habe. Konstantin indes ordnete an, daß diese Formulierung getilgt und durch die Worte »nach dem Willen der Gottheit« ersetzt wurde. Der alte Priester und Prophet Astrax verlangte aus diesem Anlaß eine Audienz, äußerte in zurückhaltenden Worten sein Unverständnis und seine Mißbilligung und fragte den Kaiser ehrerbietig nach seinen Gründen.

»Mag jeder an seinen Gott denken, mein guter Alter. Das ist weder gegen Jupiter noch gegen einen anderen

Gott gerichtet, jeder von ihnen kann glauben, daß er gemeint ist.«

»Aber das Volk sagt, daß der Galiläer gemeint ist.«

»Nicht das Volk, sondern seine Anhänger. Ich muß mich wundern, daß du deren Argumente aufgreifst. Sollen sie doch an ihn denken. Glaub mir, ich habe ebenso an jeden anderen Gott gedacht, der uns helfen und für jeden beliebigen unserer Untertanen der Höchste sein könnte.«

»Es ist aufgefallen, daß du nicht Jupiter geopfert hast wie alle anderen Triumphatoren«, beharrte der heidnische Priester. »Du bist der *Pontifex maximus,* es ist nicht gleichgültig, was du tust oder ablehnst.«

»Aber wem ist das schon aufgefallen? Den paar anwesenden Höflingen. Das Volk interessiert sich nicht für unsere Zeremonie, sondern für den kostenlosen Braten und die lustigen Spiele. Das weiß ich genau. Für die einfachen Menschen ist nur wichtig, was sie auf dem Bogen sehen, und das sind die Opfer für Apollon, Diana, Mars und Silvanus. Ich mag Opfer nicht, Astrax. Aber dir verbiete ich nicht zu opfern, und ich bitte dich, mich über deine Ansichten und Beobachtungen zu informieren, wie das auch die anderen Propheten und Oberpriester tun.«

Der Priester sprach lauter als der Kaiser, der hingegen vernünftiger, leise, wenn auch deutlich akzentuiert. Sie befanden sich in einer der prächtigen römischen Bibliotheken.

»Du kannst nicht leugnen, Herr, daß du die Ewige Stadt mit dem Zeichen des Galiläers erobert hast. Du selbst hast erklärt, daß du mit diesem Zeichen siegen würdest.«

»Ja, das habe ich. Du warst dabei. Und wir haben gesiegt. Du hast mir geraten, auf diesen Kampf zu verzichten. Was wäre aus uns geworden, hätten wir uns zurückgezogen? Wer würde heute in Rom herrschen? Was wir besiegt haben, ist bereits Geschichte. Ich nehme dir nicht übel, daß du mich falsch beraten hast. Du hast nach deinem Gewissen gehandelt, und das weiß ich zu schätzen. Aber die Beschlüsse fasse ich, nicht wahr?«

»Natürlich ... Aber noch mehr als dieses Zeichen haben dir die christlichen Spione mit ihren Berichten aus Maxentius' Lager geholfen ...«

»Na und? Ich frage dich auch nicht, ob du nur die Leber und andere Eingeweide beschaust oder andere, greifbare Quellen für deine Prophezeiungen hast. Mich interessiert nur, wieviel mir deine Voraussagen nützen. Ich wiederhole: Du hast wie alle anderen Propheten die Pflicht, mir deine Erkenntnisse mitzuteilen, ganz gleich ob du sie den Göttern verdankst oder guter Organisation. Der Kaiser wird dank göttlicher Eingebung wissen, wer ihn am besten berät. Und der wird natürlich belohnt. Ich aber bin und bleibe, wie du schon sagtest, der *Pontifex maximus,* der höchste Priester und Diener aller Götter, aller, verstehst du? Auch des galiläischen.«

»Gestattest du mir noch eine Frage?«

»Jede Frage, guter Alter. Unter vier Augen jede Frage, so wie ich ohne Zeugen nicht nur Ratschläge, sondern auch Kritik anhören werde. Ich verbitte mir lediglich Einwände gegen bereits gefaßte und veröffentlichte Beschlüsse. Also sprich!«

»Was hast du Ossius, dem Bischof von Cordoba, für seine Dienste an der Mulvischen Brücke versprochen?«

»Nichts, aber ich werde seine Kirche auf kaiserliche Art belohnen. Ich habe beschlossen, dem römischen christlichen Bischof den Lateranischen Palast zu schenken.«

»Aber Herr! Der war für deine Gattin Fausta vorgesehen.«

»Das ist richtig. Darum ist es auch ein persönliches Geschenk, keines vom Staat. Die Herrin Fausta wird meist bei mir sein oder in meiner Residenz in Augusta Treverorum. Sie braucht keinen eigenen Palast in Rom. Ich werde die christlichen Priester vom Staats- und Kriegsdienst und von der Steuer befreien und ihnen ermöglichen, für ihren Glauben zu leben, wie ihr Diener der anderen Götter. Nicht weniger und nicht mehr.«

Als der Kaiser auf dem Trajansforum die Geschenke an das römische Volk austeilte, dachte niemand mehr an Maxentius, niemand hörte auf die Glaubensfanatiker und ihre Göttergeschichten. Konstantin war selbst anwesend. Man hatte ihm einen Thron errichtet, auf dem er in seinem goldverbrämten Purpurmantel Platz nahm, umgeben von Senatoren und Fackelträgern, obwohl heller Tag war. Er hörte die Dankesbezeugungen seiner Untertanen an. Jeder Römer, dessen Name auf der Einwohnerliste stand, erhielt in seinem Stadtteil eine Marke, die er gegen Nahrungsmittel und ein Maß kleiner Münzen einlösen konnte. Die Senatoren bekamen vom Kaiser persönlich den zwölffachen Betrag. Für die meisten stellte das keine bedeutende Summe dar, aber der Akt selbst erneuerte die alten Beziehungen zwischen ihnen und dem Kaiser. Sie wußten wieder, wem sie zu dienen hatten. Vielleicht nahmen sie endlich Abschied von der Illusion, herrschen zu müssen wie zur Zeit der Republik.

Konstantin gab noch einige Anordnungen, die Unternehmer und Bauherren betrafen: Ein öffentliches Bad mit seiner Statue in doppelter Lebensgröße zu errichten, den Zugang vom Quirinal zum Marsfeld durch eine große Treppe umzugestalten, ein Goldstück mit seinem Porträt und einer Inschrift zu prägen, die besagte, daß er die Macht über den ganzen Erdball wiedergewonnen hatte, daß er der Erneuerer der öffentlichen Freiheit und der beste Kaiser war. Dieses Goldstück symbolisierte auch seine enge Verbindung mit der unbesiegbaren Sonne, und sein Titel lautete *Maximus Augustus,* Oberster Kaiser, als herrschten nicht zugleich noch Licinius und Maximinus Daza im Osten. So verkündete er vor der Stadt und dem Erdball, daß er sich für berufen hielt, alle Länder unter seiner Herrschaft zu vereinigen. Das Christentum stellte er mit den alten Religionen gleich, gab ihm aber noch nicht den Vorrang.

Die Kaiser im Osten fanden sich natürlich nicht mit der neuen Situation ab. In Emona wurde plötzlich Konstantins Statue gestürzt. Das konnte nicht ohne Licinius' Wissen geschehen sein. Emona lag auf halbem Weg zwischen Rom und Augusta Treverorum. Die Mißhandlung des kaiserlichen Standbildes wirkte wie eine Provokation. Aus Rache schlugen Konstantins Legionen die des Licinius bei Cibalis an der Save und verfolgten sie bis nach Thrakien. Aber das war keine endgültige Lösung. Konstantin war noch nicht bereit, um alles oder nichts zu kämpfen.

Der neue, junge Herrscher wußte, daß er vor allem die Handelswege zu Wasser und zu Lande sichern mußte. Alle Unruhen in der Vergangenheit waren durch Hunger und verzögerte Versorgung verursacht gewesen. Er wußte, daß die Steuern an Geld und Feldfrüchten zu hoch waren, aber wie sonst hätte er seine Armee erhalten sollen?

In den vergangenen Jahrhunderten, besonders unter den Soldatenkaisern, war es zu einer sozialen Umstrukturierung gekommen, die viele Bauern unverhofft reich und mächtig gemacht und viele einst vornehme und wohlhabende Familien an den Rand des Abgrunds gebracht hatte. Die Städte waren schnell gewachsen. Zahlreiche neue Bürger kamen aus dem Landesinneren, überzeugt, hier leichter und angenehmer leben zu können. In Konstantins Jugend mochte das Imperium etwa fünfzig Millionen Einwohner gehabt haben, aber obwohl viele Kaiser Schätzungen befohlen hatten, waren deren Ergebnisse nur in den größeren Ansiedlungen zuverlässig.

Kaum mehr als ein Zehntel aller Untertanen der römischen Kaiser bekannte sich jetzt zum Glauben an den Galiläer. Die meisten Christen lebten in Alexandria und Antiochia im Osten, in Cordoba im Westen. In Rom selbst mochten es etwa achtzigtausend sein.

Der Silberdenar, die gute alte Währung aus Augustus' Zeiten, hatte jetzt kaum noch fünf Prozent seines einstigen Wertes. Das seltenere und stabilere Goldstück galt nur noch halb soviel wie früher. Auch Diokletians Wirtschaftsreform hatte die Inflation nicht aufhalten können. Die Händler vermochten nicht mehr ehrlich zu kalkulieren. Der Warentransport war langwierig und unsicher. Wenn zwei Kamele vor hundert Jahren 500 Münzen gekostet hatten, so betrug ihr Preis jetzt 134 000 Münzen. Eine Sklavin, für die man einst 1 200 Münzen gegeben hatte, mußte jetzt mit zwanzigtausend bezahlt werden. Weshalb die Familien, die ihren Reichtum über Generationen in Bargeld angesammelt und sich nicht mit Handel und Warenumschlag befaßt hatten, jetzt plötzlich verarmten und Trost in obskuren Kulten oder im Christentum suchten.

Ein Teil der Industrie war in Staatshand. Die Arbeiter waren Sklaven. Aber das Monopol garantierte keine wirtschaftliche Rechnungsführung, denn die Kontrolle war schwach. Die Steuereintreibung stellte ein ziemliches Problem dar. Erfolglose Landwirte fanden eine Lösung sogar darin, Sklavinnen zu heiraten und auf diese Weise selbst in den Sklavenstand überzugehen. Sklaven zahlten keine Steuern. Sklave bei einem guten Herrn zu sein, bedeutete in gewissen Landesteilen ein besseres Leben als die selbständige Bodenbestellung. Es gab Steuerpflichtige, die in benachbarte Barbarenländer flohen oder um Aufnahme in die Armee ersuchten. Da jetzt auch die christlichen Priester von der Steuer befreit waren, fanden sich immer mehr einzelne, die um ihrer Ruhe und Sicherheit willen in diesen Stand eintreten wollten.

So unwahrscheinlich es klingt, aber Lactantius' Idee von den Dämonen ist belegt. Der sogenannte »christliche Cicero« hat im 4. Jahrhundert seine Ideen über die Dämonen niedergeschrieben, die hier in den Dialog mit Konstantin eingegangen sind. Und das ist ein Beweis dafür, daß sich Heidentum und christlicher Glaube damals noch ziemlich nahe standen.

Konstantins Triumphbogen steht noch heute in Rom.

Emona, wo Konstantins Statue gestürzt wurde, ist das heutige Ljubljana. Die Schlacht bei Cibalis, dem heutigen Svilaja, fand am 8. Oktober 314 statt.

Die ökonomischen Probleme, die Konstantin bedrückten, waren noch spürbarer im östlichen Teil des Imperiums, wo Licinius und Maximinus Daza herrschten.

Aus seiner Residenz in Sirmium verfolgte Licinius mit großer Aufmerksamkeit alle Vorgänge in Italien. Er mischte sich nicht ein. Strenggenommen wäre er verpflichtet gewesen, seinen legitimen Mitregenten Konstantin beim Kampf gegen den Usurpator Maxentius auch militärisch zu unterstützen. Indes wußte Licinius nicht, wer siegen würde, und wollte kein Risiko eingehen. Maxentius verfügte über mehr Soldaten, er hatte einst Severius und auch ihn, Licinius, geschlagen. Licinius und Maximinus Daza vertrugen sich nicht, eines Tages mußte es auch zwischen ihnen zur Abrechnung kommen. Die politische Situation war so kompliziert, daß man nie wußte, wer sich wann mit wem gegen wen verbünden würde.

Am Ende schienen sich die Kräfteverhältnisse dennoch zu klären. Konstantin herrschte uneingeschränkt über Rom, Italien, ganz Nordafrika, Spanien und Britannien. Politisch verhielt er sich sehr klug. Auf die Römer hatte er einen ausgezeichneten Eindruck gemacht, er hatte Maxentius' beste Beamte behalten und genoß auch die Achtung des Senats. Der Senat hatte ihn sogar als obersten Kaiser anerkannt, was Licinius beleidigen mußte, der mit seinen sechzig Jahren Konstantins Vater hätte sein können. Gerade dieser Unterschied des Alters und der Vitalität war der Grund für Konstantins Gelassenheit und für Licinius' Unruhe.

Der Kurierdienst arbeitete zuverlässig, wenn auch langsam. Durch ihn wurde die Nachricht vermittelt, daß Konstantins persönlicher Abgesandter mit Licinius zu verhandeln wünschte. Das konnte nicht abgelehnt werden. Licinius wunderte sich jedoch, daß an seinem Hof ein sehr junger Mann eintraf: Ablavius. Bei der ersten offiziellen Audienz wechselten sie nur unverbindliche und höfliche

Worte. Licinius wartete ab, und der junge Mann hatte es nicht eilig, ihm die Botschaft seines Kaisers vorzutragen. Mit etwas säuerlichem Lächeln mußte Licinius schließlich zur Sache kommen:

»Dein Herrscher Konstantin — ich weiß nicht, ob ich ihn als den selbsternannten *Augustus maximus* meinen älteren Bruder nennen soll oder, da ich immerhin das Geschlecht der Jovier repräsentiere und fast ein Vierteljahrhundert älter bin als er, meinen jüngeren Bruder ... Er hat dich wohl mit einem besonderen Auftrag zu mir gesandt. Du bist jung und stehst seinem jungen und feurigen Herzen sicher nahe, aber ich habe schon bemerkt, daß du bedachtsam sprichst wie ein alter Mann ...«

»Er hat mir aufgetragen, geduldig den Augenblick abzuwarten, da du seinem Abgesandten deine Aufmerksamkeit schenken kannst. Aber unter vier Augen.«

»Gut, gut. Also morgen!« Licinius war Soldat, kein Staatsmann. All das gefiel ihm nicht. Er war überzeugt, daß man ihn nach dem Sturz der Statue in Emona fragen würde, und beschloß zu sagen, daß er keine Ahnung davon gehabt habe, daß die Provinzpräfekten auf eigene Faust gehandelt hätten und man alles untersuchen würde ... Aber er erließ noch am selben Abend den Befehl, sie in das ferne Bithynien zu versetzen, wo niemand sie finden konnte.

»Laß hören, laß hören!« begann er, als sie sich tags darauf im Arbeitssaal trafen, der nach Diokletians Geschmack, das heißt nach dem Geschmack seiner persischen Ratgeber, gestaltet war.

»Der Herrscher Konstantin hat angeordnet, daß ich dir mit seinen Grüßen und guten Wünschen dieses Bild übergebe.«

»Ein Bild?«

Licinius bemerkte sofort die Ähnlichkeit der porträtierten Frau mit Konstantin. Der Künstler hatte die großen melancholischen Augen, den schönen, sinnlichen Mund und den Hals ausgezeichnet getroffen. Die Dame, deren Bildnis der Kaiser der östlichen Provinzen jetzt in der Hand hielt, war kaum älter als zwanzig Jahre.

»Ich danke sehr ...«, sagte er etwas verlegen. »Ein ungewöhnliches Geschenk. Aber hör zu, Ablavius, wir sind jetzt unter uns Militärs, ich alter Krieger und du als Konstantins Adjutant. Sag mir, was dein Herr wünscht, und spann mich nicht auf die Folter.«

»Das ist mir auch lieber, mit deiner Erlaubnis. Also dies ist ein Bildnis von Constantia, der Tochter deines Mitstreiters aus vielen Schlachten Constantius Chlorus, der Halbschwester meines Vorgesetzten und Kaisers. Im Interesse des ganzen Imperiums und aus Achtung vor deiner Weisheit und Erfahrung als großer Heerführer schlägt dir Konstantin feierlich vor, seine Schwester zu heiraten.«

Licinius war sichtlich überrascht. Er lehnte sich in seinem bequemen Sessel zurück und musterte den jungen Offizier aufmerksamer.

»Das ist gut! Das ist sehr gut! Darüber muß ich nicht lange nachdenken. Aufrichtig gesagt, ich hatte befürchtet, daß du mich fragen würdest, warum die Statue deines Kaisers in Emona gestürzt worden ist ...«

»Wir gehen davon aus, daß es die Dummheit untergeordneter Offiziere war, die du sicher längst selbst bestraft hast, da du weißt, daß die Beleidigung irgendeines Kaisers sich immer auch gegen das ganze Reich und damit gegen dich richtet. Wer heute fähig ist, das Standbild eines der geweihten und legalen Herrscher zu stürzen oder zu schänden, der wird morgen dieselbe Untat am nächsten begehen.«

»Ja, natürlich, so ist es ... Aber kommen wir auf dein Angebot zurück. Hast du die Vollmacht, über Einzelheiten zu verhandeln?«

»Im Prinzip ja, Herr.«

»Ich habe einen einjährigen Sohn, Licinianus, den ich sehr liebe, obwohl eine Sklavin ihn mir geboren hat. Dein Herr wird das hoffentlich verstehen. Ich kenne seit langem seine verehrte Mutter, die auch von niederer Herkunft ist, wie du weißt ...« Er zögerte in Erwartung einer Reaktion, doch der junge Offizier besaß die diplomatische Fähigkeit, seine wahren Empfindungen zu verbergen. »Ich möchte, daß meine zukünftige Frau einer Adoption Licinianus' zustimmt, damit er in jeder Hinsicht anerkannt ist. In meinem Alter ist es nicht sicher, ob mich die Götter noch mit Kindern beschenken werden.«

»Ich denke, daß dein Wille ausschlaggebend ist. Konstantin wird ihn respektieren.«

»Und die schöne Constantia?«

»Sie weiß, was sie ihrer Herkunft schuldig ist. Es wird vor allem eine politische Ehe sein. Das andere hängt davon ab, wie ihr euch einigt. Soweit ich die Ehre habe, sie zu kennen, glaube ich, daß du dir keine Sorgen zu machen brauchst ...«

Ablavius konnte schon tags darauf zurückkehren, seine Mission war erfüllt.

»Wie ist er, was hältst du von ihm?« fragte Konstantin seinen Abgesandten, als dieser sich in Augusta Treverorum zurückmeldete.

»Ein alter Narr. Bei der Erwähnung dieses Säuglings hat er fast angefangen zu flennen. Man müßte sofort gegen ihn losschlagen, denn er hat Angst. Vor allem. Wenn du wüßtest, wie er gezittert hat, daß ich nach der gestürzten Statue in Emona fragen könnte ... Ich habe auch mit einigen seiner Stabsoffiziere gesprochen. Sie machen überhaupt kein Hehl daraus, daß sie ihm mißtrauen, und sie beklagen sich über seinen Mangel an Entschlußkraft.«

»Wir dürfen nicht leichtgläubig sein, Ablavius. Auch diese Offiziere denken nur an ihren eigenen Vorteil. Die meisten werden stets auf der Seite des Siegers sein, alles andere ist ihnen einerlei. Wer soll es ihnen verargen. Aber es kann sein, daß der eine oder andere dir etwas vorgemacht hat, um herauszubekommen, wie wir die Dinge sehen ... Nein. Wenn ich ihn jetzt angriffe, würde er nur enger mit Maximinus Daza zusammenrücken. Zuerst muß ich zusammen mit Licinius diesen Wahnsinnigen erledigen.«

Die Beziehungen innerhalb der zu Trier residierenden kaiserlichen Familie waren keineswegs einfach. In der Stadt lebte noch Konstantins Stiefmutter, Theodora, die Adoptivtochter Maximians und Halbschwester von Konstantins junger Gemahlin, Fausta. Nach eingebürgerter Sitte genoß sie alle Privilegien der Ersten Alten Dame, obwohl sie nur wenig älter war als Konstantin. Mit Konstantins Vater hatte sie die drei Söhne Dalmatius, Julius Constantinus und Hannibalianus und die drei Töchter Constantia, Anastasia und Eutropia. Auch Konstantins leibliche Mutter, Helena, war hierher übergesiedelt. Er liebte und verehrte sie nicht nur, sondern hatte angeordnet, daß ihr stets die gleiche Achtung zu erweisen sei wie Theodora. In der Residenzstadt hatten also drei Frauen das Recht, Kaiserin genannt zu werden: Theodora, Helena und natürlich die Gattin des herrschenden Kaisers, Fausta. Außerdem war da aber noch die Mutter von Konstantins Sohn Crispus, seine Geliebte Minervina. Das protokollarische Problem, das zuerst bei Konstantins und Faustas Vermählung aufgetaucht war, drohte ein andauerndes zu werden.

Am einfachsten war es mit der Mätresse. Sie bekam eine schöne Villa in Italien, eine angemessene Abfindung und mußte gehen. Konstantin übertrug seiner Mutter dic Sorge für Crispus. Theodora versprach er, seine Halbbrüder und -schwestern wie Mitglieder der Dynastie und ansonsten entsprechend ihren Fähigkeiten und Neigungen zu behandeln. Die Vermählung Constantias war der erste Schritt, sie in seine politischen Pläne einzubeziehen. Theodora, die man seinerzeit nicht groß gefragt hatte, als man sie Constantius Chlorus zur Frau gab, sah nicht ein, warum es ihrer Tochter anders ergehen sollte. Es war der Umsicht und Freundlichkeit Helenas, der ältesten und erfahrensten Dame am Hof, zu verdanken, daß alles ohne Streit und

Tränen ablief. Der Öffentlichkeit wurde kein Skandal bekannt.

Konstantin war stolz. »Weißt du, Mutter, wer die Beziehungen im Schoß der eigenen Familie nicht regeln kann, wird niemals Ordnung im Reich schaffen ...«

»Es gibt kein Imperium, das komplizierter wäre als unsere Familie, mein Sohn. Aber du wirst das alles lösen. Kommt auch Diokletian zu Constantias Vermählung?«

»Wir haben ihn eingeladen, aber er hat abgelehnt.«

»Schade. Ich hätte ihn gern noch einmal gesehen.«

»Er brüskiert uns, Mutter, aber was kann ich tun? Er lebt wie ein Einsiedler in seinem Palast an der Adria. Hast du ihn gut gekannt?«

»Wir waren jung, so jung ...« Ihr Blick wurde träumerisch. »Er war ein außergewöhnlicher Mensch.«

»Du wolltest mir nie von ihm erzählen. Warum?«

»Vielleicht kommt einmal die Zeit dafür, vielleicht auch nicht ... Hast du noch das Schwert, das er dir zu deiner Geburt geschenkt hat?«

»Ich weiß nicht, wo es ist ...« Konstantin überlegte. »Ich weiß, daß es existiert, daß es existiert hat, aber wo es geblieben ist ... Wir haben so oft die Residenz gewechselt. Sag mir ehrlich, er und mein Vater, haben sie sich gemocht?«

»Ja, obwohl sie in allem so verschieden waren. Dein Vater war durchgeistigter, weicher und bescheidener, er hat immer Diokletians Überlegenheit anerkannt ... Du weißt, daß er in Wirklichkeit Diokles heißt?«

»Natürlich. Er will jetzt wieder mit diesem Namen angesprochen werden ... Aber wir reden über ihn, als gäbe es ihn nicht mehr.«

»Den Herrscher Diokletian gibt es tatsächlich nicht mehr.«

»Warum hat er freiwillig abgedankt?«

Helena blieb die Antwort schuldig. Sie seufzte. »Du hättest sein Sohn sein können.«

»Wieso das?«

»Deine Mutter war auch einmal jung, mein Sohn.«

Auch mit sechzig Jahren noch war Helena eine schöne Frau. Ihre Gestalt schien unverändert seit der Zeit, da sie als junges Mädchen im fernen illyrischen Naissos das Wirtshaus übernommen hatte. Mit ihrem aufrechten und lebhaften Gang wirkte sie, von weitem betrachtet, wie eine Altersgenossin Faustas. Auch ihr ebenmäßiges Profil mit der etwas großen, doch schön geformten Nase fand noch immer jedermanns Bewunderung. Sie hatte sich daran gewöhnt, im fortgeschrittenen Alter alles zu bekommen, was sie sich wünschte. Oder sich nur das zu wünschen, was sie wirklich bekommen konnte.

Bei der Vermählung von Licinius und Constantia hielt sich Helena im Hintergrund. Sie wußte, daß dies für Theodora der letzte öffentliche Auftritt war, daß sie sich nach dem feierlichen Akt ins Privatleben zurückzuziehen hatte.

Konstantin und Licinius nutzten natürlich den Anlaß auch zu politischen Gesprächen. Licinius gestand Konstantin in aller Form den Titel des *Maximus,* des obersten Kaisers, zu. Konstantin wiederum bekräftigte Licinius' Recht der Alleinherrschaft im Osten und versprach ihm Unterstützung beim Kampf gegen Maximinus Daza, sofern diese erforderlich war. In einem gemeinsamen Brief forderten sie von Daza, sich in allem ihnen beiden, vornehmlich Licinius, zu unterwerfen und die Christenverfolgung einzustellen, wozu er übrigens durch ein Edikt des Galerius verpflichtet war.

»Solange er lebt, wird er in meinem Teil des Imperiums ein Unsicherheitsfaktor sein«, sagte Licinius dennoch besorgt.

»Meine Leute berichten, er sei so abergläubisch, daß er keinen Stuhl und keinen Teller von seinem Platz rückt, ohne seine Wahrsager und Magier vorher zu befragen ...«

»Du bist gut unterrichtet«, versetzte Licinius mit einer

gewissen Bewunderung. »Weißt du ebenso genau Bescheid, was sich an meinem Hof tut?«

»Ein wenig, verehrter Freund. Zum Beispiel, daß dein Sohn Licinianus ein prächtiger kleiner Bursche ist und sich erfreulich entwickelt. Aber was Maximinus Daza betrifft, so kann man gerade über seine Magier auf ihn einwirken. Vielleicht lassen sie sich bestechen. Soll ich dir Fachleute schicken, um deinen Nachrichtendienst und die Spionageorganisation zu modernisieren?«

Licinius' Blick funkelte ironisch. »Ich bin naiver als du, junger Freund, aber du solltest mich nicht unterschätzen. Du würdest mit meinem Segen zu gern deine Spitzel in meinen Geheimdienst einbauen. Aber so leicht mache ich dir das nicht ...«

Trotz diesen kleinen Sticheleien trennten sich die Majestäten in bester Stimmung. Sie verabredeten, Crispus und Licinianus zu Konsuln zu ernennen. Die Tatsache, daß beide außerehelichen Söhne der regierenden Kaiser in diesen Rang erhoben wurden, konnte als eine gewisse Gleichstellung aufgefaßt werden. Aber nur auf den ersten Blick. Denn Crispus war bereits ein Jüngling, vertraut mit dem Soldatenhandwerk und mit der Kunst der Diplomatie, es stand jetzt schon fest, daß er einmal ein schöner Mann sein würde, er verfügte über Körperkraft und Intelligenz und viele Tugenden und war bei den Soldaten beliebt. Licinianus hingegen war das kleine Kind eines sehr alten Vaters. Wenn Licinius abdankte oder starb, würde er noch minderjährig sein und auf niemandes Hilfe zählen können.

Konstantin durfte zufrieden sein. Er empfand darüber hinaus Erleichterung, als die Nachricht eintraf, daß der alte Diokletian in seinem Asphalatos gestorben war. Konstantin hatte ihn geachtet und noch immer ein wenig gefürchtet. Diokletian hatte für Ruhe und Ordnung gesorgt, wie sie dem Kaiserreich fast hundert Jahre lang nicht vergönnt gewesen waren, aber Konstantin glaubte, daß das nicht dem System der Tetrarchie und der Ablösung der Vierfürsten zu danken war, sondern allein der ungewöhnlich starken Persönlichkeit des obersten Kaisers. Obwohl Konstantin sich vor allen den Anschein gab, als wüßte er genau, was er wollte, war er bisweilen unsicher, aber er hatte niemanden, mit dem er darüber sprechen konnte. Diokletians Tod schien ihm neue Kraft zu geben. Jetzt war er endlich überzeugt, der Beste im Reich und damit der Beste auf der Welt zu sein.

Als er seine Mutter vom Tod des alten »Vaters der Kaiser«, wie alle ihn nannten, unterrichtete, sah er Helena zum erstenmal im Leben unbeherrscht. Sie brach vor ihm in Tränen aus und schluchzte lange. Der Sohn umarmte sie zärtlich und verwundert. Er wagte nicht zu fragen: Hast du ihn so sehr geliebt?

IV

IN EINER WELT DER ENGEL IST ES LEICHT, EIN GOTT ZU SEIN

Auch im vierten Jahrhundert litt der Mensch unter dem Elend seiner Existenz, aber den Begriff der Sünde kannte er nicht. Erst die Christen sprachen davon, daß er in Sünde geboren war, daß indes ein Gott seinen einzigen Sohn geopfert hatte, um die Menschheit von ihren Sünden zu erlösen. Es war eine Epoche der Unruhe und Wißbegier, geprägt von immer besseren Verbindungen zwischen den nebligen Küsten Britanniens und den heißen asiatischen Flüssen Euphrat und Tigris, den dunklen Eichenwäldern Germaniens und den unermeßlichen Sandwüsten Afrikas — dazwischen der blau-grün schimmernde Edelstein des Meeres —, und die Völker waren zweifellos bereit, neue Botschaften zu hören, vielleicht sogar anzunehmen.

Wenn man begann, über seinen Weg und sein Dasein nachzudenken, war nichts mehr so einfach wie bisher: Da hatte jeder einzelne, um sich dem rettenden Gott anschließen zu können, sich selbst durch furchtbare, freiwillige Leiden erlösen müssen. So entstanden bei den Mithrasweihen Prüfungen in achtzig Phasen, Hungerfasten bis zu fünfzig Tagen, Schwimmen in weitem Umkreis, Berührung des Feuers, Liegen im Schnee bis zu zwanzig Tagen, Liegen auf einem Marterbrett mit Nägeln, stundenlanges Verharren in qualvollen Stellungen. Wie bequem war es im Vergleich damit, einen Gott zu finden, der zuließ, daß sein Sohn ans Kreuz geschlagen wurde, nur um alle anderen zu erlösen.

Niemandem kam in den Sinn, daß ein allmächtiger Gott

auch ohne Opfer, und sei es das seines Sohnes, vergeben könnte.

Den Christen wurde gesagt, daß sie nach dem Tod sogleich ins Paradies gelangten. Vor allem die Armen, die Unterdrückten und die Sklaven schätzten ihr irdisches Leben nicht hoch, es lohnte, etwas zu riskieren, damit sie der ewigen Seligkeit als Preis für die unvermeidlichen Leiden auf Erden teilhaftig würden.

Die Organisation der christlichen Kirche, die jetzt nicht nur geduldet, sondern sogar privilegiert war, diente nicht allein der Verbreitung dieser einfachen und anziehenden Lehre. Die Gemeinde wählte vorerst die Geistlichen aus ihren Reihen. Und christlicher Priester zu werden bedeutete nicht mehr, sich Verfolgungen oder sogar dem Martyrium auszusetzen, sondern im Gegenteil, es garantierte Steuerfreiheit und ein ruhiges, auskömmliches Leben. Mehr und mehr unterschied sich der »Klerus« von den »Laien«; es entstanden Rangunterschiede zwischen den Bischöfen je nach dem Rang ihrer Städte und mit besonderer Rücksicht auf die apostolische Stiftung gewisser Gemeinden. Während anfangs die Gläubigen selbst auch die Bischöfe gewählt hatten, ging dieses Recht allmählich auf die Synoden, die Vereinigungen der Geistlichen über, weil die früheren, von Streitigkeiten begleiteten Wahlen angeblich dem Ansehen der Religion geschadet hatten. Konstantin selbst und seine Beamten in der Provinz mischten sich immer öfter und mit immer mehr Erfolg in die Wahlen der Bischöfe ein, und da diese hohen Geistlichen ständig an Macht und Reichtum gewannen, waren sie auch bald von einflußreichen Mitarbeitern umgeben.

Die wahre Stärke der christlichen Gemeinschaft lag jedoch weder in der Zahl und Treue ihrer Mitglieder noch im Reichtum, sondern in dem festen Glauben an die Unsterblichkeit der Seele. Und das war eine wirklich revolutionäre Idee. Hatte man bisher bestenfalls an die Unsterblichkeit der Kaiser und an ihre Erhebung in den Rang zumindest kleinerer Götter geglaubt, so verhieß das Christentum jedem Menschen fast dasselbe, zwar nicht in dieser vergänglichen Welt, aber mit Sicherheit im besseren Jenseits. Diese Idee entsprach auch dem Streben nach einer neuen Art des Staates, nach einem besseren Leben auf Erden, in dem alle gleichberechtigt wären. Warum sollten nur die Bürger von Rom Steuerfreiheit und dazu noch Schenkungen seitens der Kaiser und Usurpatoren genießen?

Die Naturgötter und Dämonen als symbolische Träger bestimmter Eigenschaften hatten den antiken Menschen mit einem wundersamen, mythischen Kreis umgeben, aber das genügte jetzt nicht mehr. Jeder alte Kult stammte aus seiner ureigenen Region, einen davon zur Allgemeingültigkeit zu erheben, hätte für alle anderen Zurücksetzung bedeutet. Aber im Interesse des Imperiums mußte eine einheitliche Religion geschaffen werden, eine für alle annehmbare Ideologie. Das Nebeneinander der Kulte aller römischen Provinzen hatte den klassischen Polytheismus beeinflußt, so daß eine vollendete Theokrasie, eine Göttermischung, entstanden war. Aus ihr konnte eine neue Weltanschauung geboren werden.

Für Konstantin war die Beschäftigung mit solchen Fragen nicht nur unterhaltsam. Er war überzeugt, die Entscheidung über eine neue Religion treffen zu müssen. Ziemlich sicher, daß er kraft seines Willens das ganze alte Kaiserreich einigen könnte, suchte er nach der einen Idee, die sich mit der Zeit allen Untertanen aufnötigen ließe.

Sein Teil des Imperiums war jetzt befriedet. Die Wirtschaft blühte auf, denn die Händler und die Besitzer großer Werkstätten fühlten sich sicher und waren zu neuen Investitionen und Unternehmungen bereit. An den Grenzen herrschte Ruhe. Der Kaiser hatte Zeit, abends die Philosophen und Priester zusammenzurufen und ihre widersprüchlichen Meinungen anzuhören, wobei ihn ihre gegenseitigen Sticheleien amüsierten. Die geschickteren gewannen an

Einfluß, vornehmlich der christliche Bischof Ossius. Von Herkunft Spanier und ein guter Kenner seiner Heimatregion, wo es relativ viele Christen gab, ziemlich realistisch in der Einschätzung politischer Konstellationen, war Ossius, obwohl ohne formalen Rang in der Hofhierarchie, ständig in Konstantins Nähe, so daß man glaubte, er habe bei wichtigen Entscheidungen die Hand im Spiel.

Es gab freilich auch Tage, ja Wochen, in denen der Kaiser alle Staatsgeschäfte dem jungen Präfekten Publilius Optatianus Porphyrius, dem angesehenen Heerführer Martianus und seinem treuen Ablavius überließ. Dann suchte er mit seiner jungen Frau und einem kleinen Gefolge ein Bad oder eine Villa am Meer auf.

»Wir müssen leben, solange wir jung sind und die Freuden empfinden können, die uns der eigene Körper schenkt«, redete ihm Fausta zu.

Konstantin war einverstanden. Er fand neue Kraft in diesem Spiel, in dieser fast wundersamen Harmonie mit seiner Frau. Die Initiative für ein heiteres Gespräch, eine gemeinsame Jagd, ein Bad in einem kühlen Gebirgsfluß oder im warmen Mittelmeer konnte sowohl von ihr als auch von ihm ausgehen. Manchmal wurde er tief nachdenklich beim Anblick ihres kleinen runden Kopfes mit dem meisterlich gepflegten krausen Haar — die Hand der guten Friseure war niemals auffällig zu spüren, und der Geruch, der von Faustas Haar, ihrer Haut, jedem Teil ihres Körpers ausging, war immer so frisch und natürlich, daß er ihre zahlreichen orientalischen kosmetischen Präparate, das endlose Geflüster mit Sklaven und Eunuchen, ihr langes Verweilen im Bad und im intimen Boudoir vergessen machte. Wenn seine einstige Beziehung zu Minervina wie guter Rinderschinken und Soldatenbrot am Ende des Tages nach langem, anstrengendem Marsch gewesen war, so glich das Eheleben mit Fausta einem unausgesetzten phantastischen, raffinierten Festmahl.

»Wenn ich mit ihr zusammen bin, Mutter, dann denke

ich nicht mehr daran, warum ich sie geheiratet habe, wessen Tochter und wessen Schwester sie ist. Dann denke ich nur an sie. Ist das überhaupt gut für einen Kaiser?« fragte er einmal Helena, die einzige, mit der er über alle Probleme beraten konnte.

»Für einen Kaiser natürlich nicht. Aber für einen normalen jungen Mann gibt es nichts Schöneres. Du mußt wissen, wann du Kaiser und wann du Gatte bist. Als Mensch hast du ein Recht auf Glück, wer sollte es dir eher gönnen als deine Mutter? Ein Kaiser kann nicht glücklich sein. Lerne, wenigstens für ein Weilchen zu vergessen, was dich bedrängt, und dich dem Augenblick hinzugeben. Nur mußt du in deinem Innersten stets bereit sein, die Bürde dieser ganzen Erde und des Himmels auf dich zu nehmen.«

»Du erzählst mir Märchen, Mutter.«

»Ich dir?«

»Du, wer sonst. Aber ich bin erwachsen. Von dir erwarte ich keine schönen Worte, sondern einfache Ratschläge. Ich hatte den Eindruck, daß Diokletian mit seiner Gattin, Valeria, innerlich nicht verbunden war, daß sie ihn gar nicht interessierte. Er hat nie von ihr gesprochen, jedenfalls nicht vor uns Jüngeren. Ich würde am liebsten auch mit Ablavius, mit Porphyrius, mit jedem über Fausta sprechen. Wir sind jeden Tag zusammen, aber ich mag es auch, ihr Porträt zu betrachten, die dichten, über der Nase zusammengewachsenen Brauen, wie man sie auf der Goldmünze sieht, die ich ihr zu Ehren habe prägen lassen. Ich stehe vor dem Bildnis unserer Vermählung im Speisesaal, wo sie als kleines Mädchen dargestellt ist, und ich suche ihre heutige Gestalt in der jenes Kindes. Was mag man ihr damals über mich erzählt haben? Sie wurde mir zugeführt, als sollte sie einem Monstrum geopfert werden . . .«

»Du bist in deine eigene Frau verliebt, mein Sohn!«

»Ja. Ist das ein Glück, Mutter, oder ein Fluch?«

»Ein Glück, Konstantin!« seufzte sie unaufrichtig und sah ihn sorgenvoll an. »Ein Glück!«

Nacheinander wurden Fausta und Konstantin die Söhne Constantin der Jüngere, Constantius der Jüngere und Constans und die Töchter Constantia und Helena geboren.

Selbst wenn ein römischer Bürger noch nicht an den Galiläer glaubte, der nach dem Kreuztod auferstanden war, um die Menschheit von ihren Sünden zu erlösen, so gedachte er schwerlich mehr beim Feuerherd des Gottes Lateranus, beim Salben der Unxia, beim Gürten der Cinxia, beim Baumstutzen der Puta, bei den Knoten der Fruchthalme des Nodutius, bei der Bienenzucht der Mellonia, bei der Hausschwelle des Limentius, denn die Zahl der Genien, Dämonen, kleineren Gottheiten und Geister, an die man sich bei verschiedenen Empfindungen und Verrichtungen, beim Gebrauch diverser Gegenstände wenden mußte, war so groß, daß man gelehrte Ratgeber brauchte, um keine Fehler zu begehen. Wer aber war schon so reich, daß er sich diesen Luxus erlauben konnte?

Konstantin war enttäuscht, weil auch seine neuen christlichen Freunde kein anschauliches Bild der göttlichen Welt entwarfen. Sie beschäftigten sich immer häufiger mit komplizierten theologischen Fragen, was allmählich zu Streitigkeiten unter den einzelnen Priestern führte.

Der afrikanische Bischof Mesurius hatte seinerzeit diejenigen, die absichtlich, durch Widerstand gegen die irdischen Mächte ihren Tod herbeiführten, nicht als Märtyrer vor Christus anerkennen wollen. Während der heftigsten Verfolgungen unter Diokletian hatte er sich auf einen Kompromiß eingelassen und der Obrigkeit heilige Bücher in Verwahrung gegeben, damit sie nicht vernichtet wurden. Dabei hatte ihm ein gewisser Cäcilian geholfen. Von den radikaleren Gläubigen wurden diese klugen Realisten *traditores* — Auslieferer von Büchern — genannt. Als Cäcilian nach dem Tod des alten Bischofs dessen Amt übernahm, kam es zum offenen Streit. In Numidien trat eine Synode von siebzig Bischöfen zusammen, die Majorinus zu ihrem Vertreter wählten, sein Nachfolger wurde der Bischof Donatus. Er verbreitete die These, daß der Wert der heiligen Sakramente von der moralischen Reinheit des zelebrierenden Priesters abhänge. Seine Gegner antworteten, daß kein in Sünde Geborener ganz rein sein könne und daß die Sakramente ohnehin vom Herrn gestiftet seien, nicht von seinen Dienern, den Geistlichen. In Karthago kam es wegen dieser Streitfragen sogar zu tätlichen Auseinandersetzungen.

Mit der Bitte an den Kaiser, endlich dieses Problem zu lösen und zu entscheiden, ob Cäcilian oder Donatus vom Standpunkt der Staatsmacht als Bischof anzuerkennen sei, klagte der Prokonsul Annulinus darüber, daß »hier einige unruhige Geister das Volk verblenden und auf unheilvolle Weise in die Irre führen ...«

»Was ist das, Ossius? Ich wünsche, daß in Afrika Ruhe und Frieden herrscht, aber deine Glaubensbrüder machen mir Ungelegenheiten, statt daß sie ein gutes Beispiel geben!« beschwerte sich Konstantin bei seinem christlichen Berater.

»Ich bitte dich, Herr, den Fanatikern darfst du nicht glauben. Donatus strebt nach einer Reinheit, die auf Erden unerreichbar ist, und zieht jede irdische Macht in Zweifel. Er muß bestraft werden!«

»Wie?«

»Du kannst seinen Tod befehlen.«

»Ich dachte, ihr Christen seid barmherzig.«

»Natürlich, Herr, aber wenn der einzig wahre Glaube auf dem Spiel steht, dürfen wir es nicht sein ...«

Konstantin wollte indes nicht voreilig entscheiden. Er bestimmte den gallischen Bischof Miltiades zum Richter und forderte Cäcilian und Donatus auf, mit je zehn Anhängern zu ihm zu kommen und ihre Standpunkte zu erläutern.

Natürlich hatte er nicht die Geduld, sich selbst mit Einzelheiten zu befassen. Zum erstenmal im Lateran, dem Sitz ihres römischen Mitbruders, versammelt, sprachen die Bischöfe Cäcilian von der Anklage frei, daß er die heiligen Gesetze der Kirche verletze. Donatus hingegen wurde exkommuniziert. Seine zahlreichen Anhänger, die ihre Ämter behalten hatten, wollten sich damit nicht abfinden und protestierten beim Kaiser. In Karthago kam es diesmal zu regelrechten Straßenkämpfen.

Konstantin war enttäuscht. Er lud jetzt fünfzig Bischöfe aus Italien, Gallien, Britannien, Afrika und von den Inseln Sardinien und Sizilien ein, in der Stadt Arelate zusammenzutreten. Jeder durfte auf Staatskosten zwei geistliche Ratgeber und drei Bedienstete mitbringen.

Einer der wichtigsten Beschlüsse dieser Synode betraf gar nicht den Donatismus, sondern legte fest, daß die Christen im römischen Heer dienen mußten, andernfalls verloren sie das Recht auf das heilige Abendmahl. Der Kaiser stellte diese Forderung, und sie beugten sich. Außerdem wurde allen Sakramenten, von der Taufe bis zur Bischofsweihe, gleichgültig, unter welchen Umständen sie erteilt worden waren, ewige Gültigkeit zuerkannt. Das bedeutete eine weitere Niederlage für die Donatisten, die ihrem erbitterten Gegner Cäcilian den Bischofsrang streitig machen wollten.

»Vielleicht tragen auch sie das Zeichen ihres Gottes«, spottete Konstantin, »aber im Grunde sind sie alle nur leere Säcke.«

Er begann diese Bischöfe, auf die er sich doch gerade stützen wollte, zu verachten. Meist waren sie unterwürfig und unaufrichtig. Entweder mußte er auf ihre Hilfe verzichten oder sich ernsthafter in ihre Angelegenheiten einmischen.

»Ich halte es keineswegs für recht«, schrieb er dem afrikanischen Vikar Aelafius, »daß Streit und Auseinandersetzungen dieser Art vor mir verborgen werden, durch welche etwa Gott nicht nur gegen die Menschheit aufgebracht werden könnte, sondern auch gegen mich selbst, dessen Sorge er durch seinen göttlichen Ratschluß die Leitung aller menschlichen Dinge anvertraut hat, so daß Er in Seinem Zorn zu einem anderen Entschluß kommen könnte als zuvor. Jedoch werde ich wahrhaftig und völlig ohne Furcht sein und stets die günstigsten und herrlichsten Dinge von der immerbereiten Güte des mächtigsten Gottes erhoffen können, wenn ich wissen werde, daß alle, verbunden in brüderlicher Eintracht, den allerheiligsten Gott im Kult der katholischen Religion, welcher Ihm zusteht, verehren.«

Da sich die Donatisten noch immer nicht den Beschlüssen der Mehrheit beugen wollten, ließ er einen Teil der rebellischen Geistlichkeit von Soldaten verhaften. Sie wurden aber nicht getötet, sondern in verschiedene Gegenden des Imperiums verbannt.

»Schreibe auch deinen Freunden, mein guter Ossius, daß sie Unrecht stets streng, doch niemals unmenschlich ahnden. Rache steht dem weisen Mann nicht an. Nur Narren dürsten nach Vergeltung. Der Mensch sollte die Rache den Göttern überlassen ... oder eurem einzigen Gott.«

Gerade weil er selbst übereilt und launisch in seinen Entschlüssen sein konnte, vermochte Konstantin andere zu warnen. Nach einer langen und ermüdenden Debatte über Afrika — er glaubte, sie nicht den anderen überlassen zu dürfen, war aber ständig in Versuchung, sie abzubrechen und die aufdringlichen Berater fortzujagen, denn sie hörten einander nicht zu und wiederholten nur ständig ein und dasselbe, während er sich zwang, auf jedes Argument einzugehen — stieg er über die prächtige Freitreppe des Palastes in den Park hinab und vernahm zu seiner Überraschung Hufgetrappel und Räderrollen. Ein leichter zweirädriger Wagen fuhr durch das Tor, darin saßen der Präfekt Porphyrius und Fausta, fröhlich, lebhaft, in bester Stimmung und mit geröteten Wangen.

Das Gefährt hielt an, ein Sklave übernahm die Zügel, und die junge Frau lief Konstantin entgegen, als wäre sie ein großes Mädchen und nicht schon längst Mutter. Sie wunderte sich, daß sein Gesicht streng und ernst war.

»Konstantin ...«

»Bitte geh sofort in deine Gemächer. Ich habe dem Präfekten etwas zu sagen.«

Fausta zuckte kokett mit den Schultern, warf ihrem Begleiter einen Blick zu und winkte ihm zum Abschied.

»Du wirst dich auf der Stelle zurückziehen, Porphyrius!« befahl der Kaiser leise und mit unterdrückter Wut. »Pack das Nötigste ein. Heute abend brichst du nach Bithynien auf. Dort erhältst du neue Anweisungen. Wenn nicht sofort, wirst du sie abwarten. Es könnte sein, daß ich gewisse Informationen über Armenien brauche.«

»Herr ...«

»Ich hätte heute vormittag bei der Beratung deiner Hilfe bedurft. Aber wer nicht da ist, auf den muß man eben verzichten.«

»Herr, deine Gattin, Fausta ...«

»Wer hat dir erlaubt, ihren Namen auszusprechen!« rief Konstantin jetzt so aufgebracht, daß einige erschreckte Gardisten herbeiliefen, die Hand am Schwertknauf. »Ich habe dir nichts mehr zu sagen. Geh mir aus den Augen!«

Als sich Fausta am selben Abend nach dem jungen Beamten erkundigte, der sie so witzig unterhalten und die feurigen Pferde so geschickte gelenkt hatte, war Konstantin schon ruhiger, aber immer noch kurz angebunden.

»Ich möchte nicht mit dir über meine Staatsgeschäfte reden. Ihn habe ich versetzt. Und zu deinem Verhalten folgendes: In der Öffentlichkeit wirst du künftig nur mit Eunuchen und entsprechendem Geleit erscheinen.«

»Konstantin, du bist ja eifersüchtig!« Die junge Frau war fast beglückt.

»Du irrst dich, Fausta. Ich bin Kaiser. Und außerdem merk dir, daß manchmal der Schein wichtiger ist als die Wirklichkeit.«

Das Transportwesen im Kaiserreich war so gut organisiert, daß Porphyrius tatsächlich schon am selben Abend die Reise ans andere Ende des Kontinents antreten konnte.

Überall an den Hauptstraßen gab es Stationen mit Kutschen, Salonwagen und Pferden, die der Reisende wechseln konnte, sofern er das erforderliche Dokument besaß. Es berechtigte ihn auch, in den Stationen kostenlos zu essen, nur Getränke mußte er bezahlen. Solche Dokumente erhielten vor allem die *agentes in rebus* — die Geheimagenten — und die *curiosi* — die Neugierigen —; im Heer nannte man sie »Augen und Ohren der Kaiser«. Für diesen schon klassischen Geheimdienst arbeiteten auf Grund von Konstantins Befehl auch bestimmte christliche Priester, wenn sie etwa zu Bischofssynoden oder in anderem Auftrag unterwegs waren, sowie Staatsbeamte auf geschäftlichen Reisen.

Die Poststationen wurden von den Städten auf eigene Kosten unterhalten. Das gehörte zu ihren Verpflichtungen gegenüber dem Imperium. Die Dekurionen in den Städten trieben die Steuern ein, mehr noch, sie bestimmten für jeden, wieviel er für den Kaiser und für das Gemeinwohl zu zahlen hatte. Für das, was sie vereinnahmten, hafteten sie mit ihrer gesamten persönlichen Habe, notfalls mit ihrem Leben. Sie kümmerten sich auch um die Versorgung der Armee und der Staatsbeamten mit Lebensmitteln, winters mit Heizmaterial, und um die Rekrutierung und Unterbringung der Soldaten. Sie registrierten Geburten, Eheschließungen und Todesfälle, kontrollierten die Vollstreckung von Testamenten, und schließlich verwalteten sie mit Hilfe ihrer Vertrauensleute auch die Gefängnisse. Mit all diesen Angelegenheiten war mehr Verantwortung als materieller Verdienst verbunden, so daß gerade geachtete Bürger diesen Pflichten aus dem Weg gingen. Dekurionen wurden gewöhnlich ausgediente Unteroffiziere, die möglicherweise vom anderen Ende des Imperiums stammten, mit den örtlichen Gegebenheiten nicht vertraut waren und darum nicht selten ungeschickt vorgingen. Sie genossen kein hohes Ansehen und keine große Macht, denn die alten Familien hielten gegen sie zusammen und deckten einander bei der Verschleierung ihrer Einkünfte: Der Kaiser war fern, der Nachbar war nah.

Wenn Konstantin in seine privaten Gemächer in einem abgelegenen Trakt des Palastes heimkehrte, widmete er sich seinen Kindern und seiner Frau wie jeder Bürger, der müde von der Arbeit kommt, aber noch die Kraft findet, das Familienleben zu genießen. Er hielt sich strikt an seinen Entschluß, nicht mehr mit Fausta über Politik und Staatsgeschäfte zu sprechen. Theodora und seine Halbgeschwister hatte er aus Augusta Treverorum weggeschickt. Versorgt mit allen materiellen Gütern, indes unter sicherer Bewachung, mochten sie sich des milden italienischen Klimas erfreuen. Wenn er bei offiziellen Banketten eine Gastgeberin brauchte, dann saß seine Mutter neben ihm. Mit Umsicht, Sorgfalt und offensichtlichem Vergnügen an ihrer Vorrangstellung kümmerte sich Helena um das kaiserliche Hauswesen, um den Speisezettel, sie tauchte unverhofft in den Küchen auf, überprüfte die Rechnungen für Fleisch, Obst oder Gewürze, hatte ein Auge auf die Blumenarrangements, und von Zeit zu Zeit zählte sie das Gold- und Silbergeschirr, die Messer, die Seidenkissen durch. Sie hatte Erfahrung, schließlich war sie als junge Frau eine selbständige Schankwirtin in Naissos gewesen. Was für ein Unterschied? fragte sie sich. Ob Kaiserhof oder Straßenschenke, es ist im Grunde dasselbe. Der Unterschied liegt in der Größe, nicht in der Art der Rechnungsführung und Kontrolle. Schnelle Reiter in Stafetten mußten ihr auch im Winter frische Rosen aus dem Süden herbeischaffen, und im Sommer gab es in den Höhlen nahe der Stadt immer genügend Eis für die kaiserliche Küche.

»Du hast mich von den Staatsgeschäften und von der Verwaltung des Hofes ausgeschlossen«, sagte Fausta einmal, als Konstantin scheinbar sorglos bei ihr lag. »Willst du mit meinen Söhnen ebenso verfahren?«

»Ich habe nur einige Dinge begriffen, Fausta.«

»Und zwar?«

Konstantin drehte sich zu ihr um, stützte sich auf den Ellenbogen und sah sie lange an.

»Ich weiß nicht, was du jetzt denkst. Meine Söhne sind auch die Enkel deines Vaters. Laß sie in Ruhe spielen. Sie werden ohnehin bald eine schwere Last auf ihre schwachen Schultern nehmen müssen. Manchmal ...« — er drehte sich wieder auf den Rücken und legte die Hände unter den Nacken, so daß sich seine breite Brust wölbte — »... manchmal denke ich über sie nach, aber wie soll ich wissen, wie jeder einzelne sein wird. Herrschen wird derjenige von ihnen, der der Beste ist, den die Götter erwählen. Oder der eine neue Gott ... Wir beide haben darüber schon gesprochen, nicht wahr?«

Sie fand den Mut, auf die Frage zurückzukommen, die offengeblieben war.

»Warum hast du diesen Porphyrius so schnell davongejagt?«

»Weil ich versuche, mich nach den Christen zu richten, Fausta. Weil ich barmherzig bin. Weil ich gesagt habe, daß wir keine Rache üben dürfen. Sonst hätte ich ihn getötet. Es wäre fast an Ort und Stelle geschehen.«

»Aber warum, Konstantin, warum? Was hat er getan? Zweifelst du etwa an mir?«

»Aber woran soll ich zweifeln? Mir genügt, was ich gesehen habe. Dein strahlendes Lächeln, als du mit ihm ankamst. Auch andere haben es gesehen, Gardisten und Höflinge, und in der Stadt die Bürger, die Passanten. Das ist wesentlich. Nur das, Fausta, ich habe es dir bereits gesagt. Wichtig ist, was man weiß. Was alle wissen. Was man nicht weiß, stört keinen. Und was ich weiß, was ich mit eigenen Augen gesehen habe, genügt mir.«

Sie schmiegte sich an ihn, legte den Kopf auf seine Brust, gewillt, sich zu fügen. Er hatte recht. Was man nicht wußte, störte keinen.

»Wünschst du, daß ich die Bräuche der Christen achte und zu ihrem Gott bete, wie es deine Mutter tut?«

»Ja, Fausta. Ich hoffe, daß dir das klar ist.«

In den Pausen ihres Gesprächs herrschte tiefe Stille. Wenn sich der Kaiser zur Ruhe begab, durfte in dem ganzen großen Palast kein Geräusch laut werden.

»Und glaubst du an ihn?«

»Es ist jedenfalls eine gute Religion für Frauen. Sie hält sie zur Sittsamkeit an ...«

»Mein Lieber, wenn die Frauen ihre Kinder in diesem Geist erziehen, und alle Männer sind Kinder, bevor sie erwachsen werden, dann wird diese Religion siegen. Wärst du so, wie du bist, wenn dich deine Mutter nicht zu diesen Gottesdiensten mitgenommen hätte?«

»Schlaf jetzt, Fausta. Gute Nacht ...«

VATER UND SOHN

In der fröhlichen südlichen Hafenstadt Alexandria, diesem Sammelpunkt der Legenden und Abenteuer, wo es stets viele Seeleute verschiedener Glaubensbekenntnisse und Ladearbeiter gab, tauchte der junge christliche Presbyter Arius auf. Er galt als eine Künstlernatur, denn er fesselte das Publikum mehr durch die bildhafte Form seiner Predigten als durch deren Inhalt. Sein Redetalent verschaffte ihm Ruhm, nicht die Kraft seiner Worte. Während der Streitigkeiten zwischen den Donatisten und den Anhängern Cäcilians hielt er mal zu der einen, mal zu der anderen Seite. Die Frauen mochten ihn, denn er war nicht nur gescheit, sondern lebhaft und amüsant und, wie es hieß, ihren Reizen nicht abgeneigt, wie es einem Diener Gottes eigentlich angestanden hätte. In seinen Predigten gestand er übrigens, ein sündiger Mensch aus Fleisch und Blut zu sein, wie auch alle anderen, um deretwillen der Herr Jesus Christus geopfert worden sei. Denn in einer Welt voller Engel ohne Abtrünnige sei es leicht, ein Gott zu sein, in so einer Welt könne kein Gott seine Größe und Barmherzigkeit beweisen.

Arius verstand es, seine Ideen in Versen gefällig darzulegen, so daß seine weniger geschickten Brüder im Glauben ihn beschuldigten, ein Scharlatan, kein Mann Gottes, ein Jahrmarktsschreier, kein Diener im Tempel Gottes zu sein. Andere wiederum meinten, die Errettung der Seelen sei eine fröhliche Wissenschaft, der Glaube müsse eine Freude sein, und im Unterschied zu den finsteren Mysterien müsse gerade der neue Glaube in Versen gelehrt werden, die zur Seligkeit führten.

Der fröhliche Glaubenslehrer war aus Antiochia nach Alexandria gekommen. Im ganzen Reich war die Rivalität der beiden Städte bekannt, auch was Wissenschaft und Religion betraf. Wenn in Alexandria ein Ziegenbock als weiß bezeichnet wurde, dann tat man in Antiochia alles, um zu beweisen, daß das Tier pechschwarz sei. Arius war ein Schüler des Presbyters Lucianus, der als tapferer Märtyrer seines Glaubens gestorben war. Auch er hatte behauptet, daß nur Gott Vater ewig sei, sein Sohn aber geschaffen als Werkzeug zur Erlösung dieser Welt.

Wenn Arius mitten auf einem Platz auf Baumwollballen oder einem Ölfaß stand, ohne sich um den Lärm ringsum, die sengenden Sonnenstrahlen, die achtlos vorübergehenden Passanten zu kümmern, deklamierte er laut, aber wie für sich, selbstsicher und selbstzufrieden in singendem Tonfall:

»Dem unaussprechlichen Gott ist keiner gleich, und keiner ist seines Glanzes! Sein Sohn ist nicht von seinem Wesen. Der Vater ist anders in seinem Wesen, denn er hat keinen Anfang und kein Ende. Der Sohn Gottes ist erschaffen vor undenklichen Zeiten und in anderen Welten, doch er ist erschaffen, und er hat sein Leben und sein Wesen vom Vater erhalten, aber er konnte nicht sein, bevor er erschaffen wurde ...«

Mit einem Wort, volksnah und sicher dessen, was die Menge begreifen konnte und was ihrem Verständnis entging, versuchte Arius, das Rätsel der Beziehung zwischen

Gott Vater und Gott Sohn zu lösen oder wenigstens einer rationalen Erklärung näher zu bringen.

Dank seiner Geschicklichkeit, seiner Rednergabe und der Schönheit seines Vortrags predigte Arius stets besser als seine Gegner, er hatte ständig Zuhörer.

Viele Bischöfe meinten indes, daß die Reinheit des Glaubens in Frage gestellt sei. Besonders der alexandrische Bischof Alexander und sein Stellvertreter Athanasius ärgerten sich über die unerwünschte Konkurrenz und forderten öffentlich, daß Arius endlich schwiege. Ihn kümmerte das nicht. Die hohen Priester ergriffen verschiedene Maßnahmen gegen ihn, in allen Kirchen wurde darauf hingewiesen, daß das Geheimnis des Glaubens an Vater, Sohn und Heiligen Geist eben in ihrer Dreieinigkeit liege und daß der Zweifel an dieser heiligen Wahrheit die schwerste Sünde sei. Aber je heftiger Arius von den Kanzeln attakkiert wurde, desto größeren Zulauf hatte er. Das betraf auch einen Teil der Geistlichkeit. Immer mehr niedere Priester und nach ihnen sogar Bischöfe in anderen Städten begannen sich für Arius' Lehre zu interessieren und sie anzunehmen. Wenn bisher die Menschen in den Schenken oder auf den Kais in den Arbeitspausen nur darüber gestritten hatten, ob beim Rennen die Blauen oder die Grünen siegen würden, so beschäftigten sie sich jetzt auch mit der Religion und debattierten darüber, ob Arius im Recht wäre oder die anderen.

Zu seiner Überraschung erhielt Konstantin aus den afrikanischen Städten Berichte wie diesen:

»Männer, die bis gestern noch gewissenhaft ihrem Schneider- oder Schuhmacherhandwerk nachgingen, benehmen sich heute, als wären sie gelehrte Theologen. Man findet sie überall, auf Märkten und Straßen, im öffentlichen Bad. Fragt man einen nach dem Tagespreis von Brot, antwortet er, daß der Vater größer ist als der Sohn. Will man eine Badewanne bestellen, entgegnet der Meister, daß der Sohn aus dem Nichts und der Finsternis erschaffen sei.

Versucht man ein Goldstück zu wechseln, muß man manchmal zuerst erklären, ob man glaubt, daß Gottes Sohn gezeugt sei oder nicht.«

Als der alexandrische Bischof Alexander, erzürnt und bar neuer Argumente, Arius schließlich aus der Kirche ausstieß und seine Verbannung befahl, fand dieser unter den Geistlichen Kleinasiens und Palästinas viele Verteidiger, und zwei Bischöfe gleichen Namens, der mächtige Eusebius von Nikomedia und der gelehrte Eusebius von Palästina, erklärten, der begabte Arius sei im Recht. Zwei Synoden, eine in Bithynien, die andere im palästinischen Cäsarea, bestätigten Arius' Rechtgläubigkeit, erklärten den Kirchenbann für unbillig und ersuchten Alexander um die Erlaubnis für den Presbyter, seine Anschauungen wieder frei zu verkünden.

Die Situation wurde dadurch noch komplizierter, daß die Synoden, die für Arius sprachen, auf dem von Licinius beherrschten Territorium stattfanden. Licinius mochte das Christentum nicht. Der abergläubische Alte huldigte vielen Gottheiten, er war stets in Sorge, welcher von ihnen er das größere Opfer bringen sollte, und überzeugt, daß das alles nicht so einfach sein konnte, wie es die Anhänger des gekreuzigten Galiläers behaupteten. Da indessen sogar der schreckliche Galerius das christliche Glaubensbekenntnis zugelassen hatte, erlaubte auch er dessen Verbreitung in seinem Teil des Reiches, ja er versuchte, gewissen politischen Nutzen daraus zu ziehen. Es schien plötzlich, als wäre die östliche Welthälfte die Heimstatt der arianischen Lehre und als stünden die Menschen, die Gott Vater über Gott Sohn setzten, Licinius' Herzen nahe. Und das konnte Konstantin auf keinen Fall gestatten.

Der Frieden, den die beiden Kaiser bei der Vermählung von Licinius und Constantia geschlossen hatten, war im Grunde nur eine Art Waffenstillstand. Licinius hielt sich für betrogen und wartete auf den Augenblick der Rache. Konstantin wartete ebenfalls, denn er meinte, die alleinige und ungeteilte Herrschaft übernehmen zu müssen. Beide Kaiser bewaffneten sich. Das Klima der Beziehungen wurde wiederum aus der Verleihung der Konsulate ersichtlich. Konstantin begann selbstherrlich darüber zu entscheiden, als wäre er seinem alten Mitregenten im Osten keine Rechenschaft mehr schuldig. Ein Jahr, nachdem sein Crispus und Licinius' Sohn Licinianus Konsuln geworden waren, verlieh er das Amt sich selbst und seinem Sohn mit Fausta, Constantinus II., danach abermals Crispus und seinem dritten Sohn Constantius.

Er ließ den siebzigsten Geburtstag seiner Mutter sehr feierlich begehen und verlieh ihr den Titel *Nobilissima Femina* – Edelste Dame. Zugleich feierte er auch den fünften Jahrestag der Ernennung Crispus' zum Cäsar. Fausta hatte keine Gelegenheit, mit Menschen zusammenzukommen. Sie verließ ihren goldenen Käfig nur selten, denn sie mußte ihren Herrn stets empfangen, wenn er Zeit für sie hatte. Sie freute sich darauf schon deshalb, weil es Abwechslung und Unterhaltung für sie bedeutete, außerdem war er immer liebenswürdig und zärtlich. Sie spazierten durch den Park, badeten gemeinsam, manchmal gingen sie zur Jagd. Trotzdem machte sie ihm Vorhaltungen: »Du vernachlässigst unsere Söhne, Konstantin! Ihre Erziehung . . .«

»Fängst du wieder an? Sind sie nicht Konsuln geworden, als es Zeit dafür war? Ich denke an alle meine Söhne, nur sind sie noch klein. Crispus ist sechzehn Jahre alt, und er hat sich schon im Kampf bewährt. Ich bin mit ihm zufrieden.«

»Er ist ein guter Junge«, sagte Fausta aufrichtig.

»Nicht wahr?« entgegnete Konstantin erfreut, aber er sprach nicht weiter mit ihr über seine Pläne. Vielleicht war er sich selbst noch nicht im klaren darüber.

Nach den offiziellen Feiern reiste Konstantin mit Crispus nach Italien ab. Mit einer kleinen Barke fuhren sie zum Fischen.

»Zeigt meinem Sohn alles auf dem Schiff«, befahl er. »Lehrt ihn, was ihr über die Winde und die Gezeiten wißt, gebt eure Erfahrung an ihn weiter. Ich habe Pläne mit ihm ...«

Abends legten sie an einem ruhigen Gestade an, für Vater und Sohn wurde ein großes, behagliches Zelt aufgeschlagen, aber die Fische brieten sie über offenem Feuer. Sie lauschten den Grillen und dem Rauschen des Meeres.

»Was ist das Göttliche in uns, Vater?« fragte der junge Mann leise. »Glaubst du an ein Leben nach dem Tod?«

»Hast du Angst vor dem Tod?« fragte der Vater zurück.

»Ja, Vater. Oft. Ich versuche, nicht an ihn zu denken und meine Angst zu vergessen. Ich kann mir nicht vorstellen, wie die Welt sein soll, wenn ich sie nicht mehr sehe. Hältst du mich wegen solcher Gedanken für einen Feigling?«

»Nein. So empfindet jeder. Einen Menschen zu töten, ist leicht. Die einen sagen, daß wir nach dem Tod als Schatten am anderen Ufer des Styx umherirren werden. Die anderen, daß unsere Seele in einen anderen Körper eingeht. Wieder andere behaupten, daß einige wenige von uns auf die Insel der Seligen gelangen. Und der christliche Gott verheißt uns das Jüngste Gericht, bei dem die Bösen von den Guten geschieden werden, aber alle haben nach dem Tod das ewige Leben, die einen im Glück, die anderen in ständigen Qualen ...«

»Du als oberster Priester mußt mehr darüber wissen als die anderen Sterblichen, Vater. Kannst du mir noch nicht sagen, worin das Geheimnis liegt?«

Sie saßen am Ufer, zu ihren Füßen wogte das Meer. Das Gefolge hatte sich zurückgezogen, um das erhabene Gespräch nicht zu stören. Konstantin spürte das grenzenlose Vertrauen, die Verehrung, die ihm sein Sohn entgegenbrachte. Vielleicht war es sogar Liebe?

»Über das Jenseits weiß ich nicht mehr als die anderen, ich habe nur die Pflicht, mehr als sie darüber nachzudenken. Ich weiß nicht, Crispus, was dieses Meer in Bewegung hält, welche Götter Herren über die Gezeiten sind und warum sie einmal günstige Winde aussenden, die unsere Segel blähen, und ein andermal Stürme, welche die Masten brechen und die Schiffe versenken. Die Ursachen kenne ich nicht. Aber wenn ich die Flotte kommandieren will, muß ich alles studieren, was auf den Ozeanen geschieht. Ich muß rechtzeitig die Zeichen erkennen, die tödlichen Sturm oder hoffnungslose Windstille ankündigen. Den Grund für die Existenz und die Handlungen der Götter durchschaue ich auch nicht, aber dank meiner Erfahrung und genauer Beobachtung menschlichen Verhaltens kann ich entscheiden, was ich als Herrscher im Hinblick auf den Glauben meiner Untertanen an die übernatürlichen Kräfte zu tun habe ... Du hast mich nach der Unsterblichkeit gefragt, mein Sohn. Ich antworte dir nur — die Menschen wollen daran glauben.«

Er erzählte Crispus, daß er sich durch seine Schreiber sogar über Inschriften auf Grabsteinen und Sarkophagen informiert habe, um die Denkweise seiner Völker besser zu begreifen, und er zitierte: »Ihr unglücklichen Überlebenden, beweint diesen Todesfall; ihr Götter und Göttinnen aber freuet euch über den neuen Mitbürger!« An anderer Stelle hieß es: »Jetzt erst lebst du deine selige Zeit, fern von allem Erdengeschick; hoch im Himmel genießest du mit den Göttern Nektar und Ambrosia.« Ein hoher Beamter hatte auf seinem Sarkophag diese Worte anbringen lassen: »Wie ich für euer Heil gesorgt auf Erden, so bin ich nun auch unter den Göttern dafür bemüht.«

»Aber was sagst du zu alldem, Vater?«

»Wir sollten uns nicht zuviel Sorgen um das machen, was im Jenseits sein wird. Wir werden es sehen. Oder auch nicht ... Ich wiederhole, ein Herrscher muß wissen, woran die Menschen glauben wollen, und sie darin unterstützen. Uns liegt daran, sie zu überzeugen, daß sie die Seligkeit erst nach einem gottgefälligen Leben erlangen werden.«

»Du glaubst daran, Vater?«

»Ich glaube, daß es für Staat und Gesellschaft so sein muß. Und was die Ewigkeit und Gott angeht ... lies. Lies möglichst viel. Jetzt meinst du wahrscheinlich, daß das Leben lang ist und du Zeit für alles haben wirst. Aber du wirst auch das Heer und die Flotte führen müssen, Gesetze und philosophische Traktate diktieren, den Menschen sagen, wie sie leben und an welche Götter sie glauben sollen. Es gibt viele Fragen. Ich kann nicht alle beantworten, aber die Christen bieten uns gewisse Ideen an, die nicht ganz schlecht klingen. Wir müssen ernsthaft darüber nachdenken. Bist du nicht müde, mein Sohn?«

»Nein. Wenn ich dir zuhöre ...«

Noch nie waren sie einander so nahe gewesen. Konstantin hatte für einen Augenblick sogar das Empfinden, Fausta und ihre Söhne zu hintergehen. Aber er genoß diese Stunde, den ganzen Abend, das gute Gespräch, er hatte noch den Geschmack des gebratenen Fischs und des erfrischenden Landweins im Mund. Hätte er sich wie ein richtiger Gott einen Wunsch erfüllen können, dann den, daß Fausta ihn im Zelt erwarte: schlank, wie immer zum Liebesspiel bereit, unermüdlich und fröhlich. Aber ohne mit ihr reden zu müssen. Alle jungen Menschen gleichen sich irgendwie, dachte er. Auch sein Sohn war schlank, er wirkte älter, als er war, man hätte glauben mögen, daß er ein Heer schon allein, ohne sorgfältig ausgesuchte Adjutanten führen konnte. Vielleicht kam es vom Wein, daß dem Kaiser zu viele unterschiedliche Gedanken durch den Kopf gingen.

»Höre mir nur zu, das ist gut ... Aber ich sage dir, Crispus, du mußt auch auf andere hören. Der letzte Ruderer auf unserer Barke kann dir Dinge sagen, die in einem entscheidenden Moment deines Lebens wichtiger sind als alles, was dich der höchste Priester Jupiters oder der römische Bischof jenes Galiläers lehrt. Ich habe Diokletian einmal ganz zufällig von einem Fischer in Sirmium erzählt, der sich bei mir beklagt hatte, weil der Fisch teurer geworden war, so daß er ihn nicht mehr verkaufen konnte. Und der Kaiser, den ich damals so verehrte, war außer sich. Er hat dann ein ganzes Jahr am Gesetz über den Maximaltarif gearbeitet und versucht, die Teuerung aufzuhalten, weil ihn meine harmlose Geschichte vom Fischmarkt an alle Nöte im Reich erinnert hatte.«

»Und ist es ihm gelungen?«

»Was?« fragte Konstantin zerstreut und in seine Erinnerungen verloren.

»Die Preise zu senken.«

»Nein. Er hat es versucht, aber auf dem falschen Weg, wie ich jetzt weiß. Sein Regierungssystem war zu teuer. Er wollte, daß der Kaiser unsterblich und allgegenwärtig sei, darum gab es zu seiner Zeit vier Kaiser, zwei Augusti und zwei Cäsaren. In dieser Lage stecken wir bis heute, und nur deshalb können sich Licinius und Maximinus Daza im Osten halten ... Und was kam heraus? Jeder von ihnen hatte so viele Soldaten wie der frühere Kaiser allein. Nur daß sie nicht zur Verteidigung gegen Feinde da waren, sondern zur gegenseitigen Abschreckung. Auch die Administration hat sich vervierfacht, die Steuern sind ungeheuer gestiegen. Ich führe dir ein Beispiel an, das nicht ganz exakt ist, aber anschaulich. Wenn früher vier Kolonen gearbeitet haben, um einen Soldaten zu ernähren, so habe ich jetzt drei von ihnen gezwungen, den Acker zu verlassen und zum Schwert zu greifen. Auf dem Acker ist einer geblieben, um vier Krieger zu ernähren, nur daß das unmöglich ist, verstehst du? Die Lösung liegt nicht in der Verteilung der Macht, sondern in ihrer Konzentration in einer Hand. In einem Reich, wie es das unsere ist, braucht man viele gute Beamte und Befehlsempfänger, aber nur einen, der Befehle erteilt.«

»Was hast du mit Licinius vor, Vater?«

»Ich muß auf den rechten Augenblick warten. Hast du mich eben richtig verstanden? Die Zahl derer, die etwas geben, die Arbeiter und Bauern, darf nicht größer sein als die jener, denen man gibt, den Soldaten und Beamten. Hier muß Gleichgewicht herrschen. Und jetzt sage ich dir etwas, was du als Befehl auffassen sollst: Lerne über die Schiffahrt alles, was dir möglich ist. Dieses Meer ist der Weg, der in jeden Winkel unseres Reichs führt. Wir haben dem bisher nicht genügend Rechnung getragen. Deine Aufgabe ist es, die Wissenschaft vom Meer und den Schiffen, von den Winden und den Seekarten zu beherrschen. Wenn du noch nicht schlafen möchtest, Crispus, denke darüber nach. Ich bin todmüde ...«

Konstantin erhob sich. Er lauschte noch ein wenig der Brandung und den Grillen und wollte gerade zum Zelt gehen, als ihn der Sohn, der noch am glimmenden Feuer saß, fragte: »Wann verheiratest du mich, Vater?«

Der Kaiser blieb überrascht stehen, hatte er doch eben selbst an die Frau gedacht, so wie dieser Jüngling jetzt.

»Das ist für uns nicht so einfach, Crispus. Wir müßten gut überlegen, wen du nimmst. Kannst du dich nicht vorerst mit einer Sklavin zufriedengeben?«

»Wie es meine Mutter ist? Oder die Großmutter? Soll das ewig so sein, Vater?«

Zum erstenmal bemerkte Konstantin Aufbegehren in der Stimme seines Sohnes. Er setzte sich wieder neben ihn.

»Warum stört dich das?«

»Ich will nicht, daß mein erster Sohn ein ...«

»Was?«

Crispus schwieg.

»Antworte!« befahl Konstantin.

»Daß er das ist, was ich bin. Und was du warst.«

»Ein Bastard?« fragte Konstantin scharf.

»Das hast du gesagt.«

»Und das paßt dir nicht?«

Crispus schwieg wieder, so daß der Kaiser fortfahren mußte.

»Es paßt dir also nicht. In deinem Alter habe ich keinen Gedanken daran verschwendet. Ich hatte nicht die Möglichkeit, bei meinem leiblichen Vater zu leben, wir wurden mit Vorbedacht voneinander getrennt. Die militärische Erziehung habe ich an Diokletians Hof erhalten. Dann habe ich bei Galerius gedient, wo ich meines Lebens nie sicher war. Auch mein Vater hatte mit seiner legalen Gattin drei Söhne, aber Kaiser bin ich geworden. Nicht weil ich der älteste bin, Crispus. Ich bin der beste von ihnen. Ist das nicht einfach? Bemühe dich, der Beste zu sein, wenn du der Erste sein willst.«

»Das ist ein ungleicher Kampf.«

»Was für ein Kampf?«

»Mein Kampf mit deinen Söhnen, mit Faustas Söhnen. Ihre Namen ähneln dem deinen. Constantinus, Constantius, Constans ... Was ist dagegen Crispus? Nichts. Und Fausta wird immer auf ihrer Seite stehen, logischerweise. Und du wirst immer auf sie hören.«

»Was fällt dir ein!« Die Stimme des Kaisers war nicht mehr müde, sondern zornig.

»Ich weiß nicht, was mir die Sterne am Himmel vorbestimmt haben ...« — die Antwort klang sanft und gehorsam —, »du hast mich nur gefragt, warum ich keine Konkubine will, und ich habe dir geantwortet: Damit ich nicht eines Tages so reden muß wie du.«

»Du willst also nicht so werden wie ich?« fragte Konstantin verletzt. Vorüber war die Nacht der Harmonie, nach ein paar ungeschickt gewählten Worten war sie verflogen, als wäre sie nie gewesen. Was hatte plötzlich alles zerstört, was den Älteren und den Jüngeren so verbunden hatte? Welches Wort konnte zurückgenommen werden? Da Crispus schwieg und auf den von Kiefernnadeln bedeckten Boden blickte, sprach der Kaiser weiter. »Jeder muß er selbst sein, die anderen beobachten, aber keinen zum Vorbild nehmen. Es ist sehr gut, daß wir uns ausgesprochen haben. Ich habe dich angehört und begriffen, was dich bedrückt. Aber ich wiederhole etwas anderes, Crispus. Mein Wunsch und mein Befehl ist, daß du dich jetzt der Seefahrt widmest, verstehst du?«

»Wenn du es sagst, Vater ...«

»Sobald du die Grundkenntnisse erworben hast, ernenne ich dich zum Kommandeur unserer gesamten Flotte. Denke jetzt nur daran. Uns stehen große Kriege bevor, und die Flotte wird wichtig sein, die Götter sind meine Zeugen, wichtiger denn je ...«

»Du sagst die Götter, von dem einen einzigen sprichst du nicht?«

»Das ist doch einerlei«, entgegnete der Kaiser nervös. »Leg nicht jedes meiner Worte auf die Goldwaage, ich rede eben so ... Du bist jung und stehst erst am Anfang. Hör mir gut zu. Wir hatten ein paar kostbare Jahre des Friedens, aber ihr Ende ist nah. Und noch etwas. Da du den Wunsch geäußert hast, werde ich dich verheiraten. Du hast nicht gesagt, daß du dich verlieben möchtest, sondern mich gebeten, dir eine Frau zu geben, nicht wahr?«

»Ja, aber ...«

»Was?«

»Vielleicht hast du mich falsch verstanden, oder ich habe mich dumm ausgedrückt, Vater, das war ein Augenblick ... Das Meer, der Wein ...«

Konstantin sah seinen Sohn mißtrauisch an.

»Manchmal ist es sehr schwer, den Augenblick zu erkennen, der uns die göttliche Eingebung schenkt. Und ob er vom Wein oder anderen berauschenden Mitteln getragen wird. Gehen wir jetzt schlafen, mein Sohn«, schloß er versöhnlich.

Sie nächtigten im selben Zelt und hörten gegen Morgen im Halbschlaf das Zwitschern der Vögel, die den neuen Tag begrüßten.

Als Konstantin im Jahr darauf mit Crispus eine Rundreise durch die römischen Mittelmeerhäfen Aquileia, Pietas Iulia, Saloniki und Piräus unternahm, als sie gemeinsam und fast gleichberechtigt den Bau neuer Kriegsschiffe auf den Werften, die Arsenale, die Versorgungsbasen und Hafenanlagen kontrollierten, wurde in den größten Städten des Reiches, Augusta Treverorum und Rom, Sirmium und Nikomedia, Alexandria und Antiochia gemunkelt, daß der junge Crispus wohl nicht Thronfolger werden würde. Aber in mancher Schenke fand sich ein gewitzter Veteran, der vor Gerüchten warnte: »Hätte denn vor zwanzig Jahren jemand auf unseren Konstantin gewettet? Damals war er nur Tribun erster Klasse, und der Kleine wird morgen schon die kaiserliche Flotte befehligen! Alle Götter, sogar der Gekreuzigte, mögen ihnen ein langes Leben und viel Glück schenken . . .«

V

ALLES, WAS ENTSTEHT, IST VERGÄNGLICH

Der Wagen blieb im Tal zurück, obwohl die kräftigen Pferde ihn sicher mitsamt seiner Last bis zum Eingang des Höhlenklosters hätten ziehen können. Der Parfüm- und Salbenhändler Paesanius aus der Stadt Erebuni, der nebenbei auch Geldverleih zu guten Zinsen betrieb, hielt an der linken Hand seinen Enkel Florentius, die Rechte umfaßte noch fester das Horn des großen Widders. Er hatte einige Goldstücke für ihn bezahlt, das war vermutlich hoch über Wert, aber es war ein außergewöhnlich schönes Tier, und er hatte nicht feilschen wollen, da es um ein Opfer für die Seele seines Enkels ging. Nach einiger Anstrengung erreichten sie endlich das Plateau. Unter hohen Bäumen weideten einige wunderbare Pferde. Entweder hatte das Höhlenkloster einen wichtigen und reichen Gast, oder die Mönche selbst konnten sich ein so kostbares kleines Gestüt leisten.

»Das ist Gegard«, erklärte der Händler dem Kind. »Das heiligste Kloster des neuen Gottes in unserem Land.«

»Warum, Großvater?«

»Weil sich hier die Spitze der Lanze befindet, mit der das Herz des gekreuzigten Gottessohnes Jesus Christus durchbohrt wurde.«

»Erzähle, das muß eine aufregende Geschichte sein ...«

Sie banden den Widder an einen Aprikosenstamm, setzten sich ins Gras und teilten Fladen und Käse, die der Großvater in den Manteltaschen bei sich trug.

»Der Abt dieses Klosters ist Gregor, ein heiliger Mann.

Er hat ein Jahr ohne Speise und Trank in einer tiefen Grube ausgehalten, aber mit Gottes Hilfe konnte er unter die Menschen zurückkehren und unseren großen König Tiridates taufen. Hier in diesen Höhlen hat er ein Kloster gegründet, das ihn an die Grube erinnert, wo er so lange Zeit mit Gebet und Fasten verbracht hat. Kannst du dir das vorstellen?«

»Nein, Großvater. Ich habe immer Hunger.«

»Iß nur, mein kleiner Florentius. Auch für dich ist Christus am Kreuz gestorben, und wir werden jetzt den Widder opfern, und der heilige Gregor wird beten, damit alle Sünden von dir genommen werden.«

»Bin ich denn sündig?«

»Wir alle sind in Sünde geboren . . .«

»Das verstehe ich nicht.«

»Ich verstehe auch nicht alles, aber das ist nicht wichtig. Nicht jeder von uns muß alles wissen. Wichtig ist, daß es weise Männer Gottes gibt, die uns erklären können, was ist und was nicht ist, und selbst wenn sie nicht alle Fragen zu beantworten vermögen, so vermitteln sie doch zwischen uns und ihrem Gott, so wie ich manchmal einen Freund finde, der beim König ein gutes Wort für mich einlegt . . .«

»Du gibst ihnen Gold dafür?«

»Auch sie müssen von etwas leben, Florentius. Du bist doch groß genug, das zu begreifen. Es ist eine Ehre und Freude, der heiligen Kirche etwas zu opfern. Sieh mal, dieser Sohn Gottes ist auf die Erde gekommen, um zu leben wie du und ich, um unsere Sünden auf sich zu nehmen und für uns alle den schrecklichen Tod am Kreuz zu erleiden. Und weil unser König gute Beziehungen zu allen Mächtigen dieser Welt unterhält, hat er jene Lanzenspitze erworben und sie hierher bringen lassen, aus Dank dafür, daß ihn der heilige Gregor von seinen Kopfschmerzen geheilt hat. Sie ist jetzt die heiligste Reliquie. Du weißt doch, daß das Wort ›gegard‹ Lanzenspitze bedeutet.«

»Ja. Dürfen wir sie auch ansehen?«

»Steh schnell auf. Die heiligen Väter kommen ...«

Aus einer Höhle traten einige Männer in schwarzen Kutten und mit bloßen Füßen. Nur ein Greis unter ihnen war ganz in Weiß gekleidet und trug Sandalen. Sie hatten wallende Bärte und waren mit Stricken gegürtet. Einer der Jüngeren kam auf den Händler und seinen Enkel zu.

»Was führt dich in unsere Einöde, guter Mann?«

»Ich bin der Händler Paesanius aus der Stadt Erebuni. Gott sei Dank habe ich die Möglichkeit, eurem heiligen Kloster regelmäßig Spenden zukommen zu lassen, und ich hoffe, daß Vater Gregor von mir weiß ...«

»Wir kennen dich, guter Paesanius, und beten häufig für die Rettung deiner Seele ...«

»Auch diesmal habe ich an euch gedacht, Vater!«

Der Händler zog einen Beutel mit Gold aus der Manteltasche, und der Mönch griff eilig nach dem Geschenk, das sofort in seinem weiten Ärmel verschwand.

»Was ist dein Anliegen?«

»Dies ist mein Enkel Florentius. Ich möchte, daß Vater Gregor ihn segnet. Und als Opfer für den barmherzigen Gott habe ich einen Widder mitgebracht, damit er unser aller Sünden auf sich nimmt, auch die des unschuldigen Kindes. Und wenn wir vielleicht die Lanzenspitze sehen könnten ...«

»Einen Widder?« Das Gesicht des jungen Mönchs nahm einen für einen Gottesmann etwas unpassenden Ausdruck an, aber er lud die Gäste ein, sich wieder zu setzen. Er versprach, Vater Gregor Bescheid zu sagen, falls er geneigt war, so gewöhnliche Dinge anzuhören. Florentius streichelte den schwarzen Widder. Das Tier stand würdevoll im Schatten des Aprikosenbaums. Es weidete nicht und schien irgendwie ernsthaft besorgt. Der Junge dachte, daß unten in der Stadt viele Menschen ebensolche Gesichter hatten. Er fragte sich, ob Tiere denken konnten wie Menschen und nur nicht zu sprechen vermochten und darunter litten. Dann fiel ihm ein, daß sein Großvater den viel jüngeren

Mönch mit »Vater« angeredet hatte, und er wunderte sich. Endlich kam der Mönch zurück.

»Der heilige Vater Gregor hat mich beauftragt, dich und deinen Enkel in seinem Namen zu segnen. Er geht eben, um den König zu treffen. Dir läßt er sagen, daß Gott die guten Werke seiner treuen Diener niemals vergißt. Die Lanzenspitze darf nur gezeigt werden, wenn er zugegen ist.«

Inzwischen hatte man die Pferde zu der Gruppe um den weißgekleideten Greis gebracht. Mit Hilfe der Jüngeren bestieg Gregor den größten Rappen. Er winkte den Besuchern zu, was diese auch so auffassen konnten, als schlüge er das Kreuz. Mit seinen Begleitern begann er vorsichtig den Steilhang hinabzureiten.

»Kommt mit mir ...«

Florentius ging als erster, aber da sich der Widder sträubte und dem Paesanius nicht gehorchen wollte, kehrte er um und faßte nach dem anderen Horn. Endlich begriff das Tier, daß es sich in Bewegung setzen mußte. Noch immer widerstrebend und mit zögernden Schritten ließ es sich bis zum Höhleneingang führen.

»Knie nieder, mein Kind!«

Florentius gehorchte, und der Mönch legte ihm die linke Hand auf den Scheitel, während seine Rechte in das Kopffell des Widders griff. Das Tier stand jetzt ganz ruhig, nur seine Nüstern sogen gierig die frische Bergluft ein. Oder betrachtete es vielleicht das Himmelsblau über ihnen? Der Junge versuchte sich vorzustellen, was er selbst empfinden würde, wenn er wüßte, daß er in wenigen Augenblicken den Himmel nicht mehr sehen, den Duft der Gräser und Kräuter nicht mehr riechen, das Plätschern des Flusses nicht mehr hören könnte. Es gelang ihm nicht.

Der Mönch sprach murmelnd vor sich hin, bisweilen die Stimme hebend und sie dann wieder zum Flüstern senkend. Der Großvater stand beiseite. Dem Jungen taten schon die mageren Knie weh, und er hätte gern alles schnell hinter sich gehabt, aber dann fiel ihm ein, daß der

Widder nur noch bis zum Ende der Zeremonie leben durfte. Darum beschloß er, den kleinen Schmerz zu erdulden, damit dem Tier noch ein paar Minuten vergönnt waren.

»Amen!«

Der Mönch half ihm aufzustehen, machte auf seiner Stirn das Kreuzeszeichen und drückte ihm knoblauchduftende Küsse auf beide Wangen.

»Den Widder schlachten wir dort am Fluß.«

»Aber ich wollte, daß er Gott geopfert und nicht einfach so geschlachtet wird . . .«

»Schlachte ihn selbst . . .« Aber als der Mönch sah, wie enttäuscht der Händler war, fügte er hinzu: »Mach dir keine Sorgen, ich habe die Erbsünde dieses Knaben auf ihn gelegt. Ich werde dir helfen.«

Mit einem scharfen Messer schnitt der Mönch einen Streifen vom Hemd des Jungen und wandte sich dann an den Großvater. »Laß mich auch ein Stück von deinem Gewand nehmen!«

Sie gingen ans Ufer des Flusses, der hier erst ein etwas breiterer Bach war, dessen Wasser fröhlich von Fels zu Fels sprang und durch dichten Wald weiterfloß. Der Widder folgte ihnen jetzt gehorsam, als hätte er begriffen, daß jeder Widerstand sinnlos gewesen wäre. Er trank noch einmal von dem kühlen Wasser. Paesanius hatte niemals ein Tier geschlachtet. Florentius hatte manchmal den Dienern in ihrem Hof dabei zugesehen. Es tat ihm leid um diesen schönen Widder, aber er lehnte sich nicht auf. Schließlich machte sich der Mönch allein ans Werk. Er legte die schwarze Kutte ab, und in seinen langen weißen Unterhosen und dem offenstehenden Hemd war er ein stattlicher, behaarter Bursche, sichtlich bäuerlicher Herkunft. Binnen kurzem war er mit allem fertig. Das Blut floß schnell mit dem Bach davon. Sorgsam zerlegte er das Tier und hängte das Fell an zwei Ästen auf. Als sich Großvater und Enkel verabschiedeten, dampfte das Fleisch noch in den großen

Kupfergefäßen, die der Mönsch aus der Höhle herbeigeschafft hatte.

Florentius wußte, daß diese Masse roten Fleisches alles war, was von einem lebenden Wesen übrigblieb, das eben noch gegen das Unvermeidliche aufbegehrt, das geweidet, getrunken, geatmet, geschaut hatte. Aber es ist das Glück der Kinder, daß sie, wenn sie gleich alles wissen, der Wahrheit noch nicht jenes Gewicht geben, das sie erst bedeutungsvoll macht.

Nur die Streifen von ihren Hemden blieben, an Zweige gebunden, zurück. Die Baumkronen über dem Fluß waren voller bunter Fetzen aus Leinen oder Seide, aus grobem oder feinem Gewebe.

Als sie bei ihrem Wagen angelangt waren, ruhten sich Großvater und Enkel noch ein wenig aus, stärkten sich mit ein paar Bissen, und der alte Händler nahm einen kräftigen Schluck herben rötlichen Weins aus dem Schlauch.

»Von nun an, mein Kind, darfst du nicht mehr sündigen. Oder möglichst selten. Denn du bist jetzt rein vor dem Herrgott. Alle deine kleinen Sünden und sogar die Erbsünde hat der Widder mit sich genommen, mit seinem Blut sind sie den Bach hinabgeflossen ... Und der Streifen von deinem Hemd über dem heiligen Wasser wird noch lange an den Tag erinnern, an dem wir hier waren ...«

»Ich kann das nicht verstehen, Großvater«, sagte Florentius, als sie den Wagen bestiegen hatten.

»Was?«

»Wenn Christus selbst für unsere Sünden ans Kreuz geschlagen wurde, warum mußten wir noch den armen Widder schlachten?«

Paesanius trieb die Pferde an.

»Denke nicht so viel, das ist nicht gesund. Man kann Kopfschmerzen davon bekommen. Überlaß das den gelehrten Leuten. Du sollst den Handel erlernen, denn davon lebt man. Wenn du Geld genug hast, findest du immer jemanden, der für dich denkt. Oder der andere schwere Arbeit für dich tut. Hast du gesehen, wie schnell der heilige Mann mit dem Opfertier fertig war, nachdem ich ihm ein Goldstück gegeben hatte?«

»Wie hast du das gemacht?« staunte der Junge.

»Du hast es nicht bemerkt? Um so besser. Denke daran, solche Dinge muß man immer so tun, daß kein anderer sie beobachten kann...«

Als sie die Straße erreicht hatten, trieb der Händler die Pferde an, denn die Sonne hatte den Zenit bereits überschritten, und bis zur nächsten Herberge war es noch weit.

Das Kloster Gegard in 30 km Entfernung von Jerewan, das einst Erebuni hieß, wird tatsächlich zum erstenmal im 4. Jahrhundert erwähnt. Neben den alten Höhlen, in denen auch der heilige Gregor gelebt haben soll, wurde 1215 mit dem Bau einer der Muttergottes geweihten Kirche begonnen. Noch heute wird von der Lanzenspitze erzählt, die nach einer anderen Version zunächst in Etschmiadsin verwahrt worden sein und im 9. Jahrhundert nach Airiwank, das damals den Namen Gegard erhielt, gekommen sein soll.

Der Autor dieses Romans war 1983 in Gegard Zeuge der Opferung eines Widders, der die Sünden eines kleinen Jungen von heute trug. Ein gregorianischer Mönch vollzog an einem Altar neben dem christlichen Kloster die Zeremonie. Auch Stoffetzen flattern noch immer über dem Gebirgsfluß Asak, als wären seit dem Besuch unseres Paesanius nicht siebzehn Jahrhunderte, sondern nur siebzehn Wochen vergangen...

ARMENISCH-PERSISCHE VERHANDLUNGEN

Die ältesten Menschen hatten von ihren Großvätern gehört, daß König Argischti I. die Festung Erebuni fünfzehn Generationen vor der Herrschaft von Tiridates III. errichtet hatte. Tiridates mochte weder Etschmiadsin, die Hauptstadt seines Landes, noch Erebuni, aber zu manchen Anlässen, für die sein bescheidener Sommersitz zu klein war, kam er lieber in das Fort zu den Soldaten seines Generals und Ministers Mamgo.

Er hatte sich daran gewöhnt, mit seinem Kopfschmerz zu leben. Es gab Tage, an denen er nur einen leichten Druck verspürte. Wenn er nicht daran dachte, hatte er kaum Beschwerden. Aber sobald die Wolken tief hingen und die Luft zu feucht wurde oder, seltsamerweise, sobald der Druck stieg, wurden die Schmerzen zur Qual. Die Taufe hatte nicht geholfen. Halb ironisch und halb in der Hoffnung auf Hilfe sagte er einmal zu Gregor, daß das heilige Sakrament ihm keinerlei Erleichterung gebracht hätte, und der Priester antwortete, der Grund liege darin, daß der König das Christentum nicht reinen Herzens und aufrichtigen Glaubens angenommen habe.

»Vor mir kannst du alles verbergen, erhabener Vetter. Du kannst auch dir selbst etwas vormachen. Aber nicht dem Herrgott. Er sieht das, was in deinem Herzen ist, ebenso wie das, was du in der Hand hältst...«

»Warum gibt er mir dann nicht die Kraft, aufrichtig zu glauben, wenn ihm wirklich daran liegt und er alles vermag? Dummheiten, Gregor! Ich sollte nach Nikomedia, Athen oder Rom reisen, wo es noch gute Ärzte gibt. Aber ich kann nicht.«

»Warum nicht?«

»Aus politischen Gründen. Ich darf jetzt nicht Licinius' Aufmerksamkeit auf mich lenken. Wer weiß, wie das alles ausgeht.«

»Deine irdischen Geschäfte kenne ich nicht, und ich habe auch nicht den Wunsch, sie zu verstehen. Aber unsere heilige Kirche breitet sich, Gott sei Dank, im östlichen und im westlichen Teil des Imperiums aus.«

»Ja. Das ist richtig. Also habe ich keinen Fehler gemacht. Wenigstens vorerst sieht es so aus.« Der König schüttelte dennoch besorgt den Kopf. »Im Moment mache ich mir die meisten Gedanken um die Perser.«

»Der Blick von dieser schönen Terrasse, mein König, sollte uns veranlassen, Gott für die Herrlichkeit der Natur Dank zu sagen. Daran solltest du täglich denken ...«

»Ich weiß nicht, was du damit sagen willst?«

Sie lehnten bequem in roten Rohrsesseln mit Seidenkissen. Auf dem Tischchen zwischen ihnen eine goldene Schale mit frischem Obst und zwei Pokale mit herbem Rotwein. Vor ihnen erstreckte sich der Blick über die Schlucht und den Fluß bis zum schneebedeckten, sanftgerundeten Gipfel des Ararat. Seine Höhe entzog sich jedem menschlichen Vergleich mit anderen Berggipfeln. Sie lag in der Nachbarschaft der Wolken. Im Abendlicht hatten die Abhänge einen rötlichen Widerschein.

»Nach der Sintflut, mächtiger Tiridates, war alles bis zu jenem Gipfel vom Meer bedeckt. Weil die Erde voll Frevels war, hat der Herr allein dem Stammvater Noah erlaubt, von jedem Tier ein Paar in seine Arche aufzunehmen ...«

»Das weiß ich ...« Der König war mit anderen Dingen beschäftigt. »Aber für mich sind die Berge nur ein natürlicher Schutz vor den Persern.«

»Überall auf der Welt wird davon erzählt, daß die Taube zum Zeichen der Versöhnung zwischen Gott dem Herrn und seinen Geschöpfen den Ölzweig brachte, aber stell dir vor, dort drüben ist es geschehen!«

Tiridates nahm zerstreut einen Schluck aus seinem Pokal, und Gregor nutzte die Gelegenheit fortzufahren: »Hier hat der Stammvater Noah Weinberge angelegt. Was würdest du heute trinken, wäre er nicht gewesen und hätte Gott ihn nicht diese Kunst gelehrt?«

Der armenische Staat war mehr als tausend Jahre alt. Viel älter als das römische Imperium. Die bedeutenden und für diese bergige Region ziemlich großen Städte Armawir, Artaschat, Dwin und Erebuni, und vor allem die alte Metropole Etschmiadsin verdankten ihre Entwicklung dem Handel. Karawanen mit Pflaumen, Äpfeln, Birnen, Quitten,

Süß- und Sauerkirschen, Zucker- und Wassermelonen zogen nach Persien und nach Bithynien. Die günstigsten Geschäfte indes machte Armenien mit seinen Parfümen und Salben. Zahlreiche Werkstätten, jede mit ihrer geheimen Rezeptur, die sorgsam gehütet und nur von Generation zu Generation weitergegeben wurde, produzierten die Parfümerie und Kosmetik für das gesamte Römische Reich. Dafür wurden die besten Früchte verwendet, an den hohen Berghängen Blumen, Gräser und Pflanzen gesammelt. Auch die erforderliche Verpackung mußte hergestellt werden. All das gab vielen Menschen Arbeit, und die armenischen Präparate — die leicht zu transportieren, aber sehr kostbar waren — gelangten bis nach Ägypten und Britannien, vor allem in die Hauptstädte des Imperiums. Zusammen mit der Kosmetik konnte man auch wichtige Nachrichten übermitteln. Armenien wurde vornehmlich dank den Parfümen zu einem Teil der zivilisierten Welt, denn alle schönen Frauen verlangten danach. Auch jene, die sich für schön hielten.

Erebuni und die anderen größeren armenischen Ansiedlungen erinnerten freilich trotz ihres Wohlstands kaum an Metropolen wie Augusta Treverorum oder Rom, nicht einmal an die aufblühenden orientalischen und südlichen Städte wie Alexandria, Nikomedia und Antiochia.

Besonders Antiochia galt als sehr kurzweilig, aber auch lasterhaft. In dieser Stadt gab es täglich Wettkämpfe in den Hippodromen, Theatervorstellungen, Zirkusspiele, durch die breiten Straßen wälzten sich Ströme maskierter Menschen, in den Palästen und Villen wurden Feste und ausgelassene Tanzvergnügen veranstaltet. Alles, was die Sinne erfreute, fand hier seine Heimstatt, die Menschen waren geistreich, erdachten Parodien, spotteten über alle heiligen Begriffe wie Ehre oder Familienansehen. Was anderswo die Regel war, wurde in Antiochia als altmodische Prüderie abgetan. Bei offiziellen Feiern gingen die Mädchen nackt oder leichtgeschürzt, sie zeigten in den Bassins unglaubliche Schwimm- und Tauchkünste. Deshalb war es der

Traum jedes wohlhabenden Armeniers, wenigstens einmal im Leben mit einer Karawane in diese ferne Stadt zu gelangen. Wenn er bereits Christ war, konnte er nach Jerusalem weiterpilgern und dort für seine Sünden büßen. In Männergesellschaft konnte er indes immer wieder erzählen, was er in den Schenken, Theatern und öffentlichen Häusern Antiochias erlebt und gesehen hatte. Der Besuch der Stätten der größten Heiligtümer und der größten Sünden war mit einmaligem Aufwand an Reisekosten zu bewerkstelligen.

Die armenischen Städte waren durch nichts berühmt. Obwohl sehr alt, besaßen sie keine Tempel aus der Vorzeit, als wäre es selbst den Göttern zuviel, diese Hochebenen und Berggipfel zu erklimmen. Tiridates, der viel in der Welt herumgekommen war, meinte, daß der nahe Gipfel des Gebirgsmassivs Karmir-Blur ein würdigerer Ort für Geister oder Götter gewesen wäre als der relativ bescheidene Olymp bei Athen. Aber was nützte das, wenn Athen der Sitz der bekanntesten Religions- und Philosophenschulen war und die ganze kultivierte Welt von der griechischen Olympiade wußte. Schon deshalb war er dem Gedanken, daß der Ararat in eine neue große Legende eingehen könnte, nicht abgeneigt. Die jüdische und christliche Geschichte von der Arche Noah, die mit all den Tieren dort in unermeßlicher Höhe gestrandet war, weil alles ringsum unter Wasser lag, konnte erst von hier aus als etwas unglaublich Schreckliches begriffen werden. Gregor war im Recht. Er mußte unterstützt werden. Schon der Gedanke, daß sich die Lanzenspitze, die Christi Haut durchbohrt hatte, in einem armenischen Kloster befand, mußte jedes patriotische Herz in dem bergigen Land höher schlagen lassen. Niemand durfte erfahren, daß er, der König Armeniens, in aller Welt und sogar in seinem Vaterland nur ein einsamer Fremdling war. Auch deshalb mußte er zu den Christen halten ...

Der Kopf tat ihm weh. Ein Herrscher konnte weder gesund noch glücklich sein. Er bedauerte, daß er nicht als Sportlehrer in Griechenland oder Legionskommandeur in Italien geblieben war. Seine physischen Kräfte ließen nach. Obwohl er den Vergleich mit seinen Altersgenossen nicht zu scheuen brauchte, kannte er seinen Körper zu gut, um nicht zu bemerken, daß er ihm nicht mehr gehorchte wie früher. Noch trainierte er täglich, aber er lief langsamer, sprang kürzer, warf den Speer in weniger vollendetem Stil als vor zehn oder fünfundzwanzig Jahren. Nahte bereits das Alter? Nach wie vor konnte er so tun, als lebte er nur für sein Land. Mit der Annahme des Christentums hatte er keinen politischen Fehler gemacht. Diese Religion breitete sich in aller Welt aus, und er konnte stolz sagen und schreiben: Mein Armenien ist der erste christliche Staat auf Erden.

Das einst so mächtige Persien an seiner südlichen Grenze, jetzt nach der Niederlage im Krieg gegen Diokletian ganz in sich zurückgezogen und auf der Hut, für kleinere Staaten jedoch noch immer furchteinflößend, richtete den Blick auf den schwachen, bergigen Nachbarstaat. Die Christen, die sich besonders über den Feuerglauben und die Macht der Magier in Persien entsetzten, deren Oberhaupt der König des Landes persönlich war, lebten in ihren Siedlungen an Euphrat und Tigris schlimmer als im Römischen Imperium zur Zeit der Verfolgungen unter Diokletian und Galerius. Man setzte sie mit den Manichäern gleich, die zu gnadenloser Ausrottung verurteilt waren. Die Juden in Persien aber genossen Achtung und hatten sogar gewissen Einfluß bei Hof.

Sapor II., der als neugeborenes Kind — einige behaupteten sogar, bereits im Mutterleib — König geworden war, machte sich daran, das zerstückelte Reich seiner Ahnen in beharrlicher Arbeit wieder zu einen; er bewaffnete sein Heer und baute eine Flotte auf. Die Konfrontation der Ideologien, das heißt der verschiedenen Glaubensbekenntnisse, war nur ein Vorwand für den Kampf um die Macht und um die Kontrolle der Verkehrswege. Der Sieg, den seinerzeit Galerius über Narses errungen hatte und dem

Rom die Rückgabe des oberen Euphrat sowie Armenien seine neuerliche Unabhängigkeit verdankte, ärgerte Sapor vor allem deshalb, weil damit die wichtigsten Straßen wieder unter römischer Oberaufsicht standen. Sapor hatte an seinem Hof stets viele Magier, die spiritistische Séancen für ihn veranstalteten. Er behauptete, nicht nur mit seinen Ahnen, sondern auch mit den bedeutendsten verstorbenen römischen Kaisern in ständiger unmittelbarer Verbindung zu stehen. Natürlich mußten die Ergebnisse all dieser Zeremonien, Beschwörungen und Prophezeiungen der Tagespolitik dienen.

Tiridates empfing in Erebuni eine offizielle Delegation aus Persien. An ihrer Spitze stand der alte Apharban, der einst die Friedensverhandlungen mit Galerius und Sicorius Probus geführt hatte und den armenischen König aus der Zeit kannte, da er noch römischer General gewesen war. Mit Apharban kamen der große Magier Xixos und der Rabbiner Johanan, der zugleich als Spezialist für christliche Fragen galt. Das Hauptgeschenk für den Gastgeber war ein komplett eingerichteter mobiler Harem mit fünfundfünfzig Mädchen und der erforderlichen Anzahl Eunuchen. Die Sklavinnen trafen mit ihren prächtigen orientalischen, gold- und juwelengeschmückten Schleiergewändern ein, in Zelten, zu deren Ausstattung gepolsterte Ruhelager, Bettwäsche, Teppiche, Kupferbadewannen, Holzkohlebecken gehörten, sie führten Küchen, Gold- und Silbergeschirr mit, und zu ihrer Begleitung gehörten außer dunkelhäutigen Wächtern auch Musikanten mit ihren Instrumenten. Ehe die offiziellen Verhandlungen begannen, inspizierte Tiridates die kleine Zeltstadt auf einer Wiese vor den Festungsmauern von Erebuni. Bei ihm war sein persönlicher Sekretär Agathangelos.

»Dein Herr, der große Sapor, scheint wirklich an Frieden zu denken, da er so liebenswürdig für die Freuden meines Leibes sorgt, oder ...« Tiridates brach mitten im Satz ab und zwinkerte Agathangelos zu.

»Natürlich ist es so, König«, entgegnete der alte Apharban. Er konnte kaum Schritt halten mit Tiridates, der sehr schnell ging und den aufreizend entblößten, in ihren Zelten posierenden Mädchen nur wenig Beachtung schenkte. »Aber führe bitte den begonnenen Gedanken zu Ende . . .«

». . . oder aber er denkt an Krieg, und es ist deshalb hier alles beweglich, damit ich es auf Feldzüge mitnehmen kann. Wie ich sehe, wollte er mir keine Auswahl eurer wunderbaren Schwerter schicken . . .«

»Wenn du unsere Waffen haben möchtest, Herr, werden wir dir persönlich gern alles Gewünschte schenken und dir verkaufen, was du für dein Heer benötigst.«

»Ich danke dir. Das war nur ein Scherz. Wer werden von Rom gut versorgt. Aber mein Agathangelos kann sich mit einem deiner Begleiter zusammensetzen und euer Angebot prüfen.«

Tiridates empfing am selben Tag Apharban in seinem Arbeitszimmer zu einem vertraulichen Gespräch unter vier Augen.

»Du hast dich nicht sehr verändert, König. Hätte ich nicht die Ehre, dich schon so lange zu kennen, könnte ich dich für einen Jüngling halten.«

»Danke. Leider weiß ich, daß es nicht so ist. Ich bin etwas feist und unbeweglich geworden. Die Zeit bleibt nicht stehen. Aber ich freue mich, daß du bei guter Gesundheit und zu politischen Verhandlungen bereit bist. Es ist doch besser, miteinander zu sprechen, als die Klingen zu kreuzen. Wäre ich damals im Euphrat ertrunken, als ich versuchte, den dicken Cäsar Galerius zu retten, wer weiß, mit wem du heute in Erebuni konferieren würdest.«

»Großer Herrscher! Soll ich sagen, mit niemandem, weil Armenien uns dann sowieso gehören würde? Hättest du damals auf unserer statt auf der römischen Seite gestanden, wer weiß, wo heute deine Hauptstadt wäre und im Namen welcher Macht du Rom deine Bedingungen diktieren würdest!«

»Ich hoffe, du sprichst bei der Begegnung unserer Delegationen nicht so, denn dann müßte ich dich zurechtweisen ...«

Im Grunde gab es zwischen ihnen nicht viel zu verhandeln. Die persische Delegation wollte sich vor allem über Tiridates' Gesundheitszustand und die Stabilität seiner Verwaltung informieren. Sie saßen an einem breiten Tisch, auf der einen Seite der armenische König, der alte Mamgo, der Mithraspriester Asir und der christliche Prediger Gregor, und ihnen gegenüber Apharban, Xixos und Johanan. An kleineren Tischen hatten Schreiber, Sekretäre und Adjutanten Platz genommen. Über Formalitäten wie Durchlaß von Karawanen, Übernahme von Post, Bewachung der gemeinsamen Grenzen einigten sie sich schnell, denn alles war gut vorbereitet. Danach erklärte Tiridates die Tagesordnung für beendet und lud in den Speisesaal ein, um in entspannter Atmosphäre die Unterhaltung fortzusetzen.

»Wir nehmen die Konzentration von Sapors Armee und die Errichtung einer derartig großen Kriegsflotte mit gewissem Befremden zur Kenntnis«, sagte Tiridates und hob den Becher mit Rotwein. »Ich wünsche ihm ein langes Leben und viel Gesundheit. Aber ich frage mich besorgt, in welche Richtung seine Lanzenspitze zielt.«

»Selbstverständlich nicht nach Norden!« entgegnete Apharban zungenfertig. »Nicht gegen dich! Mein Herrscher braucht nur eine Garantie für die armenische Neutralität. Er meint, es sei auch in deinem Interesse, nicht der Vasall eines Kaisers oder einer Großmacht, sondern dein eigener Herr zu sein.«

Der armenische König nickte ernst, er hob die Stimme nicht, sprach aber entschieden und ohne Wärme.

»Bitte bestelle deinem Herrn, dem großen König Sapor II., meinen Dank dafür, daß er mir alles wünscht, was ich bereits besitze. Ich bin mein eigener Herr, und dank der Tüchtigkeit meines Volkes und der Hilfe Gottes blüht unser Wohlstand. Dazu gehört indes auch die Freiheit des

Glaubensbekenntnisses für jeden Untertanen, die wir in unserem großen Nachbarland im Süden leider vermissen. Mit uns am Tisch sitzt der heilige Mann Gregor, der ein ganzes Jahr ohne Speise und Trank in einer tiefen Grube geschmachtet hat und durch Gottes Willen überlebte, um mir den Weg zu erleuchten und die Taufe zu geben. Doch ebenso würdig sitzt hier auch der weise Priester des unbesiegbaren Sonnengottes, mein treuer Asir. Möge jeder an das glauben, was ihm lieb ist. Ebenso wird es jetzt auch bei Konstantin und Licinius, den römischen Augusti, gehalten.«

»In deinen Worten, König und Gastgeber, höre ich Vorwurf, den ich indes zurückweisen muß ...«

»Wir mischen uns natürlich nicht in eure inneren Angelegenheiten ein ...«

»Unser Freund, der weise Johanan, möge dir bestätigen, daß bei uns zum Beispiel die Juden ihren alten Glauben bekennen dürfen, denn er ist nicht staatsfeindlich. Er selbst gehört zum Rat unseres Königs, und die anderen Mitglieder meiner Delegation vertreten die verschiedensten Kulte. Einen Irrglauben jedoch, der unsere alten Sitten und die Moral unseres Volkes untergräbt, müssen und werden wir austilgen. Innerhalb unserer starken Grenzen werden wir niemals zulassen, daß fromme Herzen durch eine dämonische Lehre vergiftet werden.«

»Da du mich schon an meine Rolle als Gastgeber erinnerst, schlage ich vor, daß wir essen und trinken!« Tiridates wollte es nicht zum Streit kommen lassen. »Auf die Gesundheit unserer werten Gäste! Schon um des Friedens an den Grenzen willen wird sich keiner von uns in die inneren Angelegenheiten des anderen einmischen. Aber unsere Meinung behalten wir uns vor.«

Die Atmosphäre lockerte sich auf, denn das Abendessen war köstlich. Es zeigte sich, daß Xixos nicht nur ein Magier, sondern ein gebildeter Mann und ein guter Unterhalter war. Wer alle Magier für Fanatiker gehalten hatte, mußte einsehen, daß dieser Vertreter des Ordens toleranter war als die anwesenden Repräsentanten des Judaismus und des Christentums. In höflichen Worten, aber unnachgiebig stritten Johanan und Gregor um die messianischen Eigenschaften Jehoschuas aus Nazareth. Gregor nannte ihn Gottes Sohn, Johanan bezeichnete ihn als einen tragisch irregeleiteten Rebellen, der Rom gedient habe, statt für die Freiheit seines Volkes zu kämpfen. Xixos hingegen sprach von seinem göttlichen Glauben, der immateriell sei, er berief sich auf Platon und andere griechische Philosophen, auf die Mutter der Weisheit, die Athener Schule — wie er sagte —, die über jeden Aberglauben hoch erhaben sei. Am Anfang sei jenes Feuer gewesen, aus dem der Demiurg die Welt habe entstehen lassen, und seine Ideen — Funken dieses immateriellen Feuers — verwandelten sich in Urbilder aller ansonsten vergänglichen Erscheinungen. Sie hörten ihm immer aufmerksamer zu, als er weiterhin erklärte, die menschliche Seele sei göttlichen Ursprungs eben dank diesem Funken, den sie dem schrecklichen Sturz vom Himmel zum Trotz in sich trüge. Er erzählte vom Astralleib — einem Begriff, eher aus der Ohnmacht geboren, sich etwas anderes vorzustellen —, den die Seele auf ihrem Weg durch die Planetensphären annehme, der aber durch die Erinnerung eben an das in Erscheinung trete, was aus der Flamme der Gottheit stamme oder, anders ausgedrückt, aus dem göttlichen Feuer; er sprach von der Sehnsucht, den irdischen, körperlichen Fesseln zu entfliehen und in den sicheren Schoß des höchsten Gottes heimzukehren . . .

»Aufrichtig gesagt, verehrter Priester, das klingt mir alles eher chaldäisch«, bemerkte Gregor. »Soweit ich die Lehre Zoroasters verstanden habe . . .«

»Du irrst dich nur insoweit, werter Freund«, entgegnete Xixos, den man nach seiner Kleidung und seinem Auftreten eher für einen Diplomaten als für einen exponierten Magier halten mochte, »als gerade Zoroaster dem freien Willen viel mehr Bedeutung beilegt als die chaldäischen Weisen. Und das schließt die Herkunft von der frei und ungehindert lodernden göttlichen Flamme nicht nur nicht aus, sondern beweist sie geradezu. Wenn es erlaubt ist, werde ich das an einem einfachen Beispiel erklären, das, wie ich hoffe, unserem verehrten Kollegen Asir besonders vertraut ist ...«

»Das interessiert mich sehr.« Tiridates wandte sich der Tischseite zu, wo alle Priester saßen.

»Wir werden uns ohne weiters einigen, daß die Sonne das sichtbarste Zeichen des ewigen Feuers ist. Wenn der Hahn mit seinem Morgengebet den Sonnenaufgang verkündet, wird er zu einem Glied in der Sonnenkette, und schon ist in ihm alle Macht der angerufenen Gottheit anwesend, nicht wahr? Wären unsere Sinne zu so etwas fähig, würden sie auch das Gebet der Sonnenblume vernehmen, wenn sie dem Weg der Sonne folgt. Ebenso öffnet sich der Lotos, sobald die Sonne aufgeht, und bewegt seine Blütenblätter in Verehrung ihres Lichts. Ein Papyrus freilich wird sich krümmen und Feuer fangen, wenn wir ihn der Flamme einer gewöhnlichen Kerze nur nahe bringen, noch ehe er in direkte Berührung mit ihr kommt ...«

»Du hast mit dem immateriellen Feuer begonnen«, wandte Gregor ein. »Jetzt aber unterhältst du uns mit ziemlich irdischen Beispielen. Unser ewiger und unsichtbarer einziger Gott, dessen Name nicht genannt werden darf und kann ...«

»So ist es!« fiel ihm der Rabbiner Johanan ins Wort. »Unser ewiger Gott läßt sich nicht in so banalen und einfachen Bildern darstellen wie einem Hahn oder einer Sonnenblume, liebwerter Xixos. Ihn muß man in viel abstrakteren Gefilden suchen, und ihm muß man sich unterwerfen ohne den dreisten Wunsch, alle seine Wege begreifen zu wollen ...«

»Aber ich bitte dich, mein geschätzter Weggefährte auf der Suche nach Erkenntnis: Warum streitet ihr dann so um das Problem, ob Gott Vater und Gott Sohn vom gleichen Rang sind oder ob der eine vom anderen geschaffen ist, daß ihr euch deshalb sogar prügelt – wenn das alles so abstrakt ist und wir uns in seine Unbegreiflichkeit schicken müssen?«

»So ist es!« rief Johanan wieder.

»Es gibt gelehrte Männer«, begann Asir, der geduldig auf einen Augenblick der Stille gewartet hatte, um seine Meinung vorzutragen, »die fest überzeugt sind, daß ein Weltschöpfer existiert, der König aller Menschen und Völker ist, über diese jedoch bestimmte Götter gesetzt hat, damit sie jedes Volk gemäß seiner besonderen Natur lenken. Vor ihm, dem erhabensten Vater des Weltalls, sind alle gleich. Die niederen Götter hingegen unterscheiden sich nach ihren Eigenschaften. Ares zum Beispiel beherrscht die kriegerischen Völker, Athene diejenigen, die mit der Kriegskunst auch die Weisheit verbinden, Hermes ist der Gott derer, die eher listig als tapfer sind, und so weiter. Alle Eigenschaften können körperliche Gestalt annehmen, und so haben die Juden ihren Gott Jahwe bekommen, und wir haben keinen Grund, ihn abzulehnen und ihnen zu verbieten, daß sie ihn anbeten. Seit kurzem glauben einige, daß er auch einen Sohn hat, jenen Galiläer, also bitte schön ... Das läßt sich doch alles miteinander vereinbaren, so wie es in unserem schönen Land der Fall ist und so, wie wir hier friedlich am Tisch unseres gastfreundlichen Königs Tiridates zusammensitzen.«

»Wünschen wir ihm Gesundheit und ein langes Leben!« Gregor hob das Glas, und als die anderen seinem Beispiel gefolgt waren, fuhr er fort: »Um so mehr, da ich ihn taufen und auf den Weg des allein seligmachenden Glaubens führen durfte!«

Einige erstarrten ob dieses seltsamen und deplazierten Trinkspruchs. Um ein Mißverständnis oder sogar einen Streit abzuwenden, erhob sich Mamgo und rief: »Nein, Gregor! Ich trinke darauf, daß unser König noch lange und in Gesundheit lebe. Nur darauf!«

Er leerte das große Glas bis zum Grund. Tiridates fiel

erst jetzt auf, daß Mamgo schon seit Wochen mürrisch und schweigsam gewesen war und an diesem Tag fast kein Wort gesprochen hatte. Das mochte daran liegen, daß der altgediente Reiter in die Jahre gekommen war. Aber vielleicht hatte er selbst es in letzter Zeit an Aufmerksamkeit ihm gegenüber fehlen lassen. Darum erkundigte er sich nun angelegentlich nach seiner Gesundheit, nach seinen Frauen und Enkeln, erhielt indes nur kurze und beiläufige Antworten. Die gute Stimmung war verflogen, Gastgeber und Gäste blieben nur noch aus Höflichkeit zusammen, bis sie sich in ihre Gemächer zurückzogen.

Nach der Abreise der persischen Abordnung berief Tiridates seine Berater nach Garni, um die Ergebnisse der Verhandlungen zu besprechen. Sie trafen am Abend vor der anberaumten Sitzung ein. Tiridates verweilte an diesem Abend im Gespräch mit Mamgo.

»Du bist aus der Fremde gekommen, aber mein größter Heerführer und der eigentliche Herr Armeniens geworden, während ich hier geboren, aber im Herzen ein Fremder geblieben bin . . .«

Um Mamgo ein wenig aufzuheitern, erzählte er ihm von den großen Städten, besonders von Rom, von seinen Theatern und ihren Liebhabern. Es gab Menschen, die die Kunst in solchem Maß anbeteten, daß sie, wie ein gewisser Junius Messala, ihre ganze Habe, ja sogar die kostbaren Kleider ihrer Eltern an die Mimen wegschenkten. Rom hatte damals mehr als dreitausend Tänzerinnen und die erforderliche Anzahl Musikanten.

»Kannst du dir das vorstellen, Mamgo? Wir leben hier in der tiefsten Provinz. Warum schweigst du, mein guter alter Freund?«

»Vielleicht ist die Zeit gekommen, daß ich an solche Dinge nicht mehr denke. Allmählich gleiten mir die Zügel aus den Händen . . .«

»Sicher werden wir nicht jünger, aber hat nicht jedes Alter auch seine schönen Seiten? Du mußt mir noch bei vielen Staatsgeschäften helfen. Wenn du willst, überlaß die Ausbildung der Soldaten jüngeren Offizieren, denen du vertraust.«

»Frag doch deinen Gregor!« sagte Mamgo bitter.

»Sprich nicht so. Du solltest auch das Christentum nur im Zusammenhang mit der Weltpolitik sehen. Niemand zwingt dich, deine Überzeugung zu ändern. Ich aber muß an alles denken, was im ganzen Römischen Imperium geschieht. Wenn wir die Unabhängigkeit unseres Landes bewahren wollen, müssen wir gewisse Tatsachen einfach akzeptieren.«

»Ich vertraue lieber unseren Kriegern, die in der ganzen Welt verstreut leben. Wenn nötig, kann ein Armenier jeden töten, wo du nur willst. Ohne zu beten. Unsere Waffen im Kampf um Freiheit und Unabhängigkeit sind das Schwert, der Dolch, die Seidenschnur, mit der du deinen Feind auch im Schlaf erdrosseln kannst. Nicht Kniefälle vor falschen neuen Götzen. Ich kann deinen Propheten Gregor nicht ausstehen.«

Tiridates wunderte sich. Daß Mamgo die Christen haßte, hatte er nicht gewußt.

»Was hast du gegen ihn ...«

»Du triffst ihn zu oft, Herr. Und du hörst auf ihn ...«

»Ich höre euch alle an, und danach muß ich zuweilen Entschlüsse fassen. Das ist meine Aufgabe.«

»Bitte nenne mich nicht in einem Atemzug mit ihm, König. Er oder wir ...«

»Was heißt das, Mamgo? Wer seid ihr?«

»Armeniens Soldaten.«

Tiridates wurde nachdenklich. War das eine Drohung?

»Bitte beruhige dich. Im Grunde regierst du dieses Land, du verwaltest seine Angelegenheiten. Ich verlasse mich auf dich. Brauchst du etwa Beweise? Ich könnte es begreifen, wenn du mit deiner Seidenschnur mir drohen wolltest, Mamgo. Oft habe ich daran gedacht: Hättest du die Macht usurpieren wollen, du hattest zahllose Gelegenheiten, mich zu töten. Und keiner hätte mir nachgeweint. Ich habe niemals Wachen zu meinem Schutz aufgestellt.«

»Weil du weißt, daß ich dir treu ergeben bin.«

»Ich weiß es, Mamgo.«

»Treu und unglücklich.«

»Jeder von uns hat Augenblicke, wo ihm schwer ums Herz ist . . .«

Sie trennten sich ratlos nach diesem langen, unfrohen Gespräch. In der Nacht stürzte sich Mamgo in die Schlucht unterhalb des Mithrastempels, durch die der Fluß Asak toste. Am Morgen suchte man vergebens nach ihm, keiner wußte etwas über ihn. Tiridates, der als erster einen Selbstmord argwöhnte, schickte Soldaten aus, den Cañon abzusuchen. Auf einem Schild brachten sie den zerschmetterten Körper des Alten zurück. Die Beratung wurde natürlich abgesagt.

Tiridates begriff: Mamgo war überzeugt gewesen, daß sein König fatale Irrtümer beging, und hatte im Zwiespalt zwischen der vermeintlichen Pflicht, Schlimmeres zu verhindern, indem er ihn beseitigte, und seiner Ergebenheit ihm gegenüber keinen anderen Ausweg als den Tod gesehen. Er wurde mit allen Ehren bestattet.

Drei Wochen lang weigerte sich Tiridates, Gregor zu sehen. Indes hatte sich das Christentum im Land schon so weit verbreitet, daß er doch wieder mit ihm zusammentreffen mußte, und da er gelehrte Dispute liebte, aber wenig geeignete Gesprächspartner hatte, fand er sich damit ab, die Beziehungen von neuem aufzunehmen.

Armeniens Stellung zwischen den beiden Großmächten Rom und Persien festigte sich, genau wie er es gewünscht hatte, und nur das war wichtig. Kaufleute wie Paesanius konnten mit guten Geschäften in aller Welt rechnen. Florentius mußte Sprachen lernen. Darauf legte der Großvater ebensoviel Wert wie seinerzeit auf die Opferung des Widders, der ihre Sünden auf sich genommen hatte. Eines Tages würde der Junge in Rom oder Trier eine Filiale der großväterlichen Parfümfirma eröffnen. Wenn er dann in direkten Kontakt mit den besten und profitabelsten Kunden treten wollte, mußte er gut lateinisch und griechisch sprechen können. Paesanius bedachte alles, die göttlichen wie die menschlichen Dinge. Und so wie er seinen Enkel als Händler in die Welt schicken würde, so zogen auch Mamgos Krieger in alle Himmelsrichtungen aus, bereit, einen jeden zu töten, der nach ihrer Meinung eine Gefahr für die Freiheit der armenischen Berge darstellte.

Nachdem er manche Nacht mit den persischen, ihm von Sapor II. gesandten Sklavinnen verbracht hatte, bemerkte Tiridates, daß das Liebesspiel am ehesten geeignet war, ihn von dem hartnäckigen Kopfweh abzulenken. Einmal sprach er auch mit Gregor darüber. »Weißt du, Vetter, daß die Mädchen wirksamer helfen als alle deine Gebete? Vielleicht habe ich einen Fehler gemacht, als ich erlaubte, daß Ripsime unberührt meinen Hof verließ ... Da wir sie ohnehin zur Märtyrerin erklärt haben ... Ist dir überhaupt bekannt, wo sie sich jetzt aufhält?«

»Nein, wirklich nicht.«

»Du bist langweilig, Gregor, ebenso wie deine Religion, an der vielleicht nur Frauen wie meine gute Amme Nuschriwana etwas finden. Hätte sie dich in deiner Grube nicht so lange mit Speise versorgt, wobei sie noch glaubte, ich wüßte nichts davon, wer weiß, was geschehen wäre und ob mein Land das Christentum angenommen hätte ...«

»Es ist weder dein Wille gewesen, König, noch der meinige. Gott hatt es gewollt. Wir sind nur Werkzeuge in seiner allmächtigen Hand.«

»Damit du dich nicht irrst: Auch ohne deine Rettung hätten die Dinge diesen Verlauf genommen. Ich glaube noch immer, daß ich den Trend der politischen Entwicklung richtig begriffen habe, wenn es mir auch kein großes Vergnügen macht.«

»Es liegt in der Natur des Menschen, sich in der großen, wildbewegten äußeren Welt verloren zu fühlen. Früher oder später begreift er, daß alle sinnlichen Freuden, die er in ihr finden kann, bedeutungslos sind. Erst in der Zuflucht der Einsamkeit kann der Mensch verstehen, was wahre Seligkeit ist. Bete darum, König, daß dir dieses Glück geschenkt wird ...«

»Beten kannst du! Das ist deine Aufgabe.«

»Wenn ich nicht fest genug bete, möge mir der Herr gnädig vergeben, aber ich bete nach Kräften auch für dich und lehre andere Menschen, wie sie Gott anrufen sollen.«

Tiridates schwieg ziemlich lange, denn er hielt es für zwecklos, etwas zu entgegnen.

»Schon gut. Bete, Gregor, bete auch für mich ...«

Ein paar Tage später, nach einer gründlichen Untersuchung durch den griechischen Arzt Hippolyt, der ihm empfahl, sich Mäßigung beim Reiten, Essen und Trinken und vornehmlich bei den Besuchen im persischen Harem aufzuerlegen, damit sich der Schwächeanfall aus dem Mithrastempel nicht wiederholte und vielleicht noch bösere Folgen hätte, rief Tiridates Gregor zu sich und vertraute ihm etwas an, was ihn schon lange bewegte.

»Die Welt ist alt geworden, verstehst du mich? Nicht nur ich, die Welt. Sie ist nicht mehr im Vollbesitz ihrer Kräfte, sie entwickelt sich nicht mehr so schnell, ist nicht mehr so frisch wie einst ... Die Quelle droht zu versiegen, aus der früher die Kraft sprudelte und in den Wurzeln der Bäume und Blumen, in den Flüssen, in den Gezeiten ebenso gärte wie in den Adern der Menschen ... Ich weiß, es ist ein göttliches Gesetz, daß alles, was entsteht, vergänglich ist, daß alles, was wächst, auch altern muß, daß das Große eines Tages klein wird und daß alles eines Tages ein Ende hat. Da helfen weder deine Gebete noch Hippolyts Arzneien. Ich muß mich auf den Abend aller Tage gefaßt machen ...«

Der Arzt Hippolyt war erfahren genug und versuchte seinem königlichen Patienten erst gar nicht zu erläutern, daß es nicht den Weltuntergang bedeutete, wenn ein menschlicher Organismus mit der Zeit von Krankheiten heimgesucht wurde. Er vermochte nicht vorauszusagen, wie schnell sich der Tumor im Gehirn des Herrschers Tiridates vergrößern, welche Körperteile er durch seinen Druck auf die zugehörigen Nerven in Mitleidenschaft ziehen und welche er verschonen würde. Das Wissen, das er von anderen großen Ärzten übernommen hatte, sagte ihm nur, daß solche Krankheiten manchmal rasch zum Ende führten, aber auch Jahre, sogar Jahrzehnte stagnieren konnten. In der Natur folgten auf Herbst und Winter stets, wenn auch bisweilen verzögert, ein neuer Frühling und Sommer, während der menschliche Organismus leider früher oder später dem Verfall preisgegeben war und sich auch mit Hilfe der Ärzte, Magier und Götter nicht verjüngen konnte.

VI

DER UNSICHTBARE GOTT OFFENBART SICH

Bislang bewahrte Armenien tatsächlich seine Unabhängigkeit als christlicher Staat. Tiridates wiederholte so oft, daß er sich zwischen Persien und Rom behaupten mußte, daß man an Konstantins Hof nicht darüber hinweggehen konnte.

»Wie schätzt du das Ergebnis der jüngsten armenisch-persischen Verhandlungen ein, Ablavius?«

Der Adjutant war selbständiger geworden, er hatte eine eigene Meinug und redete nicht nur nach, was Konstantin sagte.

»Immerhin war er unser General. Er steht uns näher. Wir sollten ihn über seine Unabhängigkeit reden lassen, so lange er will. Du kennst ihn doch persönlich, nicht wahr?«

Durch eine Kopfbewegung deutete der Kaiser an, daß er sich noch nicht äußern wollte.

»Wenn du gestattest, Herr!« begann Ossius. In letzter Zeit holte ihn Konstantin auch zu den inoffiziellen Zusammenkünften, bei denen effektive Entscheidungen getroffen wurden. Die feierlichen, öffentlich vor der Regierung und dem Reich ausgerufenen Beratungen hatten eher formalen als konstruktiven Charakter. Dort wurden lediglich Aufgaben vereilt.

»Sprich, Ossius.«

»Sie sind Christen, ebenso wie wir. Das verbindet uns!«

»Langsam, langsam. Wir haben zwar das freie Bekenntnis

zum christlichen Glauben gestattet, aber unseren Untertanen nicht befohlen, zum dreigeteilten Gott zu beten ...«

»Wie du weißt, Herr, ist er ein Gott, aber Gott Vater, Gott Sohn und Heiliger Geist ...«

»Wir sind hier nicht auf einem Konzil, Ossius. Hier interessiert mich lediglich, wie du auf Grund der Berichte deiner armenischen Mitbrüder die politische, vor allem die außenpolitische Haltung dieses Landes beurteilst. Was ändert sich nach Mamgos Tod?«

»Ich glaube, daß jetzt das Christentum im Heer erstarken wird. Damit wird sich Armenien noch mehr Persien entfremden und sich uns annähern.«

»Das ist ein stichhaltiges Argument!« lobte der Kaiser. »Wer weiß Genaueres über Tiridates' Krankheit?«

»Unsere Verbindungsleute haben mit seinem Leibarzt Hippolyt gesprochen«, sagte Mercurius, der unter anderem für den Transport im ganzen Reich und damit auch für die Geheimagenten zuständige Präfekt. Sein Akzent verriet, daß er gebürtiger Grieche war, kaum jemand wußte indes, woher er eigentlich stammte und wie er wirklich hieß, denn Mercurius war sein Deckname, wie übrigens auch alle seine Leute einen führen mußten; und jedermann hatte sich so an dieses Pseudonym gewöhnt, daß er es auch in Gedanken gebrauchte. »Es scheint sich um eine ungewöhnliche Krankheit zu handeln, die überraschend aufflackern, aber auch zum Stillstand kommen kann. Vielleicht wird er erblinden, aber nicht notwendigerweise. Jedenfalls müssen wir uns darüber klar sein, daß er nicht gesund ist, aber wir können nicht davon ausgehen, daß er bald stirbt oder zur Abdankung gezwungen ist.«

»Was bedeutet das konkret?«

Mercurius ließ sich von der nervösen Reaktion des Kaisers nicht beirren, sondern fuhr ruhig fort: »Mit deiner Erlaubnis habe ich zunächst die Varianten erläutert. Unter gewissen Einschränkungen wäre der Schluß zulässig, daß man mit Tiridates rechnen kann. Er ist Armenier, aber sein Herz ist hier. In seinem Königreich fühlt er sich wie ein Verbannter. Er würde am liebsten in Rom oder Athen leben, selbst unser Trier ist für ihn nur Provinz. Im wesentlichen wird er den Interessen des Imperiums treu bleiben, und dafür gibt es noch einen ausschlaggebenden Grund. Die Armenier haben vor allem bei uns einen Markt für ihre Früchte und ihre kosmetischen Erzeugnisse. Nicht in Persien. Die Perser haben selbst reichlich von all dem. Wir haben ein wirksames Mittel, Druck auf Tiridates auszuüben, indem wir ihm mit Einfuhrverbot drohen. Das muß man nicht einmal offen sagen. Wir brauchten nur anzudeuten, daß uns die Kosten der gegen Persien gerichteten Aufrüstung nicht erlauben, seine Exportgüter abzunehmen. Dann wird er sofort selbst überlegen, wie er uns wirksam gegen Persien unterstützen kann, denn von der Ausfuhr hängt der Wohlstand Armeniens ab.«

»Auch das ist eine vernünftige Beweisführung!« Konstantin war zufrieden. »Wir brauchen also nichts zu unternehmen, und für den Notfall können wir auf Mercurius' Vorschlag, das heißt auf wirtschaftliche Sanktionen zurückgreifen. Du, Ossius, wirst deine guten Kontakte und die Korrespondenz mit dem armenischen christlichen Klerus, besonders mit diesem Gregor, aufrechterhalten! Aber greift mir nicht die Kulte der anderen Götter an, verstehst du? Ich lasse zu, daß jeder predigt, was ihm lieb ist. Wenn ihr überzeugender, wenn ihr die geschickteren Rhetoren seid, um so besser! Auch euer Gott ist gegen die Gewalt. Zum nächsten Punkt. Was gibt es Neues in Bithynien? Fang an, Mercurius, du verstehst zu referiren . . .«

Auf den Beratungen ging Konstantin regelmäßig die Situation im ganzen Imperium, nicht nur in seinem Teil, durch. Die Christen machten ihm etwas Sorge. Es genügte ihnen nicht mehr, den alten Religionen gleichgestellt zu sein, sie wollten ihren Glauben als den einzig wahren durchsetzen, organisierten sogar Theateraufführungen, welche die einstigen Heiligtümer und Götter verspotteten. Es kam zu nächtlichen Überfällen auf andere Tempel und Kultstätten. Orakel wurden durch die Beisetzung christlicher Märtyrer in ihrer Nähe zum Schweigen gebracht, denn die Götter erschienen an Orten nicht mehr, die durch Gräber entweiht waren. Immer häufiger brachen Christen nach Judäa und Galiläa auf, um die Stadt zu besuchen, in deren Nähe ihr Heiland begraben sein sollte, sie gründeten ihre Pilgerzentren. Aber so einig sie nach außen waren, unter sich blieben sie weiterhin zerstritten.

Die griechischen Götter waren stets als schöne Menschen abgebildet worden. Ihre Statuen waren künstlerisch fast vollkommen; aber aus kaltem Stein gehauen, in Bronze gegossen, bestenfalls aus Elfenbein geschnitzt, waren sie nicht wertvoll durch das Material, aus dem ihre Gestalten zum Zweck der Anbetung geschaffen wurden. Die orientalischen Götter indes, Bendis, Anubis, Attis, Mithras oder Mena, aus reinem Gold und mit kostbarsten Edelsteinen verziert, stellten wahre Schätze dar, und das gab ihnen zuweilen in den Augen der breiten Masse einen höheren Wert. Und nun war noch ein immaterieller, unsichtbarer, wertloser oder aber unschätzbarer Gott erschienen.

Die Götter aus allen Regionen des Reiches hatten ihre Tempel und Priester zwar in Rom, nicht jedoch in anderen größeren Ansiedlungen fern ihrer Ursprungsorte. Natürlich gab es nirgends auf der Welt so viele verschiedene Kulte wie in der Ewigen Stadt. Die syrischen Kulte, die ägyptischen Mysterien zum Beispiel befanden sich an den Ufern des Tiber in engster Nachbarschaft mit den keltischen oder gallischen Dämonen, aber die östlichen Riten gelangten nicht nach Gallien, Britannien oder Germanien, ebensowenig wie die Druiden vom Westen nach Nordafrika oder Asien kamen. Deshalb geriet der römische Polytheismus schon von dem Augenblick an ins Wanken, da die Soldatenkaiser nicht mehr so oft in der Hauptstadt weilten, und erst recht, nachdem Diokletian sie zwei Jahrzehnte lang überhaupt nicht aufgesucht hatte. Obwohl er ein überzeugter Anhänger des Polytheismus war, konnte Diokletian nicht begreifen, daß er ein Zentrum brauchte, welches alle Religionen und damit das Reich zusammenhielt. Und dieses Zentrum konnte nur Rom sein. In der Meinung, daß er als *Pontifex maximus* ständig rings in seinem vielgestaltigen Imperium präsent sein mußte, hatte er durch seine häufigen Reisen das friedliche Miteinander der verschiedenen Religionen nicht gefördert, sondern ungewollt zu seiner Auflösung beigetragen.

In allen Gegenden des Reiches lebten auch die Juden mit ihrem unsichtbaren Gott, dessen Name nicht einmal ausgesprochen werden durfte. Es war kein Geheimnis, daß ihre Gemeinden feste Kontakte unterhielten. Ihr Staat war besiegt, der Tempel in ihrer Hauptstadt schon unter dem Kaiser Titus Flavius zerstört worden. Einige ihrer besten Köpfe, wie etwa der berühmte Historiker Josephus Flavius, erwiesen sich als gute Bürger, ja als geachtete Beamte des Imperiums. Andere standen zwar in passiver Opposition gegen die römischen Götter, versuchten jedoch nicht, ihren Glauben anderen aufzudrängen, sondern erklärten im Gegenteil, als auserwähltes Volk Gottes, ihres Gottes, isoliert bleiben zu wollen. Wenn schon! Wichtig war, daß die Juden die anderen Kulte in keiner Weise störten. Die christliche Sekte indes, entstanden auf jüdischem Territorium, anfangs nur jüdische Sonderlinge umfassend, jetzt aber in allen Landesteilen, Diözesen und Regionen immer weiter verbreitet, entfaltete missionarischen Eifer, wurde aufdringlich und aggressiv und gewann an Macht.

Konstantin bediente sich der Christen und ihrer Priester vor allem, weil sie eine gute Organisation hatten, die rings im Reich gleichermaßen funktionierte. Er war der Meinung, daß sich der unsichtbare Gott gerade durch die Wirkung seiner Kirchen offenbarte. Die Informationen, die der Kaiser von den christlichen Geistlichen erhielt, ergänzten in nützlicher Weise die Berichte der Geheimdienste.

Wie gut hatte sich doch Diokletians Idee angehört. Stets

werden die besten vier an der Spitze des Staates stehen, durch Adoption wird der Schein einer Dynastie gewahrt, der regelmäßige Wechsel in den höchsten Ämtern wird Attentäter und Usurpatoren entmutigen und Solidität wie Gesetzlichkeit der Herrschaft garantieren. Konstantin dachte immer wieder über dieses System nach. Warum hatte es nicht funktioniert? Er glaubte die Antwort gefunden zu haben. Die Tetrarchie hatte sich glänzend bewährt, solange man wußte, wer auf Grund seines Talents und seines kriegerischen Ruhms, seiner Weisheit und persönlichen Ausstrahlung der Erste unter den Ersten war. Obwohl er sich auf die Gleichberechtigung der vier berief, hatte Diokletian vielleicht nicht einmal selbst bemerkt, daß das letzte und entscheidende Wort immer ihm selbst vorbehalten war. Und nachdem er im Einklang mit der selbstgeschaffenen Ordnung schließlich abgedankt hatte, drohte alles im Chaos zu versinken. Anstelle von vier Herrschern hatte die Welt plötzlich sieben, das Imperium stand vor dem Zerfall, und er, Konstantin, der sich für den begabtesten und berufensten hielt, hatte mit Mühe, Waffengewalt und Intrigen darum kämpfen müssen, der Erste unter sieben, dann unter fünf, schließlich unter dreien zu sein — jetzt teilte er die Macht mit Licinius, und obwohl er den Titel *Maximus* trug, konnte er sich nur indirekt in Licinius' Teil des Reiches einmischen.

Daß er der Sohn eines Tetrarchen war, hatte seinen Aufstieg eher behindert als gefördert. Das galt nicht als Beweis für seine Befähigung, denn er hatte seinen Rang nicht durch Adoption, also eine Art Auswahl erhalten, sondern durch den Zufall seiner Geburt. Er mußte erst noch überzeugende Proben seiner geistigen und strategischen Überlegenheit liefern. Konstantin hegte keinerlei Zweifel daran, daß er nicht nur das Imperium, sondern die ganze Welt beherrschen müsse. Im Grunde verachtete er alle seine Rivalen und ganz besonders seine Ratgeber. Indessen hatte er gelernt, sie auszunutzen und sich ihrer zu bedienen.

Wichtig war, daß man ihn überall kannte, ihn überall bewunderte, ja vergötterte, allerdings auf neue Weise. Der Anschein der Dynastie konnte günstig sein. Es war gut, daß er Fausta geheiratet und sich dadurch auch formal das Recht gesichert hatte, die Nachfolge Maximians und seines Sohnes Maxentius anzutreten. Obwohl es eine politische, eine Vernunftehe war, hielt er es für natürlich, auch als Mann und Liebhaber glücklich zu sein, betrachtete er sich doch als einen Günstling des Schicksals. Zufrieden verglich er sich mit Diokletian. Der Alte hatte nur deshalb eine Senatorentochter zur Frau genommen, um in Rom eine gute Adresse zu haben. Aber geliebt hatte er seine Gattin Prisca offenbar nicht, er hatte nur eine Tochter mit ihr. Das Recht auf persönliches Glück schien ihm verwehrt. Indem jedoch er, Konstantin, eine Kaisertochter erwählte — er vergaß, daß auch ihr Vater als gewöhnlicher Soldat angefangen hatte und ihr Großvater ein illyrischer Hirt gewesen war —, hatte er auch eine schöne Geliebte bekommen. Außer seinem ersten, außerehelichen Sohn, diesem prächtigen Crispus, hatte er nun an der Schwelle seines fünften Lebensjahrzehnts noch weitere fünf Kinder mit Fausta, drei Söhne und zwei Töchter. Ebenso hatte er Halbbrüder und -schwestern, die er in seine Pläne einbeziehen konnte, und er glaubte, daß sich niemand mit ihm messen konnte, was Ansehen und Schläue, Entschlossenheit und Weitsicht anlangte. Waren ihm noch ein oder zwei Dezennien vergönnt, und er fühlte sich gesund und kräftig, dann würde er beweisen, daß er der Größte nach Julius Cäsar und Octavianus Augustus, wenn nicht sogar der Größte aller Zeiten war.

Diese Gewißheit erfüllte ihn mit Ruhe und Geduld. Fausta hatte sich auch nach der fünften Niederkunft nicht verändert. Sie war noch schlank wie ein Mädchen, aber mit reifen Brüsten und etwas gerundeten Hüften, in den Bewegungen vielleicht etwas eleganter, aber nicht weniger herausfordernd. Aus dem halb scheuen, halb wilden Kind war eine überaus anziehende junge, noch immer junge Frau geworden. Zwanzig Jahre jünger als er.

Das änderte jedoch nichts an dem fernen, dem höchsten Ziel. Und um es zu erreichen, mußte er noch eine Reihe bestimmter Hindernisse nehmen. Er hatte keine Bange, wie vor der Schlacht an der Mulvischen Brücke. Damals hatte er nur zu gut gewußt, daß alles vom Glück, vom unergründlichen Schicksal abhing. In jener Nacht vor dem Kampf war er des Ausgangs nicht sicher, nur aufgeregt und neugierig auf seine Zukunft gewesen. Jetzt brauchte er lediglich in Ruhe Zug um Zug vorauszuberechnen. Die nächsten Züge betrafen auf jeden Fall Licinius.

Seinerzeit hatte er mit Genugtuung beobachtet, wie Licinius im östlichen Teil des Reiches Ordnung zu schaffen versuchte und seine Kräfte bis zum endlichen Sieg über Maximinus Daza aufrieb. Dabei räumte er nicht nur mit den Familien des Galerius und des Severus auf, sondern auch mit Diokletians Hinterbliebenen. Prisca und Valeria waren nach Saloniki geflüchtet, aber Licinius' Legionen griffen sie auf, und kurz darauf vermeldete ein Brief des östlichen Herrschers, daß man sie enthauptet habe. Schon zu Lebzeiten unglücklich, starben so die Witwe und die Tochter des Vaters der Kaiser, dem der Auftraggeber der Mörder alle Erfolge seiner Karriere verdankte.

Als Konstantin während einer Beratung die Nachricht erhielt, kommentierte er kühl: »Schlimm, sehr schlimm! ... Dennoch, ist es nicht nützlich für uns? Was für ein Beweis, daß wir im Recht sind!« Als er bemerkte, daß man ihn nicht verstand, wurde er deutlicher: »Seht, ich habe Prisca und Valeria gut gekannt. Ich weiß nicht, was ich getan hätte, wäre mir vom Schicksal auferlegt worden, sie zu beseitigen. Ihr könnt mir glauben, daß es mir sogar schwergefallen ist, einen so gefährlichen Intriganten wie Maximianus aus dem Weg zu räumen. Bevor ich seine Hinrichtung befahl, habe ich ihm zweimal Verschwörungen verziehen, für die er den Tod verdient hatte. Aber ich muß nur an die Folgen denken, die Moral ist Sache der Priester. Licinius hat das Terrain gesäubert. Aber der Zorn der Götter wie auch die Verachtung des Volkes kommt auf sein Haupt.«

Er wollte den anderen nicht erklären, daß gerade dieser Vorfall den Schlußstrich unter Diokletians Idee vom Wechsel der Regenten setzte und den dynastischen Gedanken zu neuer Bedeutung erhob. Hätte eine Auswahl unter den Besten über die Macht entschieden, wäre es gänzlich sinnlos gewesen, die Familien der ehemaligen Herrscher zu liquidieren. Aber da sich der Gedanke des erblichen Kaisertums wieder ausbreitete, wurde die Zeit immer gefährlicher für Prinzen und Prinzessinnen, für alle möglichen Nach- und Thronfolger der legitimen Regenten.

Licinius bemühte sich besonders, den Ackerbauern zu helfen. Er selbst entstammte einer Bauernfamilie. Das steigerte zwar seine Popularität, aber er konnte nicht einschätzen, was wichtiger war. Vor gelehrten Leuten, Intellektuellen hatte er Angst.

»Literarische Bildung ist Gift für den Staat, schlimmer noch, sie ist die Pest!« sagte der Kaiser des Ostens in einer öffentlichen Ansprache.

Konstantin durfte wieder zufrieden sein. Er wußte, daß man in gewissen Regionen Ruhe sichern konnte, wenn man den Bauern die Naturalsteuer erließ, ebenso aber, daß ein Staat sich ohne Ideologie nicht zu entwickeln vermochte, und für die waren Rhetoren und Geistliche zuständig, also schreibkundige und gelehrte Menschen, die Kontakte in aller Welt hatten. Die Bauern wußten kaum, was in ihrer nächsten Nachbarschaft passierte.

Licinius hatte auch keinen Humor. Als ihm gemeldet wurde, daß man in Antiochia Spottreden über ihn führte, ließ er zweitausend Einwohner im Zirkus zusammentreiben und töten. Nicht Sklaven oder Ungetreue, besiegte Feinde oder Sträflinge, sondern durchschnittliche Bürger, nur um das Volk abzuschrecken. Er sprach leichtfertig Todesurteile aus, vornehmlich über reiche Leute, und konfiszierte zugunsten des Staates, das heißt zu seinen eigenen Gunsten, nicht nur ihr Vermögen, sondern holte auch ihre jungen Witwen und Konkubinen in sein Bett.

Ein weniger gelungener Versuch, nach den alten Methoden vorzugehen, überzeugte Konstantin noch mehr, daß er die Dinge seinen Vorstellungen gemäß ändern mußte. Seine Söhne waren noch immer klein. Er hatte sie zu Cäsaren ernannt, konnte ihnen aber die Ämter nicht wirklich anvertrauen. Nur Crispus versah bereits seinen Dienst bei Heer und Flotte. In den Rang eines älteren Cäsaren erhob er deshalb einen gewissen Bassianus, der seine Halbschwester Anastasia zur Frau hatte. Aber der Bruder dieses Bassianus hatte eine Stellung an Licinius' Hof. Bassianus gedachte, irgendwie unabhängig zu werden, und nahm seinen Cäsarentitel so ernst, daß er versuchte, das Territorium zwischen dem östlichen und dem westlichen Teil selbstherrlich zu verwalten. Konstantin betrachtete das als Aufruhr, und er erstickte ihn binnen kurzer Zeit. Er ließ Bassianus umbringen und verlangte von Licinius, daß er ihm Senecius, den Bruder des Rebellen, ausliefere. Licinius lehnte ab. Aber selbst diesen Ungehorsam wußte der Kaiser zum eigenen Vorteil umzumünzen:

»Um so besser!« erläuterte er seinen Mitarbeitern. »Damit haben wir den Beweis, daß er sie angestachelt hat. Die Dinge klären sich, meine Freunde. Licinius ist heimtückisch und zu jedem Verrat bereit. Hat ihm nicht sein Wohltäter Galerius, dem er den Titel Augustus verdankt, seinen Sohn Candidianus anvertraut und ihn auf dem Totenbett beschworen, den Knaben zu beschützen und auf das Leben vorzubereiten? Getöet hat er ihn! Ich sage euch, es dauert nicht mehr lange, und wir rechnen mit diesem Unmenschen ab!«

Zu der Zeit herrschte er noch in »brüderlicher« Gemeinsamkeit mit dem »Unmenschen« über das Reich. Beide waren im selben Jahr Konsuln. Licinius regierte die Donau- und

Balkanländer, Kleinasien, Kappadokien, Syrien, Mesopotamien und Ägypten. Aber während Konstantin mit Hilfe des von Mercurius geleiteten militärischen Informationsdienstes und mit Hilfe der Christen alles erfuhr, was in der anderen Reichshälfte vor sich ging, hatte Licinius in seiner Abneigung gegen Philosophen und andere wortgewandte Menschen keine Ahnung von dem, was Konstantin in seinem Teil der Welt, also Westeuropa und Afrika, unternahm.

Bei der Überprüfung der Informationen, denen er geradezu schicksalhafte Bedeutung beimaß, mußte sich Konstantin wieder nach der Zuverlässigkeit der christlichen Quellen fragen. Wie weit konnte er sich auf ihre Organisation stützen, die als einzige nicht nur im ganzen Imperium, sondern auch in den Nachbarländern verbreitet war? Von ihnen bekam er die meisten Berichte. Gewisse Widersprüche störten ihn nicht. Als erfahrener Staatsmann wußte er, daß es anders nicht sein konnte. Alles mußte ständig kontrolliert werden. Jede Nachricht hatte einen Ursprung. Bevor man sie nutzte, war festzustellen, woher sie kam, so wie es nützlich war, die Quelle zu kennen, bevor man Wasser aus einem unbekannten Bach schöpfte. Aber die Konflikte zwischen den verschiedenen christlichen Lehrmeinungen blieben nicht ohne Einfluß auf die Einschätzung von Ereignissen und damit auf die Berichte. Konstantins Pläne mit den Christen sahen keinen weiten Fächer untereinander zerstrittener Sekten vor. Da hätte er sich ebensogut auch der zahlreichen alten Götterkulte bedienen können. Diese Zersplitterung des Christentums störte ihn immer heftiger, doch er hatte weder Zeit noch Lust, sich in dessen Theologie zu vertiefen. Nur soviel war ihm klar: Wenn ihm die Christen von Nutzen sein sollten, mußte er sie zwingen, in ihrer Gotteslehre zur Einigkeit zu gelangen. Das Recht dazu glaubte er zu haben. Als *Pontifex maximus* war er schließlich Oberpriester aller Religionen im Reich, also auch der ihrigen.

Hielt er sich in Trier auf, verbrachte Konstantin stets

einige Tage mit der ganzen Familie. Auch Crispus wurde von seinem jeweiligen Standort herbeigerufen. Er versuchte sich bescheiden im Hintergrund zu halten, aber Konstantin — der nicht vergessen hatte, wie bitter es ihm selbst geworden war, stets bei Diokletian, weit weg von Vater und Geschwistern leben zu müssen — bestand darauf, daß ihm die Rolle des Erstgeborenen zugebilligt wurde. Fausta sah das ein und behandelte den Stiefsohn liebenswürdig wie eine ältere Schwester oder Freundin. Auch Konstantins Mutter, Helena, war stets zugegen. Sie plauderte gern mit den Enkeln, erzählte ihnen christliche Legenden oder auch Begebenheiten aus ihrer Jugend. In jedem Fall regte sie die Phantasie der Kinder mehr an als strenge Lehrer wie Lactantius. Zumindest in solchen Stunden unterschied sich diese große Familie kaum von der eines Senators oder Grundbesitzers, es sei denn durch den kaiserlichen Luxus, die zahllose Dienerschaft, die Freiheit von materiellen Sorgen. Wenn der Kaiser tagsüber mit den kleineren Kindern, mehr mit den Söhnen als mit den Töchtern, spielte oder sich mit Crispus im Fechten übte, wollte er von Staatsgeschäften nichts hören.

Als Fausta ihn in einer Nacht umarmte, so wie am Anfang ihrer Ehe, flüsterte sie: »Das sind die schönsten Tage unseres Lebens, ich spüre es ...«

»Warum?« fragte er schläfrig.

»Ich weiß nicht. Schöner kann es nicht sein. Ich habe Angst, daß es nicht so bleibt ...«

Jeden Abend nahm der Kaiser das Wort, aber nicht als Regent, sondern in seiner Rolle als Familienvater. Er duldete keine Unterbrechung, erzählte von seinen Erlebnissen, stets bestrebt, den künftigen Herrschern seine Lehren zu erteilen.

»Ich hatte nicht das Glück, von meinem guten Vater unterwiesen zu werden. Ich war nicht so behütet wie ihr, mußte mich allein durchschlagen. Aber wer weiß, vielleicht war es auch gut so ...«

Er sprach über seinen Feldzug gegen die Sarmaten, einen slawischen Stamm an der Donau, der Diokletian und auch Galerius viel zu schaffen gemacht hatte; erst Konstantin war es gelungen, durch einen überraschenden kriegerischen Einfall, der den sarmatischen König Rausimod das Leben kostete, auch diese Grenze zu befrieden.

»Ihr müßt jedoch immer an die Zukunft denken! Die Anführer der Feinde müssen vernichtet werden, aber die Völker darf man nicht ausrotten. Im Gegenteil, wir müssen sie in unser Reich aufnehmen und zu gleichberechtigten Untertanen Roms machen. So wie auch wir Illyrer es geworden sind. Ihr, meine Kinder, geltet als Römer, behauptet nie etwas anderes. Aber ihr müßt wissen, daß ihr durch Vater und Mutter illyrischer Herkunft seid. Wir sind eine sehr junge Dynastie, vergeßt das nicht. Erlaubt euch keine Schwäche. Und seid gewiß, daß unser Geschlecht noch große Taten vollbringen kann. Eine Eroberung kann ein Aufstieg sein, muß es aber nicht ... Den größten Erfolg bedeutet die Treue der Untertanen ...«

Einmal, als er über die Lage im ganzen Reich sprach, sagte er: »Heute ist es kein Vergnügen mehr, römischer Imperator zu sein. Es ist nur ein Dienst, ein sehr angesehener und ziemlich wertvoller Dienst. Merkt euch, nach dem Purpur haben auch viele Unwürdige gestrebt, aber die Besten haben die Kaiserwürde als schwere Pflicht auf sich genommen. Nein! Auch das ist nicht das richtige Wort. Als Schicksal ...«

Nachdenklich fügte er hinzu: »Mein Vater war glücklicher dran. Er konnte auch milde Werke tun. Ich habe einfach nicht die Möglichkeit, so zu sein wie er ...«

Im Kreis der Familie sprach er nicht über die Vorbereitungen auf den entscheidenden Kampf um die Unterwerfung auch des östlichen Teilreiches. Crispus war deshalb etwas überrascht, als sein Vater sagte: »Morgen vormittag nimmst du an der Sitzung des Geheimen Rates teil ...«

»Wie du befiehlst, Vater!« Erst nach einigem Zaudern,

was Konstantin mit amüsiertem Lächeln beobachtete, wagte er zu fragen: »Und warum?«

»Morgen ernenne ich dich, mein Crispus, zum Oberkommandierenden der kaiserlichen Flotte. Es ist Zeit! Hab keine Angst, du bekommst gute und erfahrene Helfer. Wir stehen vor einem großen Krieg, und du wirst dich bewähren müssen.«

Dem Rat wurde mitgeteilt, daß der Kaiser seine Heimat besuchen wolle, natürlich mit militärischem Geleit, wie es seiner Würde entsprach. Licinius, der auf dienstlichem Weg davon unterrichtet wurde, ließ bestellen, er freue sich über die baldige Gelegenheit, den verehrten Mitkaiser auf eigenem Territorium begrüßen zu dürfen.

Die Kolonne aus großen, bequemen Reisewagen, wahren Salons auf Rädern, brach von Aquileia auf, einer Stadt, deren Name auf das gallische Wort für Adler zurückging. Der Adlerflug verhieß Glück. Die Nähe des Meeres und der Alpenstraße hatte diesen Ort zu einem wichtigen Handelszentrum gemacht. Außerdem war Aquileia schon längst eine Basis sowohl für die Land- als auch für die Seestreitkräfte und Ausgangspunkt aller römischen Eroberungszüge gegen die Donauländer. Der mächtigste lokale Gott war Belen, dessen Tempel vor nicht zu langer Zeit von Diokletian und Maximianus erneuert und reich beschenkt worden war, aber es gab hier jetzt auch einen christlichen Bischofssitz.

Vor dem Aufbruch inspizierte Konstantin mit seinem neuen Flottenkommandeur die Werften, wo der Bau der großen Kriegsschiffe vor seiner Vollendung stand, die Laderampen, die Kasernen, Kornhäuser, Magazine für Waffen und Ausrüstung.

Ständig erteilte er Ratschläge und Hinweise: »Wichtig ist auch die Flußschiffahrt, die du ebenfalls befehligst. Die Einrichtungen an Donau, Save, Drina und Morava wirst du allein besichtigen. Darum merke dir gut, was ich dir jetzt sage: Du übernimmst mit den erforderlichen Reitertruppen die Vorhut, erledigst die Inspektionen und stößt wieder als erster auf die Hauptstraße. Kümmere dich auch um die Lastkähne auf den Nebenflüssen, für den Sieg sind nicht nur die Kriegsschiffe wichtig, sondern auch der Nachschub an Lebensmitteln, Reserven, Waffen und Ausrüstung. Vergiß nicht, Crispus, vor allem stromabwärts müssen die Schiffe viel schneller vorankommen als die Legionen des Fußvolks. Verhalte dich, wie es sich für einen Prinzen gehört. Wenn wir nicht zusammen sind, vertrittst du das Imperium und unsere Familie. Darum verlange, daß du in jeder Stadt mit würdigen Zeremonien empfangen wirst. Die Abende kannst du, wenn du möchtest, in Geselligkeit mit deinen Kommandeuren verbringen, damit du ihre Sympathien gewinnst. Aber nicht so, daß du ihre Achtung verlierst! Wie du im Einzelfall handelst, kann ich dir nicht vorschreiben. Das mußt du an Ort und Stelle selbst entscheiden, das fühlt man. Aber denke nach, und richte dich nach mir. So habe ich mich nach Diokletian gerichtet. Wenn du freilich nicht selbst darauf kommst, wie du dich jeweils zu verhalten und welche Worte du zu gebrauchen hast, kann dir niemand helfen. Auch ich nicht.«

Fausta begleitete sie mit den kleineren Kindern bis nach Aquileia. Vor der Abfahrt der Kolonne küßte sie Mann und Stiefsohn vor den Augen des versammelten Volkes und der angetretenen Legionen mit ihren Kommandeuren. Das sollte beweisen, daß Crispus ein gleichberechtigter Abkömmling der Kaiserfamilie war. Aber — hätte eine Mutter ihren leiblichen Sohn auf den Mund geküßt?

In Kriegsordnung marschierten die Legionen vor den Kutschen gen Osten. Konstantin und Crispus ritten meist. Die Strecke bis nach Emona nutzten sie auch für Manöver. Zwischen Aquileia und Sirmium gab es neununddreißig Sattelplätze und dreizehn komfortable Residenzen. Der Kaiser begnügte sich nicht mit den üblichen Zeremonien, Gelagen und Grußansprachen. Gründlich überprüfte er den Zustand der Stationen am Weg, kontrollierte persönlich die

Buchführung, stellte zahllose Fragen und war nie zufrieden. Gute Pferde gab es zwar mehr oder weniger überall, aber die wenigen Ochsen für die schwereren Gespanne waren in sehr schlechter Verfassung. Es stellte sich heraus, daß die Tiere bis zur Erschöpfung geschunden wurden, und zwar nicht für öffentliche Belange. An Ort und Stelle diktierte er ein neues Gesetz über den Umgang mit Pferden und Zugvieh, die Staatseigentum darstellten.

»Die Stationen an den Wegen brauchen wir nicht nur, damit sich die kaiserlichen Boten überall stärken und die Pferde wechseln können, sondern für jeglichen Transport. Auch auf der letzten Station an unseren Straßen sind die Tiere ebenso zu pflegen wie mein eigenes Pferd im kaiserlichen Stall!«

Er hatte so viele Schreiber, Archivare und Juristen bei sich, daß die kaiserliche Administration jederzeit und überall fehlerfrei funktionieren konnte. Alles war schon seit Diokletians Zeiten gut eingespielt.

»Wenn du etwas für gut und wichtig befindest«, sagte Konstantin zu Crispus, »dann zögere nicht, handle sofort. Sonst wirst du durch andere Ereignisse abgelenkt und vergißt dein Vorhaben.«

Er erinnerte sich an seinen verwegenen Ritt in entgegengesetzter Richtung, in sechs Wochen von Galerius in Sirmium bis zur Atlantikküste, zu seinem kranken Vater.

»Vielleicht habe ich das damals so intensiv erlebt, weil ein viel längerer Weg vor mir lag. Heute, Crispus, stehen wir unmittelbar vor dem Höhepunkt, aber mir ist jetzt schon bange vor dem Abstieg. Nach jedem Höhenflug kommt unausweichlich eines Tages der Fall ...«

Meist hörte Crispus seinem Vater schweigend zu. Konstantin fragte sich, ob das ein Ausdruck von Ehrfurcht, vielleicht mangelnder Intelligenz oder Desinteresse war, oder ob sein Sohn ihn für langweilig hielt. Hinter diesem undurchdringlichen Schweigen konnte sich schließlich auch die Ungeduld des Thronfolgers verbergen. Der Herrscher war überzeugt, daß er für seinen Sohn tat, was er irgend konnte, aber wurde das von Crispus auch erwidert?

»Du wirst noch lange leben und zum Wohl des Reiches regieren«, antwortete Crispus, der einsah, daß er die Pause beenden mußte. »Vom Abstieg und vom Ende des Weges solltest du nicht sprechen, Vater.«

»Ich meine, es ist schwer, das rechte Maß zu finden. Weißt du, es ist kein Zufall, daß der alte Brauch verlangt, beim Triumph an den Tod zu denken. Im Wagen des Triumphators muß stets auch ein Sklave sitzen, der unaufhörlich flüstert: Gedenke des Todes, gedenke des Todes! Andererseits würde man nie etwas Ordentliches tun, wenn man ständig nur an das Ende dächte. Diesen Gedanken muß man unterdrücken. Mag er in dir hocken wie der Sklave im Wagen des Siegers, aber er soll immer ein Sklave sein, dem du gebieten kannst zu schweigen.«

In Sirmium legten sie eine Ruhepause ein. Hier gab es Paläste und öffentliche Bäder, Bibliotheken und Theater und eine Münzanstalt. Konstantin war mit dieser Stadt vertraut, in der er mit Diokletian und später mit Galerius oft geweilt hatte. Auch als Kaiser war er hergekommen, ja sein dritter Sohn Constantius war hier geboren. Fausta mochte die düstere und oft neblige Landschaft am Ufer der Save nicht sehr. Am Mittelmeer geboren und aufgewachsen, war sie in die Heimatstadt ihres Vaters Maximianus nur gekommen, wenn die Pflicht es ihr auferlegte. Aber es war Konstantins Wunsch gewesen, daß einer seiner Söhne eben in der östlichen Winterresidenz das Licht der Welt erblickte. Bei ihm war nichts dem Zufall überlassen. Die Namen seiner Söhne mit Fausta: Constantinus, Constantius und Constans hatten dieselbe Wurzel, eine Tochter hieß Constantia, die andere nach der Großmutter Helena. All das zeugte von dynastischen Plänen und starker Familienbindung. Als er seinen erstgeborenen außerehelichen Sohn Crispus nannte, war er von solchen Überlegungen noch weit entfernt gewesen.

Manchmal dachte er, daß es am einfachsten wäre, wenn Minervina auf ihrem schönen Anwesen, wo sie von zuverlässigen Leuten diskret bewacht wurde, den Tod fände. Aber er wußte nicht, wie das einzurichten wäre, wie er seinen Wunsch, daß diese Frau verschwand, formulieren könnte. Ablavius konnte er nicht ins Vertrauen ziehen, denn der war allein nicht dazu imstande. Es wäre eine Aufgabe für Mercurius und dessen Leute gewesen. Er traf keine Entscheidung. Die Götter, jener eine Gott oder das Schicksal würden dieses Problem schon irgendwie lösen.

Der kaiserliche Troß zog ziemlich langsam in östlicher Richtung weiter. Wenn sie eine Station verließen, stand die Sonne vor ihnen, bevor sie Rast machten, befand sie sich in ihrem Rücken. Am Zusammenfluß von Save und Donau wandten sie sich endlich nach Süden. Etwas länger verweilten sie in Konstantins Geburtsstadt Naissos, auf halbem Weg zwischen Aquileia und Nikomedia, wo Licinius residierte, der vorerst weder die Absicht erkennen ließ, seinem Mitkaiser entgegenzukommen, noch ihm in den Weg zu treten.

Der Kaiser und sein außerehelicher Sohn besuchten zuerst das staatliche Gestüt. Die grünen Wiesen an den Ufern von Nišava und Morava waren ideal für die Aufzucht von Pferden geeignet. Sie sahen Dressur- und Reiterübungen zu, nahmen ein Bad in warmem Wasser. Einige ältere Beamte erinnerten sich noch gut an Helena und erkundigten sich höflich nach ihrer Gesundheit. Konstantin benahm sich in seiner Heimatstadt gelöster. Im Gespräch mit Bekannten von früher machte er kein Hehl daraus, daß seine Mutter hier Schankwirtin gewesen war.

Dann reisten sie weiter nach Romuliana Felix, wo sich das Mausoleum des Galerius befand.

»Diese Stadt hat kein Leben«, bemerkte Konstantin. »Warum? Was meinst du, Ablavius?«

»Sie ist künstlich geschaffen. Eine Stadt muß von selbst wachsen ...«

»Nein, du hast nicht recht. Warum ist Diokletians Asphalatos so schnell zu einem wichtigen Hafen und Handelszentrum geworden? Ich glaube, es kommt darauf an, wo man eine Stadt gründet... Das darf nicht vom Zufall abhängen, so wie die Geburt. Galerius ist hier geboren, na und? Hier kreuzen sich keine Straßen, es gibt keine Bedingungen für wirtschaftliche Entwicklung. Vergebens hat er so viele schöne Paläste erbaut, es gibt kein richtiges Leben, alles wirkt künstlich... Vielleicht hat es auch etwas zu bedeuten, daß Galerius mit fast allen Göttern im Streit gelegen hat...«

»Rom ist eben Rom.«

»Meinst du? Ich sage dir, ich könnte sogar Serdica zu einem Rom machen. Naissos nicht. Auch nicht Romuliana Felix. Es gibt Orte, die sich für die Pferdezucht eignen, aber nicht als Zentrum eines Kaiserreichs...«

Da er von Licinius nichts hörte, traf Konstantin plötzlich eine neue Entscheidung. Er ließ die Legionen bei Naissos stehen und kehrte selbst mit kleinem Geleit nach Augusta Treverorum zurück.

Als Grund gab er an, den Geburtstag seines vierten Sohnes feiern zu wollen. Bei dieser Gelegenheit übertrug er die Verwaltung der Provinz Gallien von Crispus auf Constantius.

Zum erstenmal rebellierte der ruhige Crispus im Familienkreis. Diese väterliche Entscheidung gefalle ihm nicht, und er wolle mit seinem Halbbruder kein Wort mehr wechseln. Überraschenderweise stellte sich Helena auf Crispus' Seite. Der Streit wurde zwischen den Brüdern, Fausta und Helena geführt, Konstantin wagte lange nichts zu sagen. Frau und Mutter wiesen ihn schließlich auf den Familienzwist hin.

»Ich verstehe euch nicht!« zürnte der Kaiser. »Crispus kümmert sich jetzt um die Flotte, er hätte gar keine Zeit für Gallien...«

»Das kannst du deinem Geheimen Rat erzählen, nicht

uns«, antwortete Helena ebenfalls erregt. »Du sagst, daß Crispus keine Zeit hat, aber du glaubst doch nicht, daß der siebenjährige Constantius mehr ausrichten könnte als er? Natürlich handelt es sich nur um Formalitäten, aber trotzdem ist es wichtig!«

»Sicher, Mutter, und darum geht es ja eben! Alle meine Söhne müssen rechtzeitig Titel erhalten, damit sich die Völker an ihre Existenz gewöhnen ...«

Sie stritten weiter, aber Konstantin ertrug es immer weniger, Zeit für sinnlose Diskussionen zu verschwenden. Er wurde ungeduldig.

»Mein Entschluß ist endgültig, laßt euch das gesagt sein. Ich wünsche, daß in der Familie wieder Eintracht herrscht. Vernünftige Vorschläge höre ich gern an.«

»Ich bringe das in Ordnung«, sagte Fausta entschieden.

»Wie?« fragte Helena.

»Ihr wollt Frieden im Haus? Ich auch. Also laßt mich machen. Gebt mir freie Hand. Ich spreche mit Crispus. Auf mich wird er hören.«

Konstantin und Helena waren überrascht. Aber schon tags darauf erklärte Fausta, daß alles in Ordnung sei. Man solle eine Medaille prägen, welche die Gleichberechtigung aller Kaisersöhne hervorhebe, dies wäre das beste Symbol für die Eintracht im Herrscherhaus. Münzen und Medaillen gelangten in alle Teile des Reichs, in zahllose Hände. Konstantin stimmte freudig zu. Gleichzeitig ließ er eine Münze prägen, die Helena ebenso wie Fausta würdigte. Und schließlich entstand auch eine Medaille zu Ehren von Faustas Vater, des einstigen Augustus Maximianus. Das war ein ungewöhnlicher Akt der Rehabilitierung.

»Bist du zufrieden mit der Art, in der ich dir meinen Dank sage?« fragte Konstantin, als er sich mit Fausta in die Privatgemächer zurückgezogen hatte.

»Und du mit mir?«

»Unendlich. Spürst du es nicht?«

Die junge Frau seufzte.

»Seltsam ist unser Leben.«

»Ja, natürlich. Aber warum sagst du das gerade jetzt?«

Sie sah ihm nur in die Augen. Sie empfand große Zärtlichkeit für diesen stattlichen, starken Mann, ihren ersten und einzigen Geliebten, der ihr manchmal so fremd und manchmal so nahe war. Sie strich ihm über das lockige Haar.

»Mein Konstantin ... Die Männer können nicht begreifen, was der erste Mann für eine Frau bedeutet ... Auch nicht, was eine Mutter für ihren Sohn empfindet.« Sie seufzte. »Maximianus war mein Vater. Du hast ihn erdrosseln lassen. Maxentius war mein Bruder. Ich weiß, du wirst sagen, daß er ein schlechter Mensch war ... Vielleicht war er widerwärtig, sittenlos, ein schlechter Staatsmann, ein Intrigant, ein Usurpator, was weiß ich ... Er war mein Bruder. Der älteste Bruder. Er ist im Kampf gegen dich gefallen ...«

Sie hielt inne. Konstantin hörte aufmerksam zu, fast ohne zu atmen.

»Sprich weiter, ich bitte dich!« sagte er leise, als ihm die Pause zu lang wurde.

»Crispus ist nicht mein Sohn. Du mußtest mit einer anderen Frau schlafen, damit er geboren wurde ... Du hast sie umarmt und geküßt, du hast ihr zärtliche Worte gesagt, nicht wahr? Ich weiß, daß er nicht schuld ist. Er ist nicht die Ursache, er ist die Folge. Und er ist ein guter Junge, ich weiß das alles. Aber kann ich all das fühlen, was du jetzt vielleicht von mir verlangst? Konstantin, ich bin noch keine dreißig Jahre alt und habe fünf Kinder. Weißt du, was alles um mich geschieht? Und in mir ... Aber ihr alle, vor allem deine Mutter und du, erwartet von mir, daß ich die schwerste Last auf mich nehme, während ihr euch im Ruhm sonnt.«

Sie drehte sich auf den Rücken, als wäre sie vom Sprechen ermüdet, blickte zum Seidenbaldachin über sich auf, und der Kaiser wußte nichts zu entgegnen.

»Sei so lieb, und bring mir den Teller mit den Weintrauben«, sagte sie auf einmal mit veränderter, gewohnter Stimme.

Geistesabwesend aßen sie von den Weinbeeren und wußten einander nichts mehr zu sagen. Dann legten sie sich zur Ruhe. Fausta sah aus dem Fenster noch ein Weilchen in den dunklen Himmel.

Wie jeden Morgen erwachte Konstantin zuerst. Er ging, um sich von den Sklaven mit kaltem Wasser übergießen zu lassen, kehrte zurück und weckte zärtlich seine Frau, was nicht die Regel war, normalerweise sahen sie sich erst abends.

»Gestern abend wollte ich es dir nicht sagen . . .«

»Was?«

»Auf Grund gewisser Berichte ist mir klar geworden, daß auch Licinius die Unvermeidlichkeit eines Krieges zwischen uns eingesehen hat. Es wird die Entscheidungsschlacht sein. Und darum muß ich möglichst bald und mit möglichst starken Kräften aufbrechen. Die Sache steht nicht so schlecht wie seinerzeit vor der Mulvischen Brücke. Im Gegenteil! Aber der Einsatz ist diesmal noch höher. Ich möchte, daß du das weißt, Fausta. Wenn ich jetzt siege, wird das Imperium für lange Zeit geeint und sicher sein. Begreifst du, was das bedeutet?«

»Soll ich dir sagen, was ich denke? Dein Licinius ist mir einerlei!«

Zuerst hatte sie geglaubt, Konstantin wolle das nächtliche Gespräch fortsetzen, aber er dachte offenbar überhaupt nicht daran, sonst hätte er nicht so gleichmütig die Schlacht erwähnt, in der ihr Bruder den Tod gefunden hatte. Fausta versuchte sich oft vorzustellen, was er empfunden haben mochte, als er im Harnisch, den schweren Helm auf dem Kopf, in den trüben Fluten des Tiber ertrank.

»Es bedeutet auch ewigen Ruhm für deine Söhne, Fausta!« fügte Konstantin begütigend hinzu, so wie man mit einem Kind spricht, das noch nicht den Sinn jedes Wortes richtig versteht.

Licinius wartete. Er stellte eine gewaltige Armee auf, hundertfünfzigtausend Mann Fußvolk und mehr als fünfzehntausend Reiter. In seinen Häfen lagen dreihundertfünfzig Schiffe gefechtsbereit. Konstantin kehrte bald wieder nach Osten zurück, stellte sich an die Spitze seiner bei Naissos in Mösien versammelten Truppen, die er durch frische Kräfte ergänzte, und befahl den Abmarsch nach Süden. Hundertzwanzigtausend Mann Fußvolk und zehntausend Reiter: Er war es gewohnt, stets weniger Soldaten als seine Gegner zu haben. Außerdem konnte er die nördlichen Grenzen und Afrika nicht ohne militärischen Schutz lassen. Unter Crispus' Kommando lagen in den Häfen Thessaloniki und Piräus zweihundert Schiffe vor Anker.

Im Kampf gegen seinen Rivalen Maximinus Daza hatte Licinius noch die christlichen Ideen unterstützt. Er hatte sein ganzes Heer ein Gebet an die oberste Gottheit auswendig lernen lassen, welches auch die Christen als das ihre annehmen konnten. Je mehr jedoch Konstantin die christlichen Gläubigen begünstigte, desto eifriger kehrte Licinius zu den alten Göttern zurück. Vielleicht lag darin auch Trotz, gewiß aber noch mehr die Überzeugung, daß man nicht unter demselben ideologischen Vorzeichen gegeneinander kämpfen konnte. Licinius ordnete erneut Opfer für die römischen Götter an und füllte seinen Stab mit Zauberern, Gauklern und Wahrsagern auf. Er sagte unverhohlen, er kehre »zu den Göttern unserer Väter« zurück und äußerte öffentlich, daß er sich Konstantins schäme.

»Im Namen seines neuen fremden Gottes zieht er die Waffen gegen uns und wendet sich dreist wider die alten Götter, die er gestürzt hat. Dieser große Kampf wird zeigen, wer von uns beiden im Recht ist!«

Auch Konstantin hielt viele Reden. Er führte aus: »Nicht deshalb haben wir auf so vielen Schlachtfeldern gekämpft und große Siege errungen, meine Soldaten, nicht deshalb sind wir von den Gestaden des westlichen Ozeans bis hierher gekommen, um uns jetzt Einhalt gebieten zu lassen. Nein! Wegen seiner Untaten erkennen wir unseren Schwager nicht mehr als Mitkaiser an und sagen uns von ihm als Mitglied unserer Familie los!«

Er erklärte, der Mann, der erbarmungslos die Familien des Diokletian, des Galerius und des Maximinus Daza ausgerottet habe, verdiene nur Verachtung, nicht aber Amt und Würde einer Majestät.

Es zeigte sich, daß Konstantins Politik wesentlich klüger als die Licinius' gewesen war. In seiner Wut auf alles, was dem Herzen seines Feindes lieb sein konnte, griff Licinius auf Schikanen gegen Christen und zumal ihre Priester zurück. Er erreichte damit nur, daß alle, vom Bischof bis zum Geringsten herab, eine natürliche Propaganda gegen ihn zugunsten Konstantins bildeten. Jede Zusammenkunft der Christen drohte seiner Macht gefährlich zu werden, und Licinius verbot sie. Er befahl, daß Männer und Frauen sich getrennt zu versammeln hatten, und verbannte dann den Kultus ganz aus der Stadt auf das freie Feld. Er degradierte alle seine christlichen Offiziere. Einer größeren Zahl Bischöfe verbot er, öffentlich zu predigen, einige wurden sogar getötet. Er konfiszierte das Vermögen vieler Christen, andere schickte er in die Verbannung oder verkaufte sie in den Sklavenstand. Allerdings sprach er kein generelles Verbot der christlichen Lehre aus, er organisierte keine Verfolgungen im Sinne von Diokletians letzten Edikten. Seufzend sagte der Bischof Eusebius von Nikomedia: »Er wußte nicht, daß wir in unseren Kirchen für ihn beteten; er glaubte, wir beteten nur für Konstantin.«

Zwar konnten einige arianische Bischöfe bis zum Ende in seiner Gunst und an seiner Seite bleiben, aber er begriff nicht, daß es dem Geist der Zeit entsprechend viel nützlicher für ihn gewesen wäre, hätte er sich selbst als Freund der Christen gezeigt wie sein Gegner Konstantin.

Licinius stand mit seinen Legionen bei Adrianopel am

Ufer des Flusses Hebros. Seine Position war ziemlich günstig. Der Fluß führte Hochwasser. Einige Tage standen sich beide Heere an seinen Ufern gegenüber, wobei der Angreifer im Nachteil war. Konstantin erinnerte sich an das Täuschungsmanöver mit den Tiberbrücken in Rom. Jetzt befahl er, mit dem Bau einer starken Pontonbrücke zu beginnen, während er selbst mit einer kleinen auserwählten Gruppe unbemerkt an anderer Stelle über den Fluß setzte. Als sich der überrumpelte Licinius durch Umgruppierung seiner Kräfte gegen diese Einheit zur Wehr setzte, um auf die Herausforderung zu antworten, konnte Konstantin in aller Ruhe die Brücke fertigbauen lassen und, indem er Licinius ständig ablenkte, ohne großes Blutvergießen mit allen seinen Soldaten ans andere Ufer gelangen. Der viel jüngere Konstantin hatte bewiesen, daß er ein geschickterer Stratege als der alte und erfahrene Licinius war. Den ersten, wenn auch bei weitem nicht endgültigen Sieg hatte er errungen, weil er seine Truppen verschob wie Figuren bei einem Brettspiel, weil er die Verblüffung des Gegners ausnutzte, um sozusagen mit einem Handstreich seine ganze Armee zu schlagen. Es zeigte sich ebenso, daß Konstantins Soldaten alle Befehle des obersten Kommandos ausführten, daß alle Aktionen abliefen wie bei einem gut geübten Manöver, während bei Licinius nichts funktionierte, weder die Gefechtsbefehle noch die Information der Stäbe. Licinius mußte fliehen und zog sich mit dem Rest seiner treuesten Soldaten nach Byzanz zurück.

Sehr geschickt lenkte Crispus die Kriegsflotte durch den Hellespont, obwohl die gegnerische Marine die Meerenge abzusperren versuchte. Indes hatte er, wie vom Vater empfohlen, stets auch chaldäische Magier bei sich, die ihm das Wetter voraussagten. Sie wußten genau, wann der Sturm losbrechen und wie stark er sein würde. Als sich die Gegner in Sicherheit brachten, um nicht von dem heftigen Wind gegen die Klippen geschleudert zu werden, durchquerte Crispus die Meerenge, und das Unwetter versenkte mehr als hundertdreißig Schiffe unter Licinius' Admiral, die seine Verfolgung aufgenommen hatten. Crispus ließ natürlich die Kapitäne der einzelnen Schiffe nach Gutdünken handeln, er erteilte auch der Gesamtflotte nicht alle nötigen Befehle. Noch fehlte es ihm an Erfahrung als Seefahrer und im Leben. Aber der tollkühne Entschluß, trotz Sturmeswüten die Anker zu lichten und sich um das ängstliche Murren der Matrosen nicht zu kümmern, die den Meteorologen nicht trauten, brachte ihm den Ruhm eines Siegers ein. Konstantin war sehr zufrieden. Erstens weil bewiesen war, daß er seinem ältesten Sohn das Flottenkommando nicht zu früh anvertraut hatte, und zweitens weil er auf dem Meer jetzt Ruhe hatte, so daß er ungestört seine strategische Partie weiterspielen und seine Einheiten nach ausgearbeitetem präzisem Plan verschieben konnte.

Während Licinius angstvoll in Byzanz wartete, zog Konstantin mit dem Hauptteil seiner Kräfte an der Stadt vorbei, setzte ans andere Ufer des Bosporus über und eroberte eine Provinz nach der anderen. Licinius in seinem verzweifelten Bemühen zu retten, was zu retten war, erklärte, er spreche Konstantin den Titel des Augustus ab, und ernannte einen seiner Hofbeamten, Martinianus, zum Mitregenten. Aber Konstantin hielt es nicht einmal für nötig, Byzanz zu belagern.

Die Situation zwang Licinius, die Festung zu verlassen und die Reste seiner Legionen zu sammeln. Und darauf hatte Konstantin nur gewartet. Auf den Schiffen seines Sohnes holte er in Windeseile seine gesamte Armee herbei und griff Licinius bei Chrysopolis an. Er errang einen leichten Sieg. Licinius mußte wieder fliehen. Mit seinen letzten dreißtausend Soldaten eilte er nach Nikomedia, einer Stadt, die Konstantin kannte, als wäre er dort geboren. Ihm als dem Sieger liefen jetzt auch immer mehr Soldaten zu, er war dem Gegner mehr als fünfmal an Stärke überlegen.

Licinius sah ein, daß er auf dem Schlachtfeld nichts mehr ausrichten konnte. Er schickte Konstantin den einzigen Unterhändler, von dem er wußte, daß man ihn mit gebührenden Ehren empfangen würde: seine Frau. Denn sie war Konstantins Halbschwester Constantia, nach der er auch seine Tochter genannt hatte.

»Bruder, ich beschwöre dich bei unserem Vater, bei deiner Tochter, die meinen Namen trägt, laß uns Frieden schließen. Erlaube meinem Gatten, weiter den Titel Augustus zu tragen, und er versichert, daß er dich nicht mehr behindern wird. Schließlich ist er siebzig Jahre alt...«

»Teure Schwester«, entgegnete der Kaiser ruhig. »Du brauchst mich nicht an meine Familienbande und -verpflichtungen zu erinnern. Aber wenn du im Namen des bisherigen Kaisers Licinius sprichst, dann verschwendest du nur Zeit. Er wußte genau, auf welchen Kampf er sich einließ, und er hat verloren. Es ist seine Sache, ob er das als Sieg des Galiläers über die alten Götter, als Strafe für seine Freveltaten oder als Niederlage wegen militärischer Unfähigkeit ansieht. Aber was für ein Soldat er auch sei, er ist Soldat, und als solcher hat er nicht nach der Schlacht zu jammern.«

»Vergiß nicht, daß du mich einem Greis zur Frau gegeben hast, Konstantin. Nicht ich habe mich in ihn verliebt und dich gebeten, ihm folgen zu dürfen.«

»Ich weiß. Wir, Schwester, haben andere Pflichten und genießen auch manchmal andere Freuden als die gewöhnlichen Sterblichen. Auch unser beider Vater hat meine Mutter, Helena, verlassen, als das Staatsinteresse verlangte, daß er die deinige heiratete. Und dabei war er ein guter Mensch. Mir hat die Ungunst des Schicksals verwehrt, so zu sein wie er.«

Constantia beharrte nicht länger. Sie kehrte zu ihrem Gatten nach Nikomedia zurück, und Konstantin befahl die Belagerung. Licinius wußte, daß seine Situation hoffnungslos war, und schickte Constantia abermals in das Lager des Siegers.

»Mein Gatte, der ehemalige Kaiser Licinius, schickt dir seinen Purpurmantel zum Zeichen der bedingungslosen Kapitulation. Er bittet um Gnade.«

Konstantin erhob sich von seinem Thron, der im größten Zelt errichtet war.

»Vorläufig nehme ich an. Vorläufig! Ich bestimme, daß er nach Thessaloniki und daß Martinianus nach Kappadokien verbannt wird. Dein Gatte sollte des einstigen Kaisers Maximianus gedenken, dem ich mehrmals gefährliche Intrigen verziehen habe, bevor ich ihn besiegte. Obwohl ich damals schon seiner Tochter angelobt war, mußte ich ihn schließlich doch töten lassen. Thessaloniki ist keine üble Residenz, auch dort kann man bequem und standesgemäß leben. Aber ich warne Licinius: Sobald ich erfahre, daß er politisch wieder aktiv ist, werden die Henker zur Stelle sein und ihm Einhalt tun!«

Es war noch kein Jahr vergangen, als Konstantins Geheimagenten meldeten, Licinius sammle wieder die Anhänger der alten Götter um sich. Konstantin rief Ablavius zu sich und befahl, das Todesurteil wegen Hochverrats zu vollstrecken.

»Willst du nicht erst prüfen, ob die Anschuldigung zu Recht besteht?« wandte Ablavius, der treue Adjutant, ein. »Du bist der Sieger und hast keinen Grund, allzu grausam zu sein.«

»Doch! Ich darf keine Gnade walten lassen. Jeder Usurpator, der nach dem Purpur greift, droht zum Urheber großen Blutvergießens zu werden. Ich muß den Frieden bewahren. Mit allen Mitteln, Ablavius! Einst hat er den besiegten Maximinus Daza aus dem Weg geräumt, und jetzt wird er seinem eigenen Schicksal in die Augen sehen müssen. Er hat lange genug gelebt, was will er noch? An die Ausführung! Wir haben jetzt Wichtigeres vor, als Todesurteile über Greise zu verhängen. Wir errichten jetzt die Fundamente des Kaisertums für alle Ewigkeit.«

Aquileia heißt heute in slowenischer Sprache Oglej. Es ist eine Ortschaft westlich des Isonzo, etwa zehn Kilometern von der Adriaküste entfernt.

Felix Romuliana ist Gamzigrad. Erst kürzlich durchgeführte archäologische Untersuchungen haben erwiesen, daß dort tatsächlich einige Paläste des Galerius und Sakralbauten gestanden haben, daß sich auf diesem Territorium jedoch keine größere antike Stadt entwickelt hat.

Adrianopolis ist die heutige türkische Stadt Edirne am Zusammenfluß von Tundsha und Mariza.

Die oben beschriebenen letzten Kämpfe zwischen Konstantin und Licinius begannen im Frühjahr 324. Die erste entscheidende Schlacht nach dem Täuschungsmanöver mit der Pontonbrücke fand am 3. Juli statt, die Seeschlacht am Eingang zum Hellespont — den heutigen Dardanellen — Anfang September, und die Schlacht bei Chrysopolis — heute Üsküdar — am 18. September jenes Jahres.

Interessant ist es, die Berichte der damaligen offiziellen Historiker zu vergleichen, das heißt die Widersprüche in ihren Werken, welche im Abstand von wenigen Jahrzehnten, jedoch unter verschiedenen politischen Bedingungen entstanden. Eusebius spricht in seiner »Historia ecclesiae« noch von Licinius als einem »frommen und gottgefälligen Kaiser«. Aber in der »Vita Constantini« — dem wichtigsten zeitgenössischen, jedoch wegen der ständigen Kompromißbereitschaft seines Autors etwas unseriösen Quellenwerk über Konstantins Leben — wird Licinius bereits als Bestie, Dämon, heimtückische Schlange, ja sogar als Drachen bezeichnet, der unter den Hufen von Konstantins Pferd und dem Stoß seiner Lanze verendet sei. Ähnliche, wenn auch nicht so gravierende Widersprüche finden sich auch bei Diokletians Biographen Lactantius. Dabei muß man stets bedenken, daß Lactantius auch der Lehrer von Crispus und später von Konstantins anderen Kindern war. Konstantin soll Eusebius im Alter selbst von seinem Leben erzählt haben, und zwar im Hinblick darauf, daß diese Erinnerungen in seine sogenannte offizielle Biographie eingehen würden.

Nach den großen Siegesfeiern auf dem Weg gen Westen, wo ihn Fausta mit den kleineren Kindern erwartete, machte Konstantin wieder Halt in seinem heimatlichen Naissos und wohnte der Errichtung seiner Büste auf dem Hauptplatz bei.

Er sprach auch lange mit Crispus: »Augusta Treverorum kann nicht mehr die Hauptstadt sein ...«

»Aber warum, Vater? Wir haben uns alle daran gewöhnt!« Die Atmosphäre war entspannt. Vielleicht war es das erstemal, seit Crispus erwachsen war, daß sie in Ruhe und ungezwungen miteinander redeten.

»Du mußt an das ganze Kaiserreich denken. Augusta Treverorum war schon für das halbe Imperium zu klein, für das ganze kommt es nicht in Betracht. Es geht nicht darum, was ich gern möchte, ich könnte mich auch hier niederlassen ...«

»Sollte nicht Rom wieder die Hauptstadt werden?«

»Rom wird dort sein, wo ich es bestimme.«

Konstantin wechselte das Thema, er wandte sich dem Christentum zu, das jetzt nicht mehr nur eine Sekte war.

»Glaubst du an Christus als unseren Erlöser?« fragte Crispus vorsichtig.

»Ich bin der Kaiser, mein Sohn, und habe nicht das Recht, nur an einen Gott zu glauben. Es sei denn ...« Er überlegte ein Weilchen, wie er sich ausdrücken sollte, damit sein voraussichtlicher Thronfolger ihn recht verstand. »Es sei denn, ich komme zu dem Schluß, daß der Glaube an einen einzigen Gott für das Imperium notwendig ist, damit alle angehalten werden, auch nur an einen einzigen Herrscher zu glauben. Und wir werden jetzt Alleinherrscher.«

»Sag mir bitte, wie war das mit dem Brand in Nikomedia zu Diokletians Zeit? Haben ihn wirklich die Christen gelegt? Lactantius behauptet, Galerius habe es getan, um einen Vorwand für die Verfolgung der Christen zu haben. Du bist dabeigewesen ...«

»An jenem Abend war ich nicht im Dienst. Ich weiß es nicht genau. Eine wichtige Frage ist offen geblieben: Hat der Brandstifter gewußt, daß Diokletian die Nacht im Garten und nicht in seinem Schlafgemach verbringen würde? Hätte er im Bett gelegen, wäre er wahrscheinlich ums Leben gekommen. Angenommen, der oder die Täter haben gewußt, daß Diokletian sich nicht im Palast aufhielt, dann kann man auch Galerius verdächtigen, denn er hätte Diokletian niemals nach dem Leben getrachtet. Im umgekehrten Fall kann es ein Attentat auf den Kaiser gewesen sein. Dann war nicht Galerius der Schuldige, sondern . . . Wer weiß. Am einfachsten ist die Erklärung, daß ein Blitz eingeschlagen hat. Das kann jeder auslegen, wie er will, als blinden Zufall oder als Willen Gottes.«

»Verzeih, Vater — hattest du damals schon mit den Christen zu tun?«

Konstantin dachte nach, bevor er erwiderte: »Ja, Crispus.«

Es blieb unausgesprochen, ob ihm nicht die Christen geraten hatten, in jener Nacht den Palast zu meiden. Der Sohn war mißtrauisch. Der Vater überlegte, ob der Sohn vielleicht mißtrauisch sei. Im übrigen fühlten sie sich wohl miteinander. Sie hatten reichlich getrunken, waren aber nicht berauscht. Niemand störte sie, niemand kam mit Eilmeldungen von einem Kampfplatz oder mit den neuesten Berichten der Geheimdienste. Niemand verlangte unverzügliche Entscheidungen.

»Vielleicht ist es jetzt Zeit für mich, Großvater zu werden, was meinst du, Crispus?«

»Dazu mußt du mich verheiraten, so wie man dich verheiratet hat.«

Zuerst nickte Konstantin nur zerstreut, dann fragte er mit einiger Verwunderung: »Und das heißt?«

Vielleicht hatte Crispus doch mehr getrunken, als er vertragen konnte, denn seine Augen leuchteten auf.

»Ich möchte so eine Frau wie deine Fausta.«

VII

DAS ERSTE ÖKUMENISCHE KONZIL

»Ich möchte endlich begreifen, worum es eigentlich geht. Sei so freundlich, Ossius, uns alles von Anfang an zu erklären, aber möglichst objektiv. Tatsachen, bitte. Deine persönliche Meinung kannst du nachher in der Diskussion äußern, jetzt erläutere uns nur, warum ihr euch so erbittert streitet. Ich selbst weiß vielleicht schon einiges, aber nicht alle hier Anwesenden sind in deinen Glauben eingeweiht, sie bedürfen der gründlichen Unterweisung. Das Wort hat also Ossius, der christliche Bischof von Cordoba. Bitte!«

Konstantin lehnte sich auf seinem Thron zurück. Die Zusammenkünfte der Regierung, des Geheimen Rates, leitete er gewöhnlich in gleicher Höhe mit den anderen am langen Tisch sitzend. Seit er Alleinherrscher geworden war, legte er jedoch bei den größeren Konferenzen Wert auf das Protokoll. Er nahm auf einer Erhöhung Platz, zu seinen Füßen die Schreiber und persönlichen Mitarbeiter, und die Sessel im Saal waren den Würdenträgern des Reichs vorbehalten. Obwohl er gern sagte, daß ihm Licinius' Teil des Staates wie eine reife Frucht in den Schoß gefallen sei, ging er langsam und vorsichtig an die Einführung einheitlicher Gesetze. Nach und nach setzte er Licinius' Bestimmungen außer Kraft, hob politische Urteile auf, erstattete konfiszierte Vermögenswerte zurück. Er hatte sogar Licinius' Präfekten Julianus in seine Dienste übernommen, der an die acht Jahre bei jenem eine Art Regierungschef gewesen war und Talent für die Verwaltungstätigkeit mitbrachte.

Er hatte sich in Nikomedia niedergelassen, in Diokletians ehemaliger Residenz, die auch seiner ganzen Familie genügend Luxus bot. Erst hier, nahe dem Ursprung der großen monotheistischen Religionen, fiel ihm auf, wie tief das Christentum bereits gespalten war. Der Bischof von Nikomedia, Eusebius, ein Anhänger der arianischen Lehre und Freund des Präfekten Julianus, wurde nicht müde, dem Kaiser die Probleme der Kirche vorzutragen. Ganz offensichtlich erforderte die Einheit des Staates, auch das einmal zu bereinigen. Ossius gehörte schon seit mehr als zehn Jahren zu Konstantins Umgebung. Er hatte vor den Schlachten wertvolle Informationen geliefert, auf politische Entscheidungen Einfluß genommen und sich damit gewisse Verdienste erworben. Der Kaiser wußte, daß sein Vortrag recht trocken ausfallen würde, denn der Bischof hatte jedesmal Scheu, vor einem größeren Zuhörerkreis aufzutreten, er war kein guter Redner. Vielleicht hatte er deshalb seine Position als Zuträger und Berater ausgebaut. Konstantin als Herrscher mußte mit seiner Meinungsäußerung bis zum Schluß warten, weil sonst die anderen nicht aufrichtig gesprochen hätten, und er glaubte, daß der langweilige Ossius eine lebhafte Debatte auslösen würde; darum ließ er ihn den Anfang machen.

»Hoher Herr, edle Präfekten und angesehene Bürger, meine Brüder in Christo! Habe ich recht verstanden, so soll meine Darlegung nicht den Donatisten gelten, sondern ...«

Konstantin mußte ihn doch noch einmal unterbrechen: »Diese Frage haben wir, so hoffe ich, ein für allemal gelöst. Das ist ein rein afrikanisches Problem. Uns interessiert hier die Lehre des Arius aus Alexandria. Also bitte, zur Sache.«

»Der Streit hat in der ägyptischen Stadt Alexandria seinen Ausgang genommen, also doch in Afrika!« Ossius holte weit aus, und allen war klar, daß er nicht bald zum Ende kommen würde. Die anwesenden christlichen Würdenträger hörten sehr aufmerksam zu, die Anhänger der anderen Religionen seufzten heimlich, bedienten sich mit

Äpfeln oder Birnen, schlummerten sogar ein wenig, denn sie sahen nicht ein, warum der Kaiser ihnen diese Aussprache über die christliche Dogmatik aufdrängte. »Sein Urheber ist der gelehrte Presbyter Arius, ein Schüler des Lucianus von Antiochia, und er hat die Subordinationslehre bis zum Exzeß getrieben. Durch sie wollten die Gegner des Trinitätsdogmas den Unterschied zwischen Vater und Sohn aufzeigen, indem sie zu beweisen versuchten, daß der Sohn nicht nur etwas anderes sei als der Vater, sondern daß er sogar in seinem göttlichen Wesen vom Vater unterschieden, ja, man höre, in seinem göttlichen Wesen dem Vater untergeordnet sei, daß er wie vom Vater gezeugt, eine Art Gottesgeschöpf sei ...«

»Worum handelt es sich, Herr?« fragte Ablavius. »Verzeih bitte, ich weiß, daß du Unterbrechungen nicht wünschst, aber meine Leute sollen schließlich Protokoll führen. Was heißt Vater? Was heißt Sohn? Wovon schwatzt er da eigentlich?«

»Schreibt möglichst wörtlich mit!« Konstantin konnte sich kaum das Lachen verbeißen. »Keine Angst, er meint nicht mich und meine Söhne, er führt keine staatsfeindlichen Reden. Sein Gott ist Vater, Sohn und Heiliger Geist. Bist du nicht Christ, Ablavius? Dann solltest du das alles wissen. Fahr fort, Ossius!«

Der spanische Bischof sah den Kaiser vorwurfsvoll und zugleich unterwürfig an, wie ein Hund, der sich ungerecht behandelt fühlt. Aber er wagte nicht zu sagen, daß der Kaiser mit seiner vereinfachten Darstellung der Lehre bereits in den Streit eingriff. Er hob seufzend wieder an: »Der besagte Arius also hat diese Subordinationslehre so weit getrieben, daß er das göttliche Wesen des Sohnes leugnete, also mit anderen Worten: Der Sohn ist nicht von Ewigkeit, es gab eine Zeit, da er noch nicht existierte, sondern er ist vom Vater erst später geschaffen. Der Sohn ist zwar das erste, edelste und einzige direkte Geschöpf Gottes, aber dennoch nur ein Geschöpf im Sinne des Wortes, denn er wurde geschaffen, er war nicht ewig da wie der Vater, und er ist nicht vom selben Wesen wie sein Vater, sondern aus dem Nichts erschaffen. Andererseits ist er dem Vater so nahe, daß er Gottes Sohn und Gott genannt werden darf, wenngleich er nicht Gott im strengeren Sinne ist, sondern nur durch seine Teilnahme an der göttlichen Herrschaft, und insofern wird er mit Recht als Gott verehrt . . .« Ossius stellte fest, daß im Saal tiefe Stille waltete, er sah sich um und war nicht sicher, ob sie ihm alle so aufmerksam lauschten oder in Gedanken ganz woanders waren. »Wider diese Lehre ist der alexandrische Bischof Alexander entschieden aufgestanden. Und da sich Arius seiner erhabenen Autorität nicht beugen wollte, berief er eine Synode von hundert Bischöfen nach Alexandria. Dort wurde diese Lehre als Ketzerei verdammt, und Arius, der auch jetzt nichts von Widerruf hören wollte, wurde seines Amtes enthoben und exkommuniziert. Arius verließ Ägypten und ging zunächst nach Palästina zum Bischof Eusebius von Cäsarea, der ihm seinen Schutz anbot, und dann gelangte er über Asien und Bithynien bis hierher, wo er sich an unseren verehrten Mitbruder, den Bischof Eusebius von Nikomedia, wandte . . .«

Ossius verneigte sich leicht vor dem anwesenden Eusebius und versuchte, seinen Blick zu erhaschen, aber Eusebius nickte nur kühl zum Zeichen, daß er bisher keine Einwände hatte. So mußte Ossius allein weitersprechen: »Der verehrte Eusebius ist sein Schulfreund und jetzt, so könnte man sagen, sein Beschützer. Auf dem Weg durch Asien fuhr Arius fort, seine Lehre zu verbreiten, die für viele in der heiligen Kirche eine Irrlehre war. Er tat es mündlich und schriftlich, in Prosa und in Versen, und, ich muß es gestehen, er gewann viele Freunde. Du hast Tatsachen verlangt, Herr! Es ist eine Tatsache, daß damit große Zwietracht in unserer heiligen Kirche gesät wurde, und das nicht nur unter den Priestern, sondern auch unter den Laien.«

Da der Bischof eine kleine Pause einlegte, hob der Verantwortliche für Geheimdienst und Transport, Mercurius, die rechte Hand. Konstantin erteilte ihm mit einem Nicken das Wort.

»Diese belanglose Frage, ob Vater und Sohn dasselbe sind oder nicht, ist sogar auf den Marktplätzen Tagesgespräch. Die Leute streiten so erbittert darum, als wären sie beim Wetten auf dem Hippodrom. Diese Unruhe ist nicht ungefährlich!«

»Was für ein Mensch ist Arius nach deiner Meinung?« fragte Konstantin seinen Geheimdienstchef.

»Auf jeden Fall ein seltsamer. Er ist eitel, aber nicht unpraktisch, er ist kurzweiliger als, mit Verlaub, unser Feund Ossius.« Die Zuhörer lachten ein wenig. »Arius singt auf den Märkten, vor den Schenken, er kleidet seine Lehre in Verse, und damit hat er auch das Interesse von Bürgern gefunden, die keine Christen sind. Die Älteren sind durchweg für ihn, denn sie meinen, daß ihre Söhne gehorsamer sein müßten, als sie es heutzutage sind. Die Jüngeren sind skeptisch, denn sie meinen, daß sie vom selben Fleisch und Blut sind wie ihre Eltern. Viele mögen ihn einfach, weil er amüsant, ohne Umschweife und logisch redet, weil er Worte findet, die jeder versteht. Und viele rebellische Geister laufen ihm deshalb zu, weil sie gegen den autoritären Alexander sind und jeden unterstützen, der ihn angreift.«

»Darum geht es doch nicht!« Eusebius bat mit einem Blick ums Wort und ergriff es auch gleich, denn er glaubte sich im Namen der Kirche einmischen zu müssen. »Es handelt sich nicht um Privatangelegenheiten, sondern um Gott und um den Glauben an die göttlichen Dinge.«

»Gestattest du, Herr?« Mercurius vergewisserte sich höflich, ob der Kaiser diesen Dialog erlaube. »Verehrter Eusebius, ich kann ja noch einigermaßen begreifen, daß das Theologie ist. Aber das Volk doch nicht! Wenn das Volk Worte hört wie Vater oder Sohn, dann denkt es zunächst an seine familiären Auseinandersetzungen. Eventuell noch an die Dynastie. Und in dem Fall wird die Sache schon bedenklicher, und wir müssen die Ohren offenhalten, meine Leute und ich ...«

Es wurde still.

Von der kaiserlichen Familie war sonst niemand zugegen. Crispus war bei seiner Flotte im fernen Adriahafen Pietas Iulia, Faustas Söhne waren noch zu jung, obwohl Konstantin sie bisweilen schon zu den großen Zusammenkünften mitnahm. Alle Anwesenden mußten sich noch an den Streit der Söhne in Augusta Treverorum und die zum Zeichen der Versöhnung geprägten Münzen erinnern. Bis vor kurzem noch hatte Konstantin als milder und geduldiger Herrscher gegolten, wie es auch sein Vater gewesen war, aber nach dem Sieg über Licinius schien er schroffer und selbstgerechter geworden. Auch früher war er unberechenbar gewesen, er hatte, je nach Laune, strenge, ja harte Strafen verhängt und war ein andermal verständnisvoll und nachgiebig gewesen. Jetzt jedoch konnte man nie sicher sein, ob nicht Köpfe rollen würden. Am besten war es abzuwarten, bis er sich äußerte. Damit hatte er indes keine Eile.

»Vielleicht könnte ich etwas sagen, wenn schon die christlichen Bischöfe schweigen, obwohl es doch um ihre Angelegenheiten geht«, meldete sich der Präfekt Julianus. Als ehemaliger hoher Beamter des Feindes Licinius scheute er sich noch, in so einem Kreis öffentlich das Wort zu ergreifen, und zog es vor, Beschlüsse in die Tat umzusetzen.

»Nur frei heraus mit der Sprache, Julianus. Aber mit weltlichen Worten, wenn ich bitten darf.«

»Das wird nicht ganz leicht sein, Herr, denn es handelt sich um recht nebelhafte Begriffe. Aber ich habe mich bemüht, möglichst viel zu lesen. Also: Die Christen fordern den Glauben an Gott, den allmächtigen Vater, an seinen Sohn Jesus Christus, der auf übernatürliche Weise von der Jungfrau Maria geboren wurde, der den Erlösertod am Kreuz gestorben und danach auferstanden und gen Himmel gefahren ist, der zur Rechten des Vaters sitzt und wiederkommen wird, die Lebendigen und die Toten zu richten; an den Heiligen Geist, die heilige Kirche, die Vergebung der Sünden und die Auferstehung des Fleisches. Der Streit dauert eigentlich schon zweihundert Jahre, Arius hat nicht damit angefangen. Im Gegensatz zu den pantheistischen Philosophen sagen sie, daß Gott allein die Welt erschaffen hat und sie erhält. Beachtet, sie sprechen von Gott in der Einzahl. Sie betonen, daß Gott eins und einzig ist. In Ordnung. Schwerer ist schon diese Dreieinigkeit Gottes zu begreifen, aber erfahrenen Philosophen dürfte es keine allzu großen Probleme bereiten. Soweit mir bekannt ist — sollte ich mich irren, werden mich die gelehrten Männer Eusebius und Ossius sicher berichtigen —, hat bereits der antiochische Bischof Theophil vor guten hundertfünfzig Jahren den Begriff Dreifaltigkeit gebraucht.« Er warf den christlichen Bischöfen einen Blick zu, diese reagierten jedoch nicht. »Also wie sollen wir begreifen, daß dieser eine einzige Gott zu gleicher Zeit Vater, Sohn und Heiliger Geist ist? Man sagt, er ist eins seinem Wesen nach, doch begreift er in sich drei Personen. In einem ihrer heiligen Bücher behauptet der sogenannte Evangelist Johannes, Gott Sohn sei dasselbe wie Das Wort Gottes, das auch die Juden in ihrem heiligen Buch erwähnen, welches auch das Alte Testament heißt, und dieses Wort, also Gott Sohn, sei ebenso wie der Vater von Ewigkeit und nicht, wie Philons Philosophie lehrt, ein Wesen zwischen Gott und der Welt, das wunderbarste Geschöpf, aber eben doch ein Geschöpf Gottes.«

»Wenn du glaubst, daß du viel klarer warst als Ossius, so irrst du dich leider!« Konstantin lachte. »Deine Rundschreiben und Steuerverordnungen sind wesentlich besser verständlich.«

»Verzeih mir, Herr. Man bedient sich unwillkürlich ihres Wortschatzes . . .«

Konstantin nickte.

»Ich glaube, mein Gardekommandeur Ablavius möchte

etwas sagen. Er ist zwar ein hervorragender Offizier, aber auch Christ. Vielleicht wißt ihr, daß er aus Kreta stammt, und gerade unter den Griechen breitet sich dieser Glaube immer mehr aus. Und damit alles von vornherein klar ist, teile ich euch mit, daß er mit Arius nicht einverstanden ist.«

»Natürlich nicht. Und zwar, weil er zu sehr mit dem Verstand an den Glauben herangeht. Wenn man glaubt, dann glaubt man und braucht keinerlei Erklärungen. Wenn es sich um Taten handelt, dann ist natürlich vernünftige Überlegung notwendig. Das sind zwei Seiten einer Sache. Aber ich will hier nicht philosophieren. Als gläubiger Mensch möchte ich auch andere von meinem Glauben überzeugen. Als Soldat möchte ich siegen. Für das erstere brauche ich keine Argumente. Für das andere brauche ich mein Schwert. Ist das nicht einfach?«

»Ich habe einen Sohn von knapp zwanzig Jahren«, warf plötzlich Sallustius ein, als *magister officiorum* eine Art Chef des kaiserlichen Kabinetts. Er bereitete alle Gesetze und Anordnungen zur persönlichen Unterzeichnung durch den Kaiser vor, spielte also eine ziemlich einflußreiche Rolle. »Mein Sohn trägt denselben Namen wie ich, aber das tut nichts zur Sache. Ich wollte sagen, es wäre mir nicht lieb, wenn er mit einer solchen Art Einfachheit zu tun hätte. Verzeih mir, Herr, aber all das sollte sowohl gut als auch schön sein. Und die Menschen sollten sich ungestört dem galiläischen Gott zuwenden dürfen wie jedem anderen. Die Götter sind jetzt gleichberechtigt, und so möge es bleiben. Aber erkläre doch bitte uns, die den Wegen deiner Weisheit nicht immer zu folgen vermögen, warum wir gerade hier und jetzt diese Debatte führen?«

Alle blickten leicht erstaunt den hohen Beamten an. Konstantin war jedoch nicht verärgert.

»Die Frage ist berechtigt, und ich werde dir antworten, Sallustius.« Der Ton des Kaisers verriet, daß sich die Konferenz dem Ende näherte, und unter den Teilnehmern entstand Bewegung. »Das Imperium ist geeint. Ich brauche eine Religion, die vom Nil bis zum Hadrianswall in Britannien, von den Ländern Nordafrikas bis zu den Grenzen an Donau und Rhein, vom Schwarzen Meer und Mesopotamien bis zur spanischen Atlantikküste einheitlich ist. Einheitlich, habt ihr gehört, christliche Bischöfe? Ihr nennt euch katholische Kirche, was wohl bedeuten soll, allumfassende Kirche über Raum und Zeit hinweg, im Unterschied zu den lokalen Religionen und Kulten in den verschiedenen Gegenden der Welt, das heißt unseres Imperiums. Also seid es! Seid eine allumfassende Kirche, wie ich sie für das Reich auf Erden brauche, und ich werde euch helfen, das Himmelreich nach Herzenslust zu verkündigen!«

Er hob die Stimme. Die Zuhörer wagten keine Regung. Sie schienen zu Stein erstarrt.

»Ich befehle, daß ihr euch einigt! Wie, das ist eure Sache. Alle eure Bischöfe, habt ihr verstanden, alle werden sich hier in Nikomedia versammeln. Nein ... In der Hauptstadt will ich euch nicht haben. Tretet irgendwo in der Nähe zusammen. Sagen wir in Nicäa. Ja, das ist gut. Wir haben auch dort genügend repräsentative Räumlichkeiten für Zusammenkünfte und für die Unterbringung von Gästen, nicht wahr, Julianus? Und damit es keine Ausflüchte gibt, verkünde ich hiermit, daß die Kosten ich trage. Für jeden Bischof, für zwei seiner geistlichen Berater und für drei seiner Bediensteten. Ist das klar? Sie können mit der kaiserlichen Post reisen und unterwegs in den kaiserlichen Residenzen absteigen. Julianus, du wirst die Sache in die Hand nehmen. Trage die Namen aller Bischöfe zusammen, berate dich mit Eusebius oder mit wem du sonst möchtest. Durchdenke alle Einzelheiten, und unterbreite mir deine Vorschläge. Hat noch jemand etwas zu sagen?«

Niemand brach das Schweigen. Der Beschluß des Kaisers kam für alle überraschend. Einige begannen im Kopf zu überschlagen, was das kosten mochte. Nie in der Geschichte war für eine Zusammenkunft in Friedenszeiten solcher Aufwand getrieben worden, noch hatte je ein Kaiser derart viele Gäste aus dem ganzen Imperium geladen. Und noch erstaunlicher war, daß er sich auf solche Weise in die Belange einer Kirche einmischte. Fast allen war klar, das Christentum würde bald nicht mehr nur eine geduldete, sondern die Staatsreligion sein.

»Ich muß mich vergewissern, Herr, ob ich dich richtig verstanden habe?« fragte Mercurius. »Du berufst diese Zusammenkunft als *Pontifex maximus,* oberster Priester aller Religionen des Imperiums, ein, nicht wahr?«

Konstantin überlegte kurz, denn er hatte die Bedeutung der Frage genau verstanden, dann antwortete er kurz: »Ja!«

»Es wäre gut, dieser Zusammenkunft einen Namen zu geben. Das würde auch die Arbeit der Administration erleichtern. Hast du in dieser Hinsicht etwas anzuordnen?«

Der Kaiser überlegte wieder, sah sich im Saal um. Kurz fixierte er zuerst Eusebius, dann Ossius. Sie hielten den Blick gesenkt. Es mußte ihnen mißfallen, daß er sich gewissermaßen auch zu ihrem Oberpriester gemacht hatte.

»Wir werden sie Konzil nennen. Und da Abgesandte der gesamten Christenheit kommen werden, sagen wir ökumenisches Konzil. Auch damit wollen wir kundtun, daß unser Imperium jetzt die ganze Welt ist!«

Plötzlich erhob sich Konstantin und sagte nur noch: »Ihr könnt jetzt gehen.«

Das erste ökumenische Konzil trat auf Konstantins Anordnung am 20. Mai 325 in Nicäa zusammen.

Konstantins Entschluß, das Christentum als eine Art Kitt für die Risse im Gefäß des alten Römischen Reichs zu nutzen, kam nicht von ungefähr, wie es seinen Ratgebern scheinen mochte. Schon vor dem Sieg an der Mulvischen Brücke war ihm klar geworden, wie vorteilhaft die feste Zusammengehörigkeit der christlichen Priester für ihn sein konnte. Und nicht einmal ihr Glaube war ihm fremd, denn Christus unterschied sich für ihn nicht sehr von Mithras.

Daß die christlichen Legenden für die breiten Massen, vor allem für die Ungebildeten und die Sklaven, verständlicher waren als die orientalischen Kulte, zu schweigen von der griechischen Philosophie, war ebenfalls günstig, spielte doch die öffentliche Meinung eine immer wichtigere Rolle. Es genügte nicht mehr wie einst, nur den Senat und eine Handvoll Heerführer auf seiner Seite zu haben. Jetzt brauchte man auch die Sympathie der Leute von Straßen und Märkten, der Legionen und der Seefahrer. Sonst konnte es in einem solchen Riesenreich alle Augenblicke zu Rebellionen und anderen Zwischenfällen kommen, die schon deshalb unliebsam waren, weil sie die Aufmerksamkeit des Kaisers von den wesentlichen Fragen ablenkten.

Im Verfolg seiner Praxis, durch die Herausgabe von Münzen allen Teilen des Imperiums bedeutsame Botschaften zu vermitteln, sorgte Konstantin dafür, daß die Geldstücke immer öfter christliche Motive anstelle der Symbole antiker Götter zeigten. So gewöhnte sich die Welt an die neue große Religion und ihre Kennzeichen.

Viel wichtiger war freilich die Gesetzgebung. Sein Geheimdienst hatte ihn davon unterrichtet, daß einige Fachleute an seiner juristischen Bildung zweifelten und die Meinung verbreiteten, er erlasse voreilig Gesetze, wie es ihm gerade einfalle. Tatsächlich hatte er ganz plötzlich den Haruspizes verboten, in Privathäusern aus den Eingeweiden von Opfertieren wahrzusagen, hatte diesen alten Brauch als Verbrechen gebrandmarkt und den Ausübenden mit dem Tod auf dem Scheiterhaufen gedroht. Aber als ihm bei einer Regierungsberatung vor Augen geführt wurde, daß dieser Beschluß Unruhe auslöste, erklärte er, daß man ihn falsch verstanden habe und diktierte noch in Gegenwart der Ratsmitglieder:

»Sofern ihr es für notwendig erachtet, tretet frei vor die öffentlichen Altäre und heiligen Stätten und bringt die gewohnten Opfer. Wir verbieten es keinem, den alten Bräuchen am hellen Tage zu huldigen!« Zu seiner Rechtfertigung ergänzte er, lediglich verhindern zu müssen, daß seine Feinde unter dem Deckmantel nächtlicher Opferfeste Verschwörungen anzettelten.

Er erfuhr auch, daß man sich über den Stil seiner Gesetzestexte mokierte, der dem früherer Staatsmänner, vor allem Julius Cäsars, an Geschliffenheit und dem Diokletians an Klarheit und Verständlichkeit nachstünde. Konstantin war leicht verärgert, denn er hielt sich für allseitig gebildet, er las schöne Literatur, schrieb selbst, deklamierte sogar gern in griechischer oder lateinischer Sprache.

Jetzt hatte er mehr Zeit. Er griff auf einige strenge alte Gesetzesvorschriften zurück. Ein Vatermörder wurde zusammen mit Giftschlangen in einen Sack eingenäht und ins Meer geworfen. Wer die Verlobte eines anderen verführte, wurde mit ihr hingerichtet. Einer Magd, die in solch einem Fall Kuppeldienste leistete, wurde geschmolzenes Blei in den Hals gegossen.

Solche Urteile wirkten grausam und abschreckend. Andere Bestimmungen dagegen waren äußerst human. Gleich nach seinem ersten Triumph verbot Konstantin die Brandmarkung der zum Gladiatorenkampf oder zur Arbeit in den Minen verurteilten Sträflinge, »damit das Antlitz, das nach dem Bilde der himmlischen Schönheit gestaltet ist, nicht geschändet werde«.

In Trier gab es noch Gladiatorenkämpfe mit wilden Tieren, aber Konstantin besuchte sie immer seltener, in den letzten Jahren hatte er seine Loge gar nicht mehr betreten. In Nikomedia, nunmehr alleiniger Herr über das gesamte Imperium, verbot er alle diese blutigen Veranstaltungen. Damit entsprach er einer Forderung der Christen, aber angesichts der Mehrheit, die an solchen Spielen Vergnügen fand, war das ein recht kühner Beschluß. Er zeigte, daß der Kaiser sich bereits sicher fühlte.

Des öfteren auf Fälle von Justizwillkür hingewiesen, diktierte er das folgende Gesetz:

»Wer, woher, wes Standes und Ranges er auch sei, gegen

einen meiner Richter, Großbeamten, Freunde oder Hofleute etwas Ungerades oder Ungerechtes mit Wahrheit zu beweisen sich getraut, der komme furchtlos und wende sich an mich; ich will in Person alles anhören und erkunden, und wenn es erwiesen ist, werde ich mich selber rächen. Rächen will ich mich an dem, der bis jetzt mit erheuchelter Unschuld mich betrogen. Denjenigen aber, welcher Anzeige und Beweis leistet, will ich durch Würden und Gut belohnen. Und dies, so wahr mir die höchste Gottheit immer gnädig sei und mich erhalten möge zum Glück und zur Blüte des Staates.«

Eine andere Verfügung lautete:

»Ich verlange, die Gesundheit aller Gefangenen zu schützen und keinen in zu kurze Ketten zu legen. Ein Wächter, der den Tod eines Gefangenen verschuldet, ist ebenfalls hinzurichten.«

Für jede Anklage brauchte es mindestens zwei Zeugen. Ein Gläubiger durfte seinem Schuldner nicht mehr die für den Lebensunterhalt notwendigen Sklaven und Zugtiere wegnehmen. Das Saatgut für eigene Felder war steuerfrei. Die Christen baten ihn, den Verkauf leiblicher Kinder in die Sklaverei zu verbieten, aber der treffliche Kaiser hielt das für ökonomisch nicht gerechtfertigt. Er ordnete lediglich an, daß Eltern, welche Kinder von armen Mitbürgern adoptierten, staatliche Hilfe bekamen, was die Notwendigkeit des Kinderhandels ein wenig verringerte.

Die Sklaverei schaffte er nicht ab. Seit den Zeiten Julius Cäsars war der Verkauf von Kriegsgefangenen in die Sklaverei ein für Staat und Kaiser überaus einträgliches Geschäft. Auch Konstantin verdiente daran. Ökonomische Prosperität ohne Sklaverei konnte er sich nicht vorstellen. Ehen zwischen Freien und Sklaven blieben verboten. Frauen, die intime Beziehungen mit Sklaven unterhielten, drohte die Todesstrafe. Immerhin verbot er die Tötung von Sklaven.

Die Christen hatten ihre Streitigkeiten bisher gern durch

die Bischöfe als eine Art Friedensrichter schlichten lassen. Konstantin machte Entscheide der Bischöfe, wenn man sich einmal an sie gewandt hatte, obligatorisch. Dadurch war jede Konkurrenz eines weltlichen Richters mit einem geistlichen vereitelt. Der Kaiser änderte das schon seit Octavianus Augustus gültige Gesetz, daß das Erbe kinderloser Eltern dem Staat zuzufallen habe, und das verhieß die Möglichkeit, die Kirche testamentarisch zu bedenken. Aber als er bemerkte, daß zu viele neue christliche Priester nach Privilegien verlangten, verbot er die Ernennung neuer Geistlicher. Erst wenn ein Priester starb, durfte die Gemeinde einen Nachfolger ernennen.

Eines Tages legte der Kaiser den überraschten Mitgliedern des Geheimen Rates die Notwendigkeit eines erstaunlichen neuen Gesetzes dar:

»Alle Richter, Stadtbürger und Handwerker sollen sich von ihrer ermüdenden Arbeit am verehrungswürdigen Tag der Sonne erholen. Die Ackerbürger indes können auch an diesem Tag ihr nützliches Werk tun, denn oft gibt es keine günstigere Zeit für die Aussaat des Korns und das Pflanzen der Rebstöcke, und auch das Vieh muß an jedem Tag ohne Ausnahme gefüttert und getränkt werden. So schändlich es ist, den verehrungswürdigen Tag der Sonne durch Streit und Hader zu entweihen, so schön und erfreulich ist es, an diesem Tag ein gutes Werk zu tun. Deshalb erlaube ich, am Tag der Sonne Sklaven die Freiheit zu geben und darüber offizielle Protokolle aufzusetzen und zu beglaubigen.«

Schon vor diesem Gesetz hatten die Hebräer auf der strikten Einhaltung eines Tages in der Woche als Tag des Herrn bestanden. Die Christen griffen diesen Gedanken auf, waren indes nicht so streng, zumal sie sich auf Christi Worte beriefen, die nicht das Ruhen von jeglicher, zumal unaufschiebbarer Arbeit forderten. Konstantin wollte einem Brauch entsprechen, von dem er glaubte, daß er die Arbeitskraft als wirtschaftliches Potential aufrechterhielt und außerdem von der öffentlichen Meinung untermauert war. Er wollte nicht, daß die Anhänger der anderen Kulte und Religionen argwöhnten, er führe christliche oder jüdische Sitten ein. Deshalb nannte er den jeweils siebenten Tag, dessen Feier er anordnete, Tag der Sonne, und so konnte das als Huldigung an den Gott aufgefaßt werden, dem sein Vater und vor ihm zum Beispiel Aurelianus angehangen hatte, an den Gott in Gestalt der unbesiegbaren Sonne. Konstantin selbst begann, sich an jedem siebenten Tag in seine Privatgemächer zurückzuziehen und öffentlichen oder kirchlichen Zeremonien fernzubleiben. Mochte jeder nach eigenem Gutdünken glauben, daß der Kaiser betete, ruhte oder vielleicht anderen geheimen und staatlichen Dingen oblag.

Einmal beim Mittagessen sagte er zu seinem treuesten Mitarbeiter und Gardekommandeur: »Hör zu, wir haben ihnen viel gegeben, Ablavius! Kornrente, Vermögen, damit sie ihre Priester bezahlen und ihre Kirchen erhalten können. Mit dem Zugeständnis der bischöflichen Gerichtsbarkeit haben wir auch auf eine staatliche Funktion verzichtet. Ich weiß das alles. Und ich bin etwas besorgt. Es war doch einigermaßen riskant. Wer weiß, wie sie es uns vergelten werden ...«

Ablavius hob den Blick von dem Fisch auf seinem Teller. »Alle christlichen Bischöfe, Herr, haben im Namen deines Kabinetts ihre Einladungen erhalten. Julianus hat tadellose Arbeit geleistet. Und die meisten haben geantwortet.«

»Wie viele werden kommen?«

»Mehr als dreihundert. Fast dreihundertfünfzig, soweit ich bis jetzt absehen kann. Eine hohe Belastung für deine Kasse, wenn ich mir die Bemerkung erlauben darf ...«

»Ich weiß, daß das Konzil teuer wird. Aber wenn schon! Wir haben die Mittel, mach dir keine Sorgen. Ich freue mich, daß ich all diese Männer kennenlernen werde. Begreif doch, sie kommen von allen Enden des Reiches. Ich werde mich besser über die jeweilige Stimmung informieren können, als es jeder Bericht von Mercurius oder Ossius vermöchte ...«

Ablavius hoffte, der Kaiser werde länger sprechen, und widmete sich wieder dem Essen, er mußte jedoch von neuem unterbrechen, denn Konstantin erwartete weitere Nachrichten.

»Der römische Bischof Silvester läßt sagen, daß er leider nicht persönlich erscheinen kann. Er schreibt, daß er zu alt und zu krank sei, um die Anstrengungen der Reise auf sich zu nehmen. Als Vertreter schickt er zwei Presbyter. Aber wie du weißt, Herr, gilt er als besonders wichtig, weil sein Sitz in der Ewigen Stadt ist.«

Konstantin stocherte auf seinem Teller. Das Essen schien ihn nicht zu interessieren, als hätte er mit der Übernahme der Macht den Appetit verloren.

»Mag er sich zum Teufel scheren!« Er lachte, denn er freute sich auf das Spektakel, das ihm die Pfaffen aus aller Welt liefern würden. »Wir brauchen kein Rom und erst recht nicht den römischen Bischof.«

DER BISCHOF DERER AUSSERHALB DER KIRCHE

Obwohl das erste ökumenische Konzil eine Zusammenkunft der höchsten christlichen Priester war, trat es nicht in einer Kirche zusammen, sondern im Festsaal des kaiserlichen Palastes in Nicäa.

Die in prächtigen Palästen und Villen untergebrachten Bischöfe fanden sich schon vor der offiziellen Eröffnung in Gruppen zusammen. Viele zeigten stolz ihre Narben von der Folter. Es gereichte zum Ruhm, wenn jemand die Torturen während der Verfolgungen unter Diokletian oder Galerius ausgehalten hatte. Jetzt jedoch traten sie im vollen Ornat auf, so mancher wohlgenährt und selbstzufrieden.

Die westliche Kirche war wesentlich schwächer vertreten

als die östliche. Wollte man nach dem schließen, was geredet wurde, und danach, wer mit wem zusammenstand, so war es um Arius' Sache schlecht bestellt. Der wichtigste Verteidiger seiner Lehre, Eusebius von Nikomedia, war gewissermaßen der Gastgeber, denn Nicäa gehörte zu seiner Gerichtsbarkeit. Um ihn jedoch sammelten sich viel weniger kirchliche Würdenträger als um den auch körperlich imposanten alexandrischen Bischof Alexander und seinen noch gewaltigeren Stellvertreter Athanasius.

Endlich war es soweit, daß der kaiserliche Zeremonienmeister die Bischöfe einlud, auf den hochlehnigen Stühlen in dem langgestreckten Saal Auge in Auge Platz zu nehmen. Hinter ihnen saßen auf niedrigen dreibeinigen Schemeln ihre geistlichen Ratgeber. Auf den Kaiser wartete ein goldener Stuhl. Er habe zwar, so wurde kommentiert, für diese Gelegenheit auf einen Thron verzichtet, wünsche aber seine Stellung betont zu wissen.

Nach wenigen Minuten erschien Konstantin, starrend von Purpur, Gold und Edelsteinen. Ohne jemanden zu begrüßen, schritt er ernst und langsam durch das Spalier der Bischöfe, die sich von ihren Sitzen erhoben hatten. Als er seinen Platz erreicht hatte, wandte er sich zu ihnen um und blieb aufrecht stehen. Ebenso verharrten alle Bischöfe, meist Greise, in völliger Stille. Schließlich verneigte sich der Bischof Eusebius von Nikomedia förmlich vor dem Kaiser und sagte: »Majestät, wir bitten dich, mit uns Platz zu nehmen.«

Mit einer weiten Geste der rechten Hand forderte Konstantin alle Anwesenden zum Sitzen auf. Man hörte lediglich das Flüstern eines Bischofs, das vielleicht absichtlich laut ausfiel, damit es für alle vernehmlich war: »Sieht unser Kaiser nicht aus wie ein Engel des Herrn?«

Nachdem er die Sitzung eröffnet und die Bischöfe als seine Mitbrüder begrüßt hatte, teilte Konstantin mit, daß dreihundertachtzehn Gäste erschienen seien. Er bat sie ausdrücklich, offen und von gleich zu gleich mit ihm zu sprechen, und ging dann auf einige Beschwerdebriefe ein, die er erhalten hatte: »Wie können Bischöfe einander beim Kaiser verklagen?! Ich sage euch, Brüder: Ich habe alle diese Schriften ungelesen verbrannt. Ist jemand durch Gottes Gnade Bischof geworden, so bleibt er es auf Lebenszeit, so wie ich auf Lebenszeit Kaiser bin. Hat jemand etwas einzuwenden?«

Ein Bischof aus Afrika erhob sich, aber noch ehe er den Mund auftat, ermahnte ihn der Kaiser: »Wir sind alle von gleichem Rang und sprechen im Sitzen miteinander.«

Der Greis setzte sich und sagte, wohl ermutigt durch diese Bemerkung, ziemlich scharf: »In den Schoß der heiligen Kirche können keine sterblichen Sünder zurückkehren. Für sie gibt es keine Absolution! Aber ich sehe solche Männer hier unter uns.«

»Wenn dir nicht gefällt, was wir hier beschließen«, antwortete Konstantin noch lauter, »dann kannst du eine Leiter nehmen und allein in dein Himmelreich hinaufsteigen.«

Als erster sprach Arius selbst ziemlich lange und erregt über das Wesen der Streitfrage. Sein Hauptopponent war Athanasius. Konstantin bemühte sich, ruhig und aufmerksam zuzuhören, wurde jedoch immer zorniger. Er hatte den Eindruck, daß orientalischer Starrsinn und griechische Sophistik miteinander rangen. Was die Beziehung zwischen Gott Vater und Gott Sohn anging, so hatte man sich für eines von zwei sehr ähnlichen griechischen Wörtern zu entscheiden: *homousios* — wesensgleich oder *homoisios* — wesenseins. Über diese beiden Vokabeln und ihre unterschiedliche Bedeutung wurde mit Hunderten von Zitaten gesprochen. Die Geistlichen bedienten sich zahlloser Metaphern, und es sah so aus, als wäre den meisten die Formulierung selbst ziemlich gleichgültig und als wolle nur aus Prinzip keiner nachgeben.

Als er von den Streitereien genug hatte, nahm Konstantin wieder das Wort: »Ich wünsche Eintracht und werde euch meinen Vorschlag verlesen. Da ich mich als den Bischof derer außerhalb der Kirche betrachte und hier gleichberechtigt unter euch sitze und da ich mich gründlich mit eurer Lehre beschäftigt habe, setze ich folgende Formulierung fest: Gottes Sohn, ständig, ewig vom Vater hervorgebracht wie das Licht von der Sonne, wahrer Gott vom wahren Gott, gezeugt, nicht erschaffen, wesenseins mit dem Vater.«

Eine tiefe Stille trat ein, für den erfahrenen Konstantin der Beweis, daß sie absolut nicht einverstanden waren. Das konnte seiner Autorität schaden, und darum beschloß er schnell, ihnen die Entscheidung nicht sofort aufzudrängen.

»Wie ich sehe, ist das für euch eine Frage von besonderer Bedeutung. Ich wünsche euch, daß ihr bald einig werdet. Mich bitte ich zu entschuldigen, die Staatsgeschäfte rufen mich. Vereinbart, wer das Konzil leitet, wenn ich verhindert bin ...«

Als der Kaiser aufstand, erhoben sich auch alle Bischöfe. Wieder sehr aufrecht, ohne einen Blick nach links oder rechts, schritt er durch das Spalier.

Konstantins Vorschlag gefiel den Arianern weit weniger als Athanasius und seinen Anhängern. Man glaubte, daß der Kaiser unter Ossius' Einfluß stand. Am Ende waren nur siebzehn von den dreihundertachtzehn gegen ihn.

Als der Kaiser das erfuhr, verlangte er, daß alle den Text unterschrieben und ihn so als gültige Auslegung des Glaubens anerkannten. Da ausgerechnet Eusebius von Nikomedia einer der wenigen war, die hartnäckig ihre Unterschrift verweigerten, ließ Konstantin ihn rufen und redete ihm zu, sich der Mehrheit nicht länger zu widersetzen.

»Überlege noch einmal. Mir paßt das Wort wesenseins. Überall im Reich wird man an mich und meine Söhne denken. Sie sind nicht ich, aber wesenseins mit mir, denn sie sollen meine Nachfolger werden. Versteh, Eusebius, wenn ein Streit so weite Kreise zieht, dann ist das keine Theologie mehr, sondern Politik. Darum bestehe ich darauf.«

»Es geht um den Glauben, Herr!«

»Ihr habt so viel bekommen, daß ihr mir auch einmal gehorsam sein müßt. Sorge dafür, daß alle unterschreiben, nicht nur du, mein Lieber. Es ist mein Wunsch, begreifst du? Ich habe keine Lust, Zeit mit euch zu vergeuden.«

»Wenn du es sagst, Majestät!« Der Bischof sah ein, daß er nachgeben mußte, wenn er seinen Kopf retten wollte.

Schließlich waren es nur drei, die bei ihrer Ablehnung der neuen Formel blieben: Arius selbst, Theonas von Marmarica und Secundus von Ptolemäa. Da der Kaiser nicht zuließ, daß ein Bischof seines Ranges enthoben wurde, verlangten die anderen geistlichen Hirten, daß die drei Ungehorsamen verbannt wurden. Konstantin stimmte zu und schickte Arius nach Illyrien, aber auch Eusebius versetzte er nach Gallien, obwohl er nachträglich unterschrieben hatte. Der Kaiser, der selbst nicht einmal Christ war, bewies damit, daß er sich als *Pontifex maximus* nicht nur das Recht nahm, ein Konzil christlicher Bischöfe zu leiten, sondern sie nach Gutdünken zu versetzen. Der nächste Schritt konnte nur noch sein, daß er sie auch selbst ernannte.

»Er hat uns Korn und Wein gegeben«, kommentierte im Wandelgang ein afrikanischer Bischof, ein überzeugter Donatist. »Dafür sei ihm Dank. Aber er hat sich über uns erhoben. Er ist als Ungläubiger praktisch das Oberhaupt der Kirche Christi ...«

Alle, die sich zufällig in der Nähe des allzu ehrlichen Priesters befanden, taten, als hätten sie seine Worte überhört.

Das Konzil traf noch einige Entscheidungen, die Konstantin nicht sehr interessierten. Zum Beispiel hatte sich Meletius, der Bischof von Lykopolis in Oberägypten, zwanzig Jahre zuvor von der alexandrischen Diözese abgespalten. Es wurde beschlossen, daß er in Rang und Würden bleiben durfte, sich aber jeder episkopalen Tätigkeit zu enthalten hatte. Viel ernsthafter war die Diskussion über den Kalender, beziehungsweise über den Tag, an dem Christi

Auferstehung zu feiern sei. Da Alexandria schon seit dem Aufblühen der ägyptischen Wissenschaft das Zentrum der Astronomie war, erhielt der dortige Bischof den Auftrag, für die gesamte Kirche im voraus zu berechnen, auf welchen Tag das Osterfest fallen würde, und dies vermittels Sendschreiben kundzutun. Weiterhin wurden zwanzig Kirchengesetze verabschiedet, von denen besonders wichtig das sechste war, welches dem römischen, dem alexandrischen und dem antiochischen Bischof als Ersten unter Gleichen besondere Rechte einräumte; eine Sonderstellung erhielt auch der Bischof von Jerusalem. Alle anderen wurden in ihren Rechten gleichgestellt. Für eine gewisse Aufregung sorgte der Vorschlag Ossius' von Cordoba, ein Gesetz über das Zölibat zu erlassen. Ein solches Gesetz war bereits seit fünfzehn Jahren für Spanien in Kraft. Zur allgemeinen Überraschung widersetzte sich ausgerechnet der als Asket und Märtyrer berühmte Paphnutius aus Ägypten: »Hüten wir uns vor solchem Gesetz, meine Brüder! Die Ehe ist ein heiliges und gottgefälliges Werk. Die Pflicht zur Ehelosigkeit könnte für viele unter uns zu einer Last werden, die sie nicht zu tragen vermögen. Viele von euch kennen mich persönlich. Ihr wißt sehr gut, daß ich alle irdischen Genüsse verachte. Zumal jetzt, da ich alt bin und mein Körper ohne sinnliche Begierde ist. Doch ich kenne Körper und Seele des Menschen. Um unserer Unsterblichkeit willen: Erlegen wir dem Fleische nicht mehr auf, als es ertragen kann!«

Es blieb also alles beim alten, das heißt, wer vor der Erlangung höherer geistlicher Würden nach kanonischem Recht die Ehe mit einer Jungfrau eingegangen war, und zwar zum erstenmal, der durfte den Ehestand beibehalten.

Konstantin wurde täglich über alles Wesentliche informiert. Zu der Frage, ob ein Priester heiraten sollte oder nicht, bezog er keinen eigenen Standpunkt. Das rührte nicht an die Interessen des Staates, wie er sie verstand.

»Wenn ihr mich fragt: Ein verheirateter Mann kann ein

Schurke sein, ein unverheirateter die Güte in Person, und ebenso ist es umgekehrt möglich«, erklärte er seinen Vertrauten Julianus und Ablavius. »Um Nebensächlichkeiten kümmere ich mich nicht. Mir ist es einerlei, wann sie welchen Feiertag begehen und was sie in ihren Betten tun ...«

»Der Sieg, den du errungen hast, Herr, ist nicht geringer als der über Licinius«, bemerkte Julianus nachdenklich.

»So ist es«, bestätigte Ablavius. »Sie werden dir jetzt immer gehorchen müssen. Zugegeben, ich hatte meine Zweifel, ob der gewaltige Aufwand für dieses Konzil gerechtfertigt wäre, aber nun muß ich sagen, es hat sich gelohnt. Du hattest recht, Herr. Hätten wir dasselbe mit militärischer Gewalt erreichen wollen, wäre es hundertmal teurer geworden.«

»Siehst du!« rief Konstantin erfreut und umarmte beide. Eine solche Vertraulichkeit mit Untergebenen hatte er sich schon lange nicht erlaubt, jedenfalls nicht, seit er Alleinherrscher im Staat geworden war. »Aber für eine Kleinigkeit müssen wir noch einmal in die Tasche greifen. Ich lade sie alle zu einem Festmahl ein, diesmal nach Nikomedia. Sie sollen sich auch in der Hauptstadt des Imperiums sehen lassen. Und jeder bekommt ein Gastgeschenk.«

»Gilt das auch für Arius und die anderen, die nicht unterschrieben haben?«

Er überlegte nur kurz.

»Ja, natürlich. Aber nach dem Festmahl müssen sie sofort ihre Verbannungsorte aufsuchen. Ist es meine Schuld, daß sie den Kompromiß ablehnen?«

Bei dem Bankett zur Feier des erfolgreich abgeschlossenen Konzils war der Kaiser leutselig. Mit vielen sprach er auch selbst, besonders viel Zeit widmete er einem langbärtigen kleinen Mann mittleren Alters, Aristakes, dem Sohn des armenischen Oberpriesters Gregor.

»Bist du auch persönlich mit deinem König Tiridates bekannt, guter Mann?« fragte Konstantin.

»Wie sollte ich nicht, Herr.«

»Ihr seid sogar verwandt, wenn ich nicht irre?«

»Ja. Es ist sehr aufmerksam von dir, daß du auch solche Einzelheiten beachtest.«

»Und dein Vater, Gregor, sieht ihn oft, nicht wahr? Er berät ihn? König Tiridates hat von ihm das Sakrament der Taufe empfangen.«

»So ist es, Herr.«

»Weißt du, warum er es so eilig hatte?«

Aristakes schwieg diskret. Er war in Staatsgeschäften und im Umgang mit der Macht unerfahren, er wollte den liebenswürdigen Herrn der Welt weder verärgern noch ihm schmeicheln.

Konstantin verstand und beharrte nicht auf einer Antwort, sondern erläuterte: »Ich aber, siehst du, warte noch ab. Vielleicht reise ich eines Tages an den Jordan und lasse mich dort taufen, so wie Jesus von Johannes dem Täufer. Mich kann nicht jeder beliebige Priester taufen, weißt du ... Nun sei nicht ärgerlich, Aristakes, sieh mich nicht so unwillig an. Richte deinem König, meinem alten Kampfgefährten, herzliche Grüße aus.«

»Gern, Majestät. Wir danken ergebenst.«

»Ist dir bekannt, daß er auch Olympiakämpfer war?«

»Ja, natürlich.«

»Und so einer hat sich ebenfalls taufen lassen, seht ihr!« sagte Konstantin, an sein Gefolge gewandt. Dann nickte er noch einmal huldvoll und trat zum nächsten Gast.

In seinem Toast sprach Bischof Alexander namens aller Geladenen von großer Dankbarkeit gegenüber dem, der die Verfolgung der Christen abgeschafft, ja ihre Kirche vor aller Welt auf ein so hohes Piedestal gehoben hatte. Nur ein paar Donatisten blieben insgeheim überzeugt, daß die Kirche im Grunde eine Niederlage erlitten hatte.

»Was hat der Kaiser mit uns zu tun? Wieso darf ein Ungläubiger unsere Dinge ordnen?«

Nach der Abreise der christlichen Bischöfe schickte Konstantin an jeden von ihnen einen Brief. Er unterzeichnete als ihr »Mitknecht«, betonte noch einmal, der »Bischof Gottes derer außerhalb der Kirche« zu sein, behauptete, die Beschlüsse des Konzils folgten in Wahrheit dem »Willen Gottes«, versicherte alle Teilnehmer seiner Huld und gab der Überzeugung Ausdruck, sich ihres Gehorsams versichert zu haben.

Konstantin hatte alles erreicht, was er wollte. Er beherrschte jetzt allein das ganze Imperium. Die Kirche war ein Werkzeug in seinen Händen. An allen Grenzen war Frieden. Er meinte, auch vor der Geschichte die Richtigkeit seiner Methoden und des neuen Systems bewiesen zu haben. Trotz redlichster Absicht und großer Kraft hatte Diokletian eine solche Geschlossenheit nicht verwirklichen können.

Es gab niemand, mit dem er vertraulich reden und sich beraten konnte. Dem er erklären konnte, daß diese Vereinigung notwendig war, daß es im Interesse des Reichs und des Friedens war, wenn alle auf seine Stimme hörten. Dem er sagen konnte, wie ehrlich er an die guten Absichten Diokletians glaubte, der zwar wie er in die Macht verliebt gewesen war, sie aber redlich teilen und auf diese Weise organisieren wollte. Nur daß es für die Macht einen Alleinherrscher und die richtige Ideologie brauchte. Sonst konnte es zumindest auf lange Sicht keine Stabilität geben.

Konstantin war fünfzig Jahre alt, er fühlte sich stark, gesund, imstande, alles Erreichte zu genießen, jeden Erfolg nur als Grundlage für den nächsten Schritt zu betrachten. Jetzt galt es, die Organisation des Staates zu festigen.

Und glücklich zu leben. Ein wenig auch für sich zu leben. Er freute sich, nun auch mehr Zeit für seine Fausta zu haben.

VIII

FAUSTA UND CRISPUS

Die Wellen des Adriatischen Meeres brachen sich mit einschläfernder Monotonie an den Klippen, die offene See schimmerte golden bis zum Horizont. Fröhlich blähte sich das Purpursegel.

»Es ist Zeit, daß wir zurückfahren«, sagte Fausta, aber es klang nicht sehr überzeugt. Sie setzte ihre nackten Arme der Sonne aus, benetzte sie nur bisweilen im Meer. Es kümmerte sie nicht, daß es unfein, für eine Kaiserin eigentlich undenkbar war, braun zu werden. Sie fühlte sich wie jede junge Frau, so fern von ihren täglichen Pflichten, den Kindern, dem Zeremoniell und Protokoll, den ermüdenden, oft angespannten Gesprächen im Familienkreis, wo jedes unbedachte Wort von einem der Anwesenden als Beleidigung aufgefaßt werden konnte.

»Noch ein bißchen!« bat Crispus, dem nicht entgangen war, daß auch sie keine Eile hatte, in den Kriegshafen Pietas Julia zurückzukehren, in die kaiserliche Residenz, zu den Gardisten, Höflingen, Bürgern, Sklaven.

Wegen dringlicher Aufgaben im östlichen Teil des Reiches meinte Konstantin, vorerst Nikomedia nicht verlassen zu können. Er hatte jedoch nichts dagegen, daß seine Gattin ihre alte Mutter in Mediolanum besuchte. Die einst so schöne Syrerin Eutropia lebte jetzt einsam und verbittert, zwar luxuriös und standesgemäß, aber fern von allem, was ihr interessant war. Ihrer Tochter ging sie auf die Nerven. Vor allem, weil sie ständig über die Kaiserinmutter, Helena, herzog. Dabei war sie einfach nur eifersüchtig.

»Ich bitte dich, Fausta! Zu meiner Zeit als Kaiserin und Maximians Gattin war diese Helena eine gewöhnliche Konkubine seines Stellvertreters! Seine Liebste, nicht seine Frau! Damals durfte sie nirgends öffentlich auftreten, und jetzt ...«

»Ihr Sohn und mein Gatte, Mutter, ist immerhin Alleinherrscher dieses Staates.«

»Ja, gut. Ihr Sohn hat das Imperium an sich gerissen, mag sie sich darauf ausruhen. Aber warum muß ich hier in der Provinz sitzen? Sie hat mich eingeholt, in Ordnung. Sie ist die Mutter eines Kaisers. Ich jedoch bin die ehemalige Kaiserin und jetzt die Mutter einer Kaiserin! Wären wir wenigstens gleichberechtigt, wenn mir schon nicht das Primat zugestanden wird. Hast du diese Tagediebe hinter den Sträuchern gesehen?«

Die Damen saßen im Garten von Eutropias Palast unter Zypressen.

»Ja, Mutter.«

»Sie passen auf, daß ich nicht fliehe. Dein ruhmreicher Gatte scheint zu fürchten, daß das Volk Italiens mir nachfolgen könnte. So unsicher ist er. Dummheiten! Ich will nicht mehr, als wenigstens das Gefühl haben, mich frei bewegen zu können ...«

»Ich glaube, Mutter, sie sollen dir nur zur Hand sein. Falls du Schutz brauchst. Nicht um deine Freiheit einzuschränken. Hat man dich jemals gehindert zu gehen, wohin du wolltest?«

»Natürlich! Weißt du das nicht? Ich wollte den Osten besuchen, vor allem meine Heimat, Syrien. Jeden zieht es nach Hause, wenn er alt wird. Sag mir, sehe ich schrecklich aus mit all diesen Falten im Gesicht und am Hals?«

»Nein, Mutter. Du bist immer noch eine schöne Frau.«

»Er hat es mir nicht erlaubt!«

»Wer? Was?«

»Dein prächtiger Gatte. Daß ich nach Syrien reise. Er hat mir kein Schiff und kein Geleit zugebilligt. Wahrscheinlich hat er Angst, daß ich von meinen Landsleuten mehr gefeiert werde als er. Sag selbst, ist das anständig?«

Fausta beherrschte sich nur mit Mühe.

»Wann war das?«

»Vor zwei Jahren.«

»Aber Mutter, das war mitten im Krieg gegen Licinius. Da habe auch ich ihn monatelang nicht gesehen. Kannst du nicht einmal etwas so Einfaches begreifen? Wie hättest du damals durch die Gegenden kutschieren sollen, wo schwere Kämpfe im Gang waren?«

»Kutschieren? So spricht meine eigene Tochter mit mir! Höre, Kind, du solltest mehr Einfluß auf ihn nehmen. Maximian hat oft auf mich gehört. Hätte er es auch später getan, wären ihm keine Dummheiten passiert. Du mußt möglichst oft mit deinem Mann zusammen sein. Hat er Geliebte, Konkubinen, Sklavinnen? Wer beeinflußt ihn am meisten?«

»Ich weiß es nicht, Mutter. Wir leben wirklich gut zusammen. Mir ist nie etwas zu Ohren gekommen, was mich beleidigen könnte. Und wenn er auf einem Feldzug eine Sklavin nimmt, was geht es mich an? Er ist ein Mann. In die Politik will ich mich nicht einmischen«.

»Das solltest du aber, Fausta. Von den Frauen hängt viel ab. Du mußt auch an deine Söhne denken. Denk daran, Konstantin ist ein unehelicher Sohn, und offenbar liebt er seinen unehelichen Sohn, diesen Crispus ...«

»Er ist ein guter Junge. Ich mag ihn auch.«

Eutropia winkte ungeduldig ab.

»Was interessiert er mich. Du hast drei Söhne, die meine Enkel sind. Denke an sie. Und an mich, deine Mutter. Verlange von ihm, daß er mir den Titel *Augusta* verleiht. Wie Helena. Und daß er eine Münze mit meinem Porträt prägen läßt. Warum nur das Porträt meines Maximianus, warum nicht wir beide? An dieser Münze sieht man, daß

Konstantin doch bereut, ihn umgebracht zu haben. Aber sag ihm, daß er mir den Titel verleiht. Noch lebe ich. Versprich mir, daß du ihn darum bittest!«

»Ich verspreche es, Mutter.«

Das war nicht ernst gemeint. Sie bemühte sich nur, eine gute Tochter zu sein. Zwei Wochen hielt sie es mit ihrer Mutter aus, hörte sich tagaus, tagein ihr Zetern an. Die Früchte aus Afrika trafen nicht schnell genug ein. Die Fische waren nicht groß genug. Eines Morgens hatte man überhaupt keine Austern gebracht. Ihr zum Tort war der oberste Gärtner krank geworden und hatte sogar gewagt zu sterben. Der Hausverwalter war nicht in der Lage, den speziellen Marmor zu finden, mit dem sie ihr Bad auslegen lassen wollte. Dreimal wöchentlich veranstaltete sie Abendgesellschaften und Empfänge, aber niemals erschienen alle, mit denen sie rechnete. Im Augenblick kam man zwar sogar aus Rom angereist, um Konstantins Gattin kennenzulernen oder die einstige kleine Fausta als Kaiserin zu sehen. Sonst aber, erzählte Eutropia, ließ sich bisweilen kaum ein Drittel der Geladenen sehen. Sie klagte, daß niemand sie mehr brauche.

Fausta war erleichtert, als die Stunde des Abschieds kam, obwohl sie beim Anblick ihrer aufrichtig weinenden und sichtlich gealterten Mutter bedauerte, diese einst so stolze Frau verlassen zu müssen. Sie beschloß, Konstantin zu bitten, daß er ihr wenigstens Besuche in Nikomedia gestattete. Helena war eine gute Frau, sie würde sicher nichts dagegen haben.

In Pietas Julia mußte sie ein paar Tage warten, bis die kaiserliche Flotille ausgerüstet war, die sie zu ihrem Gatten nach Hause bringen sollte. Wo war ihr Zuhause? Bis vor kurzem hatte sie geglaubt, es sei in Augusta Treverorum, obwohl sie auf Verlangen ihres Mannes auch diese Stadt oft hatte verlassen müssen, weil der Hof je nach Erfordernis der politischen Situation mal nach Rom, mal nach Eburacum, mal nach Sirmium, mal nach Serdica verlegt wurde.

Jetzt war ihr Haus die alte Residenz des Diokletian und nach ihm des Licinius in Nikomedia. Und nach Konstantins Willen konnte sie nicht einfach ein gutes Schiff besteigen und abreisen. Nein, wenn eine Kaiserin reiste, erforderte das ein Geleit von mindestens zehn Schiffen mit Gefolge, Soldaten, Bediensteten, Priestern, Gütern und Lebensmitteln.

Konstantin machte Andeutungen, er werde erst noch beschließen, wo das ständige Zentrum des geeinigten Kaiserreichs sein solle. Er war düsterer, verschlossener geworden. Sie erinnerte sich noch genau an ihre erste Begegnung mit ihm im nächtlichen Park des Palastes in Augusta Treverorum. An ihre Hochzeit ... Seltsam. Natürlich war sie damals neugierig auf den Mann gewesen, mit dem man sie verlobt hatte, als sie fünf Jahre alt und er schon ein Jüngling gewesen war. Aber weder das Verlöbnis noch die Trauung schienen jetzt in ihrer Erinnerung mit dem nachmaligen Gatten zu tun zu haben. Als wären der Jüngling, dem man sie angelobt, der Mann, mit dem man sie verheiratet hatte, gänzlich andere Menschen. Ihr Konstantin war der Mann, der in jener Nacht vor fünfzehn Jahren seine starke und zugleich zärtliche Hand auf ihre Schultern, ihren Hals gelegt hatte. Auf ihre Brüste. Ihr einziger Mann und Liebhaber. Der Vater ihrer Kinder. Immer seltener war es so wie damals. Immer seltener fand er Zeit für ein intimes Gespräch. Früher hatte er ein Familienleben führen wollen wie jeder andere. Über seine Pläne, seine Staatsgeschäfte hatte er nie mit ihr gesprochen, aber es hatte Augenblicke gegeben, wo er ihr den schweren Kopf in den Schoß legte, die Augen schloß und schwieg oder, während sie ihm das lockige Haar streichelte, schnurrte, ja, schnurrte wie ein Kind, das eine Katze nachahmte ... Immer seltener ... In den vergangenen fünfzehn Jahren hatte er sich physisch weniger verändert als in seinem Verhalten. Fausta hoffte, daß irgendwann alles sein würde wie früher. Herrschte nicht jetzt überall Frieden? Gab es nicht Wohlstand?

Über den Sieg bei Chrysopolis und die definitive Niederlage Licinius' freute sie sich vor allem Konstantins wegen, natürlich auch wegen der endlich erreichten Einigung des Reiches und nicht zuletzt, weil Crispus seine strategischen Fähigkeiten unter Beweis gestellt hatte. Sie war wegen ihrer noch kleinen Söhne nicht eifersüchtig auf ihn. Ihre größte Hoffnung war indes, daß Konstantin jetzt mehr Zeit für sie haben würde. Sie war erst dreißig Jahre alt. Obwohl sie fünf Kinder geboren hatte, fühlte sie sich bisweilen noch als Mädchen.

Würde er jetzt mehr Zeit haben? Alles hielt ihn ab, die Gesetzgebung, die Reorganisation der Verwaltung, das Konzil in Nicäa, die Klagen aus der Provinz, die Ernten, die Rebellionen, die Nervosität wegen der Berichte von Mercurius' Informationsdienst, die düsteren, bärtigen Priester, die ihn mit ihren Halsstarrigkeiten belästigten ... Fausta mochte weder Mercurius noch Eusebius noch Ossius. Ablavius und Julianus waren erträglicher, aber Fausta hätte nichts dagegen gehabt, sie nie im Leben wiederzusehen ...

Bevor sie zum Besuch bei ihrer Mutter aufbrach, hatte Konstantin getrennt von ihr geschlafen, im anderen Flügel des Palastes, wo er auch arbeitete. Sie hatte nicht fragen wollen, ob er allein schlief. Sie war dazu erzogen, auf ihren Mann zu warten. Und sie wartete.

Er schlug ihre Bitte ab, am großen Bankett für die christlichen Bischöfe teilzunehmen, erklärte, dies sei Männerangelegenheit. Sie bemerkte, daß sich seine nächsten, langjährigen Mitarbeiter anders ihm gegenüber verhielten. Sogar bei privaten Gelegenheiten hielten sie sich an das kaiserliche Protokoll, verneigten sich, schwiegen, bis er das Wort an sie richtete. Auch unter ihnen herrschte nicht mehr die einstige freundschaftliche Atmosphäre Gleichgesinnter, die freilich wußten, wer unter ihnen der Erste war. Die Beschlüsse, welche er verkündete, waren immer kürzer, immer weniger bemühte er sich, sie zu begründen. Wann hatte all das begonnen?

Sie dachte nach, langweilte sich ein wenig und konnte es kaum erwarten, nach Nikomedia zurückzukehren. In Pietas Julia hatte Crispus als Kommandeur der kaiserlichen Flotte seinen Stab. Er war auch für ihre Reise verantwortlich. Aufrichtig bemühte er sich, seiner jungen Stiefmutter ein guter Gastgeber zu sein. Er war gerade zum drittenmal Konsul, Sieger der entscheidenden Seeschlacht, bei den Soldaten beliebt und erst dreiundzwanzig Jahre alt. Er war nicht so hochgewachsen wie sein Vater. Von grazilerem Körperbau, war er auf seine Weise ein schöner Mann. Seine Nase war kürzer, die Lippen weniger aufgeworfen. Als Seemann scheute er die Sonne nicht, aber sie schien ihm gewogen, die Haut des Enkels von Constantius — den man den Bleichen genannt hatte — blieb zart, glatt, war nur etwas dunkler als es dem antiken Ideal entsprach, in der Sonne erschien sie wie vergoldete Bronze. Er bewegte sich graziös, aber nicht exaltiert und bemüht wie gewisse Tänzer, sondern trotz aller Eleganz sehr männlich. Fausta beobachtete ihn, wenn er mit den Segeln hantierte und das Steuer hielt. Und ihre Blicke verrieten Wohlgefallen.

»Wir müssen umkehren, Crispus!«

Er schwieg noch ein Weilchen. Dann seufzte er: »Wenn du meinst . . .«

Geschickt manövrierte er mit dem Segel. Neben der Barke sprang ein großer Delphin aus dem Wasser.

»Das ist ein gutes Zeichen«, sagte Fausta.

»Glaubst du?«

»Der Fisch ist das Zeichen Christi.«

Sie waren schon mehr als zwei Stunden unterwegs und hatten kaum miteinander gesprochen.

Crispus lächelte. »Der Delphin ist kein Fisch, sondern ein Säugetier . . .«

Diese Wendung des Gesprächs gefiel ihr nicht.

»Glaubst du an den Heiland, Crispus?«

»Mein Vater sagt, daß ein Kaiser an sich selbst glauben

muß. Aber trotzdem hat er mir den Christen Lactantius zum Lehrer gegeben.«

»Du bist ziemlich schweigsam, Crispus . . .«

»Habe ich dich etwa gelangweilt?« fragte der Prinz besorgt.

Sie lächelte zärtlich.

»Nicht im mindesten. Im Gegenteil. Glaub mir, das waren die schönsten Tage in den letzten zehn Jahren. Und das sind die schönsten Stunden. Ich danke dir. Ich werde sie nie vergessen.«

Crispus machte die Steuerleine fest, kniete vor Fausta nieder und schien zu überlegen, ob er ihr den Kopf in den Schoß legen dürfe. Dann umfaßte er lediglich ihre Knie und verharrte mit gesenktem Gesicht. Er wagte ihr nicht in die Augen zu blicken.

Nach ein paar Minuten sagte er mit heiserer Stimme: »Du bist eine schöne Frau, Fausta. Die schönste, die ich je im Leben gesehen habe . . .«

Sie ließ noch ein wenig Zeit vergehen, um ihre Zärtlichkeit für diesen hübschen Jungen auszukosten, für dieses Ebenbild ihres Mannes in jüngerer und sanfterer Ausgabe. So war Konstantin gewesen, als sie sich kennenlernten. Nein. So zart nicht. Sie fühlte Schmerz, weil die Jugend so lange vorüber war und weil sie nie im Leben mehr ganz entspannt und aufrichtig sein konnte. Dann fuhr sie Crispus leicht durch das Haar wie Konstantin. Er hatte ebensolche Locken wie sein Vater.

»Du mußt jetzt das Steuer nehmen, mein Sohn Crispus. Der Wind treibt uns ab, aber im Hafen werden wir erwartet, vielleicht macht man sich schon Sorgen . . .«

Erst gegen Abend erreichten sie den Hafen, und am Kai standen tatsächlich Offiziere und Höflinge mit sorgenvollen Gesichtern.

»Wir wollten schon Patrouillenboote auf die Suche schicken . . .«

»Was fällt euch ein?« schalt Crispus. »Das Wetter ist

schön, fast windstill, und als Kommandeur der Kriegsflotte werde ich wohl noch eine Barke steuern können ...«

»Selbstverständlich, Herr. Verzeih!« rechtfertigte sich ein magerer blonder Mann unbestimmten Alters. »Aber wir sind zu deinem Schutz bestellt. Wir tragen vor deinem Vater, unserem Herrscher, die Verantwortung für die Kaiserin und für dich.«

»Gut. Ich verstehe. Doch jetzt sind wir an Land, wir brauchen kein Geleit mehr. Gehab dich wohl.«

Er brachte Fausta zu ihren Gemächern.

»Wer war der Mann am Hafen?«

»Ganz unwichtig. Ein gewisser Caetas, in Mercurius' Diensten. Er hat seine Nase überall. Mir geht er auf die Nerven ...«

An diesem Abend gab der Kommandeur der kaiserlichen Flotte und römische Konsul, Prinz Crispus, ein Essen zu Ehren seiner Stiefmutter, der Augusta Fausta. Am nächsten Morgen begleitete er die hohe Dame zum Kommandoschiff, das, von weiteren elf Schiffen begleitet, in Richtung Nikomedia in See stach. Crispus stand an der Spitze der Ehrenlegion am Kai, bis die kleine Flottille seinen Blicken entschwunden war. Vom Heck aus winkte Fausta noch lange.

DER PURPURSCHAL

Konstantin veränderte sich, ohne es freilich selbst zu merken. Er ertrug keine Widerrede mehr. Selten dachte er an seine Jugend, erinnerte sich lediglich jenes Vorfalls in Sirmium, wo er dazwischengetreten war, als sich auf dem Marktplatz die Leute wegen der gestiegenen Fischpreise prügelten, oder seines Rittes von Sirmium zur Atlantikküste, als er fast im Sattel schlafend binnen sechs Wochen den Kontinent durchquert hatte. Er hätte schon als junger Hauptmann bei jener Schlägerei umkommen, er hätte auf jener Reise vom Pferd stürzen können, im letzteren Fall hätte es geheißen, er sei von Galerius beseitigt worden. Es hätte vieles geschehen können, zum Beispiel, daß er an der Mulvischen Brücke nicht den Sieg davontrug. Jetzt aber, jetzt wagte niemand mehr, ihm Hindernisse in den Weg zu legen.

Auch Helena bemerkte die wachsende Unzufriedenheit ihres Sohnes, obwohl er doch alles erreicht hatte, was er wollte. Während Fausta in Italien weilte, suchte sie ihn öfter auf, denn er hatte vorübergehend weniger Geschäfte und Verpflichtungen.

»Du bist Kaiser und Alleinherrscher, mein Sohn«, sagte sie eines Abends auf dem Dachgarten des größten Palastes zu ihm. »Aber du solltest öfter auf das hören, was andere Menschen sagen.«

»Ich höre darauf, Mutter, mehr als genug, ich verliere viel Zeit damit, denn es ist meist dummes Geschwätz. Und alle Entscheidungen muß ich doch selbst treffen . . .«

Sie wußte nicht, wie sie ihm sagen sollte, daß er nicht übereilt handeln dürfe. Helena war eine weise Frau. Schon als junge Schankwirtin, die von betrunkenen und groben Legionären, Viehzüchtern, Händlern die Zeche eintreiben, die Schweine und Lämmer, Wein und Schnaps einkaufen, manchmal Geld leihen und öfter zu entsprechenden Zinsen verleihen mußte, hatte sie gelernt, Menschen rasch zu durchschauen. Sie konnte repräsentieren und als Kaiserin und Kaisermutter auftreten, aber im Grunde war sie die bescheidene Illyrerin geblieben. Und sie sah genau, daß der Blick ihres Sohnes unstet geworden war, daß er den Starken und Entschlossenen nur spielte. Daß er wirkliche, uneigennützige Hilfe nötiger hatte denn je, aber nicht bereit war, sie anzunehmen.

»Ich werde zu Gott für dich beten«, sagte Helena seufzend. »Er möge dir Barmherzigkeit schenken.«

»Das kannst du, Mutter. Beten ist Frauensache . . .«

Sie wollte das Thema wechseln.

»Wann trifft Fausta ein?«

»Die Schiffe haben Piräus schon verlassen und sind im Ägäischen Meer. Bald werden sie hier sein.«

»Ich bin neugierig, was sie von Eutropia erzählt. Sicher ist sie wütend auf mich.«

»Warum, Mutter?« fragte Konstantin zerstreut.

»Weil ich Augusta bin und sie in der Provinz sitzt. Ich bin deine, sie Faustas Mutter, also denkt sie wahrscheinlich . . .«

»Wenn du erlaubst, Mutter: Mich kümmert nicht, was sie denkt. Der Staat braucht mich, ich brauche dich, sie jedoch wird von niemandem gebraucht. Nur das ist wesentlich.«

»Siehst du, wie du bist.«

»Wie denn?«

»Du willst nicht einmal auf mich hören. Du sagst, du brauchst mich, aber wozu? Du fällst mir ins Wort, hörst nur, was du hören willst, hast für alles schon im voraus fertige Lösungen. Bist du sicher, daß sie immer Gottes Willen entsprechen? Daß du keinen Fehler machst?«

»Ich bitte dich«, sagte er nervös. »Gott überlaß den Priestern. Wir haben genug am Hof.«

Als der kleine Schiffsverband im Hafen von Nikomedia anlegte, gingen Julianus und Mercurius zur Begrüßung der Kaiserin an Bord.

»Dein Gemahl und unser Herrscher, der große Kaiser Konstantin, läßt sich entschuldigen, weil er nicht persönlich zu deinem Empfang kommen konnte«, begann Julianus höflich. »Vorgestern mußte er sich auf eine Inspektionsreise nach Obermösien begeben, wo die Bewegungen der gotischen Horden unsere Besorgnis erregen.«

»Eine traurige Mitteilung, aber ich danke dir. Auch für die freundliche Begrüßung«, sagte sie leise und fuhr in verändertem Ton fort: »Aber konnte er wirklich nicht die zwei Tage warten? Wir haben uns so lange nicht gesehen . . .«

Die beiden Minister antworteten nicht, sie hatte es auch

gar nicht erwartet und bereute schon ihre spontane Offenheit. Sie würde sich wieder beherrschen und verstellen müssen, Kaiserin sein und nicht Frau. Der Palast war riesengroß. Die Kinder waren ihr entfremdet, denn sie verbrachten mehr Zeit mit ihren Erziehern als mit ihr. Um wenigstens etwas zu tun, ließ sie sich die Hausratslisten bringen. Sie gewann den Eindruck, daß viel gestohlen wurde, befahl Mercurius zu sich und herrschte ihn an: »Du läßt zu, daß dein Kaiser bestohlen wird! Soweit ich abschätzen kann, fehlen mindestens dreihundert Goldbecher, zu schweigen von anderen Wertgegenständen ...«

Mercurius, der sich sonst vollendet zu beherrschen vermochte, grinste unverhohlen ironisch.

»Ich fürchte, junge Herrin, du bist mit unseren Pflichten nicht ganz vertraut. So sehr ich mich freue, vor dein schönes Angesicht treten zu dürfen — ich muß dir sagen, daß ich nicht hier bin, Teller und Gläser zu zählen, sondern über die Sicherheit des Reiches und das Leben des Kaisers zu wachen ...«

»Also auch über alles, was seine Person und seine Hofhaltung betrifft, nicht wahr?«

»Es besteht eine gewisse Arbeitsteilung, Herrin. Aber da es dein Wunsch ist, werde ich natürlich eine Untersuchung veranlassen.«

Schon am nächsten Tag bat er um Audienz und berichtete, die von ihr vermißten Becher seien auf persönliche Anordnung des Kaisers den christlichen Bischöfen anläßlich ihrer Abreise vom nicänischen Konzil geschenkt worden.

»Warum haben die Bediensteten das nicht gewußt?«

»Vielleicht hast du gütigst bemerkt, daß es während deiner Abwesenheit zu kleinen personellen Veränderungen gekommen ist. Die Neuen konnten sich noch nicht mit allen Einzelheiten vertraut machen. Ich gestehe, es war ein Fehler, die Inventarliste nicht auf den aktuellen Stand zu bringen.«

Fausta kümmerte sich sonst so wenig um das Leben bei Hof und weilte so kurze Zeit an der nach ihrer Meinung viel zu großen nikomedischen Residenz — zu der mehrere Dutzend großer Paläste und anderer Gebäude, Tempel, Kirchen, Kasernen, Magazine, Bäder, ein Theater und die kaiserliche Bibliothek gehörten —, daß ihr die neuen Gesichter unter der Dienerschaft nicht aufgefallen waren. Deshalb war sie unsicher.

»Ja, ich weiß ... Und wieso ist es dazu gekommen?«

»Wir haben Verschwörungspläne aufgedeckt. Es gab bestimmte Verdachtsmomente. Für alle Fälle mußten wir einige Dutzend Sklaven hinrichten. Ich muß dir sagen, sie waren viel teurer als die paar Becher.«

»Ist es damit jetzt vorbei?«

»Womit, Herrin?«

»Mit den Verschwörungen, den Hinrichtungen, den Intrigen?«

Mercurius verneigte sich höflich, zum Zeichen, daß er nun zu gehen wünsche, grinste jedoch immer noch ironisch.

»Das wird es, fürchte ich, ebensolange geben wie Kaiser und Höfe.«

»Warte noch ein wenig.«

»Zu Diensten, Herrin.«

»Du bist kein Christ?«

»Nein, Herrin.«

»Warum?«

Der Geheimdienstchef hob die Brauen. Auf jeden Fall war er jetzt ernst.

»Interessanterweise, Herrin, hat mich Kaiser Konstantin nie danach gefragt. Darf ich nun gehen, ich habe viel zu tun!« Ohne ihre Erlaubnis abzuwarten, drehte er sich um und verschwand.

Sie versuchte zu lesen, aber in der Handbibliothek des Palastes fand sie fast nur historische und philosophische Werke. Leichtere Lektüre gab es sicher in der öffentlichen

Bibliothek, aber es war ihr peinlich, sich etwas Unterhaltendes bringen zu lassen. Sie wagte auch nicht, die Diener zu fragen, was im Theater gegeben wurde. Vielleicht wäre es nicht gut, ohne Gatten dort zu erscheinen. Sie hatte keine Lust, bei Helena vorzusprechen, denn die hätte nach ihrer Mutter gefragt, und dann wäre sie in Verlegenheit gewesen, ob sie von deren verzweifelter Hoffnung, als Augusta anerkannt zu werden und an diesen Hof überzusiedeln, erzählen sollte. Schließlich hätte Helena, falls sie sie zu sehen wünschte, auch zu ihr kommen können, und wenn das unter ihrer Würde war, hätte sie ihr ein Willkommen entbieten und sie einladen können. Sie ahnte nicht, daß Helena ähnliche Überlegungen anstellte. Sie wiederum wollte sich der jungen Frau nicht aufdrängen, meinte, daß diese sich schon melden würde, wenn ihr der Sinn danach stand.

Am Abend machte sich Fausta schön. Über die weiße Tunika legte sie nur den mit kleinen Perlen bestickten Purpurschal als kaiserliches Zeichen. Sie wußte nichts mit sich anzufangen. Ein Weilchen stand sie vor dem Spiegel, drehte und wendete sich, veränderte ihre Frisur. Schließlich stieg sie zum Dachgarten hinauf.

Das flache Dach des großen Palastes war mit einer so starken Erdschicht bedeckt worden, daß man nicht nur duftende Ziersträucher hatte pflanzen können, sondern auch Zypressen und verschiedene Pinienarten. Rasch hatten sich die Vögel an diesen hochgelegenen Hain gewöhnt, und die Grillen zirpten unermüdlich. Fausta trat an die Brüstung und schaute über die marmorne Stadt. Nicht fern wogte im Mondschein das Meer. Sie spazierte über die Kieswege. Dies war das höchste Bauwerk der Stadt, von ihrem Garten aus sah sie sozusagen zu ihren Füßen die anderen Paläste, Säulen, Statuen, Portale.

Auf einmal spürte sie auf ihren Schultern zwei Hände. Sie erschrak nur für einen Augenblick, wußte sofort, daß dies sie an Trier erinnern sollte. An jene Nacht, in der sie ihren Mann erkannt hatte. Sie freute sich nicht nur über ihn und seine überraschend schnelle Rückkehr, sondern noch mehr über seine Idee, sie auf diese Weise zu begrüßen. Aber zugleich erwachte in ihr die mädchenhafte Lust, ihn zu necken, herauszufordern, hinzuhalten, alles, was tief in ihr verborgen war und nie zutage treten durfte. Sie riß sich los und rannte davon, kindlich überzeugt, daß er ihr nachlaufen würde, sie einholen, mit ihr auf die Piniennadeln, auf die weiche Erde sinken.

Zuerst spürte sie einen plötzlichen, scharfen, erstickenden Schmerz am Hals, sie fiel auf den Rücken, konnte nicht atmen; erst dann begriff sie, daß ihr kaiserlicher Purpurschal im nächtlichen Wind geflattert hatte und an einem Zweig hängengeblieben war, während sie den Pfad entlangeilte. Wie ein dunkler Schatten beugte sich Konstantin über sie.

»Was hast du?« fragte er, vielleicht etwas erschrocken und darum im Ton ungewöhnlich rauh.

»Hilf mir aufstehen, Konstantin.«

Er reichte ihr die Hand und zog sie hoch, umarmte sie aber nicht. Sie glaubte, daß ihn der seltsame Vorfall überrascht, verwirrt, aus dem Konzept gebracht hatte. Da er nichts sagte, schlug sie vor: »Setzen wir uns . . .«

»Ja, gut.«

Sie ließen sich auf einer Steinbank nieder.

»Warum umarmst du mich nicht?«

»Ich wollte. Du hast dich losgemacht.«

»Konstantin! Ich wußte doch, daß du das bist. Ich wollte, daß es wieder wie damals ist, daß du hinter mir herläufst . . .«

»Fehlen dir solche, die hinter dir herlaufen?«

»Du fehlst mir.«

»Damals in Trier hast du dich nicht von mir losgerissen.«

Also dachte auch er an jene ferne Nacht. Fausta atmete auf.

»Ich weiß nicht, was das göttliche Zeichen bedeuten soll, daß mich der Purpurschal eben beinahe erdrosselt hat . . .«

Der Kaiser stand auf.

»Ich habe Hunger. Hast du zu Abend gegessen?«

»Ja, Konstantin. Ich wußte nicht, daß du kommst«, antwortete Fausta.

Im selben Augenblick fiel ihr ein, daß sie damals in Trier aus Rücksicht auf ihn behauptet hatte, noch nicht gegessen zu haben.

»Willst du mir trotzdem Gesellschaft leisten?«

»Natürlich.«

Vor Enttäuschung hätte sie fast geweint. War ein Wort, eine Geste, eine flüchtige Laune nicht wiedergutzumachen? Der Mondschein, die Pinien, die Stadt zu ihren Füßen. Alles wie damals, nur daß sie selbst reifer waren.

Sie stiegen hinab, ohne einander zu berühren. Dem Kaiser wurden Hummer, Wildbret, Rotwein serviert. Sie nahm eine Birne und ein wenig Süßwein. Sie sprachen nicht viel, denn unaufhörlich waren die lautlosen Diener um sie herum.

»Wie hast du die Zeit verbracht?«

»Was soll ich dir sagen? Meine Mutter ist alt geworden. Sie fühlt sich sehr einsam.« Sie sah ein, daß dies nicht der geeignete Moment war, über Eutropias Beschwerden und Bitten zu reden. »Ich habe mich gelangweilt.«

»Hast du dich wenigstens ausgeruht?«

»Wovon?«

Der Kaiser winkte den Dienern, den Tisch abzuräumen. Er hatte sich angewöhnt, seine Wünsche durch eine Geste oder nur durch einen Lidschlag auszudrücken.

»Hast du Crispus gesehen?«

»Natürlich. Er hat mich mit allen Ehren empfangen und die Schiffe ausgerüstet, die mich hergebracht haben. Es ist ganz reizend, wie er mit seiner Rolle als Kommandeur und Hausherr zurechtkommt.«

»Wie ist er?«

»Ein prächtiger Junge!« sagte sie aufrichtig. »Ein würdiger Sohn seines Vaters.«

»Und viel jünger«, kommentierte Konstantin trocken. »Läßt er mir etwas bestellen?«

»Ich glaube nicht, jedenfalls nicht durch mich ... Vielleicht haben die Offiziere aus dem Geleit etwas ...« Fausta war verlegen. Dabei konnte sie es nicht belassen. »Mir hat er nur gesagt, daß er dich grüßt und seiner Verehrung versichert und verspricht, dein gehorsamer Soldat zu bleiben.«

»Sehr schön. Danke für deine Gesellschaft. Ich bin sehr müde, aber ich muß noch die Berichte durchsehen, die in meiner Abwesenheit eingegangen sind. Gute Nacht.«

Er ging ohne Umarmung, ohne Kuß. Oben auf dem Dach hatte sie sein Gesicht im Mondlicht nicht genau gesehen, aber beim Essen, im Schein der vielen Fackeln an den Wänden und der Kerzen auf dem Tisch, war ihr aufgefallen, welche Willensanstrengung es ihn kostete, seine Mißlaunigkeit zu unterdrücken. Solange sie beisammensaßen, hatte sie noch gehofft, daß er sie in seine Gemächer bitten oder mit ihr gehen würde. Dann wäre alles in Ordnung gekommen, was sie vielleicht durch ihre Dummheit verdorben hatte, durch den unerklärlichen Impuls, sich aus seiner Umarmung loszureißen, damit er ihr nachliefe und sie neu eroberte. Crispus wäre seinem Mädchen ohne Überlegung nachgerannt. Nun hatte sie noch eine einsame Nacht vor sich. Sie suchte ihre Räume auf, ließ sich willenlos von der Sklavin zur Ruhe umkleiden, an Hals, Armen und Fußgelenken mit duftenden Salben einreiben. Dann lag sie lange in ihrem breiten Bett und wartete, daß die Nacht verstrich.

Währenddessen konferierte Konstantin in seinem Kabinett mit Ablavius, der ihn auf der Inspektionsreise begleitet hatte, und mit Mercurius. Schon zum zweitenmal las er erstaunt den Bericht aus Pietas Julia.

»Was ist dieser Caetas für ein Mann, Mercurius?«

»Ein absolut zuverlässiger, Herr.«

»Was hältst du von dem Bericht, Ablavius?«

Ablavius war unsicher. Man merkte es seiner Stimme an.

»Es war unvorsichtig, allein in der kleinen Barke hinauszufahren, Herr. Und so lange draußen auf See zu bleiben.«

»Inwiefern unvorsichtig?«

»Weil der Wind immer schnell drehen kann . . .«

»Unsinn! Das wolltest du nicht sagen. Zu dieser Jahreszeit gibt es keine gefährlichen Winde. Vielleicht war es unvorsichtig, weil Matrosen und Bürger, Offiziere und schließlich auch unsere Zuträger auf diese Weise von ihrer Beziehung erfahren haben.«

»Beziehung, Herr?« Ablavius war verblüfft und begriff auf einmal, daß Gefahr im Verzug war.

»Mercurius ist so treuherzig, dieses Wort zu gebrauchen. Welches würdest du bevorzugen?«

Die Frage war so scharf gestellt, daß Ablavius erschrak. Glücklicherweise war er mit Konstantin zusammen gewesen, sonst hätte man noch glauben können, daß er mit Crispus und Fausta unter einer Decke steckte.

»Ich weiß nicht, was ich sagen soll.«

»Es gibt noch mehr Indizien!« stichelte Mercurius weiter. »Der junge Crispus spielt den Helden der Seeschlacht, er erzählt, daß Licinius' Niederlage sein Verdienst sei. Mit kostbaren Geschenken kauft er sich die Gewogenheit der Generale. Er sondiert die Lage in Gallien über seine Vertrauensleute aus der Zeit, als er dort Titularpräfekt war. Wenn er nun ein Auge auf die Kaiserin Fausta geworfen hat, um so die Herrschaft an sich zu reißen?«

Konstantin stand unvermittelt auf und trat ans Fenster. Den Mitarbeitern wandte er den Rücken zu, als fürchte er, sie könnten seine Gedanken lesen, wenn sie ihm in die Augen sahen. Natürlich sprangen auch sie auf.

»Hast du heute Abend schon mit der Herrin gesprochen?« fragte Mercurius direkt, ohne protokollarische Anrede.

»Ja«, sagte der Kaiser, ohne sich umzudrehen.

»Und wie ist dein Eindruck?«

Konstantin entsann sich plötzlich jener Schiffsreise, auf

der ihn Crispus gefragt hatte, was das Göttliche im Menschen sei. Aus Naivität? Jetzt schien ihm, daß es auch Dreistigkeit gewesen sein konnte. Damals hatte er bemerkt, daß Crispus darunter litt, ein unehelicher Sohn zu sein. Er hatte gesagt, er führe einen ungleichen Kampf mit Faustas Söhnen. Das Wort Kampf hatte er gebraucht, betont, daß Fausta immer zu ihren Söhnen stehen würde. Was konnte von Crispus' Standpunkt für eine Frau wichtiger sein als ihr Sohn? Ihr Liebhaber. Wollte er über sie an die Macht? Und Fausta? Um nicht Theodoras Schicksal zu erleiden, konnte sie sich mit Crispus, dem künftigen Kaiser, verbinden. Er glaubte, alles durchschaut zu haben. Ihm bedeutete die Macht über die Welt jetzt alles. Mehr als die Frau, mehr als jede Liebe. Er meinte, daß kein vernünftiger Mensch anders denken könne, daß jeder seiner Logik folgen müsse. Plötzlich wandte er sich um und sah dem Chef des Informationsdienstes in die Augen. Der hielt den Blick ruhig aus.

»Welchen Eindruck ich hatte, fragst du? Du könntest recht haben.«

Warum war ihm Fausta auf dem Dach weggelaufen? Konnte sie seine Umarmung nicht mehr ertragen? Wer wollte begreifen, wie Frauen empfanden und dachten. Konstantin bemerkte, daß seine Stimme anders klang, daß er kaum Herr seiner selbst war, aber er zitterte nicht.

»Ablavius!«

»Herr?«

»Noch heute nacht ergeht ein Befehl, daß Crispus vor das Militärgericht in Pietas Julia gestellt wird. Die Anklage lautet auf Buhlerei mit seiner Stiefmutter. Das Verfahren natürlich geheim. Das Urteil nach Gesetz, Vollstreckung sofort. Du unterschreibst in meinem Namen.«

»Herr, es geht um deinen Sohn!«

»Das ist ein erschwerender Umstand. Ich habe noch drei Söhne.«

»Denke an die Barmherzigkeit Gottes!«

Ablavius war Christ, Mercurius nicht. Konstantin wollte mit der Entscheidung nicht warten. Niemand durfte merken, daß er zauderte. Nicht einmal seine beiden engsten Berater. Auch als Alleinherrscher mußte er in aller Strenge gegen den vorgehen, der ihm am nächsten stand. Und der ihn am bittersten enttäuscht hatte. Enttäuscht? Oder der Machtgier nachgegeben, die ihm im Blut lag? In diesem Augenblick war Konstantin überzeugt, daß das Schicksal seine Hand im Spiel hatte, und dagegen konnte er nicht an.

»Die Götter helfen nur denen, die Entschlußkraft haben!« Mercurius wußte genau, wie der Kaiser zu beeinflussen war.

»Ihr habt meine Befehle gehört. Und nun an die Ausführung. Ich wiederhole, es herrscht strengste Geheimhaltung. Auch danach wünsche ich keine Analysen und Kommentare. Gute Nacht!«

Konstantin befahl, seinen ägyptischen Arzt zu wecken, bat um ein starkes Schlafmittel, entkleidete sich, leerte den Becher bis zum Grund, schlüpfte unter die Seidendecke. Er erwachte erst am folgenden Nachmittag und beschloß eine sofortige Inspektionsreise durch griechische Garnisonen. Ablavius als Präfekt der Garde mußte ihn wieder begleiten. Julianus blieb zurück, um die laufenden Staatsgeschäfte zu führen, Mercurius, um seinen Dienst zu tun. Von der Mutter verabschiedete er sich in Eile, für Fausta hatte er keine Zeit.

DIE FREVELTAT

Crispus ahnte nichts. Unerfahren und naiv, gutgläubig und voller Selbstvertrauen, hatte er nicht einmal versucht, einen eigenen Nachrichtendienst zu organisieren oder sich mit Leibwächtern zu umgeben. Wie stets, ging er auch am letzten Abend seines jungen Lebens zeitig zu Bett, mit der Absicht, im Morgengrauen aufzustehen und nach den täglichen militärischen Übungen die Stellungen auf einigen Inseln zu besichtigen. Als er mitten in der Nacht von unbekannten Offizieren mit gezückten Schwertern geweckt wurde, glaubte er, es handle sich um eine Verschwörung gegen das Reich und gegen seinen Vater. Im Schlafgemach hatte er keine Waffen, er konnte sich nicht verteidigen.

Er wurde vor Gericht gestellt und der Buhlerei mit seiner Stiefmutter, der Kaiserin, angeklagt. Noch immer meinte er, das alles richte sich auch gegen Konstantin. Nicht flehend oder verzweifelt, sondern mit dem Stolz eines Römers kaiserlicher Herkunft beteuerte er seine Unschuld, überzeugt, daß diese dumme Komödie nur für die Öffentlichkeit inszeniert worden war, daß nicht Konstantin ihr Urheber sein konnte.

»Seid auf der Hut! Mein Vater wird sich rächen!« Das waren seine letzten Worte im Gerichtssaal.

An diesem Sommermorgen stieg gerade die Sonne über dem Meer auf, als er, die Hände auf dem Rücken gefesselt, in den Hof geführt wurde, wo der Henker bereits wartete. Ihm fiel keines der von Lactantius gelernten Gebete ein, das zu sprechen ihm ohnehin als Feigheit erschienen wäre. Im Angesicht des Todes wollte er weder Zuflucht suchen noch den unsichtbaren Gott anrufen, der ihm von Anfang an zweifelhaft erschienen war. Wenn es ihn gab, mußte er ihn, den Unschuldigen, auch so annehmen.

Er war noch immer so verstört, daß er sich von groben Händen in die Knie zwingen ließ. Erst dann versuchte er, sich loszumachen, um nicht in dieser würdelosen Haltung zu sterben. Deshalb ging der erste Hieb des Henkers fehl und traf ihn nur in die Schulter. Das Blut schoß hervor, der Schmerz war entsetzlich, er verlor noch nicht das Bewußtsein, aber er hatte keine Kraft mehr, so daß man ihm jetzt den Kopf auf den Klotz legen konnte. Der zweite Hieb durchtrennte seinen kurzen, männlichen Hals.

Zur selben Stunde brach ein Kurier mit dem schnellsten Boot auf, um den Kaiser Konstantin zu benachrichtigen. Da er ihn in Nikomedia nicht antraf, informierte er nur Mercurius und reiste dem Kaiser nach, den er in Mösien, im heimatlichen Naissos erreichte.

Der Kaiser las den Bericht, rief Ablavius, teilte ihm mit tonloser Stimme mit: »Es ist vorbei. Er ist tapfer gestorben.«

»Hat er ein Geständnis abgelegt?«

»Nein. Er hat sich verhalten, als glaubte er an eine Verschwörung auch gegen mich. Als fiele er für mich.«

»Hast du keinen Augenblick bereut, Herr? Hast du nicht daran gedacht, dem Todesboten einen noch schnelleren nachzuschicken, der die Freveltat in letzter Minute verhindert hätte?«

»Du sagst Freveltat?« Konstantin stand auf und tat ein paar Schritte auf der Säulengalerie. Da der Gardepräfekt ihm nicht zu folgen wagte, winkte er ihn zu sich. »Du glaubst noch immer nicht an ihren Verrat? Er war mein bester Sohn, mir am ähnlichsten. Mein zweites Ich.« Der Kaiser brach in die Knie, und Ablavius konnte ihn gerade noch in seinen Armen auffangen. Den Kopf auf die Schulter des treuesten Freundes gelegt, schluchzte Konstantin lange, bis er die Kraft fand, weiterzusprechen. »Und deshalb mußte er nach dem Purpur und nach Fausta greifen.«

Sie gingen noch ein paar Schritte. Konstantin stützte sich auf Ablavius und fuhr fort: »Die Geschichte des Reiches durfte nicht mit einem Aufstand gegen den Imperator beginnen. Deshalb mußte ich so vorgehen. Lieber wäre es mir umgekehrt gewesen. Wenn er mich getötet hätte ... Das ist unser Schicksal ...«

Er befahl, den Überbringer der Schreckensbotschaft reich zu bewirten, ihm aber in den letzten Becher guten Weins ein rasch und schmerzlos wirkendes Gift zu schütten. Dieser Offizier wußte zuviel. Nach Nikomedia zu Mercurius schickte er einen anderen Boten. Die Nachricht war kurz: Den zweiten Teil des Auftrags ebenfalls ausführen.

»Wenn ich ihn geopfert habe, kann ich sie nicht verschonen...«

Fausta hatte in ihrer Einsamkeit endlich beschlossen, um eine Audienz bei Helena zu bitten. Jetzt erst erfuhr sie, daß die Mutter des Kaisers gar nicht in Nikomedia weilte, sondern in einem Thermalbad. Sie ersuchte um ein Gespräch mit Bischof Eusebius und vernahm, daß er schon seit langem versetzt war. Die Kinder waren mit ihren Erziehern auf einem Sommersitz. Sie wußte nicht mehr, was um sie geschah. Die Sklavinnen empfahlen ihr eine Ägypterin, Salahira, um sich die Zukunft voraussagen zu lassen. Obwohl in christlichem Geist erzogen, war Fausta nicht sicher, ob es nicht doch böse und gute Dämonen gab. Die dicke, dunkelhäutige Frau war ihr sympathisch.

»Du mußt mir erlauben, alles Nötige zu tun, Herrin. Behindere mich nicht...«

Sie hob einen großen, schönen schwarzen Kater aus ihrem Korb und bat, das Licht der Fackeln zu dämpfen.

»Dieser Tisch ist geeignet.« Unter Streicheln trug sie den Kater zu einem runden Kupfertischchen, um das einige dreibeinige Schemel standen.

»Setz dich mir gegenüber, Herrin, und sprich nicht...«

Noch immer streichelte sie den Kater, der schnurrte und seinen Schwanz reckte. Die Pupillen seiner grünen Augen weiteten sich im Halbdunkel. Fausta wartete. Plötzlich zog die Ägypterin aus dem weiten Ärmel ihres Gewandes ein Messer und schlitzte mit einer einzigen Handbewegung dem Kater den Bauch auf. Fausta schrie auf.

»Beruhige dich, Herrin, beruhige dich!« befahl die Magierin in ungerührtem Ton. »Ich brauche frische Eingeweide, Leber und Herz, wenn ich die Zukunft sehen will. Obwohl ein schwarzer Stier besser gewesen wäre.«

Sie murmelte unverständliche Worte, aber nicht geheimnisvoll, eher wie eine in Selbstgespräche vertiefte Greisin. Die Tischplatte war von Blut bedeckt, die dicken dunklen Hände wählten lange in den Eingeweiden, und

Fausta wagte kein Wort mehr zu sagen. Sie wartete nur darauf, daß alles bald zu Ende ginge, und bereute, nach dieser Magierin verlangt zu haben.

Dann schüttelte Salahira den Kopf, daß ihr langes, strähniges Haar flatterte.

»Laß mir Wasser zum Händewaschen bringen, Herrin.«

Fausta klatschte in die Hände, gab den herbeigeeilten, entsetzten Sklavinnen die nötigen Anweisungen. Die Ägypterin Salahira wusch sich lange die Hände in der reliefgeschmückten Silberschüssel voller Wasser mit Rosenblättern.

»Wo können wir uns setzen, Herrin?«

Fausta führte sie in einen Salon.

»Was sollen wir tun, Herrin, da du doch alles weißt? Ich kann dir nichts Neues sagen.«

»Wieso?«

»Du weißt selbst am besten, wie sich der Purpur um deinen Hals geschlungen hat, als du glaubtest, du würdest glücklich sein. Weißt du es nicht?«

»Doch«, flüsterte Fausta überrascht. »Natürlich. Aber woher weißt du es?«

»Ich habe es in den Eingeweiden des Katers gesehen. Die Erklärung mußt du selbst finden. Du schuldest mir zehn Goldstücke, aber als Kaiserin könntest du mir auch mehr geben. Ich habe diesen Kater sehr gern gehabt ...«

Fausta ließ der Frau zwanzig Goldstücke geben. Sie wußte nicht, was sie tun sollte, konnte es kaum erwarten, daß die Magierin ging, und stellte ihr keine weiteren Fragen.

Es vergingen noch ein paar Tage, die sie gedankenlos verbrachte. Einmal ließ sie Musikanten kommen, schickte sie aber wieder fort, bevor sie auch nur ein Stück beendet hatten.

Jeden Abend vor dem Schlafengehen saß sie lange in der großen Marmobadewanne. Sie pflegte ihren Körper, gab den Sklavinnen genaue Anweisungen, wie sie sie massieren, mit welchen Salben sie sie einreiben, welche ätherischen Öle sie ins Wasser geben sollten, obwohl sie sich immer häufiger fragte, wozu und für wen das alles wäre.

Einmal kam ihr das Bad zu heiß vor, sie wollte sich schon beschweren, weil man mitten im Sommer die Öfen so stark geheizt hatte, man hätte bereits erwärmtes Wasser in die Wanne gießen können. Aber sie mochte nicht nörgeln. Da sie nur mit der Dienerschaft reden konnte, hatte sie fast verlernt, mit Menschen umzugehen. Sie saß im heißen Wasser, streichelte ihre schönen Brüste, denen man nicht ansah, daß sie fünf Kinder gestillt hatte. Es kam ihr vor, als wäre zuviel Dampf im Raum, aber noch immer sagte sie nichts, sie wollte aushalten. Als sie feste Schritte hörte, zuckte sie zusammen. Aus dem Dampf tauchte Mercurius vor ihr auf.

»Was fällt dir ein!« rief sie empört und kreuzte die Arme vor der Brust. »Ich sage es Konstantin!«

Mercurius verneigte sich: »Dein Gemahl läßt dir sagen, daß Crispus enthauptet wurde, weil er ihn verraten hat. Er läßt dir sagen, daß er den Tod seines Sohnes und seiner Frau bitter beweint. Er versteht euch, aber er kann nicht anders. Er will nicht, daß du leidest, er wünscht dir einen leichten Tod!«

Als sie versuchte aufzustehen, obwohl dieser fremde Mann vor ihr stand, hielten die starken Hände der schwarzen Sklavinnen sie in der Wanne fest. Jetzt erst begriff sie die schreckliche, ungerechtfertigte Anklage. Sie wollte schreien, aber sie wußte, daß es sinnlos gewesen wäre. Mercurius war verschwunden, sie war allein mit den Sklavinnen, die klare Anweisungen hatten.

»Ihr braucht mich nicht festzuhalten. Ich bleibe sitzen. Kalliope!«

»Ja, Herrin.«

»Dir wird man glauben. Ich hoffe es ... Sag dem Haushofmeister, daß ich jeder von euch drei Goldstücke schenke ... Und zur Erinnerung an mich könnt ihr euch den Schmuck teilen, den ich heute getragen habe.«

Sie überlegte, ob sie ihren Kindern eine Botschaft hinterlassen sollte, fand aber nicht die rechten Worte. Mochte Konstantin sagen, was er für richtig hielt. Da Crispus nicht mehr war, mußte er das Reich ihnen oder einem von ihnen übergeben. Sie bekam kaum noch Luft. Sie war Kaiserin. Eines ihrer Kinder würde der nächste Kaiser sein. Sie hatte keine Angst.

Sie versuchte nur noch an die Barke mit dem Purpursegel zu denken und an den jungen Mann, der sie steuerte, und es schien ein jüngerer, zarter gebauter, sanfterer Konstantin zu sein. Ihr war, als berührte er ihre Knie. Und dann nichts mehr.

Warum Konstantin im Jahr 326 seinen erstgeborenen Sohn, Crispus, und seine Frau, Fausta, töten ließ, wissen wir nicht genau. Seine beiden zeitgenössischen Historiker Eusebius und Lactantius erwähnen diese Tatsache überhaupt nicht. Dank der Berichterstattung späterer antiker Geschichtsschreiber gibt es jedoch keinen Zweifel, daß alles etwa so vor sich gegangen ist, wie in unserem Roman geschildert. Wir haben die Fakten, nach den Motiven mußten wir suchen.

Das altrömische Recht sah für ehebrecherische Beziehungen zwischen Stiefmutter und Stiefsohn ausdrücklich die Todesstrafe vor. Gerade im Jahr 326 hatte Konstantin dieses Gesetz bekräftigt und verschärft.

Zweifellos wurde Crispus im heutigen Pula abgeurteilt. Es war die Regel, daß gegen Schuldige in der Provinz, wo sie ihre Tat begangen hatten oder wo sie ergriffen worden waren, verhandelt wurde. Es betraf den Sohn des Kaisers und Kommandeur der Flotte, also ist es ausgeschlossen, daß Aburteilung und Exekution ohne Konstantins Wissen stattfanden. Wäre sein Sohn einer juristischen Farce zum Opfer gefallen, von der er nichts wußte, hätte sich der Kaiser blutig gerächt, und es gäbe bis heute Zeugnis davon.

Wir wissen auch, daß alle Erinnerungen an Fausta getilgt, daß die »damnatio memoriae« *ausgesprochen wurde. Das bedeutete*

Zerstörung der Statuen und Einziehung der Münzen mit ihrem Bildnis.

Die ganze bekannte Welt lag jetzt Konstantin zu Füßen. Er reiste nach Rom, um den zwanzigsten Jahrestag seiner Ausrufung zum Kaiser zu feiern. Das verband er mit einem Triumph anläßlich der Siege, die die Einigung des Reiches herbeigeführt hatten. Zum Kapitol fuhr er nach alter Sitte stehend in einem zweirädrigen Wagen, neben sich einen Sklaven, der ihm die Mahnung zuflüsterte: *»Memento mori! Memento mori!«*

Er erinnerte sich, wie er mit Crispus über den Triumph und sein Zeremoniell gesprochen hatte. Er dachte auch an den Tod von Frau und Sohn. Und an den eigenen, der eines Tages kommen würde. Dennoch hielt er den Kopf stolz erhoben. Trotz der Tradition, die dem Triumphator Bescheidenheit vorschrieb, trug er zum erstenmal auch in Rom das orientalische, perlen- und juwelengeschmückte Diadem, die Krone als Zeichen der absoluten Herrschaft. Vor den Senat trat er im Purpurgewand, im Palast empfing er auf dem Thron unter dem kaiserlichen Baldachin sitzend. Er verzichtete auf das Opfer für Jupiter. Der Dichter Optatianus Porphyrius deklamierte einen Panegyrikus.

Es war derselbe Porphyrius, der in Augusta Treverorum sein Präfekt gewesen war und den er in einer Aufwallung von Eifersucht nach Bithynien verbannt hatte. Hätte er ihn damals töten lassen, wäre später vielleicht niemand so vermessen gewesen, den Blick zu Fausta zu erheben, und sowohl sie als auch Crispus hätten am Leben und jetzt mit ihm zusammen sein können. Wie war dieser Mann nach Rom gekommen?

Wie war er Dichter geworden? Wie konnte er es wagen, dem Kaiser unter die Augen zu treten? Ihm noch zu schmeicheln? Konstantin wurde traurig. Porphyrius' Auftauchen war für ihn eine schrecklichere Mahnung als das Geflüster des Sklaven im Triumphwagen.

Den römischen Bischof Silvester empfing er auf dem Thron sitzend, der alte Mann mußte vor ihm stehen.

»Wir sind unzufrieden, weil du nicht in Nicäa warst. Was soll das heißen? Glaubst du über unsere Majestät erhaben zu sein?«

»Unser Heiland Jesus Christus hat uns gelehrt, Gott zu geben, was Gottes, und dem Kaiser, was des Kaisers ist. Was des Kaisers ist, werden wir dir niemals vorenthalten. Und deiner liebenswürdigen Einladung nach Nicäa konnte ich deshalb nicht folgen, weil ich krank bin. Wie du siehst, kann ich mich auch jetzt kaum auf den Beinen halten.«

Konstantin verstand die Anspielung und ließ dem Bischof einen Stuhl bringen.

»Meine Briefe hast du doch bekommen? Bist du mit den Beschlüssen des Konzils einverstanden?«

»Meine bevollmächtigten Vertreter, denen ich vor der Abreise meinen Segen erteilte, haben das Dokument unterschrieben, Kaiser Konstantin. Das heißt, daß wir es uneingeschränkt akzeptieren.«

»Das freut mich. Ich glaube, wir haben uns verstanden. Der Herr auf Erden bin ich. Das ist vermutlich auch Gottes Wille, sonst könnte es nicht so sein, nicht wahr?«

Da im Zentrum Roms die Tempel vieler alter Gottheiten standen und es kein freies Bauland gab, wurden mit großzügiger Unterstützung des Kaisers einige Kirchenbauten unmittelbar vor den Stadtmauern in Angriff genommen.

Noch von Rom aus befahl Konstantin, daß auch in Augusta Treverorum eine dreischiffige Basilika errichtet wurde, und um Platz dafür zu schaffen, ließ er den Palast seiner Mutter abreißen.

»Sie braucht ihn nicht mehr. In dieser Stadt werden wir uns künftig nicht für länger aufhalten.«

»Aber im Festsaal gibt es einige sehr schöne Wandgemälde, die dich im Kreis deiner erhabenen Familie darstellen. Sollen wir sie vor dem Abriß kopieren?«

»Nein. Darunter ist auch Faustas Porträt. Es gibt Erinnerungen, die wir auslöschen müssen.«

Mit seiner Mutter traf er sich in Aquileia. Hier stand er im Speisesaal dennoch unverhofft vor einem Fresko mit der Dynastie der Herkulier, Maximianus und Constantius Chlorus und ihren Familien. Dazu gehörte die Szene seiner Verlobung. In der Gestalt des Jünglings mit dem pfauenfedergeschmückten Goldhelm erkannte er sich kaum wieder. Im ersten Moment glaubte er, Crispus' Bild vor sich zu haben. Daß das Porträt des kleinen Mädchens Fausta darstellte, sah er hingegen sofort.

»Komm, Mutter, wir gehen ... Ziehen wir uns in deine Gemächer zurück!«

Sein Gesicht war starr und kalt wie das einer Marmorbüste, bis er mit Helena allein war. Da warf er sich auf ihr Lager und weinte lange, und sie kniete vor dem Kruzifix nieder, das stets in ihrem Schlafgemach hängen mußte, und betete: »Allmächtiger Gott, du, der seinen einzigen Sohn geopfert hat, wirst den Schmerz meines Sohnes und den Schmerz einer Mutter verstehen. Du wirst den verstehen, der glaubte, seinen Sohn opfern zu müssen für ein Wohl, das höher steht als seine Liebe und sein Glück; mein Sohn, Mensch und Menschensohn, der aus Staub geworden und zu Staub wieder werden wird, hat seinen Sohn nur für das Wohl des irdischen Reiches geopfert, um es zu deinem Ruhm einzurichten, so wie du deinen gegeben hast zur Errettung der Welt und unserer Seelen, darum segne uns in unserem Schmerz und rette unsere Seelen, und Fausta und Crispus, meinen geliebten Enkel, laß in dein himmlisches Reich eingehen ...«

Konstantins Ärzte gewöhnten sich daran, daß ihr Herr ohne starke Mittel nicht mehr schlafen konnte.

Die Kirchen, die Konstantin 326 stiftete, heißen noch heute »fuori di mura« — *»außerhalb der Mauern«. Das sind »San Paolo« über dem angeblichen Grab des heiligen Paulus, »Sant'Agnese« in* *der Via Nomentana und »San Lorenzo«, beide über den Gräbern dieser Märtyrer errichtet. Dort, wo in der Vorstadt die kaiserliche Villa stand, wurde zu Ehren zweier römischer Märtyrer die Kirche »SS Pietro e Marcellino« erbaut. Mit ihr war ein mächtiges Bauwerk von kreisförmigem Grundriß verbunden, welches kaiserliches Mausoleum werden sollte. Dort wurde später der Leichnam der Kaisermutter, der heiligen Helena, beigesetzt. Deshalb trägt dieses Mausoleum bis heute ihren Namen.*

Von der Basilika, die an der Stelle entstand, den Helenas Palast im heutigen Trier einnahm, ist nichts in der ursprünglichen Form erhalten, denn hier wurde unter teilweiser Nutzung der Fundamente und des Kerns im 11. Jahrhundert der Bau einer Kathedrale begonnen und erst 1716 beendet.

Über Begegnungen zwischen Konstantin und Papst Silvester haben wir keine verbürgten Angaben. Es existieren nur Legenden, darunter jene, von der Geschichtsschreibung verworfene, daß Silvester schon 316 Konstantin getauft und dafür den Lateran zum Geschenk erhalten habe. Diese Version wurde eine Zeitlang von den römisch-katholischen Chronisten verbreitet, die daraus bestimmte Rechte für den römischen Bischof ableiteten, und von anderen christlichen Kirchen, besonders der orthodoxen, bestritten. Sicher ist, daß diese beiden historischen Persönlichkeiten einander begegnet sein müssen, die Phantasie des Romanschreibers hatte hier jedoch freien Spielraum.

IX

HELENA IN GALILÄA

Helena mochte Nikomedia nicht. Sie wohnte gern in Rom. Ihr früherer Palast war zwar jetzt der Sitz des christlichen Bischofs Silvester, den es verdroß, daß er nicht von allen als Nachfolger des heiligen Petrus und somit als Stellvertreter Christi auf Erden anerkannt wurde, aber sie konnte nach Belieben auch die kaiserliche Residenz nutzen. Konstantin gestattete seiner Mutter nicht nur formell, den Titel einer Augusta und das kaiserliche Diadem zu tragen und nach Gutdünken über das Vermögen der Dynastie zu verfügen — nach Faustas Tod war sie unstrittig und in jeder Hinsicht die erste Dame des Imperiums.

Die Christen, die sich nicht lange zuvor noch in die Katakomben hatten verkriechen müssen, auf den Richtstätten als Märtyrer, in den Arenen als Opfer der wilden Tiere und Gladiatoren gestorben waren oder in den Gefängnissen geschmachtet hatten, waren jetzt den anderen Bürgern gleichgestellt, und viele von ihnen besaßen sogar Einfluß und Macht. Die Priester genossen verschiedene Privilegien und hatten viel Geld. Da immer größere und kostbarer ausgestattete Kirchen gebaut wurden, wandten sich Unternehmer und Handwerker, Steinmetze, Zimmerleute, Maurer, Ziegelbrenner und Holzhändler, Statiker und Fachleute für Akustik, Bildhauer und Maler, Elfenbeinschnitzer, Juweliere und Goldschmiede den neuen Arbeitgebern zu. Die Beteiligung am Bau einer größeren Basilika sicherte den Lebensunterhalt, deshalb lohnte es auch, den Glauben an den in Galiläa gekreuzigten Gott anzunehmen. Die neue Konjunktur hing von den Auftraggebern für neue Bauwerke ab. An den Kirchen wurde viel verdient. Alle, die durch die Arbeit mit Marmor, Kalk, Mosaikfliesen, Kupfer und Blei für die Dächer reich geworden waren, begannen ihre eigenen Villen zu bauen, sich besser zu kleiden, üppiger zu essen und zu trinken, und so blühte auch der Handel mit Seide und anderen kostbaren Stoffen, mit seltenen Früchten und ausgewählten Fischen, Hummern, Muscheln, mit Wild aus dem Norden, Gewürzen aus dem fernen Osten. Schneider, Schuhmacher, Friseure und Perückenmacher, Meisterköche und Masseure hatten gutbezahlte Arbeit. Natürlich wurde in bestimmten Kreisen ständig darüber gesprochen, wer auf welche Weise reich geworden war. Viele sagten: durch Christus. Und sie hatten recht. Der neue Wohlstand war dem Aufschwung des Christentums zu verdanken.

In der Apsis jedes heidnischen Tempels befand sich in der Regel ein Bildnis des herrschenden Kaisers. Der ständige Wechsel dieser Bildnisse, sobald ein Kaiser starb, abgesetzt oder vertrieben wurde, stellte ein Problem dar, zumal in solchen unsicheren Zeiten, da man nicht genau wußte, wer wen besiegt, entthront, verflucht, vernichtet hatte, wer augenblicklich die Macht hatte zu strafen, einzusperren oder zu töten. Die Christen hatten in ihren Tempeln an derselben Stelle das Bild ihres Gottes. Das war viel einfacher und entsprach auch Konstantins Vorstellungen. Ein einheitliches Bild im ganzen Imperium wäre ein neues Zeichen für die Einheit des Staates.

Der Bischof Silvester und Helena hatten den größten Einfluß auf die Bautätigkeit. Obwohl er schon über zehn Jahre ständig von seiner Krankheit sprach, über Unbeweglichkeit und Schwäche klagte und sich rühmte, daß er bald vor seinen Herrn treten werde, war Silvester ein sehr unbequemer Geschäftspartner. Er wachte darüber, daß niemand zuviel verdiente und daß die Kirche ihren Teil abbekam.

Helena war großzügiger. Sie freute sich, nicht mehr knausern zu müssen. Dem Bischof begegnete sie nicht gern, denn er drängte sie jedesmal, ihren Sohn dahingehend zu beeinflussen, daß er ihm auch offiziell die Gerichtsbarkeit vorerst zumindest für ganz Italien übertrug.

»Das ist wirklich nicht meine Sache. Warum schickst du dem Kaiser nicht deine Abgesandten, heiliger Mann, und läßt sie das mit ihm persönlich aushandeln?«

»Dein Wort würde viel bedeuten, gute Helena.«

»Ich verstehe nicht, warum dir soviel an der irdischen Gerichtsbarkeit liegt.« Helena fühlte sich unbehaglich, wenn sie die Meinung des Oberpriesters nicht teilte, sie fühlte sich nicht berufen, über sein Tun zu urteilen, aber sie konnte nicht umhin, ihm zu antworten. »Hast du nicht in der Kirche genug Sorgen? Ist nicht deine Zeit ausgefüllt mit dem Bau von Tempeln zur Ehre Gottes hier in Rom und mit der Verbreitung des Glaubens an ihn und seine Lehre?«

»Du hast recht, wenn du sagst, daß das eine neue Last für meine schwachen Schultern darstellt, ein neues Opfer für den Greis, der vor dir sitzt. Für mich selbst erbitte ich nichts, ich bin meinem Schöpfer für alles dankbar, was er mir geschenkt hat. Aber für die Mutter Kirche muß ich kämpfen. Wenn ich möglichst viele Seelen vor den Thron unseres Heilands führen will, muß ich sie auch in dieser Welt leiten, sie mit irdischen Mitteln erziehen und auf den rechten Weg bringen ...«

Helena fühlte sich ihrem Sohn keineswegs entfremdet. Im Gegenteil. Sie wußte, daß sie jetzt der einzige Mensch war, dem er vertraute. Auch früher hatte sie niemals viel Zeit mit ihm verbringen können. Dennoch hatte früher jede Begegnung sie mit neuem Stolz erfüllt, seine Erfolge waren wichtiger gewesen als ihre Sorge um sein Leben und seine Gesundheit, jetzt aber, wo er auf dem Gipfel der Macht stand und jeder seiner Wünsche für die ganze Welt Befehl war, machte sie sich schwere Gedanken. Sie wußte, daß er die Hinrichtung von Frau und Sohn übereilt beschlossen hatte und niemals darüber hinwegkommen würde. Er hatte es vielleicht in einem Anfall von Größenwahn getan, in der Überzeugung, sofort handeln zu müssen und nicht an sich selbst denken zu dürfen. Vielleicht glaubte er auch an seinen Unstern, dem er nicht entgehen konnte, an die Unausweichlichkeit fataler Entschlüsse. Sie kannte ihn genau, nur sie. Sie wußte, daß er nie einem Menschen, auch nicht ihr, seine Zweifel gestehen würde, das Grauen, das ihn befiel, wenn er sich der wenigen Worte erinnerte, mit denen er die beiden Leben ausgelöscht hatte, an denen ihm mehr lag als an allem anderen auf dieser Welt. Mit seinen Söhnen Constantinus, Constantius und Constans war er nie vertraut gewesen. Jetzt hatte er ihnen auch noch die junge Mutter genommen. So hätte er beim geringsten Zweifel an meiner Ergebenheit auch mich umbringen können, dachte Helena manchmal. Um sie selbst hätte es ihr nicht leid getan, aber um ihn, weil er noch mehr bereut und gelitten hätte. Sie war fünfundsiebzig Jahre alt. Noch fühlte sie sich rüstig, denn sie hatte immer mäßig gelebt, aber sie wußte natürlich, daß ihr Ende nicht mehr fern war. Was konnte sie für Konstantin noch tun? Sie überlegte die Möglichkeit einer Pilgerreise zu den Orten, wo Christus geboren und am Kreuz gestorben war.

Galiläa war eine relativ unwichtige Provinz zwischen Ägypten und Syrien. Alexandria westlich vom Nildelta war seit Jahrhunderten eine der größten, für alle römischen Kaiser bedeutenden Städte jenseits des Meeres, und deshalb hatte die Aufmerksamkeit immer ihr und ihrem Hinterland, nicht Galiläa, Judäa oder Samaria gegolten. Mit Alexandria war noch immer die ungewöhnliche und überaus schändliche Affäre zwischen G. Julius Cäsar, später auch Marcus Antonius, und Kleopatra, der ägyptischen Königin griechischer Herkunft, verknüpft. Der Sprache nach zu schließen, deren sich die gebildeteren Einwohner bedienten, schien Alexandria eine griechische Stadt zu sein, obwohl es weitgehend von den ägyptischen Geheimkulten beherrscht wurde. Aber wo im Römischen Reich liebte man die Mysterien nicht? Syrien mied Helena schon deshalb, weil dort ihre unterlegene Rivalin Eutropia geboren war. Wir sind eben geneigt, Länder und Städte, die wir nicht kennen, nach der zufälligen Bekanntschaft mit Menschen zu beurteilen, die von dort stammen. Helena übertrug alle Eigenschaften der schönen und eitlen, stets allzu lauten und aufdringlichen Eutropia auf ganz Syrien. Aber was war mit dem benachbarten Galiläa, wo Christus in sein irdisches Leben geboren worden war? Was war mit diesen Hebräern, dem Volk, in dessen Schoß nach dem Willen Gottes sein Sohn das Licht der Welt erblickt hatte?

Aelia Capitolina, wie Kaiser Hadrian die Stadt genannt hatte, die er auf den Ruinen der durch Flavius Vespasianus Titus zerstörten Hauptstadt der Hebräer, Jeruschalajim, errichtete, war schon zweitausend Jahre früher die Jebusiterstadt gewesen. Ein Provinzpräfekt namens Pontius Pilatus hatte einen bedeutungslosen Rebellen jüdischer Nationalität mehr oder weniger auf Verlangen der jüdischen Priester und wohlhabenden Bürger hinrichten lassen. Wer hätte gedacht, daß daraus ein neuer Glaube entstehen würde, stärker als alle alten Kulte? Josephus Flavius, ein Freigelassener Vespasians, dann jüdischer Priester und schließlich Titus' Stenograph und Historiker, würdigte interessanterweise diesen Vorfall in seinen Chroniken keiner Erwähnung. Es war merkwürdig, daß die Juden nichts von diesem Gott wissen wollten, der doch ihr berühmter Landsmann war und dem die Völker der Welt huldigten.

Sonst entschieden sich die Menschen für bestimmte Götter in der Hoffnung, daß sie ihnen in bestimmten Angelegenheiten halfen. Es war eine alltägliche Erscheinung, Rettung bei einer neuen Gottheit zu suchen, so wie man den Arzt oder den Spezereienhändler wechselte. Einige Götter kamen in Mode, andere veralteten. Daran hatte sich

Rom gewöhnt. Helenas reife Jahre fielen in eine Zeit, deren Götterwelt ebenso bunt und vielfältig war wie die der Menschen. Obwohl sie jetzt ganz dem Glauben an Vater, Sohn und Heiligen Geist hingegeben war und sogar gewissenhaft, wenn auch bisweilen ratlos versuchte dahinterzukommen, ob die Anhänger des rhetorisch so begabten Arius oder seine Gegner im Recht waren, wußte sie doch immer, daß es hochachtbare Menschen anderer Überzeugung gab, Unglückliche, denen der Segen des einzig wahren Glaubens fehlte. Sie freute sich, daß ihre Religion immer mehr Verbreitung fand. Sie war glücklich, weil ihr manchmal so unberechenbarer Sohn die Christen anerkannte und dafür gesorgt hatte, daß sie nicht mehr verfolgt, sondern sogar bevorzugt wurden. Noch gut erinnerte sie sich ihrer seltenen ernsthaften Gespräche mit Constantius Chlorus. Ihn hatte sie nicht überzeugen können. Aber er hatte, da sanft von Natur, wenigstens Milde walten lassen. Sein und ihr Sohn jedoch oder, wie die christlichen Priester sagten, die Frucht ihres Leibes, war zu Christi Werkzeug geworden. Als ihr erster Liebhaber, Diokletian, auf einer Reise in Naissos Station machte und dem neugeborenen Konstantin ein Schwert schenkte, ahnte er weder, daß er selbst eines Tages die Vernichtung des Christentums befehlen noch daß dieser Säugling später dieselbe Religion so hoch erheben würde. Damals hatte sie noch nicht einmal von dem Galiläer und seinen Jüngern gehört, und wieviel Zeit war seitdem vergangen? Das menschliche Leben war doch immerhin recht lang. Und wohin mochte dieses Schwert geraten sein?

Der römische Bischof Silvester ermunterte sie nicht sehr zu einer Reise nach Galiläa. Er wies sie auf ihr hohes Alter hin, auf das ungünstige Klima im Heiligen Land, den Mangel an Komfort, die schlechten Straßen. Er selbst reiste nicht gern und war niemals dort gewesen.

»Gott ist überall, gute Frau, und überall können wir zu ihm beten. Auch gute Werke sind überall gut, wenn sie reinen Herzens und in seinem heiligen Namen getan werden.«

Er fürchtete freilich, daß auch viel Geld dorthin fließen würde, wo die Bischöfe des Ostens herrschten, die ihm das Primat ebenso streitig machten wie das Recht der kirchlichen Jurisdiktion über die gesamte Christenheit, die er katholisch nannte.

»Ich halte es für wichtig, an den heiligen Stätten dauerhafte Zeichen zu setzen.«

»Zweifellos, zweifellos. Aber denken wir daran, daß Christus selbst dem heiligen Petrus den Auftrag gab, nach Rom zu kommen, und daß der Apostel uns, seine Nachfolger, die wir dem Segen des Heiligen Geistes vertrauen, zu Stellvertretern ernannt hat. Deshalb sollten wir nie vergessen, daß Gott der Herr selbst unsere Ewige Stadt auf diese Weise zur Hauptstadt der Kirche bestimmt hat.«

Helena war mit den Hofintrigen um die kaiserlichen Kabinette vertraut. Darum wunderte sie sich nicht, solche Erscheinungen auch bei den hohen Priestern zu beobachten, deren Verhältnis zu Gott ähnlich zu sein schien wie das von Ablavius oder Julianus zu ihrem Sohn. Sie schrieb an Eusebius von Cäsarea, den sie mehr schätzte als seinen Namensvetter in Nikomedia. Ihre Briefe wurden durch kaiserliche Kuriere befördert. Sie wußte, daß er ihr die besten Ratschläge erteilen und ihre Reise gut vorbereiten würde. Außerdem wandte sie sich direkt an Julianus mit der Bitte, alle zuständigen römischen Präfekten zu informieren. Und schließlich suchte sie in Rom die Begegnung mit allen, die ihr etwas über das ferne Land erzählen konnten.

Sie hatte viel von den frommen Eremiten gehört. Zur Zeit der Kleopatra hatten Falschmünzer Felsverstecke nicht nur in Ägypten nahe der galiläischen Grenze, in Gaza, sondern auch auf der anderen Seite gehabt. Es waren ganz bequeme Behausungen entstanden, wie zum Beispiel die von Paulus dem Eremiten, in dessen Höhle es sogar Wasser aus einer Quelle gab. Andere, wie Hilarion von Tabatha in

Gaza, lebten in ungesunden, wüsten Gegenden ohne Dach über dem Kopf. Antonius wiederum hatte zuerst in einem Grabmal, dann in einem verlassenen Kastell voller Schlangen gewohnt. Er hatte Visionen, Dämonen erschienen ihm in Gestalt von Schlangen, Löwen, Stieren, Wölfen, Skorpionen, Leoparden und Bären, alle brüllend und drohend. Andere Male traten sie in menschlicher Gestalt auf, lärmend, pfeifend und tanzend, und störten seine Gebete. Noch schlimmer waren Hilarions Visionen: Jede Nacht weckte ihn Kindergeschrei, das Blöken von Schafherden, die Schritte eines Kriegsheeres. Bei hellem Mondschein stürzte ein Kampfwagen auf ihn zu und drohte ihn zu überrollen. Ihm erschienen nackte Frauen und reichgedeckte Tische mit goldenem Geschirr, Delikatessen und edlen Getränken. Die bösen Geister sprangen auch dem zum Gebet knienden Eremiten rittlings auf den Rücken und stießen ihm die eisenharten Fersen in die Seiten, daß ihm der Atem wegblieb. Am leichtesten war mit solchen Dämonen fertigzuwerden, welche ganz ehrlich in ihrer wahren Gestalt, als Satyrn oder Kentauren, erschienen und bisweilen sogar Bekehrung und Fürbitte wünschten. Nur daß man nie wußte, ob das aufrichtig gemeint oder nur eine Versuchung war.

Für Antonius war vielleicht die schlimmste Zeit, als ihn die hilfsbedürftige Welt entdeckte und Heilung, Unterweisung und Wunder von ihm erwartete. Er fragte sich, ob seine Seele Gewinn davon hätte. Mußte nicht der geistliche Hochmut in ihm erwachen? Antonius floh in die innere Wüste, aber die Gläubigen fanden ihn auch hier und wollten bei ihm wohnen. Von allen Seiten kamen Ketzer und Rechtgläubige, hohe römische Beamte und heidnische Priester, Gesunde und Kranke, so daß es für die Behörden lohnte, einen eigenen Postkurs mit Kamelen bis zu seinem Wohnsitz einzurichten. Schließlich zog er sich in eine ganz unzugängliche Zelle zurück, um dem irdischen Ruhm zu entsagen.

In der Heimat der Magie begannen die christlichen Eremiten sich auch der Zauberei zu bedienen, sonst hätte man sie nicht ernstgenommen. So hielt sich in Gaza ein dem Gott Marnas ergebener Zirkusunternehmer einen Zauberer, der die Pferde des Patrons zum Sieg antrieb, die des Gegners hemmte. Dieser, ein Christ namens Italicus, bat Hilarion um Hilfe, der ihn zunächst auslachte und fragte, warum er nicht die Pferde verkaufe und den Erlös den Armen schenke. Doch ließ er sich erweichen durch das Vertrauen des Mannes, der lieber von einem Knecht Gottes als von Zauberern Hilfe holen wollte. Darum schenkte er ihm einen Topf mit Weihwasser und sagte ihm, wie er Pferde, Wagen, Stall, Fahrer und Zirkusschranken besprengen sollte. Das Rennen lief unter allgemeiner gespannter Aufmerksamkeit ab, die Pferde des Christen gewannen, selbst die Heiden riefen, daß Marnas von Christus besiegt sei, und viele kamen schon am nächsten Tag, um sich von Hilarion bekehren zu lassen. Und dabei hatte Hilarion einst einen todkranken Zirkusfahrer nur unter der Bedingung geheilt, daß er seiner bisherigen Beschäftigung entsagte.

Ihrem Sohn, dem Kaiser, ließ Helena sagen, sie wolle die heiligen Stätten vor allem besuchen, um für ihn und ihre Enkel zu beten und um in seinem und ihrem eigenen Namen den Bau von Kirchen an besonders geweihten Orten zu fördern. Sie wollte ihn nicht selbst in Nikomedia aufsuchen, obwohl sie auch damit rechnen mußte, daß sie in ihrem Alter die anstrengende Pilgerreise vielleicht nicht überstehen würde. Sie fürchtete, Konstantin könnte glauben, daß sie am meisten um die Vergebung seiner schlimmsten Sünde, des Mordes an Sohn und Frau, beten müsse. Wenn Gott sie während ihrer Pilgerfahrt zu sich rief, würde sie ruhig die Augen schließen, einen schöneren Tod konnte sie sich nicht wünschen.

Auch Konstantin hatte jetzt kein Verlangen, sie zu sehen. Das Schicksal zwang ihn zur Härte. Er war es gewohnt, Befehle zu erteilen und niemandem, also auch nicht ihr, seine

Motive zu erläutern. Die gemeinsamen Abendessen wurden zu offiziellen Angelegenheiten, auch wenn keine fremden Gäste anwesend waren. Alle lauschten seinen Monologen. Oft zog er sich ohne Begründung für länger in seine Gemächer zurück. Niemand wußte, was er dort tat, ob er las, arbeitete oder meditierte. Die christlichen Priester behaupteten, er bete zu Gott, denn in den Kirchen ließ er sich niemals sehen.

Nachdem er die einzelnen Sektoren der kaiserlichen Verwaltung fähigen Präfekten unterstellt hatte, funktionierte alles reibungslos. Von jeher hatten die römischen Kaiser ihre Provinzen nicht allzu streng überwacht. Wichtig war, daß die Steuern rechtzeitig eintrafen, daß Getreide und andere Naturalien regelmäßig geliefert wurden, daß die Rekrutierung neuer Soldaten vorschriftsmäßig erfolgte und daß die Grenzen sicher waren. Im übrigen genügte es, die kaiserliche Macht verbal anzuerkennen. Der Staat schätzte das Leben des einzelnen nicht besonders, mischte sich aber auch nicht in sein individuelles Schicksal ein. Das Maximum, das ein Bürger von der zentralen Macht bekommen konnte, war Steuerfreiheit. Dieses Privileg genossen die Senatoren und ihre Familien, die staatlichen Lehrer und Ärzte, die Priester aller anerkannten Religionen und Kulte, also seit kurzer Zeit auch die christlichen.

PILGERFAHRT UND POLITISCHE ZIELE

Manchmal befahl Konstantin mitten in der Nacht eine Sklavin zu sich. Er fragte nicht einmal nach Namen, zwang sich, die festen jungen Körper zu genießen. Beim Liebesakt sprach er nie ein Wort. Er streichelte Hüften, Schenkel und Brüste, nicht das Haar, und er küßte nie wieder eine Frau auf den Mund. Er träumte nur von Fausta, der Frau, die Mutter seiner Kinder und bis zum Ende ein schlankes Mädchen gewesen war. Im Traum befanden sie sich unter seltsamen, dunklen hohen Bäumen, gingen über Teppiche von weichen Kiefernnadeln, schwebten einer Bank entgegen, flogen über den Wolken dahin, hörten jedoch tief unten einen Bach murmeln. Nur daß er sich ihrem Körper nie ganz nähern konnte, er war gleich neben ihm, aber wenn er die Arme ausstreckte, waren sie zu kurz, um ihn zu erreichen.

Wenn er erwachte, redete er sich oft ein, die Tatsache, daß keine Usurpatoren auftauchten, daß die Grenzen sicher waren und die Wirtschaft wieder florierte, beweise, daß er gut regiere, daß er recht getan hatte, Diokletians System der kollektiven Leitung abzuschaffen. Und er bemerkte nicht, daß er, seit er ohne Nachdenken und Auseinandersetzungen über alles allein entscheiden konnte, einen Fehler nach dem anderen beging. Durch die Ermordung des einzigen fähigen Thronfolgers, Crispus, hatte er sich nicht nur Liebe und Verständnis und den Sinn der eigenen Existenz verscherzt, sondern auch die dynastische Ordnung zerstört, für die er theoretisch eintrat. Denn an den jüngeren Söhnen entdeckte er keine Begabung für die Macht. Sie waren weder so schön noch so beliebt wie Crispus.

Er meinte, die Ursache allen Übels sei Crispus' Ungeduld gewesen. Hätte er gewußt, daß sein Sohn auch dann noch unerschütterlich an den Vater glaubte, als das Schwert des Henkers in seine Schulter schnitt, ja daß er im Angesicht des Todes nur bangte, ob die Verschwörung auch gegen Konstantin gerichtet war und ob der Vater stolz auf ihn war, weil er wie ein Soldat starb — was hätte er getan?

»Meine Mutter beabsichtigt, nach Galiläa zu reisen. Das ist dir hoffentlich bekannt, Julianus?« fragte der Kaiser bei einer Beratung.

»Natürlich, Herr. Ich habe bereits Anweisungen gegeben, wie sie zu empfangen ist, wie die Reise selbst zu organisieren ist. Wir haben ein geeignetes Schiff ausgesandt. Ich glaube, alles ist in Ordnung.«

»Mercurius, hast du etwas zu bemerken?«

»Wir beobachten selbstverständlich alles, was unterwegs geschieht. Aber da du selbst geruhst, über dieses Thema zu sprechen, erlaubst du eine Frage, die zwar nicht mein Ressort betrifft, aber . . .«

»Wenn du so anfängst, weiß ich, daß es um Geld geht.«

»Ja, Herr. Darf ich?«

»Warum fragst du, wenn du schon dabei bist? Laß hören!«

»Ich will nicht nach den Reisekosten fragen, auch nicht nach denen für unseren speziellen Kurierdienst, der uns rechtzeitig über alle Etappen unterrichten wird. Aber die hohe Dame wird wahrscheinlich an Ort und Stelle erhebliche Summen ausgeben . . .«

»Du hattest recht, als du sagtest, das sei nicht dein Ressort«, unterbrach der Kaiser, aber der Geheimdienstchef fuhr fort.

»Sie kann über das Vermögen der Dynastie frei verfügen, und wir haben allen Grund anzunehmen, daß sie immer neue christliche Kirchen bauen lassen wird . . .«

»Na und?« Konstantin hob die Stimme jetzt so, daß jeder andere seiner Mitarbeiter erschrocken verstummt wäre, Mercurius jedoch wartete nur kurz und fragte ungerührt: »Darf ich weiterreden?«

»Du wirst stets weiterreden. Wenn ich dir je den Kopf abschlagen lasse, werde ich mir jemand suchen müssen, der dir ähnlich sieht und durch dessen Mund du mich belästigen kannst. So sehr habe ich mich an dich gewöhnt, du Kanaille!«

Mercurius nickte, als wäre das ein großes Lob. »Es geht um folgendes. Durch Geldspenden nach Galiläa wird die Herrin Helena bestimmte Strömungen unterstützen, und das natürlich zum Nachteil anderer. Und das, verzeih mir, berührt bereits den Sektor der staatlichen Sicherheit. Egal was in Nicäa beschlossen wurde, ich meine, im Augenblick wäre es nicht sehr opportun, die Arianer zu verfolgen.«

»Sieh an!« rief Konstantin.

»Warum?« entfuhr es gleichzeitig Ablavius. Als er sah, daß Konstantin über seine Einmischung nicht ärgerlich war, fuhr er fort: »Wieso interessierst du als Gegner der Christen dich plötzlich für die inneren Streitigkeiten der Kirche?«

Konstantin hob die Brauen. »Bist du wirklich ein Feind der Christen, Mercurius?«

»Ich bin nicht gläubig, Herr. Für mich ist das alles Spielerei. Für mich kann jemand, der sich von gewöhnlichen Provinzlegionären einfach so ans Kreuz schlagen läßt, kein Gott sein. Wir zumindest wissen doch, wie das gemacht wird. Aber es geht nicht darum. Ich bitte dich, kann der Sohn dasselbe sein wie der Vater?«

»In welchem Sinne?« fragte der Kaiser, schon etwas beunruhigt.

»In jedem. So wie es der Mann auf der Straße begreift. Also ich behaupte, daß der Sohn in einem gut organisierten Imperium ein Geschöpf des Vaters ist, der Prinz ist doch ein Geschöpf seines Vaters, kein gottgegebener Teil der Macht. Politisch, im Interesse der Herrschaft eines einzigen Augustus über das gesamte Reichsterritorium, gefällt mir mehr, was dieser Arius sagt!« Und als ihm keiner widersprach, fügte er hinzu: »Und darum wäre es mir ehrlich gesagt lieber, wenn die edelste Kaiserin in Ägypten und vor allem in Galiläa das Geld deiner Dynastie in dieser Richtung investierte!«

»Ich bin auch seiner Meinung«, sagte Ablavius, der früher Eusebius von Nikomedia sehr nahegestanden und innerlich gegrollt hatte, als Konstantin ihn wegen seiner Sympathien für Arius auf eine Weise versetzte, die schon an Verbannung erinnerte. Außerdem wußte der Gardepräfekt, daß besonders die Marine über die Hinrichtung von Crispus empört war. In militärischen Kreisen war man der Ansicht, daß der Kaiser zumindest die Pflicht gehabt hätte, persönlich die Untersuchung zu leiten und eventuell auch das Urteil zu sprechen, nicht nur weil es um seinen Sohn ging, sondern weil Crispus Admiral war. Unzufrieden war auch der römische Senat, weil man in der Provinz über die Beseitigung eines Konsuls entschieden hatte. Ablavius' Treue gegenüber Konstantin war nicht erschüttert, aber er glaubte, daß sein Idol einen großen Fehler gemacht habe, und wollte zu retten versuchen, was zu retten war. Deshalb galt es, den Schein zu wahren, daß ein schwerwiegender Grund für das Verfahren und seinen fatalen Ausgang vorgelegen habe, und deshalb stand Ablavius jetzt auf Mercurius' Seite.

»Ich will endlich hören, was ihr praktisch vorschlagt«, befahl Konstantin. Für ihn hatten sie genug geredet. Er konnte nicht mehr auf einem Fleck sitzen. Schon früher waren ihm Beratungen manchmal langweilig gewesen, aber jetzt hatte er förmlich Ausbrüche von Ungeduld.

»Nun, mit deiner Erlaubnis würde ich ein bißchen Einfluß auf das nehmen, was der hohen Dame dort angeboten wird, und damit mittelbar darauf, was sie ausgibt. Ich sähe es gern, wenn das Geld wenigstens zum Teil in die Staatskasse zurückkehrte und ansonsten politischen Zielen diente.«

»Und auf seinem Weg von einer Tasche zur anderen, Herr«, schlug der tüchtige Julianus vor, »kann dieses Geld zur schnelleren Entwicklung der Wirtschaft beitragen. Einige der mir befreundeten afrikanischen Bankiers könnten sehr gut mit Mercurius' Leuten zusammenarbeiten.«

»Wenn deine Bankiersfreunde nicht ohnehin schon längst meine Leute sind!« Mercurius verneigte sich im Sitzen elegant vor seinem verehrten Kollegen, und dieser blieb ihm nichts schuldig.

»Ich weiß nicht, Mercurius, vielleicht der eine oder andere ... Nur glaube ich, daß es öfter umgekehrt ist, daß nämlich einige deiner Agenten bei meinen reichen Freunden auf der Liste der Zahlungsempfänger stehen ...«

»Mich braucht ihr wohl nicht mehr!« Konstantin war im ersten Moment verärgert, dann lachte er. Die Atmosphäre lockerte sich auf, wurde so freundschaftlich, wie sie bei solchen Sitzungen schon lange nicht gewesen war. »Ich stimme euch zu. Aber unter einigen Bedingungen. Erstens wird meine Mutter überall mit der Achtung behandelt, die ihrer Würde entspricht, kurz, genauso, als ob ich es selbst wäre. Zweitens wird den Interessen der Sicherheit und denen der Ökonomie gleichermaßen Rechnung getragen. Deshalb verpflichte ich euch beide, Mercurius und Julianus, einander während der ganzen Unternehmung über alle Winkelzüge zu informieren. Haben wir uns verstanden? In Ägypten, Judäa, Galiläa und Syrien darf es unter keinen Umständen zu Unruhen kommen. Ich brauche dort unten jetzt Frieden, denn im nächsten Jahrzehnt sind zwei andere Stellen des Imperiums der Schwerpunkt unserer Aufmerksamkeit.«

»Welche?« Mercurius versuchte im Ton eines eifrigen Schülers zu fragen, der sich an einen erfahrenen Lehrer wendet. Er hatte keine Ahnung, worauf der Kaiser anspielte, und das erfüllte ihn mit Unbehagen. Beriet Konstantin heimlich mit anderen Persönlichkeiten?

»Du erfährst es rechtzeitig. Wenn ihr es für nötig haltet, macht jetzt ohne mich weiter ...« Konstantin stand auf und entfernte sich mit raschen Schritten, hochgewachsen, aufrecht, mit erhobenem Kopf. Die Minister standen ebenfalls auf und sahen ihm nach. Dann nahmen sie wieder Platz und einigten sich schnell, wie jede Etappe von Helenas Pilgerreise aus dem Hintergrund unmerklich zu organisieren war.

Sie brach mit dem kaiserlichen Schiff auf, begleitet von zwei kleineren Lastschiffen und einer schnellen Kriegseinheit. Man hatte ihr klargemacht, daß sie Geschenke aus Rom mitnehmen und trotz guten Bankverbindungen auch eine gewisse Summe in Gold und Silber bei sich haben müsse. Deshalb wurde ihr auch eine Abteilung zuverlässiger Gardisten zugeteilt. Sie hatten zu repräsentieren, aber auch die Wertgegenstände zu bewachen. An Ort und Stelle würden noch genügend Höflinge, Soldaten, Protokollbeamte, Kutscher, Träger und andere Bedienstete zum Gefolge stoßen.

Im Heiligen Land angekommen, reiste sie langsam in einem Luxuswagen, manchmal auch in einer Sänfte, von Stadt zu Stadt. Ausgangspunkt für alle größeren Exkursionen ins Land war Cäsarea am Meer. Die Geschenke verteilte sie großzügig an Gemeinden und Einzelpersonen. Sie bedachte alle militärischen Einheiten in den Garnisonen an ihrem Weg, aber auch Arme, denen sie begegnete. Vor allem wollte sie die Hungrigen speisen, die Zerlumpten kleiden, den Barfüßigen Schuhwerk geben. Dank ihrer fast verschwenderischen Mildtätigkeit machten auch die Weber, Kleiderhändler, Sandalenmacher am jeweiligen Ort gute Geschäfte. Sie bewegte sich meist mit großem Gefolge, selbst aber trug sie einfache weiße Baumwollgewänder und keinerlei Schmuck. Das war bei dem herrschenden Klima auch angemessen.

In Jerusalem wurde sie von Bischof Makarios empfangen, der das Projekt für eine Kirche über dem Grab Jesu bereits fertig hatte. Auf ihren persönlichen Wunsch wurden zwei weitere Kirchenbauten beschlossen, auf dem Ölberg und in Bethlehem, an der Stelle, wo der Heiland geboren war. Die Kaisermutter hatte schon viel Erfahrung im Verhandeln mit Baumeistern, aber gerade deshalb hörte sie gern auf den Rat von Fachleuten. Sie wiederum hatten aus Nikomedia genaue Anweisungen erhalten, welchen Unternehmern die Bauaufträge zu erteilen waren und wieviel von ihrer Provision in die Staatskasse zurückzufließen hatte.

Makarios arbeitete mit den Abgesandten von Konstantins Hof gut zusammen. Das lag ebenso in seinem eigenen Interesse wie in dem seiner Kirche. Er wußte, daß dank den neuen Tempeln Jerusalem ein Wallfahrtszentrum für alle Zeiten werden würde. Das sicherte ihm und seinen Nachfolgern ewigen Ruhm, Macht und Wohlstand.

Seit jeher war der Osten die Heimstatt von Wundern und allerlei Zauber gewesen. Auch die Wunder, die Jesus von Nazareth getan haben sollte, waren hier nichts Besonderes. Ähnliche wurden auf den Jahrmärkten von umherziehenden Magiern fast stündlich vollbracht. Deshalb wurde mit Genugtuung, aber ohne große Überraschung zur Kenntnis genommen, wie Helena das Kreuz entdeckte, an dem der Heiland sein irdisches Leben ausgehaucht hatte. Ihre Leute hatten in der Umgebung drei ziemlich guterhaltene, mehr als dreihundert Jahre alte Kreuze gefunden. Während noch alle Anwesenden beteten, wurde auf einer Trage eine Frau herbeigeschleppt, die die Ärzte bereits aufgegeben hatten. Mit letzter Kraft tastete sie nach den drei Kreuzen, und in dem Augenblick, als sie das dritte berührte, richtete sie sich plötzlich auf, saß wie benommen, dann stieg sie von der Trage und rief: »Ich bin genesen, ihr Menschen, ich bin genesen! Halleluja! Gott hat mir die Gesundheit wiedergeschenkt.«

Alle Anwesenden knieten nieder, und Makarios, der, unterstützt von Zebulon, einem Juden mit besten Beziehungen zum Geheimdienst, für alle Einzelheiten Sorge getragen hatte, erteilte den Segen. Die unverhoffte Heilung war ein untrügliches Zeichen, daß dieses wuntertätige Kreuz das richtige war.

Die besten Juweliere Jerusalems schufen einen Kranz aus Gold und Edelsteinen, in den sie die Nägel von Christi Kreuz einarbeiteten. Diesen in Form eines Diadems gestalteten Kranz schenkte Helena ihrem Sohn Konstantin. Ebenso schickte sie ihm ein Stückchen Holz vom Kreuz. Den Mantel, den Gottes Sohn auf seinem Weg zur Richtstätte auf dem Hügel Golgatha getragen hatte, machte sie ebenfalls ausfindig. Sie befahl, daß diese Reliquie nach Augusta Treverorum gebracht und in der Kirche verwahrt wurde, die anstelle ihrer einstigen Residenz erbaut worden war.

Seinen Bericht an Mercurius schloß Zebulon mit den Worten:

»... und so ist alles nach deinen weisen Plänen zum Ruhme unseres Kaisers Konstantin gelungen. Beigeschlossen sende ich dir eine Rechnung über alle Kosten, und ich bin überzeugt, daß du sie auf dem üblichen Weg begleichen wirst...«

Alle waren mit Helenas Pilgerreise zufrieden. Vor allem sie selbst, denn sie war sicher, dem Volk viel Gutes getan und durch ihre innigen Gebete die eigene Seele und die ihres Sohnes von Sünden entlastet zu haben. Zufrieden war auch der Kaiser, denn das Auftreten seiner Mutter als Augusta hatte einen guten Eindruck gemacht, und er hatte den Frieden in diesen wichtigen südöstlichen Provinzen des Imperiums gesichert. Ebenso hatten Mercurius und Julianus erreicht, was sie wollten. Der erstere hatte eine Menge neue Daten über verschiedene Leute und Gruppierungen bekommen, der andere hatte einen nicht geringen Teil des Geldes in die kaiserlichen Schatzkammern zurückgelenkt, nicht zuletzt dank dem Handel mit den meisterlich gefertigten Reliquien. Am glücklichsten war auf jeden Fall der Bischof Makarios. Er sah in all dem Gottes Fingerzeig. Helenas Pilgerfahrt hatte sich nämlich überall herumgesprochen. So folgte bereits im Jahr darauf die große Rivalin Eutropia ihren Spuren. Auch sie wollte an den heiligsten Orten für die Seelenrettung ihrer, davon war sie überzeugt, unschuldig hingerichteten Tochter beten. Sie versäumte dennoch nicht, den kaiserlichen Schwiegersohn über alles zu unterrichten, obwohl sie in ihm Faustas Mörder erblicken mußte. Wahrscheinlich auf Anregung von Helena, die sich jetzt in aller Ruhe großzügig erweisen konnte, antwortete Konstantin »seiner frommen Schwiegermutter« Eutropia und dankte ihr offiziell für den »ausgezeichneten Reisebericht«. Sie hatte nämlich bestätigt, daß an einem Ort namens Mamre, wo der Hain des Stammvaters Abraham gewesen war, nun ein heidnischer Opferaltar stand. Konstantin befahl auf der Stelle, daß Makarios mit Hilfe römischer Soldaten die Umgebung säuberte, er ermächtigte ihn, die Idole der Gottlosen zu verbrennen und an dieser Stelle noch eine Basilika zu erbauen, die der »katholischen und apostolischen Kirche« würdig sei.

Der »Heilige Rock« wird noch heute einmal jährlich in einer Prozession durch die Kathedrale von Trier getragen. Der Vatikan gibt bezüglich der Echtheit dieses Stückchens Stoff keine Erklärung ab. Indessen wurde nicht gestattet, mit modernen wissenschaftlichen Methoden wenigstens sein Alter und seine Herkunft zu untersuchen.

Was das Verhältnis der heutigen Kirche zu Helena und ihrem Sohn Konstantin d. Gr. angeht, so ist hier vielleicht der beste Ort für ein Zitat aus der »Allgemeinen Kirchengeschichte« von Jevsevije Popović, seinerzeit Professor an der orthodoxen theologischen Fakultät in Černovci. Über Konstantin sagt er:

»Die dankbare Ostkirche hat ihn und seine Mutter in die Reihen der Heiligen aufgenommen, denn Konstantin und Helena sind um die Verbreitung des Christentums ähnlich verdient wie die Apostel selbst. Die Westkirche indes hat diese Ehre nur der Kaisermutter Helena erwiesen.«

Ein paar Jahre nach ihrer Wallfahrt zu Christi Geburtsstätte und Grab starb Helena hochbetagt in Nikomedia. Sie starb im Schlaf. Ihre Dienerinnen bemerkten es erst am nächsten Morgen, als sie, erstaunt, ihr leises Gebet nicht zu hören, das Schlafgemach betraten. In den letzten Monaten hatte sie zurückgezogen gelebt, fast unaufhörlich gebetet, sehr wenig gegessen. Manchmal war sie in schönen warmen Nächten auf dem Dachgarten des Palastes spazierengegangen. Hin und wieder in Begleitung ihres Sohnes, des müden Kaisers. Sie sprachen nicht viel, gingen Arm in Arm unter den Bäumen entlang, betrachteten die Sterne am Himmel und die Stadt zu ihren Füßen. Vielleicht hatten sie einander nichts mehr zu sagen. Ein paarmal hätte Konstantin fast angefangen, von jener Nacht zu erzählen, als Faustas Purpurschal wie zufällig an einem Zweig hängengeblieben war, als sie sich, vielleicht wirklich nur mutwillig und zum Scherz, aus seiner Umarmung losgerissen hatte. Er hätte auch von dem anderen Garten sprechen mögen, den Helena so gut kannte, dem Park in Augusta Treverorum, wo Fausta — nicht vor Kaisern, Priestern, Göttern und Menschen — seine Frau geworden war. Mit Körper und Seele. Auch Seele? Er konnte kein Gespräch mit der Mutter beginnen, denn jedes wäre auf die Frage hinausgelaufen, die ihn am meisten quälte, auf die er aber auch keine wirkliche, endgültige Antwort zu suchen wagte: Was ist Seele? Wenn ich Kaiser und Herrscher über die Körper bin, wer herrscht über die Seelen, sofern sie existieren? Ich nicht. Ich ganz sicher nicht. Jemand anders. Wer? Vielleicht dennoch Gott?

Helena übertrug durch ordnungsgemäßes Testament ihr gesamtes Vermögen auf Sohn und Enkelkinder. Ein solches Testament hätte sicher auch eine wohlhabende Schankwirtin aus Naissos geschrieben, nicht nur die Mutter eines Weltherrschers.

Auf ihren Wunsch wurden ihre sterblichen Überreste unter demselben Geleit, wie sie nach Galiläa gereist war, nach Rom übergeführt und im kaiserlichen Mausoleum bei den Kirchen der Märtyrer Petrus und Marcellinus beigesetzt. Sie ruhen in einem Sarkophag aus dunkelrotem, glänzendem Porphyr, dem einzigen Stein, der von Natur aus die kaiserliche Purpurfarbe aufweist. An den Seiten trug der Sarg Reliefdarstellungen von römischen Reitern im Kampf mit geharnischten Barbaren. Natürlich war dieser kriegerische Totenschrein nicht allein für sie bestimmt. Konstantin ließ auch die sterblichen Überreste seines Vaters Constantius Chlorus darin beisetzen. Zu seinen Lebzeiten hatten die Staatsinteressen ihm nicht erlaubt, sich öffentlich mit ihr, der Mutter seines erstgeborenen Sohnes, zu zeigen. Konstantin meinte, daß seinen Eltern wenigstens nach dem Tod vergönnt sein sollte, was ihnen das Leben verweigert hatte: für immer zusammen zu sein.

Es ist nicht bewiesen, daß Constantius Chlorus wirklich neben Helena im Sarkophag ruht. Daß dieser für ein Ehepaar bestimmt war, ist jedoch sicher, und von Constantius Chlorus' Grab ist nichts bekannt.

Jedenfalls steht dieser Sarkophag bis heute im Vatikan, und wahrscheinlich schlafen in ihm zwei aus Niš Gebürtige den ewigen Schlaf: die heilige Helena und ihr Geliebter, der Vater des heiligen Konstantin, Constantius genannt Chlorus, der Bleiche.

X

DER KALTE HERBST

Der Frühherbst war kälter als sonst, oder schien es ihm nur so? Die Weintrauben waren groß, aber ohne betäubenden Duft. Auch die Birnen schmeckten ihm nicht besonders. Von schöner Farbe, doch wäßrig und ohne Süße. Tiridates wußte nicht, ob es eines jener Jahre war, in denen nichts richtig gedeihen will, oder ob er sich selbst verändert hatte. Manchmal dachte er, daß seine Sinne dieselben sein müßten wie immer, er konnte doch kein anderer Mensch sein, als er das ganze Leben gewesen war, es sei denn, die Götter zürnten ihm. Oder jener eine Gott. Ein andermal überlegte er, ob es nicht am Alter lag. Die Natur würde sich nach dem Winter und dem nächsten Frühjahr erneuern, doch sein Herbst war endgültig.

Er fühlte sich einsam. Jüngere Männer lenkten den Staat. Ihm gegenüber verhielten sie sich höflich, fragten nach jeder Kleinigkeit, beeilten sich, ihm Berichte und Abrechnungen zu präsentieren, ihm die Hinweise der Zuträger und die günstigen Berichte der weitgereisten Händler zu überbringen. Günstig? Er wußte, daß sie seinem Staat, ihrem Armenien die Treue halten würden, solange sie überzeugt waren, daß es ihre Interessen besser schützte als Persien, solange sie als Untertanen eines Rom so eng benachbarten Landes sich frei im ganzen Imperium bewegen konnten, und das Römische Imperium war die Welt, stabil, scheinbar sicherer denn je. Er traute den Händlern nicht. Er traute keinem. Er konnte sich auf die eifrigen Staatsbeamten nicht verlassen. Mamgo war nicht mehr da, dieser schrullige alte Reiter, dem es ein leichtes gewesen wäre, den König umzubringen und die Macht an sich zu reißen, hätte er nur gewollt. Aber er hatte nicht gewollt. Mamgo fehlte ihm. Unter seinen jetzigen Mitarbeitern war keine solche Persönlichkeit. Aber er wußte auch, daß sie kein Komplott gegen ihn schmiedeten, denn sie brauchten seinen Namen als Spitze der Machtpyramide. Sie hörten nicht mehr auf ihn, stellten sich nur so, aber sie würden ihm nichts antun, solange er lebte. Deswegen hatte sein Mißtrauen gegen jedermann nichts Beunruhigendes oder Beängstigendes. Er nahm alles ruhig hin, das Feuer des jungen Offiziers und Athleten war in ihm erloschen. Aber ehrgeizig, wirklich ehrgeizig war er vielleicht nie gewesen.

Wie ihm Mamgo bei den Staatsgeschäften fehlte, so die alte Sklavin Nuschriwana bei der Morgentoilette. Nach dem Bad in dem schönen, mosaikgeschmückten und gutgeheizten Raum massierten ihn jetzt junge und prallbrüstige Mädchen aus Kleinasien. Diese kräftigen Finger, diese kleinen Hände auf der Brust, den Lenden, dem Nacken, auf Armen und Beinen zu spüren, war ihm angenehm, natürlich. Wie auch der Gedanke, daß er jede von ihnen hier auf der Pritsche nehmen konnte oder sie für nachmittags, für den Abend in sein Schlafgemach befehlen ... Er wußte nicht, was er gesagt, worüber er mit ihr gesprochen hätte, über die Süße der Trauben, die er vermißte, über die Sonnenscheibe, die nicht mehr wärmte wie einst? Manchmal überlegte er tatsächlich, was er zu den Mädchen sagen könnte, doch ihm fiel nichts ein. Ihn interessierte nicht, was sie dachten, wie sie lebten, worauf sie hofften, mit wem sie schliefen. Mit Nuschriwana hatte er geschwätzt, gescherzt, sich geneckt, seit er denken konnte.

Auch Gregor war gestorben. Der heilige Gregor, der Erleuchter, der Illuminator. Der Gedanke an den heiligen Vetter amüsierte ihn noch immer, der Trick, dessen er sich bedient hatte, damit es so aussah, als wäre Gregor ohne sein

Wissen in der Grube ernährt worden, und damit er ihn Mamgo und dem Volk als wunderbar durch Gottes Willen Geretteten präsentieren konnte. Das war der beste Einfall seines Lebens gewesen, präzise in die Tat umgesetzt und in jeder Beziehung erfolgreich. Er ahnte, daß auch Konstantin den Weg dieser Ideologie einschlagen, das Christentum einführen mußte. Er hatte seinerzeit die Fäden richtig geknüpft; was das betraf, konnte er mit sich zufrieden sein. In all den Jahren hatte er sich gern mit Gregor unterhalten, hatte ihm zugehört, seinen Spaß daran gehabt, ihn zu foppen und leicht zu ironisieren, aber diese Abende in Gesellschaft des christlichen Priesters waren irgendwie voller Saft und Kraft gewesen, die trefflichen Wortgefechte hatten ihnen Würze gegeben. Solche Gespräche waren fast Kunstwerke, zumindest glichen sie sportlichen Wettkämpfen im Ringen oder Boxen, Diskus- oder Speerwurf, Wagen- oder Pferderennen ... Ohne ebenbürtigen Partner gab es kein wirkliches Resultat. Den Diskus konnte man zwar allein werfen, die Harmonie der Bein-, Arm- und Schulterbewegungen, der Körper- und Kopfhaltung hing nicht davon ab, wer zusah ... Und dennoch. Erst wenn sich gleichwertige Rivalen gegenüberstanden, vermochten sie alle ihre Kräfte zu mobilisieren ...

Mein Trick? überlegte er. Wann hatte er die Idee gehabt, den Plan gefaßt? War er nicht an jenem Tag die Stufen zum Tempel hinaufgestiegen, war er nicht gestürzt und sich dann zum erstenmal der unerträglichen Kopfschmerzen bewußt geworden? Mamgo und den anderen Höflingen hatte er erzählt, er habe mit dem Sonnengott gesprochen und gewagt, ihm dabei in die Augen zu sehen. Wenn es nun aber doch die Begegnung mit einer Gottheit gewesen war? Das Göttliche war nicht so einfach und konkret, wie man es den Frauen und Sklaven beibringen mußte. Dieser heimtückische Kopfschmerz, den er wohl nie mehr loswerden konnte, den er bei jedem Anfall zuerst als heftigen Stich in den Augen spürte, all das hatte nur Sinn, wenn es ihn an etwas erinnern sollte. An eine Begegnung. Mit wem? Wie entstanden Ideen? Was hatte ihn dazu bestimmt, das Christentum in den Rang einer Staatsreligion zu erheben, und das als erster Herrscher auf der Welt? Auf welche Weise verwirklichten die Götter ihre Ideen, ihre Pläne, deren Konstruktion die Sterblichen nur bisweilen ahnen, nie aber zur Gänze begreifen konnten?

»Störe ich, Herr?« In der Tür zu dem kleinen Thronsaal, wo Tiridates sehr beschäftigt tat, obwohl er nur seinen Gedanken nachhing, erschien sein Sekretär Agathangelos. Mit ihm konnte man arbeiten. Aber nicht freundschaftlich verkehren. Er war wohlerzogen, ordentlich, adrett. Obwohl Christ, war er kein Frömmler wie die meisten seiner Altersgenossen, kein Phraseur. Trotzdem hätte Tiridates nicht gewußt, worüber er sich privat mit ihm unterhalten sollte.

»Nein, komm nur herein. Koste die Weintrauben, und sag mir, wie sie dir schmecken.«

Vielleicht hatte er es zu unvermittelt, zu scharf gesagt. Agathangelos trat furchtsam näher, griff mit zwei Fingern eine Weinbeere, aber bevor er sie zum Mund führte, fragte er: »Meinst du, daß sie vergiftet sind?«

Der König stutzte. Dann lachte er auf, aber ziemlich bitter. So dachten die Menschen, solche Angst hatten sie? Wovor eigentlich?

»Nein, natürlich nicht. Wenn ich den Verdacht hätte, würde ich einen Sklaven kosten lassen, nicht dich. Willst du mich beleidigen, Agathangelos?«

»Verzeih, es war nur aus Sorge . . .«

»Wer sollte mich zu beseitigen wünschen, wenn es nicht Gottes Wille ist?« Er versuchte den Sekretär scharf und tadelnd zu fixieren, es gelang ihm jedoch nicht. Er lachte. »Nein. Sag mir, wie findest du den Geschmack?«

»Der Wein ist ausgezeichnet«, erklärte Agathangelos unsicher.

»Süß wie im letzten Jahr? Wie jedes Jahr?«

Agathangelos begriff nicht, was der König wollte. »Ja, Majestät. Warum sollte er es nicht sein?«

»Ich schmecke nichts ...«

»Soll ich dir andere Früchte bringen lassen ...« Der Sekretär war schon fast in der Tür.

»Nein, laß nur.« Tiridates machte eine Pause. »Aber du bist sicher nicht hier, um mit mir über die Güte der diesjährigen Trauben zu reden ... Was wolltest du?«

»Du hattest befohlen, daß wir einen Händler, der aus dem Westen kommt, zu dir bringen. Es hat sich zufällig ergeben, daß ein gewisser Florentius, ein bekannter Parfümhersteller, nicht nur soeben von einer Reise nach Alexandria, Cäsarea und Nikomedia zurückgekehrte ist, sondern höflich um eine Audienz bittet ...«

»Der Name ist mir bekannt.«

»Er stammt von jenem Paesanius ab, den seinerzeit dein heiliger Vetter, der erleuchtete Gregor, als Hoflieferanten empfohlen hatte.«

»Interessant. Ich empfange ihn. Ist er hier?«

»Vor den Mauern, wie es sich ziemt.«

»Also los, ich empfange ihn, wie gesagt. Was meinst du, muß ich auf den Thron steigen, oder geht es auch einfach ...«

»Ich bin immer dafür, daß vor dem einfachen Volk die Form gewahrt wird, Herr, aber ...«

»Ich habe keine Lust. Bring ihn her, laß ihn eine Zeitlang warten, damit er nicht merkt, daß ich mich langweile. Du weißt, daß ich mich langweile, Agathangelos. Ihr regiert, ihr verwaltet, ihr treibt Handel, ich weiß nicht, was ich euch noch soll.«

»Du geruhst zu scherzen, Herr. Was wären wir, was wäre Armenien ohne dich? Keiner im Land tut irgend etwas, ohne sich vorher zu fragen, ob es in deinem Sinne ist ...«

»Zum Teufel!« unterbrach ihn der König, aber der Blick des Sekretärs war so schmerzlich und tadelnd, daß er wieder lachen mußte. »Gut, ich weiß, ein christlicher Herrscher sollte nicht fluchen. Geh jetzt und bring mir diesen Händler ohne Formalitäten her. Ich mag mich nicht erst umziehen und die schwere Krone aufsetzen, der Kopf tut mir so schon weh. Ich empfange ihn wie dich, verstanden?«

Tiridates war gutherzig, aber impulsiv. Menschen gefielen ihm entweder oder nicht. Er hielt es immer weniger für nötig, sich zu verstellen. Der Händler Florentius war vor allem ein schöner junger Mann. Er sah den König höflich, aber nicht unterwürfig an, eher offen und neugierig. Der Aufforderung, neben dem Herrscher Platz zu nehmen, folgte er dankbar und ohne geheuchelte Scheu. Er verneigte sich, wie es jungen Menschen gegenüber Älteren und auch Mächtigeren zukam, aber er tat es mit einer ungezwungenen Eleganz, wie sie in Athen alltäglich, in Rom schon selten und hier im Osten ganz unüblich war. Natürlich wartete er, daß der König als erster das Wort ergriff. Tiridates wartete nicht. Er fragte sogleich nach Afrika und wollte wissen, was über den Aufenthalt der kürzlich verstorbenen Kaisermutter Helena geredet wurde. Florentius gab ihm einen knappen, jedoch erschöpfenden Bericht, er erzählte, was für christliche Reliquien die Kaiserin gekauft, was für Kirchenbauten sie in Auftrag gegeben hatte und wie ertragreich das Geschäft für die Händler im Bündnis mit den Bankiers und Spionen aus Nikomedia gewesen war. Mit vorsichtigem Blick prüfte er, wie Tiridates reagierte und ob er so offen reden durfte, und er sah, daß der König sogar Freude an seinen Ausführungen hatte. Schließlich unterbrach Tiridates ihn dennoch: »Bist du Christ, mein Freund?«

»Mit deiner Erlaubnis, Herr ...« Florentius lächelte. »Als ich ein kleiner Junge war, hat mein Großvater mich nach Gegard mitgenommen, um mich von meinen Sünden reinigen zu lassen. Die Priester haben sie auf einen schwarzen Widder übertragen und diesen dann geschlachtet. Also bin ich wohl Christ, wenn ich seitdem nicht zuviel gesündigt habe. Aber von der Erbsünde bin ich gereinigt.«

»Und hast du ...« Der König lachte ebenfalls. Mit diesem jungen Mann ließ sich gut plaudern. »... hast du viel gesündigt?«

»Wenn es Sünde ist, sich in dieser Welt wohlzufühlen, dann ja. Gott indes wird mir vergeben. Dazu hat er doch seinen Sohn auf die Erde geschickt, nicht wahr?«

Es war nicht klar, ob er seine Frage ernst meinte.

»Ich bin auch nur ein sterblicher Mensch.«

»Aber ...«, begann der junge Händler lebhaft, dann besann er sich, mit wem er sprach, und vergewisserte sich: »Erlaubst du mir wirklich solche Reden, Majestät? Mir, einem einfachen Mann aus dem Volk?«

»Ich habe Freude daran. Fahre fort.«

»Hast du den heiligen Gregor gut gekannt?«

»Ja, natürlich.«

»Wie hat er in der Grube überlebt?«

»Alle Geheimnisse kann ich dir nicht verraten. Jedenfalls auf ähnliche Weise wie man, nach deinen Worten zu schließen, das Kreuz gefunden hat, an dem unser Erlöser gestorben ist ...«

»Also haben gute und erfinderische Menschen etwas nachgeholfen?«

»Sicher.«

»Die, als sie es taten, Gottes Willen erfüllten?«

»Hoffen wir es.«

Florentius wurde ernst. »Ich weiß nicht, Herr, vielleicht handle ich jetzt nach seinem Willen, vielleicht beschwöre ich auch seinen Zorn auf mich herab, aber ich möchte dich noch etwas fragen.«

»Sprich.«

»Erinnerst du dich an eine Frau, die Ripsime hieß?«

Der König erhob sich überrascht. Sofort sprang auch der Gast von seinem Stuhl auf.

»Was weißt du über sie?«

»Ich habe sie kennengelernt ...«

»Wo? Das heißt, sie lebt?«

»In Alexandria, Herr.«

»Und wie geht es ihr?«

»Gut, sehr gut. Sie ist gesund.«

Am liebsten hätte er gefragt, ob sie noch schön sei. Jahrzehnte waren vergangen. Und? Eine Sklavin, die er nicht genommen hatte. Ein Teil seiner Verschwörung mit Gregor, eine Figur in dem großen Spiel, das er offenbar gewonnen hatte. Warum war er so erregt? Mit einer Geste forderte er den Händler auf, ihm zu folgen, und trat auf den Altan hinaus. Tief unten rauschte der klare Asak, und jenseits des Cañons ragten die Berge auf, der Gipfel des Ararat war schon schneebedeckt. Die Luft war rein und kühl, die Sicht klar. Am kaum bewölkten Himmel zog ein Adler vorbei. Der Adler ist kein Symbol des christlichen Gottes. In seiner Gestalt erscheint Jupiter, dachte der König. Sein Blick folgte dem schwarzen Punkt, bis er verschwunden war. Florentius wagte nicht zu sprechen. Er war überrascht, daß die Nachricht von dieser Frau, die für ihn fast eine Greisin war, den Herrscher Armeniens so aufwühlte. Er wußte nichts von der Legende, daß Tiridates für den angeblichen Mord an zwölf christlichen Sklavinnen durch furchtbare Kopfschmerzen bestraft worden, aber durch die Taufe von der Krankheit genesen sei. All das, was Gregor und Tiridates erfunden hatten, um Volk und Höflingen die Wendung zum Christentum begreiflich zu machen, war nicht mehr wichtig. Die neue Ideologie war jetzt etwas Selbstverständliches, worüber man nicht mehr nachdenken mußte. Endlich wandte sich der König zu seinem Besucher um und sah ihn fragend an.

»Möchtest du sie wiedersehen, Herr?«

»Sehr gern, guter Freund.«

»Dann habe ich also recht gehandelt?«

»Womit?«

»Die fromme Schwester Ripsime war in einem Kloster in Cäsarea. Mit der Zustimmung des hochwürdigen Bischofs Eusebius hat sie die lange Reise unternommen und ist mit mir in ihre alte Heimat zurückgekehrt.«

»Sie ist hier?«

»In der Stadt Erebuni, mit deiner Erlaubnis, Herr.«

»Und du kannst sie zu mir bringen?«

»Selbstverständlich, wenn du es befiehlst.«

Tiridates trat plötzlich einen Schritt näher und griff mit beiden Händen in die Falten der Toga, die der Händler nach römischer Mode trug.

»Was weißt du?«

»Worüber, Herr?«

»Über sie? Über mich?«

Als die Hände des Königs losließen, wich Florentius doch etwas erschrocken zurück. Bis eben noch war er von dem Regenten, seiner Einfachheit, Aufgeschlossenheit und freundlichen Redeweise entzückt gewesen. Jetzt fragte er sich auf einmal, ob nicht alle Könige verrückt waren und man ihnen am besten aus dem Weg ging.

»Nichts. Ich weiß, daß sie eine gottesfürchtige Frau und Armenierin ist und daß sie den Wunsch hatte, in die Heimat zurückzukehren. Sie erwähnte, daß sie die Ehre hatte, dich zu kennen. Und den heiligen Gregor ...«

Tiridates sah die Angst in den Augen des Händlers und schämte sich seiner impulsiven Bewegung.

»Ich möchte sie morgen sehen. Sag meinem Sekretär, wohin er den Wagen schicken soll ...«

Florentius verneigte sich.

»Warte. Ich bitte dich, von diesen Weintrauben zu kosten ...«

Jetzt wieder nur der aufmerksame Gastgeber, führte der König den Händler zu dem Tisch mit der goldenen Obstschale. Er nahm selbst eine kleine Traube, forderte den Gast auf, zuzugreifen. Dieser, erstaunt über die seltsamen Sitten des Herrschers, aß im Stehen, da auch Tiridates sich nicht setzte, ein paar Beeren.

»Wie findest du sie?«

»Ausgezeichnet, Herr.«

»Süß, wie in jedem Jahr?«

Florentius war wieder verlegen. Was wollte dieser wunderliche König jetzt hören?

»Gewiß. Eines so hohen und aufmerksamen Gastgebers würdig ...«

Tiridates hob die Schultern. Wenn man König war, sagte einem keiner die Wahrheit. Mit einer Geste gab er dem Händler zu verstehen, daß er sich endlich zurückziehen durfte.

FISCH UND ADLER

»Wie alt bist du jetzt, gute Ripsime?«

»Fünfzig, Herr«, antwortete die Frau einfach.

Auf Vorschlag des Königs stiegen sie ohne Begleitung die Steilwand zum Fluß hinab.

»Wüßte ich nicht, daß ich dich vor dreißig Jahren kennengelernt habe, würde ich nicht glauben, daß du schon so lange auf Gottes Erdboden bist.«

Er reichte ihr die Hand, damit sie die Füße sicherer setzen konnte. Sie nahm sie nur für einen Augenblick, leicht, mit schönen Bewegungen bewältigte sie den unwegsamen Pfad. Obwohl das weite, lange Kleid und der Umhang aus feinem weißem Wollgewebe ihre Schritte behinderten, besaß sie eine mädchenhafte Behendigkeit.

Als sie auf einer Lichtung stehenblieben, fragte Tiridates: »Tut es dir leid, daß du deinen Körper nicht kennengelernt hast, Ripsime?«

Er bückte sich und pflückte ihr eine blaue Blüte.

»Ich verstehe deine Frage, aber es ist wahr, daß ich meinen Körper auch jetzt spüre, immer, wenn ich mich an Gottes Natur erfreue. Oder an so einer Blume ...« Sie atmete ihren Duft ein. »Trotzdem werde ich dir sagen: Wenn mir die Askese nichts ausgemacht hätte, wäre sie dann ein Opfer gewesen?«

Also konnte man sich mit ihr auch unterhalten, dachte Tiridates. Dennoch erreichten sie fast schweigend den klaren und reißenden Fluß am Grund der Schlucht. Er war lange nicht hier unten gewesen, obwohl es von seinem Palast nicht weit war. Nicht daß er den beschwerlichen Rückweg bergauf gefürchtet hätte. Er konnte immer, wie er es auch jetzt getan hatte, befehlen, daß man ihm nach einiger Zeit Maultiere mit bequemen Sätteln schickte. Er mochte nicht diesen tiefen Schatten und das Plätschern des Wassers, das über einen umgestürzten Stamm sprang. Fast zitterte er vor Kälte, und er zog den Mantel fester um sich. Ein größerer Fisch schnellte aus dem Fluß hoch.

»In letzter Zeit sehe ich überall Zeichen«, sagte er leise.

»Wie meinst du das?«

»Gestern Mittag habe ich dort oben am Himmel einen Adler gesehen und an Jupiter gedacht. Dieser Fisch ist, wenn ich nicht irre, das Zeichen deines Christus.«

»Unseres Herrn und Heilands«, korrigierte sie ihn sanft.

»Ich muß mit allen Göttern Umgang pflegen«, flüsterte er gedankenverloren.

Er fühlte große Zärtlichkeit für diese Frau, die er als Mädchen nur einen Abend lang gesehen hatte. Er selbst hatte ein politisches Märchen erfunden, um sie in Sicherheit zu bringen, und sie nie wieder getroffen. Sein ganzes Leben hatte er nach etwas gesucht, er wußte bis jetzt nicht, wonach. Offensichtlich war es nicht Gregors Glaube — den er unter Einbeziehung der christlichen Sklavin und ihrer Gefährtinnen genutzt hatte, um den Geist seines Landes zu verändern —, denn er verhalf ihm nicht zu der Ruhe, die er nach außen zu bewahren vermochte. War vielleicht sie dieses Ziel, diese Zuflucht? Er griff nach ihrer Hand. Sie erstarrte, machte sich dann behutsam los und versteckte die Hand im weiten Ärmel.

»Du hast mir in jener Nacht etwas rezitiert, erinnerst du dich?«

»Ja. Aber ich weiß nicht mehr, was. Ich hatte Angst.«

»Daß ich dich mit Gewalt nehme?«

Sie sprach ganz ruhig. Jetzt war sie nicht mehr aufgeregt.

»Deine Füße waren in einer Schüssel mit warmem Wasser. Als du sie herausnahmst, fiel mir die Heilige Schrift ein, und ich hätte dich fast mit meinem Haar abgetrocknet. Ich hatte damals gute Gefühle für dich, denn du warst keine Bestie, du littest.«

»Dein Lied hat mich in den Schlaf geleitet... Wie oft bin ich danach in diesen dreißig Jahren eingeschlafen, ohne daß ich mich an den Augenblick erinnere, bevor mir die Lider zufielen... Aber jene Nacht habe ich im Gedächtnis bewahrt. Und jetzt sind wir zwei alte Leute, die hier am Fluß sitzen...«

»Du bist nicht alt, König.«

»Du noch weniger. Es war ein Scherz. Ich wollte nur sagen, daß du vor nichts mehr Angst zu haben brauchst.«

»Ich habe mich Gott geweiht.«

»Wie ist es dir ergangen? Was hat man dir gesagt, als man dich aus Armenien wegbrachte?«

Sie erzählte, daß Gregor persönlich sie gesegnet, von Gottes Willen gesprochen und sie beschworen habe, über das, was sie am Hof des Königs erlebt hatte, niemandem ein Wort zu sagen, auch nicht bei der Beichte.

Sie psalmodierte in griechischer Sprache:

»Ich habe mir vorgesetzt, ich will mich hüten, daß ich nicht sündige mit meiner Zunge. Ich will meinen Mund zäumen, weil ich muß den Gottlosen so vor mir sehen. Ich bin verstummet und stille, und schweige der Freuden und muß mein Leid in mich fressen. Mein Herz ist entbrannt in meinem Leibe, und wenn ich daran gedenke, werde ich entzündet; ich rede mit meiner Zunge: Aber, Herr, lehre doch mich, daß ein Ende mit mir haben muß, und mein Leben ein Ziel hat, und ich davon muß. Siehe, meine Tage sind einer Hand breit bei dir, und mein Leben ist wie nichts vor dir. Wie gar nichts sind alle Menschen, die doch so sicher leben!... Nun, Herr, wes soll ich mich trösten? Ich hoffe auf dich. Errette mich von aller meiner Sünde, und laß mich nicht den Narren ein Spott werden. Ich will schweigen, und meinen Mund nicht auftun, du wirst's wohl machen ...«

Als sie innehielt, bat Tiridates: »Sprich weiter!«

»Wende deine Plage von mir, denn ich bin verschmachtet von der Strafe deiner Hand. Wenn du einen züchtigst um der Sünde willen, so wird seine Schöne verzehret ... Höre mein Gebet, Herr, und vernimm mein Schreien, und schweige nicht über meinen Tränen; denn ich bin ... dein Pilgrim ... Laß ab von mir, daß ich mich erquicke, ehe denn ich hinfahre, und nicht mehr hie sei.«

Wieder trat Stille ein. Der König fragte: »Was ist das?«

»Ein Psalm Davids.«

»Also ein hebräisches Gebet, nicht euer christliches. Es könnte an jeden beliebigen Gott gerichtet sein.«

»Versündige dich nicht.«

»Ich kenne deine heiligen Bücher auch. Hör zu: ›Ein Weib lerne in der Stille, in aller Untertänigkeit. Einem Weibe aber gestatte ich nicht, daß sie lehre, auch nicht, daß sie des Mannes Herr sei, sondern stille sei. Denn Adam ist am ersten gemacht, danach Eva. Und Adam ward nicht verführet; das Weib aber ward verführet, und hat die Übertretung eingeführet ...‹ «

»Wo hast du das gefunden?«

»In einer Epistel, die Paulus seinem Sohn im Glauben Timotheus geschickt hat. Auch so etwas steht in euren heiligen Büchern. Weißt du, wie es über die Frauen weitergeht? Paulus sagt: ›Sie wird aber selig werden durch Kinderzeugen, so sie bleibet im Glauben, und in der Liebe, und in der Heiligung, samt der Zucht.‹ Du hast keine Kinder geboren, also bist du auch nicht selig geworden.«

»Das ist Gottes Wille.«

»Ihr alle redet euch stets auf Gottes Willen heraus ...«

Sie entzog ihm ihre Hand nicht mehr, und er erzählte, wie Gregor und er über ihr weiteres Schicksal verhandelt hatten.

»Damals habe ich ihm gesagt, ich setze auf eure christliche Karte ...«

»Und der Heilige?«

»Daß ich ein Werkzeug in Gottes Hand bin.«

»Siehst du?«

»Ich sehe. Wie schon gesagt: Ihr kommt immer zurecht, weil ihr das, was euch paßt, als Gottes Willen auslegt ...«

Von weitem erblickten sie schon die Sklaven und Maultiere auf dem schmalen Pfad. Er fragte Ripsime, was sie nun tun würde, und sie erzählte, daß sie unter falschem Namen ein Nonnenkloster leiten wolle. Über die Vergangenheit werde sie mit niemandem sprechen, sich ihres Königs nur im Gebet erinnern.

»Ich weiß ziemlich viel über deinen Glauben und seine Diener, Ripsime. Gregors Sohn Aristakes war auf dem ökumenischen Konzil und hat mir berichtet. Eure Bischöfe streiten, sie sind nicht besser als meine Berater.«

»Ich glaube, daß du alles über die Menschen, also auch die Priester weißt. Was wir über Gott wissen, ist nicht Sache des Kopfes, sondern des Herzens, König.«

Obwohl im Schatten der Felswand, war ihr Gesicht jetzt besser beleuchtet als in jener Nacht vom Fackelschein. Ein ebenmäßiges Profil, große Augen, schöne Züge ...

»Lege mir zum Abschied die Hand auf den Kopf.«

»Warum?«

»Er tut mir schon das ganze Leben weh. Und wir haben uns ausgedacht, daß das die Strafe ist, weil ich dich getötet habe.«

»Du hast es nicht getan.«

»Trotzdem habe ich Schmerzen ...«

Die Maultiertreiber wurden Zeugen einer seltsamen Szene: Ihr König saß auf einem Stein, und eine schöne, reife Frau im langen Gewand stand vor ihm und hatte ihm beide Hände auf den Scheitel gelegt wie zum Segen. Als er die Hufschläge vernahm, stand er auf und befahl, sie in den Damensattel zu heben. Mit ruhiger, gelassener Stimme sagte er noch zu ihr: »Die Ärzte sagen, daß ich vielleicht erblinden werde ...«

Sie zuckte zusammen, antwortete jedoch ebenso ruhig: »Um Gott zu schauen, brauchst du kein Augenlicht.«

Er wollte noch nicht mit ihnen reiten, erklärte, er werde allein zurückkehren, wie er gekommen sei. Während er der kleinen Karawane nachblickte, sah sich Ripsime nicht um.

Der Aufstieg war mühseliger, als er gedacht hatte. Einmal glitt er aus, stolperte und wäre in den Abgrund gestürzt, hätte er nicht im letzten Moment nach einem Zweig gegriffen. Ein König sollte nicht allein herumklettern, dachte er, vor allem wenn er alt und krank ist. Er keuchte, mußte öfter Halt machen, den Fluß tief unter sich, die Hänge des Ararat und den Himmel hoch über sich. Jetzt war er weit weg von allen Fischen, und am Himmel war kein Vogel. Fern von allen Symbolen und vielleicht auch den Göttern fern.

Er dachte an Konstantin. Jemand hatte ihm berichtet, daß der Kaiser ihn, den armenischen König, für einen glücklichen Menschen hielt. Diokletian hat als großer Christenverfolger gegolten, als roh und unbarmherzig, als strenger Herrscher, dachte Tiridates, aber dabei war er doch ein guter und einfacher Mann. Er hat gelebt wie jeder alte Legionär und Offizier, er mochte Kohl und haßte das Zeremoniell, dem er sich unterwarf, weil er glaubte, der Idee vom Reich dieses Opfer bringen zu müssen. Aber Konstantin, dieser orientalische Despot, dieser arrogante und kaltherzige Mann, der schon als Hauptmann lieber allein als mit seinen Freunden zusammen war, der seine ganze Verwandtschaft und schließlich auch noch Frau und Sohn umgebracht hat, der soll vor aller Welt ein Heiliger und ein leuchtendes Beispiel der Christlichkeit sein. Müßte Gott, wenn es einen gibt, nicht viel mehr Wohlgefallen an Diokletian haben? Und wie sieht es mit meinem Schicksal und meiner Rolle aus, wie ist mein Verhältnis zu dem einen Gott und seinem galiläischen Prediger, der sich für seinen

Sohn ausgegeben und uns als Heiland aufgedrängt hat? fragte sich Tiridates. Was wäre aus meinem Armenien geworden, hätte ich es nicht mit List und Gewalt auf diesen Weg geführt? Wahrscheinlich dasselbe, tröstete er sich, nun schon entspannter und freier atmend. Dann hätte eben ein anderer das Christentum angenommen. Für den Gang der Geschichte ist es ziemlich gleichgültig, wie es dem König eines Bergvolkes ergeht, das eingezwängt zwischen den beiden größten Weltmächten leben muß.

Er stieg weiter bergauf und erreichte endlich das Plateau mit Tempel und Palast. Agathangelos wartete schon auf ihn.

»Wir hatten etwas Sorge, Herr.«

»Warum?«

»Du bist lange fortgeblieben.«

»Ich habe diesen Ausflug in die Natur genutzt, um über irdische und himmlische Dinge nachzudenken ...«

Er hielt inne, schien aber noch nicht alles gesagt zu haben. Darum fragte der Sekretär: »Und worauf bist du gekommen, König?«

»Der Adler ist am Himmel in seinem Element, die Forelle im Bach in dem ihren. Nur der Mensch strebt ständig in die Höhe wie ein Vogel, obwohl er keine Flügel hat, und er schwimmt von der Quelle bis zur Mündung wie ein Fisch, obwohl er keine Flossen hat. Verstehst du mich nun?«

»Nicht ganz.«

Tiridates winkte ab.

»Ich werde jetzt baden, mich umziehen und dann zu Abend essen. Ich habe Hunger, die frische Luft macht noch immer den besten Appetit. Und laß kräftig einheizen, denn der König friert. Und wenn deine Kollegen, mit denen du über mich herziehst, auch wissen wollen, worüber ich nachgedacht habe, dann sag ihnen, Tiridates hat sich den ganzen Tag mit Persien beschäftigt, denn wenn ihm nichts einfällt, wird uns alle der Teufel holen. Das sag ihnen, du christliche Seele ...«

DAS KLEINE LAND ZWISCHEN ZWEI WELTREICHEN

Noch ein paarmal traf er sich mit Florentius, bevor der Parfümeur wieder nach Westen reiste.

»Ich weiß nicht, ob du bald zurück sein wirst, mein guter Florentius. Persien wird uns angreifen.«

»Kaufleute können immer passieren.«

»Vielleicht. Ich hoffe für dich, daß die künftige Entwicklung nicht zu ungünstig ist. Aber ich glaube nicht, daß du mich noch antreffen wirst ...«

Er erklärte, er habe zuverlässige Informationen über die Absicht des persischen Königs Sapor, das bergige Armenien zu erobern, weil es eine zu starke Basis war und als solche die Verkehrswege an Euphrat und Tigris in Mesopotamien bedrohte. Seit es keinen Reiterführer wie Mamgo mehr gab, würde das persische Heer leichtes Spiel haben.

»Wird dir nicht Kaiser Konstantin Hilfe schicken?«

»Er hat jetzt anderes zu tun. Und es wäre ihm auch nicht recht.«

»Wieso?«

»Wenn ich gefangengenommen oder getötet werde, wird das Volk ihn zu Hilfe rufen, wen sonst? Dann wird er Armenien einen neuen König schicken, der aber nicht mehr so halbwegs unabhängig ist wie ich, sondern sein Befehlsempfänger und Untertan des Römischen Reichs.«

»Ich dachte, ihr wäret Freunde.«

»Ein Herrscher kann niemandes Freund sein. Wir haben uns als junge Offiziere gekannt, aber er war mit niemandem besonders vertraut. Nein, mein lieber Handelsmann, kleine Länder zwischen mächtigen Reichen haben keinen leichten Stand. Vielleicht ist das auch eine Frage des Gleichgewichts, aber mir tut der Kopf zu oft weh, als daß ich es halten könnte ...«

Florentius nickte besorgt. Er war unverhofft in die Nähe eines Mannes geraten, der sich mit der großen Politik beschäftigte, und sah nun, daß Beschlüsse über die Geschicke von Staaten ebenso nüchternem Kalkül unterlagen wie etwa der Aufkauf der Pfirsichernte von einem bestimmten Bauern. Wenn man wußte, daß er beispielsweise wegen unvorhergesehener Ausgaben in Schwierigkeiten war, dann wartete man ein wenig, bis er mit dem Preis herunterging. Man mußte nur aufpassen, daß einem die Konkurrenz nicht zuvorkam.

Tiridates wollte alles erfahren, was die Leute über die Vollstreckung der Todesstrafe an Konstantins Sohn Crispus erzählten; und hatte der Kaiser selbst befohlen, die Kaiserin Fausta im Bad zu ersticken? Er wunderte sich, daß der Händler all dem nicht viel Bedeutung beimaß. Die Völker hatten sich daran gewöhnt, daß in herrschenden Familien selten ein natürlicher Tod eintrat. Der Kaiser hat seine Frau umgebracht? Na und, sie hat lange genug gelebt. Den Sohn? Sicher wollte der die Macht an sich reißen. Das ist nicht unsere Sache. Konstantin ein Heiliger? Die Kaiser waren seit je Götter, vor denen da oben muß man immer auf den Knien liegen ... Niemand entrüstete sich über Konstantin, niemand wußte etwas von dem bescheidenen und so friedlichen Privatleben Diokletians.

»Verzeih, daß ich so offen rede, mein König, aber ich hatte den Eindruck, daß ich dir keine Märchen erzählen sollte ...«

»Ich danke dir. Was sie über mich denken, wage ich gar nicht zu fragen ...«

Er wartete, ob der Händler darauf einging. Aber Florentius schwieg, so daß Tiridates selbst konstatierte: »Dein Schweigen ist beredt.«

»Was wolltest du denn hören? Auch du bist für deine Untertanen der Herrscher, was sonst? Du lebst noch zurückgezogener als andere. Mamgo haben sie geachtet, weil sie Angst vor ihm hatten ...«

»Also nicht einmal das? Das heißt, sie würden den Persern keinen großen Widerstand leisten?« Wieder trat eine Pause ein. »Mach dir nichts draus, ich habe auch nicht damit gerechnet ...«

Florentius wollte aufbrechen, und der König ergriff seine beiden Hände. Mit diesem jungen Mann könnte ich gut Freund sein, dachte er, ihm würde ich sogar das Königreich anvertrauen, aber er reist wohl lieber als einfacher Händler durch die Welt und bringt die armenischen Wohlgerüche bis zu den kalten Küsten Britanniens. Mag es so sein. Wenn der Widder tatsächlich alle seine früheren und künftigen Sünden auf sich genommen hat, ist er vielleicht einer von denen, die schon auf Erden glücklich sein können.

Konstantin hatte immer das Recht beansprucht, der Glücklichste zu sein, aber die Götter gestanden es ihm offenbar nicht zu. Tiridates war gegen alles mißtrauisch, am meisten mißtraute er sich selbst und seiner Umgebung. Glücklich war er als junger Mann vielleicht nur nach einem besonders erfolgreichen, außergewöhnlich weiten und in vollendetem Stil ausgeführten Diskuswurf gewesen. Darum beunruhigte es ihn heute nicht sehr zu wissen, daß er nicht nur sein Königreich verlieren würde, sondern vermutlich auch das Leben.

»Man hört, daß Konstantin eine neue Hauptstadt gründen will ...«

»O ja. Viele hoffen schon, daran gut zu verdienen. Man erzählt, das wird für das ganze Imperium das Geschäft des Jahrhunderts. Ich überlege auch schon, wie wir rechtzeitig eine Filiale eröffnen können ...«

»Siehst du, ich hatte niemals den Wunsch zu bauen, ich habe weder Kraft noch Lust, mir Mauerwerk und Leben darin vorzustellen. Vielleicht habe ich deshalb diesen Nomaden Mamgo so gern gehabt. Ich habe ihn wohl besser verstanden als ich selbst glaubte, so kommt es mir heute vor. Ich will dich nicht länger aufhalten ...«

»Du weißt, daß ich nicht unnötig große Worte mache,

Herr«, sagte Florentius aufrichtig. »Aber es hat mich sehr geehrt, daß du mir so viel Zeit geschenkt hast . . .«

Als er gegangen war, stand Tiridates noch lange auf dem Altan. Alle gingen aus seinem Leben fort. Mamgo, Gregor, Nuschriwana. Ripsime war wiedererschienen und fortgegangen. Und nun auch dieser junge Mann. Seine Gedanken kehrten zu Konstantin zurück. Nein, er wäre ihm kein ebenbürtiger Freund gewesen. Gut, daß sie sich nicht nähergekommen waren. Er wäre ungewollt sein Rivale geworden. Vielleicht hätte er mit dem Purpur geliebäugelt, weil er sich für den Besseren hielt. Den besseren Herrscher? Sicher nicht. Den besseren Menschen? Was hatte das miteinander zu tun? Und was würde von all dem bleiben? Konstantin würde der Heilige bleiben und er, Tiridates, der Jungfrauenmörder. Alle würden glauben, daß er Ripsime umgebracht hatte, nur weil sie nicht mit ihm schlafen wollte. Die Frau, die er ohne eine einzige Berührung lieben konnte, dreißig Jahre hatte er sie nicht gesehen und nicht an sie gedacht, aber jetzt hatte ihn vor ihrem unter den weißen Stoffen fast unsichtbaren Körper augenblicklich ein Schauer ergriffen. Er hatte in seinem Leben nichts erreicht. Tröstlich war nur, daß er auch gar nichts hatte erreichen wollen. Den olympischen Lorbeer hatte er im offenen und fairen Kampf errungen. Das war nicht wenig. Daß er aber als blutrünstig in die Legende eingehen würde, war seine eigene Schuld. Er hatte zu schlau sein wollen.

Unwillkürlich griff er sich an den Kopf, denn der Druck wurde heftiger, und vor seinen Augen tanzten schwarze Punkte. Bald aber sah er die Berge jenseits des Flusses wieder deutlich.

Mit Schmerzen konnte man leben, man gewöhnte sich. Aber ohne Augenlicht? Gregor hatte ein Jahr im finsteren Loch gelebt, bis er von seinem König, der ihn hineingestoßen hatte, befreit wurde. Sein König, dachte Tiridates, ich. Und wenn ich erblinde, wer wird mich ins Licht zurückholen? Vielleicht doch Gott?

XI

DIE NEUE HAUPTSTADT

»Ich, aufbrechend vom Britannischen Meer und von den Gegenden, wo der Sonne vorgeschrieben ist unterzusinken, vertreibend und zerstörend durch eine höhere Gewalt die alles beherrschenden Übel, damit das Menschengeschlecht durch meine Hilfe erzogen, zurückgerufen werde zum Kultus des erhabensten Gesetzes ... bin bis in die Gegenden des Orients gekommen, welche, in je tieferem Unglück sie sich befanden, zu um so größerer Hilfe mich herbeiriefen ... Ihr sehet alle, welche Macht und Gnade das ist, die der gottlosesten und beschwerlichsten Menschen ganzes Geschlecht hat verschwinden und untergehen lassen.«

Konstantin stand auf dem Podium, das Diadem auf dem Kopf, den gold-, perlen- und juwelengeschmückten Purpurmantel um die Schultern. Er fand immer mehr Gefallen an öffentlichen Auftritten, aber manchmal war seine Rede unklar und schwer verständlich. Die Mitarbeiter, Minister, Heerführer, Vertreter der umliegenden Städte und vieler östlicher Provinzen lauschten dem Kaiser und Herrn stehend und in tiefer Stille.

»Er lehrte alle Armeen, den Tag des Herrn, welcher gerade auch als der des Lichtes und der Sonne benannt wird, mit Eifer ehren!« Der bezahlte Panegyriker führte eine deutlichere Sprache. »Auch die Heiden müssen am Sonntag hinaus aufs freie Feld und miteinander die Hände aufheben und miteinander beten: ›Dich allein erkennen wir als Gott und König, dich rufen wir als wahren Helfer. Von dir haben wir die Siege erlangt, durch dich die Feinde überwunden. Dir danken wir das bisherige Gute, von dir erhoffen wir das künftige. Zu dir flehen wir alle und bitten dich, daß du unsern Kaiser Konstantin und seine gottliebenden Söhne uns lange unversehrt und siegreich bewahrest.‹ «

Diese Rede zu Ehren des Augustus war wie ein christliches Gebet intoniert, jedoch so geschickt formuliert, daß es die anderen Gläubigen, vor allem die Mithras-Anhänger, nicht abstieß. Schließlich war vom Herrscher die Rede, von den Armeen, von den Siegen; die Moral und ethische Werte wurden nicht einmal erwähnt, ebensowenig wie Rom und die Römer.

»Kaiser zu werden«, fuhr Konstantin fort, »ist eine Sache des Schicksals; wen aber die Gewalt des Fatums in die Notwendigkeit des Herrschens versetzt hat, der bemühe sich, des Imperiums würdig zu erscheinen.«

Konstantin führte neue Würden und Titel ein. Fast alles, was ihn betraf oder in seinen unmittelbaren Diensten stand, trug das Prädikat *sacer,* »geweiht«. Sein kaiserliches Gemach zum Beispiel hieß *Sacrum cubiculum.* Man wußte genau, zu welchem Amt welches Prädikat gehörte wie *illustris, spectabilis, honoratus, clarissimus, perfectissimus, egregius,* Anreden wie *amplitudo, celsitudo, magnitudo, magnificentia, prudentia tua.* Auch Diokletian war für Ordnung gewesen und hatte verlangt, daß sie in der Hierarchie und im amtlichen Wortschatz zum Ausdruck kam. Aber Konstantin führte das Protokoll und die Zeremonien bis zur Vollendung und scheute sich nicht, über winzigste Einzelheiten intensiv nachzudenken und persönlich zu entscheiden.

»Ich muß Ehrentitel erfinden«, erklärte er Eusebius von Cäsarea, den er oft zu Gast hatte und gern zu seinem Biographen gemacht hätte, »um möglichst vielen Ehre anzutun.«

Die Vorrechte der Hofleute führten allmählich zu einem neuen Erbadel, da die Privilegien nicht nur ihnen, sondern auch ihren Kindern und Enkeln galten. Neben die Aristokratie der Senatorenfamilien trat nun eine zweite aus Hofleuten — *Palatini* — und höheren Beamten.

Niemand durfte wissen, wie einsam und verzweifelt er war. Deshalb umgab er sich mit einer Menge von »Freunden«, »Getreuen« und »Vertrauten«, demonstrierte ihnen seine Liebe für »Lesen, Schreiben und Nachdenken«. Er erlaubte ihnen, ungehindert durch die kaiserlichen Paläste zu spazieren, ja, sich aus der kaiserlichen Kasse zu bedienen. Er war großzügig, was ihm nicht schwerfiel, denn er war unermeßlich reich. Er tat, als wäre das ganze riesige Reich, ja die ganze bekannte Welt sein Eigentum. Und niemand machte ihm das vorerst strittig. Er war erst fünfzig Jahre alt, doch das Privatleben schien ihm sinnlos. Auch früher hatte er sich nie betrunken, aber jetzt fand er gar keinen Genuß am Wein. Er aß ohne Appetit. Selten hörte er Musik, fast nie besuchte er Theater- und Ballettvorstellungen, die Arena betrat er nicht. Seine alte Schwäche, kein Blut sehen zu können, hatte so überhand genommen, daß er bei keinem Opfer mehr zugegen war und kein Fleisch mehr aß. Auf diese Weise setzte er kein Fett an und erfreute sich ausgezeichneter Gesundheit. Er war stolz, noch immer den Harnisch anlegen zu können, den er vor fünfzehn Jahren an der Mulvischen Brücke getragen hatte.

Nikomedia mochte er nicht. Die Paläste dieser Stadt hatte Diokletian errichtet, Konstantin war vor dreißig Jahren hier Gardehauptmann gewesen. Er hatte das Soldatenhandwerk und die Kunst der Staatslenkung gelernt. Obwohl er sich auch damals nie berauscht hatte, war er gern bei den Gelagen gewesen, hatte guten Braten genossen und sich unermüdlich und unersättlich mit Frauen vergnügt. Er war mit seinem Rang zufrieden gewesen, überzeugt von seiner Karriere, seiner hohen Herkunft bewußt, aber noch nicht lüstern nach den höchsten Ehren. Wann hatte er erfahren, daß er zum Alleinherrscher geboren war? Vielleicht erst, als er begriff, daß Diokletian sich tatsächlich freiwillig zurückziehen würde, daß das keine Floskel war. Er hatte nicht verstehen können, daß dieser Mann, den er so verehrte, endgültig auf die Herrschaft verzichtete. Vielleicht war gerade die Tatsache, daß er die Bürde der Welt nicht mehr tragen wollte, der Anfang von Konstantins Zweifel an Diokletians System gewesen. Wer gab schon freiwillig seine Macht auf? Später, als er sah, wie der primitive Galerius den genialen Diokletian ablöste, auf welche lächerliche und barbarische Weise er versuchte, den architektonisch vollendeten Palast in Asphalatos für Romuliana Felix zu kopieren, und vor allem, als ihm klar wurde, daß sein eigener Vater und Galerius' Mitkaiser in seiner Sanftmut und Menschenfreundlichkeit weder militärische noch politische Siege erringen konnte, gewann er die Überzeugung, daß er allein berufen war, Imperium und Welt zu lenken. Nikomedia erinnerte ihn zu sehr an die Stunden der Unsicherheit und des Zauderns. Und den Dachgarten des Palastes hatte er seit dem Tod seiner Mutter nicht mehr betreten.

»Wir müssen den Ort für eine neue Hauptstadt bestimmen!« sagte er am Ende einer Beratung im kleinen Kreis. Das war nicht das erstemal, und Julianus begriff, daß es Probleme geben würde.

»Hast du nicht daran gedacht, endgültig nach Rom zurückzukehren?«

»Nein!« antwortete Konstantin schroff und fügte ohne Begründung hinzu: »Niemals!«

»Aber warum?«

»Den dreißigsten Jahrestag meiner Herrschaft werde ich in einer neuen Hauptstadt feiern, die schöner sein muß als Rom!«

Konstantin schloß die Sitzung und stand auf. Die Minister sahen sich an. Das war ein großes Wort. Es war nicht schwer, einen Sommersitz zu bauen, wie es Diokletian, oder eine kleine Stadt anzulegen, wie es Galerius getan hatte. Noch einfacher war es, ehrwürdige alte Städte wie Augusta Treverorum zum angemessenen Sitz einer kaiserlichen Regierung umzugestalten. Aber in so kurzer Zeit, nur auf der Basis eines verbalen Beschlusses, das ewige Rom zu überflügeln ... Waren da nicht erste Symptome von Wahnsinn?

Das vielgepriesene Rom war in den letzten hundertfünfzig Jahren vor allem dank der Bautätigkeit unter Caracalla, Severus Alexander, Decius und Philippus und nicht zuletzt Diokletian noch größer und prächtiger geworden: Da waren das reichgeschmückte Trajansforum, der Sonnentempel des Aurelianus, die Basilika und der Zirkus des Maxentius. Viele neue Straßen, Säulengalerien mit Statuen, Villen, Terrassen, mehr als hundert neue, inzwischen auch christliche, Tempel, Treppen, öffentliche Thermen, Bibliotheken und Theater — jedes Bauwerk war an sich schon schön, und alle zusammen, harmonisch und sinnvoll aufeinander abgestimmt, bildeten ein einzigartiges architektonisches Ensemble. Zu Konstantins Zeit besaß Rom bereits achtundzwanzig Bibliotheken, elf Foren, elf Thermen, zwei Zirkusarenen und sechsunddreißig marmorne Triumphbögen, dies alles verteilt auf Tal und Hügel, unterbrochen durch Gärten und Baumgruppen von üppigstem Grün, denn die Stadt hatte zwar ein südliches Klima, bekam aber auf neunzehn Aquädukten stets frisches Wasser von den Bergquellen. In Rom lebten kaum anderthalb Millionen Menschen, aber sie konnten alle Herrlichkeit der Welt genießen. Das Kolosseum allein konnte den fünfzehnten Teil der ganzen Einwohnerschaft fassen, der Circus maximus mehr als ein Zehntel. Um solche Stätten der Zerstreuung zu füllen, bedurfte es allerdings eines Volkes, das seit Jahrhunderten von seinen Herrschern dazu erzogen war, das von Spenden lebte und unaufhörlich nach immer neuen, gesteigerten Genüssen verlangte.

Die Idee, eine neue Hauptstadt zu gründen, war übrigens schon alt. Bereits Julius Cäsar hatte erklärt, daß Rom als Hauptstadt des Imperiums überholt und politisch ungeeignet sei, weil es im Grunde ein Stadtstaat war. Octavianus

Augustus hatte an das legendäre Troja gedacht. Seitdem hatten viele Kaiser erwogen, ihre Residenz weiter nach Osten zu verlegen, oder sie hatten sich jahrelang überhaupt nicht in Rom sehen lassen. Konstantin hatte die Geschichte gründlich studiert. Er meinte, alle wesentlichen Probleme des Reiches gelöst, alle Feinde besiegt zu haben, und er konnte in der Gründung einer neuen Hauptstadt seine vordringlichste Aufgabe erblicken.

Er mußte sich mit etwas beschäftigen, um nicht an Crispus und Fausta zu denken.

Die wichtigste Frage war die nach dem Ort, an dem die Fundamente gelegt werden sollten. Auch er dachte zunächst an Troja. Er begab sich persönlich zu dem Gefilde, wo die Grabhügel der Helden Homers lagen. Beim Grab des Ajax begann er selbst die Umrisse der neuen Stadt zu zeichnen. Mit den vorgeschriebenen Zeremonien wurde der Grundstein gelegt.

In der Stadt, die Octavianus Augustus unter dem Namen Ilium Novum wiedererbaut hatte, gab es keinen passenden Palast für einen Kaiser. Deshalb schlief er lieber in seinem Purpurzelt. Am Morgen meldeten ihm die Bauleute aufgeregt, daß die Meßschnüre und die Steinchen, welche die künftige Grube markierten, offenbar über Nacht von Adlern fortgetragen worden waren. Da ließ er die Arbeiten sofort einstellen.

»Die Götter sind uns nicht geneigt . . .«

Er hatte schon lange vermieden, von »Göttern« zu sprechen, damit jeder annehmen konnte, er glaube an jenen einen und einzigen. Hier schien ihm der Einfluß der olympischen Götter noch allzu stark, und vielleicht war es vermessen gewesen, auf ihrem Territorium bauen zu wollen. Er beschloß, alles noch einmal zu überdenken, und um seine quälende Unsicherheit zu kaschieren, befahl er, wenigstens einen dem Trojanischen Krieg geweihten Triumphbogen zu errichten.

Natürlich wollte er keine neue Stadt auf Brachland gründen, er konnte sich mit ein paar Palästen, Kasernen und Magazinen nicht begnügen. Aber von welcher Basis sollte er ausgehen? Seit je fühlte sich jeder echte Römer von der griechischen Tradition angezogen, denn diese Welt war Heimstatt aller alten Legenden. Konstantin dachte daran, daß hier im Osten auch Christi irdisches Vaterland näher war. Dennoch kamen Ägypten oder Galiläa nicht in Betracht, sie bildeten schon die Peripherie des Staates. Die Lage Nikomedias war wirklich ganz gut, Diokletian hatte weise gehandelt, als er seine ständige Residenz hierher verlegte. Es gab günstige Verbindungen mit der Welt, Bosporus und Dardanellen boten dennoch Schutz von der Meeresseite her. Von einem militärisch, politisch und geographisch so vortrefflichen Standort wollte sich Konstantin nicht allzu weit entfernen. Bei der Suche nach dem besten Platz konnte er sich nicht auf seine christlichen Berater stützen, sie steckten zu tief in dem Streit darüber, ob Arius nicht doch recht und das ökumenische Konzil unrecht habe und ob es nicht einen goldenen Mittelweg gebe. So suchte der Herrscher den Beistand eines anderen Weisen, eines Neuplatonikers namens Sopater, der ein Schüler von Jamblichos war und auch als hervorragender Astrologe galt. Er half Konstantin nicht nur, den Ort für seine neue Stadt, sondern auch die Stunde für die Grundsteinlegung zu bestimmen.

Die Sonne mußte im ersten Jahr der 276. Olympiade im Zeichen des Schützen stehen, der Krebs aber die Stunde beherrschen. Konstantin ergriff einen Speer und schritt auf dem freien Feld vor der alten Stadt Byzanz den Lauf der künftigen Ringmauer ab, gefolgt von Ministern und heidnischem wie christlichem Klerus. Julianus, der sich wie immer um die zu erwartenden Kosten Sorgen machte, wagte die Frage: »Wie weit noch, Herr?«

Konstantin drehte sich nicht um. Er folgte seiner seltsamen Inspiration und antwortete erst nach einer Weile: »Bis der stehenbleibt, der vor mir hergeht ...«

Der Grundstein Konstantinopels wurde, wie wir heute genau wissen, am 4. November 326, also unmittelbar nach der Hinrichtung von Crispus und Fausta, gelegt. Der Autor hielt jedoch mit Rücksicht auf die Anlage seines Buches diese leicht anachronistische Darstellung für erforderlich.

Die riesige Baustelle lockte zahllose Menschen herbei und gab ihnen Beschäftigung. Eine ganze Armee von Unternehmern, Architekten, Bildhauern, Maurern, Steinmetzen, Fachleuten für Mosaike und Wasserleitungen, aber auch für Landwirtschaft und Gartenbau kam nicht allein aus Rom, sondern aus der ganzen Welt. Ihnen folgten Priester und Prostituierte, Wucherer und Ärzte, Masseure und Lehrer. Zur Verrichtung der primitiven Arbeiten, vor allem Erdarbeiten, ließ Konstantin vierzigtausend Goten herbeiholen oder vielmehr mit Gewalt herbeitreiben. Neue Straßen und Alleen wurden trassiert, auf den Hügeln — sieben wie in Rom — das Terrain für Parks und Gärten abgesteckt.

Konstantin folgte Julianus' Rat und ordnete an, daß alle privaten Bauherren von Wohnhäusern oder Werkstätten kostenlos aus der Staatskasse bezahltes Brot für die Arbeiter bekamen, auch Kredite und Steuerfreiheit wurden angeboten. Um sich nicht nur auf Paläste und Wirtschaftsgebäude für sich und die Armee zu beschränken, schenkte der Kaiser seinen engsten Mitarbeitern große Villen, die den schönsten römischen Bauwerken in nichts nachstanden. Eine Anzahl römischer Senatoren bewegte er durch solche Schenkungen zur Übersiedelung. Er ordnete auch an, daß die neue Hauptstadt einen Senat bekam, der in seinen Rechten dem römischen völlig gleichgestellt war.

Während der ersten Baujahre weilte Konstantin meist in Nikomedia, um schnell herbeireiten und persönlich Aufsicht führen zu können.

Auf drei Seiten von Wasser umgeben, im Osten vom Bosporus, im Norden vom Goldenen Horn und im Süden vom Marmarameer, an der Grenze zweier Kontinente, aber noch in Europa, hatte Konstantins Stadt eine in jeder Hinsicht ideale Lage, auch was die symbolische Verbundenheit mit den griechischen Legenden betraf. Zum politischen Zentrum wurde der Platz nordöstlich des noch unter Septimius Severus erbauten Hippodroms. Konstantin ließ ihn beträchtlich erweitern und nannte ihn Augusteum. In die Mitte stellte er eine Statue seiner Mutter, und hier befand sich auch der goldene Meilenstein, von dem aus künftig alle Entfernungen rings in der Welt gemessen werden sollten. Südöstlich von diesem Forum erhob sich die weiße Marmorkolonnade des neuen Senats, und weiter südlich senkten sich Terrassen bis zum Ufer des Marmarameers. Dort standen auch die Paläste des Kaisers und seiner Familie.

Es gab keinen Zweifel, daß auch die christliche Gemeinde großzügige Baumöglichkeiten in der neuen Ansiedlung erhalten würde, die vorerst von ihren Bewohnern nur »die Stadt« genannt wurde. Indes dachte Konstantin gar nicht daran, den alten Göttern ihre Kultstätten zu verwehren. Schließlich war er weiterhin *Pontifex maximus.* Auf dem Augusteum wurden zwei Tempel errichtet, die den Schutzgöttinnen von Rom, Rhea, und Byzanz, Tyche, geweiht waren. Ihre Statuen wurden aus Rom und der Stadt Xikos an der Südküste des Marmarameers herbeigeschafft. Auf den Vorhalt Eusebius', daß dies nicht in Jesu Christi Sinne sein könne, sagte Konstantin nur kurz: »Das ist Politik, mein guter Priester, davon verstehst du nichts. Für mich sind die Erinnerungen an die antiken Zeiten wichtig, und ebenso Tradition und Kunst.«

An der Südwestseite des Augusteums befand sich das Tor zum Hippodrom, in dem außer Pferde- und Wagenrennen auch Paraden und große Empfänge veranstaltet wurden. Es war vierhundert Meter lang und hundertzwanzig Meter breit. Die Steintribüne hatte dreißig Sitzreihen und war von einer zweigeschossigen, mit vielen Statuen geschmückten Bogengalerie umgeben. Die kaiserliche Loge war durch eine vergoldete Bronzequadriga aus der Werkstatt des Meisters Lysippos markiert, die Konstantin besonders gefiel. Er wollte nicht, daß in »der Stadt« Gladiatorenspiele veranstaltet wurden, auch aus Pferderennen machte er sich nichts, aber er wußte, daß er dem Volk Zerstreuung und Möglichkeit zum Wetten bieten mußte und daß eine Kaiserloge unumgänglich war, selbst wenn sie immer leerstand.

Aus Delphi wurde die alte, berühmte, aus drei bronzenen Schlangenleibern bestehende Säule herbeigeschafft. Zur Zierde von Konstantins Stadt, zur Zierde ihrer Plätze, Paläste, Thermen, öffentlichen Gebäude und Kultstätten, wurden Kunstwerke aus allen Teilen der Welt, vornehmlich aus Griechenland, Rom und Kleinasien zusammengeholt. Fachleute zogen im Auftrag des Kaisers systematisch von Stadt zu Stadt und wählten aus, was würdig war, am Ufer des Marmarameeres dem Herrscher, den man den Großen zu nennen begann, zur Ehre zu gereichen. Die Transportunternehmen hatten viel zu tun, ihre Einkünfte wuchsen ins Märchenhafte. Konstantin, der noch immer ein ausgezeichnetes Gedächtnis hatte, erinnerte sich bisweilen selbst eines Kunstgegenstandes, dem er irgendwann und irgendwo begegnet war und den er unbedingt in seiner Stadt haben wollte. Keinen Augenblick dachte er daran, daß diese selbstverständliche Vereinnahmung von Werken, die vor Jahrzehnten oder gar Jahrhunderten entstanden waren und ihre Entstehung dem Fleiß und Geld der damaligen Menschen verdankten, nichts anderes war als Plünderung und Raub. Er lebte in der festen Überzeugung, daß alles, was im Reich existierte, sein persönliches Eigentum war, das er gnädig diesem oder jenem Untertanen zur zeitweiligen Nutzung überlassen hatte, und daß er den Abtransport der delphischen Säule, die von den Griechen als Zeichen ihres Sieges über die Perser errichtet worden war, ebenso verfügen konnte, wie er einem Sklaven befahl, ein Gefäß von einem Raum in einen anderen zu tragen. Die

Städte, die auf allerhöchste Anordnung so ausgeplündert wurden, konnten sich nur noch Verdienste erwerben, indem sie das Geraubte als Schenkung an die kaiserliche Stadt deklarierten. Solche Entscheidungen wurden gnädig zur Kenntnis genommen.

Unter den Kunstwerken, die von überallher eintrafen, waren viele Statuen alter Götter. Die christlichen Priester wußten nicht, wie sie sich das erklären sollten, sie hatten gehofft, die neue Residenz werde ausschließlich Sitz ihrer Religion sein. Am Ende kam Eusebius auf die Idee zu schreiben, daß »diese Götter abgelebter Fabeln an Stricken fortgeschleppt wurden wie Gefangene«. Natürlich mußte man die Bildsäulen für den Transport an den Wagen festbinden, aber sie wurden dann in altem Glanz wiederaufgerichtet.

Vom Augusteum führte in westlicher Richtung eine überdachte Straße zu einem anderen, runden gepflasterten Platz mit Arkaden, Triumphbögen und zwölf kolossalen Säulen aus Porphyr, dem roten, kaiserlichen Stein. Das war das Forum Constantini. In der Mitte befand sich ein Marmorpodest mit neun aus dem römischen Apollotempel stammenden Porphyrtrommeln, die eine etwa fünfzig Meter hohe Säule mit der vergoldeten Statue des großen Kaisers trugen. In die Lanze, die seine Hand hielt, war auch das Stück Holz eingearbeitet, das ihm die Mutter, in dem Glauben, es stamme vom Kreuz Christi, aus Jerusalem geschickt hatte.

Auch die Christen nutzten natürlich die Gelegenheit, um Kirchen zu errichten. Begonnen wurde der Bau einer Kirche zu Ehren der heiligen Weisheit, der *Hagia Sophia.* Er zog sich unvorhergesehen lange hin, aber als Gemeindekirche war ohnehin der bereits vorhandene Sakralbau gedacht, den der Kaiser vergrößern und dem heiligen Frieden weihen ließ, *Hagia Eirene.* Zum Gedenken an heilige Märtyrer entstanden auch einige Kapellen. Auf einem nahegelegenen Platz, dem Philadelphion, befand sich eine Säule mit einem vergoldeten Kreuz. Geplant wurde auch eine Apostelkirche als dreischiffige Basilika mit vergoldetem Dach und Mausoleum, das eines Tages die sterblichen Überreste des Kaisers und seiner Familie aufnehmen würde.

Er bestimmte selbst, wo er beerdigt zu werden wünschte. Aber den eigenen Tod konnte er sich vorläufig nicht vorstellen. Er glaubte, erst im Zenit zu stehen. Dennoch schien er bei dem Gedanken, daß er noch lange leben werde, keine rechte Freude zu empfinden.

DAS VOLLKOMMENE URPRINZIP

Die Sarmaten ersuchten den römischen Kaiser um Hilfe, weil die Goten sie angegriffen hatten. Konstantin hätte diesen Feldzug auch einem seiner Heerführer überlassen können, aber er wollte nach langer Zeit wieder einmal mit seinen Soldaten zusammen sein. Er nahm seinen ältesten lebenden Sohn mit, Constantinus den Jüngeren. Es war Zeit, daß er in Erscheinung trat. Außerdem war dieser Krieg auch für sie beide eine gute Gelegenheit, sich besser kennenzulernen, denn der Vater hatte keine Vorstellung von den Eigenschaften des Thronfolgers, der sogar seinen Namen trug.

Auf dem Ritt nach Norden bemerkte er, daß der jetzt schon sechzehnjährige Junge nicht so leicht und elegant im Sattel saß, wie man es von einem Prinzen und künftigen Anführer der ruhmreichen römischen Legionen erwartet hätte. Constantinus junior ermüdete bald und mußte zeitweilig in den Wagen umsteigen, aber hier störte ihn wieder das Rumpeln auf dem unebenen Weg. Der Kaiser mußte an diesen Tagen häufig an Crispus denken, der mit sechzehn Jahren schon der Liebling der Soldaten gewesen war.

Sie machten Station in Naissos.

»Hier bin ich geboren, mein Sohn«, sagte er in dem Versuch, das Vertrauen des Jungen zu gewinnen. »Auch meine Eltern stammen von hier.«

»Öde Provinz. Und so kalt ...«

Die wichtigsten Schlachten wurden in der Moldau und Walachei geschlagen. Der Winter war in diesem Jahr sehr streng. Über hunderttausend Menschen kamen ums Leben, viele von ihnen fielen im Kampf, noch mehr verhungerten und erfroren. Der jüngere Konstantin fragte nur einmal bescheiden, ob er nicht wenigstens in dieses Naissos zurückkehren dürfe, denn die Kälte im kaiserlichen Zelt war ihm trotz der Kohlenglut in den Becken auf den Kupferständern unerträglich.

»Du wirst so lange aushalten wie ich. Eigentlich müßtest du noch viel länger aushalten, länger als der letzte Soldat!« wies ihn der Vater zurecht. Der Prinz war so erschrocken, daß er keine Fragen mehr stellte. Stumm befolgte er die kaiserlichen Befehle, aber mit einer solchen Leidensmiene, daß sich der alte Krieger manchmal vor den Höflingen und Generalen schämte. Im Grunde handelte es sich um eine sehr einfache Operation, eigentlich nur um eine Strafexpedition. Die römischen Legionen errangen einen leichten Sieg, unter den Geiseln fiel ihnen auch der Sohn des Gotenkönigs Ariarich in die Hände. Konstantin konnte nach vollbrachtem Werk nach Kleinasien zurückkehren. Er haßte Lügen, trotzdem befahl er widerstrebend, daß in allen Berichten auch das heldenhafte Verhalten seines Sohnes auf dem Schlachtfeld hervorgehoben wurde.

Wieder in Nikomedia, mußte er sich von neuem mit Problemen befassen, deren Urheber der Presbyter Arius war. Dessen großer Feind, der ehemalige alexandrische Bischof Alexander, war inzwischen gestorben, sein Nachfolger auf dem Bischofsstuhl war jedoch Athanasius, der als gewalttätig galt. Man beschuldigte ihn sogar, einen seiner Rivalen ermordet zu haben, und davon erfuhr der Kaiser. Es wurde behauptet, Athanasius habe Arsenius, einen Bischof der meletianischen Sekte, unter einem Vorwand festnehmen lassen. Vor der Hinrichtung sei Arsenius die Hand abgeschlagen worden, mit der er Traktate gegen die Glaubenslehre des schrecklichen Athanasius geschrieben hatte. Als Beweis erhielt Konstantin neben der Klageschrift in einem hübschen Holzkästchen eine abgehackte menschliche Hand mit Bischofsring. Ein solches Beweisstück konnte man nicht ignorieren wie seinerzeit vor dem ökumenischen Konzil die verleumderischen Briefe der Bischöfe. Herbeizitiert, um sich der Anklage zu stellen, brachte Athanasius den quicklebendigen und unversehrten Arsenius mit.

»Von wem stammt dann die abgehackte Hand?« fragte Konstantin. Er erhielt niemals eine Antwort. Und Arius' Lehre fand auch an seinem Hof immer mehr Anhänger. Der Kaiser sah ein, daß er der theologischen Haarspalterei der Pfaffen nicht gewachsen war. Wenn er sich in den Kirchenstreit einmischte, konnte er nur der eigenen Autorität als absoluter Herrscher schaden.

Der ehemalige Präfekt aus Augusta Treverorum, Publilius Optatianus Porphyrius, den Konstantin seinerzeit nach Bithynien verbannt hatte, schickte ihm sechsundzwanzig Gedichte. Wer war das noch? Er erinnerte sich, ihn vor vielen Jahren nur deshalb verbannt zu haben, weil Fausta mit ihm gelacht hatte. So mädchenhaft mutwillig gelacht, daß der Kaiser eifersüchtig wurde. War nicht der nämliche Mann später auch als Panegyriker hervorgetreten, der ihn in Rom besang? Wer sollte sich alle diese Speichellecker merken.

Die Gedichte waren in strengen, recht annehmbaren Hexametern verfaßt, jede Zeile mit der gleichen Anzahl Buchstaben, so daß jedes Gedicht ungefähr wie ein Quadrat aussah. Einige Buchstaben waren durch rote Farbe hervorgehoben und stellten, im Zusammenhang gelesen, wieder besondere Sprüche dar. Am Ende folgten vier Hexameter, deren Worte man auf achtzehn verschiedene Weisen durcheinandermischen konnte, und jede ergab Metrum und Sinn. Konstantin hätte den Poeten am liebsten umgebracht, weil er ihn ungewollt an Faustas Tod erinnert hatte. Und an Crispus' Tod. Er wußte, daß er kein Todesurteil zu begründen brauchte. Nachdem er sich wieder beruhigt hatte, stellte er dem Vorsteher seiner Kanzlei die Frage: »Jemand, der so geschickt mit Worten umgehen kann, müßte auch Talent für die Verwaltungsarbeit haben. Was hältst du davon, Julianus?«

»Wovon, Herr? Von den Gedichten oder ihrem Verfasser?«

»In diesem Fall von den Gedichten.«

»Ich kenne mich da nicht aus. Aber ich denke mir, daß es nicht einfach ist, alles so in Form und Ordnung zu bringen. Darin hast du sicher recht.«

»Nur darin? Ich sage dir, wer in meinem Jahrhundert so schreibt und dichtet, der verdient meine besondere Aufmerksamkeit. Wir ernennen ihn zum Stadtpräfekten von Rom.«

Der Kaiser lebte jetzt nur für seinen Staat, er hatte fast keine persönlichen Bedürfnisse. Einige sagten, er lebe wie ein Heiliger, andere glaubten, er büße für den Mord an Frau und Sohn. Aber Konstantin tat nur, was er wollte, er hatte nicht das Gefühl, sich für irgend etwas zu opfern. Er machte sich einfach nichts mehr aus Frauen, Fleisch, Wein, Gladiatorenkämpfen, ja sogar Gesellschaft. Er hörte gern Schmeicheleien. Immer mehr ähnelte er dem alten Diokletian, von dem er sich doch unterscheiden wollte. Er war strenger zu sich selbst. Diokletian hatte im Alter wenigstens seine Liebschaft mit der christlichen Sklavin Aliaria. Konstantin liebte niemanden mehr. Nichts. Er war jetzt dreiundfünfzig Jahre alt, wirkte aber wesentlich jünger, sah gut aus. Nur daß in diesem schlanken, männlichen Körper kein Feuer mehr war. Den größten Teil seiner Zeit widmete er dem Aufbau der neuen Stadt. Er kümmerte sich um sein riesiges Imperium. Über alles entschied er allein und impulsiv, und immer häufiger interpretierte er die Berichte falsch. Aber niemand wagte, ihn auf seine Fehler hinzuweisen. Er konzentrierte sich auf das Wesentliche oder auf etwas, was ihn zufällig interessierte. Er wußte, daß man ihn fürchtete. Und das war ihm recht. So belästigte ihn wenigstens keiner.

Er fing an, sich für Mathematik und Astrologie zu interessieren. Von den Mathematikern wurde gefordert, daß sie einen göttlichen Wandel führten, zumal sie mit Göttern umgingen. Sie mußten Frau und Kinder haben und ehrbare Freunde und Bekannte. Sie durften nicht bei den Göttern schwören, und alles, was sie taten, mußte öffentlich sein. Nächtliche Opfer und Zeremonien hatten sie ebenso zu meiden wie das Hippodrom, damit niemand glaubte, ihre Gegenwart hinge mit dem Sieg einer Partei, der Grünen oder der Blauen, zusammen. Horoskope durften sie nur denen stellen, die sie persönlich darum baten, niemals Dritten. Konstantin unterstützte dieses Reglement für die Mathematiker, die auch in den Sternen lasen. Er wußte, daß sich jetzt viele mit der Frage an sie wandten, wie lange der Kaiser leben und wer sein Thronfolger sein würde, denn davon hing auch ab, wie das Leben im Staat weiterging. Solche Fragen stellten Grundbesitzer und Industrielle, Bankiers und Heerführer. Sie alle fanden es schon ungewöhnlich, daß seit so langer Zeit Frieden und Wohlstand herrschten.

»Die Magier wissen nichts über das Schicksal der Kaiser!« erklärte Konstantin. »Wir sind nicht den Sternen unterworfen, sondern unmittelbar der höchsten Gottheit, die uns über diese Welt gesetzt hat.«

Er wußte, daß dies auch seine christlichen Freunde beruhigen konnte, denn es war vieldeutig formuliert, in der erwähnten Gottheit konnten sie auch ihren Gott erblicken. Er hatte nichts dagegen, daß seine Erklärung von den Polytheisten so ausgelegt wurde, als hätte der Kaiser den Rang eines Dämonen, weshalb die Sterne, die eine niedrigere Potenz darstellten, nichts über ihn zu sagen wüßten.

»Die Konstellation hat bewirkt, daß Sokrates alle Leidenschaften hatte und sichtbar auf dem Antlitz trug; er hat sie jedoch durch seine Tugend gemeistert«, erläuterte der Kaiser. »Denn den Sternen gehört zu, was wir leiden und was uns mit Feuerbränden stachelt, das heißt, die Leidenschaften. Der Göttlichkeit des Geistes aber gehört unsere Kraft zum Widerstand zu. Vornehmlich ist das Unglück der Guten und das Glück der Bösen die Wirkung der Sterne.«

Unter Sopaters Einfluß geriet seine Überzeugung ins Wanken. Die Neuplatoniker sagten, daß aus dem vollkommenen Urprinzip, dem »Ur-Einen«, auf dem Weg der Emanation alles Existierende hervorgehe. Die erste Emanation sei die Weltvernunft, welche die intelligible Welt der Ideen in sich einschließe; den zweiten Platz nehme die Weltseele ein; und durch die dritte Emanation werde die sinnliche Welt der Erscheinungen geschaffen. Das war die sichtbare Welt, die er, Konstantin, jetzt beherrschte. Die Gottheiten der verschiedenen Völker waren vielleicht höhere Wesen aus der Welt der Ideen, aber trotzdem der sinnlich wahrnehmbaren Welt näher. Über diesen Göttern standen höhere Götter, und über diesen jener höchste Gott, das vollkommene Urprinzip. Der menschlichen Seele war es gegeben, in die Welt der Ideen zurückzukehren, ja sogar sich mit dem Urprinzip zu vereinigen. Wenn der Mensch es ganz stark wollte, konnte er erreichen, daß seine eigene göttliche Seele über sein sterbliches Werk herrschte. Nur sehr selten konnte ein Lebender im Augenblick der Ekstase das Göttliche entdecken, wenn er sich zuvor durch Askese gereinigt hatte.

Kann das Askese sein, wenn ich nur tue, was mir gefällt, und nichts, was mir zuwider ist? Trotzdem gilt ja alles, was ich tue, als Gott oder den Göttern gefällig ... Kommt das daher, weil ich in meinem kaiserlichen und göttlichen Wesen dem Urprinzip nahe bin? Vielleicht fällt es mir deshalb nicht schwer, so zu leben, wie die meisten Menschen nicht leben möchten? Konstantin konnte sich alle diese Fragen nicht beantworten.

»Es ist völlig klar, Herr«, bekräftigte Sopater, der wußte, was er am liebsten hören wollte, »daß du dem Himmel nahe bist. Das entspricht deiner Natur, die gut ist, kaiserlich. Der Kampf um die Macht, für die du geschaffen bist, hat dich gereinigt, darum hast du keine sündigen irdischen Wünsche mehr. Sei glücklich darum, wehre dich nicht gegen das, was dir bestimmt ist!«

»Ich habe oft mit ähnlichen Worten über das Schicksal gesprochen, lieber Sopater«, antwortete Konstantin lächelnd.

Seine anderen Berater freilich waren über den plötzlichen fremden Einfluß nicht erfreut.

»Was hältst du von diesem griechischen Philosophen?« sagte Ablavius einmal zu Mercurius.

»Ein Schüler von Jamblichos. Wir wissen nicht, ob er eventuell Verbindung mit fremden Diensten hat oder in bestimmte Intrigen verwickelt ist. Leider.«

»Willst du sagen, daß er alles auf eigene Faust macht?«

»Es scheint so. Ich observiere ihn, keine Sorge.«

»Wir sind nicht immer einer Meinung, Mercurius, aber ich glaube, es liegt jetzt in unser beider Interesse, diesen Mann aus der Nähe des Kaisers zu entfernen.«

»Meinst du?« Mercurius tat, als sei ihm das alles nicht sehr wichtig. Oder fürchtete er, schon zuviel gesagt zu haben?

»Wenn du dich dumm stellst«, sagte Ablavius, »kann ich auch allein mit ihm fertigwerden.«

»Sehr gut, mein Lieber. Warum sollst du schließlich nicht einmal im Leben auch die Dreckarbeit machen, verehrter Gardekommandeur. Eins ist sicher, dieser Weise paßt weder deinen Christen noch meinen Heiden. Er will zwischen allen Stühlen sitzen, die es gibt. Und ich habe ganz den Eindruck, daß er eines Tages wirklich auf den Hintern fallen wird ...«

Der erste Teil der Arbeit war einfacher: Straßen trassieren, Plätze abgrenzen, Paläste, Triumphbögen und andere Bauwerke errichten, Statuen aufstellen, Rasenflächen anlegen, Bäume und Blumen pflanzen, Wasser herbeileiten. Aber die Stadt mußte auch besiedelt werden. Da genügten nicht die Mitglieder der Regierung und des Generalstabs mit ihren Familien und Sklaven, die paar Legionen und Ordnungshüter und die Händler, Handwerker und Bankiers, die den hohen Herrschaften gefolgt waren. Das alte Byzanz hatte nicht viele Bewohner gehabt. Damit Leben in die Stadt kam, mußte sie auch Bürger haben. Im Theater mußte es ein Publikum geben, das applaudierte, bei den Pferderennen mußte jemand Wetten abschließen und seinen Favoriten unterstützen, die Schenken brauchten Trinker und die Straßen Passanten und der Kaiser schließlich die Menge, die ihm zujubelte. Die einzige Lösung war, Menschen aus anderen Städten umzusiedeln. So wurden viele Städte zum Teil entvölkert, damit die Hauptstadt Einwohner bekam.

Der Herrscher versprach feierlich bessere Versorgung und reichere Geschenke als in Rom. Die Armen wohnten nicht nur mietfrei, sondern erhielten auch noch regelmäßig Korn, Wein und Öl. Das sprach sich bald im ganzen Reich herum. Und die Großzügigkeit des Kaisers lockte viel Volk herbei, darunter natürlich auch Gesindel, und belastete die Staatskasse. Auch sie war nicht unerschöpflich. Noch schwieriger war der Transport all der Lebensmittel, vor allem aus Nordafrika. Zum Glück war das Mittelmeer eine Art Binnensee für das mächtige Imperium geworden, das auf drei Kontinenten an seine Ufer grenzte, und ermöglichte einen intensiven und relativ sicheren Schiffsverkehr.

Vor der mit großen Festlichkeiten verbundenen Einweihung der Stadt ließ Konstantin auf dem Philadelphion eine ungewöhnliche Skulpturengruppe aus Porphyr aufstellen.

Es waren vier finster wirkende Krieger mit nachdenklichem und energischem Gesichtsausdruck. Ihre Haltung deutete darauf hin, daß sie körperliche Anstrengungen nicht scheuten, aber die Augen mit den leicht hochgezogenen Brauen schienen Männern zu gehören, die es gewohnt waren, Befehle zu erteilen und durchdacht, aber resolut die Richtung anzugeben. Zwei trugen Bärte, die anderen hatten glatte Gesichter. Je zwei umarmten sich auf freundschaftliche, männliche Art. Jeder hatte eine Hand am Schwertknauf. Ihre Rüstungen waren reich geschmückt, darüber war der kaiserliche Mantel geworfen. Welche vier Kaiser waren je zusammen aufgetreten, und noch dazu in brüderlicher Umarmung? Nur die Tetrarchen: Diokletian mit seinem Cäsar Galerius, Maximianus mit seinem Cäsar Constantius Chlorus, Konstantins Vater.

Die Errichtung eines solchen Denkmals zeigte, daß der Stadtgründer die Kontinuität wiederherstellen wollte, sogar mit einem System, das er für veraltet hielt und erfolgreich durch seine neue Regierungsform abgelöst hatte. Auch Konstantin begann sich auf die Tradition zu stützen.

Kaum stand das Denkmal auf seinem Sockel, kam Konstantin mit einem kleinen Gefolge angeritten, noch vor der offiziellen Stadtweihe. Zufrieden stellte er fest, daß die Straßen ziemlich belebt waren. Nein, er hatte nicht nur Kulissen vor seiner neuen Residenz aufgestellt, hier pulsierte bereits das Leben. In der Luft hing nicht nur der salzige Geruch des Meeres, da mischten sich verschiedene Düfte, vor allem von Fleisch, Fisch und Zwiebel aus den billigen Schenken, vom Rauch zahlreicher Feuerstellen, von Menschenschweiß, aber bisweilen auch der eines starken orientalischen Parfüms, wenn eine schöne Frau vorüberging. Ein gutes Klima, ständig eine angenehme, frische Brise vom Meer, auf dessen Azurblau sich fast von überall der Blick öffnete. Nur hin und wieder erkannte jemand aus der Menge den Herrscher, blieb überrascht stehen und rief: »Es lebe der Kaiser! Es lebe Konstantin!«

Als er den Platz erreicht hatte, schlossen seine gut eingespielten Gardisten sofort den Kordon. Niemand konnte sich dem Herrscher nähern. Er registrierte es mit einem gewissen Unbehagen. Er mußte Mercurius fragen: War denn sein Leben in Gefahr, wenn er Kontakt mit den eigenen Untertanen hatte? Aber jetzt hatte er dafür keine Zeit.

»Was hältst du von dem Denkmal, weiser Freund?« fragte er den Philosophen Sopater, der bei ihm war.

»Ich bewundere dich, Majestät!«

»Ja, ja ... Jetzt bewundert ihr mich alle. Ich habe mich an die Schmeicheleien gewöhnt ... Sie werden mir sogar schon langweilig. Aber ich habe dich nach diesen Figuren gefragt, nicht nach mir.«

»Wenn du erlaubst, Herr, ich bewundere dich wegen deiner Beziehung zur Vergangenheit. Denn wer nicht begreift, daß er selbst in der Geschichte wurzelt, und den Boden nicht achtet, auf dem er gewachsen ist, der ist nicht würdig, zu überleben und in die Chroniken einzugehen.«

»Das höre ich wirklich gern. Ich glaube, du hast recht. Ich habe sie bei der Arbeit beobachtet, alle vier. Darum habe ich angeordnet, daß sie in Eintracht dargestellt werden, denn das war Diokletians Wunsch, seine Vision. Er wollte, daß ihr gemeinsames Wirken wie ein harmonischer Vierklang wäre, und sah nicht ein, daß das unmöglich ist. Immer war er derjenige, der über alles bestimmte, obwohl ihm das vielleicht gar nicht bewußt war ...«

Konstantin betrachtete nachdenklich die vier Statuen, fragte sich, ob sein Vater wirklich so ausgesehen hatte. Der Mensch vergaß so viel, nicht einmal der vertrautesten Gesichtszüge konnte er sich erinnern ...

»Sprich weiter, bitte!« Sopater merkte, daß Konstantin einen Zuhörer brauchte, der ihn ermutigte, denn er hatte fast nie die Möglichkeit, aufrichtig zu reden.

»Das Imperium wäre sicher zerfallen, hätte ich es nicht auf meine Art geeint. Die Zügel müssen in einer Hand sein. Weißt du, ich habe mir das sehr genau überlegt. Hätte ich Diokletian als den Stärksten und Würdigsten porträtieren lassen, wäre ich meinem Vater gegenüber ungerecht gewesen. Ich hätte Maximianus weglassen können, denn er hat uns verraten, auch sich selbst. Aber das wäre eine Lüge gewesen. Darum sollen sie zusammen stehen als Zeugnis einer Idee von der Macht. Meine Idee ist eine andere, Sopater. Meine Idee repräsentiert in sich der Macht. Die Idee als Macht! Das müßte dir entgegenkommen.«

»Ja, aber ...«

»Ich weiß, was dein ›aber‹ heißt ... Nur nützt es dir nichts. Ich brauche die Christen. Ihr Gezänk ist zwar lächerlich, aber ihre Ideologie ist den Massen verständlich, den Menschen jenseits des Kordons, die von den Gardisten nicht mehr in meine Nähe gelassen werden. Alles, was ich tue, tue ich für sie.« Zu meinem Ruhm und ihrem Besten? fragte er sich, etwas unsicher, ob das wirklich stimmte. »Nur stinken sie unangenehm nach Schweiß und nach Knoblauch, also sollen sie bleiben, wo sie sind. Sie können später dem Denkmal die Ehre erweisen. Wenn wir uns eines Tages in himmlischer Höhe mit dem Urschöpfer aller Ideen vereinigen, wird uns ihr Geruch nicht mehr stören ...«

Die Gruppe der Tetrarchen steht heute in Venedig an der Porta della Carta, *dem Eingang zum Dogenpalast. Ziemlich lange wußte man nicht, wen diese Figuren darstellten. Man hielt sie sogar für maurische Heerführer. Erst Mitte der sechziger Jahre unseres Jahrhunderts haben Archäologen im heutigen Istanbul ein dreißig Zentimeter großes Stück Porphyr gefunden, das genau unter den linken Fuß der Figur ganz rechts paßt. Seitdem nimmt man an, daß die Venezianer im 13. Jahrhundert die Skulpturengruppe aus Konstantinopel mitgenommen haben.*

Hier sei noch eine andere Interpretation erwähnt, nämlich, daß die vier Figuren Konstantins Söhne Constantinus II., Constantius II., Constans und seinen Neffen Dalmatius darstellen, denn sie bildeten nach Konstantins Willen die nächste Tetrarchie, wovon weiter unten noch die Rede sein wird. Und der Name des Platzes,

Philadelphion, *bedeutet »brüderliche Liebe«. Warum jedoch sollte sich dieses schöne Wort nicht auch auf das beziehen, was Diokletian mit seinem Vierfürstentum verwirklichen wollte? Diese Tetrarchie hat immerhin zwanzig Jahre gehalten, während jene spätere sehr schnell zerfallen ist.*

Konstantin, der jetzt schon des öfteren »der Große« genannt wurde, ließ in der neuen Stadt auch seinem Sohn Crispus ein Denkmal errichten. Er gab keinen Grund dafür an. Es stimmt, daß er viele Statuen aus Rom holte, darunter auch die seines Schwagers und ärgsten Feindes Maxentius. Selbst für ihn fand er Platz in der neuen Hauptstadt. Er war der Ansicht, daß nichts aus der Vergangenheit getilgt werden dürfe. Soll später die Geschichte urteilen, ob ich recht hatte, dachte er hochmütig.

Der herrschende Geschmack war griechisch, obwohl die amtlichen Dokumente in Latein geschrieben wurden. Die griechische Literatur galt als vornehm, die Kunstwerke in der neuen Stadt zeigten überwiegend griechischen Stil. Die aus Rom stammenden Figuren trugen Toga und Tunika, als eleganter wurden aber nackte menschliche Körper, wie Phidias sie geschaffen hatte, angesehen. Die Damen steckten sich das Haar zu hohen, komplizierten Frisuren auf, und selbst einige Marmorbüsten wiesen abnehmbare Haarteile auf, damit sie den Wechsel der Mode mitmachen konnten. Galante Liebhaber und Gatten schenkten Ketten und Ohrschmuck aus Korallen. Man trug Goldstoffe und weite Ärmel, Stirnbänder aus Gold, womöglich mit Perlen und Juwelen, wodurch sie auf kaum noch zulässige Weise die Diademe der Herrscher imitierten. Sehr beliebt war ein bestimmtes Rot, das sich gefährlich jener Purpurnuance näherte, in welcher die Völker ein Symbol kaiserlicher Macht und kaiserlicher Privilegien erblickten. Allmählich geriet man in Widerspruch zu jenem griechischen Ideal der Einfachheit, auf das die herausgeputzten Schönen ebenso schworen wie ihre Gatten oder Liebhaber.

Konstantin bestimmte, daß die Einweihung der neuen Stadt am fünfundzwanzigsten Jahrestag seiner Ausrufung zum Kaiser stattfinden sollte. Vor einem Vierteljahrhundert hatten ihn die Soldaten nach dem Tod seines Vaters zum Augustus proklamiert, obwohl Galerius ihm, wie es der damaligen Ordnung entsprach, nur den Rang eines Cäsars zugestand. Hatte er Angst gehabt, war ihm das Risiko bewußt gewesen? Er erinnerte sich nicht. Er wußte nur, daß Diokletian die Regierungszeit auf zwanzig Jahre beschränkt hatte; Konstantin aber glaubte erst am Anfang seines Weges zu stehen, erst jetzt zeigen zu müssen, was ein Alleinherrscher vermochte.

Man stellte ihm die wichtige Frage, wie die Jubiläumsmünze aussehen sollte. Natürlich mußte sie auf einer Seite ihn zeigen. Er wählte ein Porträt, auf dem er selbstbewußt, entschlossen, wachsam wirkte. Für die andere Seite verlangte er ein Relief der Stadtgöttin Tyche, die Zepter, Weltkugel und Kreuz in den Händen halten sollte. Statt sich über den Kompromiß zu freuen, waren beide Parteien an seinem Hof beleidigt: die christliche, weil Tyche als neuplatonisches Symbol dominierte; die heidnische, weil sie das Zeichen des Galiläers dulden mußte. Man flüsterte, es sei unwürdig, aus festlichem Anlaß ein Instrument zur Hinrichtung von Verbrechern darzustellen. Es wurde noch eine Münze geprägt, deren beide Seiten die Städte Rom und Konstantinopel darstellten. Rom war überall noch gegenwärtig, aber den kaiserlichen Lorbeerkranz trug nur die Verkörperung der neuen Stadt.

Für die Liebhaber von Rennen wurde neben der Arena ein schöner, den Dioskuren Castor und Pollux geweihter Tempel errichtet. In der neuen Stadt gab es jedoch keinen Tempel des kapitolinischen Jupiter, keine Vesta-Feuer, keine Kollegien heidnischer Priester. All das bedeutete, daß der Kaiser die nichtchristlichen Religionen nur tolerierte, nicht aber beabsichtigte, sich als *Pontifex maximus* mit ihren Problemen zu befassen. Er befahl lediglich, den Kult der

Tyche besonders zu pflegen. Er sagte niemandem, ob er dabei an Fausta dachte. Tyche, die Göttin des Schicksals ...

Die Einweihung war sowohl von christlichen Gottesdiensten als auch von altrömischen Kultzeremonien begleitet. Der lange Festzug bewegte sich vom Forum Constantini zum Hippodrom, wo erstmals die Tribünen bis zum letzten Platz besetzt waren. Die Christen sangen ihr Kyrie eleison. Alle aber mußten niederknien, als eine vergoldete Statue Konstantins, der auf der ausgestreckten rechten Hand eine kleine Tyche hielt, durch die Arena getragen wurde, gefolgt von Legionären mit brennenden weißen Kerzen. Danach zeigte sich Konstantin mit seinen Söhnen in der kaiserlichen Loge, prächtig in Gold und Purpur gekleidet und die Kaiserkrone auf dem Kopf. Von weitem war nicht festzustellen, ob er ein einziges Wort sagte. Er blieb sitzen, als alle anderen vor der Göttin Tyche niederknieten, verlangte jedoch, daß sich alljährlich am Einweihungstag diese Zeremonien im Hippodrom zu wiederholen und daß alle, auch die künftigen Kaiser, vor seinem und der Tyche Bild auf die Knie zu fallen hätten.

Etwas fehlte im Festzug, ohne das in Rom eine ähnliche Feier undenkbar gewesen wäre: die Opfertiere. Konstantin blieb konsequent. In der neuen Stadt durften auch von den Anhängern der heidnischen Kulte keine blutigen Opfer mehr gebracht werden.

Das neue Konstantinopel wurde am 11. Mai 330 eingeweiht, nur vier Jahre nach der Grundsteinlegung. Es war eine der phantastischsten städtebaulichen Leistungen der Weltgeschichte.

DIE KORNSCHIFFE VERSPÄTEN SICH

Ein paar Monate nach der Einweihung standen die Stadt und ihr Herr vor den ersten schweren Sorgen. Konstantin hatte seinen neuen Palast bezogen. Sein Leben lang war er von einer Stadt in die andere umgesiedelt. Es störte ihn nicht, die gewohnte Umgebung verlassen zu haben. Nun mußte er nicht mehr mühsam zum Dachgarten des Palastes in Nikomedia hinaufklettern. Er wollte durch nichts an die Vergangenheit erinnert werden, sagte, man müsse in die Zukunft blicken.

Manchmal fuhr er in einer Barke mit Purpursegeln aufs Meer hinaus. Aber er fand nicht viel Freude daran, denn es erinnerte ihn an Crispus. War er damals in so einem Boot mit Fausta gewesen? Oder in einem weniger luxuriösen? Abends kehrten die Fischer mit reichem Fang vom Marmarameer heim.

»Wir müssen im Hinblick auf Persien eine Entscheidung treffen«, sagte er unverhofft bei einer Zusammenkunft des Geheimen Rats und befahl, die Kriegsschiffe in Gefechtsbereitschaft zu versetzen und neue Verbände aufzustellen. »Ich bitte um alle nötigen Angaben. Ablavius, du bist verantwortlich.«

Er war überrascht und verwirrt, als die Minister nur nickten und ihm mitteilten, daß die Lebensmittel für die Einwohner der Stadt knapp wurden. Es war zu ersten Unruhen, auf den Märkten auch zu Schlägereien gekommen. Viele Menschen waren durch das Versprechen hergelockt worden, daß Brot und Wein stets gratis verteilt würden. Und jetzt war beides nicht einmal für Geld zu bekommen. Die Zeit der Feste war vorbei, der Alltag hatte begonnen. Immer öfter mußten bewaffnete Ordnungshüter Zusammenrottungen hungriger Menschen auseinandertreiben.

»Was geht hier vor?« Konstantin war ernsthaft böse. »Warum erfahre ich so etwas nicht rechtzeitig? Mercurius! Du wirst wohl alt? Wenn du nicht einmal für Ordnung in der Hauptstadt sorgen kannst, wie mag es dann anderswo aussehen?«

»Ich kann das auf meine Weise in kürzester Zeit regeln, du brauchst nur zu befehlen, Herr. Aber ich hielte es für besser, wenn Julianus das Problem löste«, antwortete der Geheimdienstchef ruhig wie stets.

»Was bedeutet das?«

»Die Leute hungern. Wir haben zwei Möglichkeiten: Ich lasse sie niedermachen, oder wir versuchen, ihnen zu essen zu geben, wie du es versprochen hast.«

»Julianus! Haben wir denn kein Geld mehr für Brot?«

»Doch, natürlich, Herr. Das ist nicht das Problem. Aber es ist kein Korn da. Die Schiffe aus Ägypten sind seit Wochen überfällig ...«

»Warum sind sie nicht rechtzeitig aufgebrochen? Muß ich mich nun auch noch um den Transport kümmern? Ich will wissen, wer schuld ist! Warum nimmt man inzwischen keine Anleihen bei den Händlern auf? Ich wiederhole, was hat das alles zu bedeuten? Wer steckt hinter dieser Verschwörung?«

»Sopater!« sagte Ablavius prompt.

»Sopater? Was hat er damit zu tun?«

Alle wandten sich dem mächtigen Gardepräfekten zu. Er hielt auch dem sehr scharfen Blick seines Kaisers stand und fuhr ruhig und selbstsicher fort: »Jemand muß es dir sagen, Herr, also gestatte es deinem ältesten und treuesten Diener. Sopater steht unter deinem Schutz. Aber auch ohne das sind wir gegen seine Magie machtlos. Er ist ein großer Zauberer. Ich weiß zuverlässig, daß er die Winde gefesselt hat, die sonst um diese Jahreszeit immer günstig sind. Darum geht es, und was können wir da machen?«

Eine Pause trat ein. Dann fragte der Kaiser leise: »Warum sollte er so etwas tun?«

»Wer weiß, warum die Zauberer das Ihre tun? Wahrscheinlich auf Befehl ihrer Götter.«

»Laß doch die Götter beiseite! Wir haben uns hier mit irdischen Dingen zu befassen. Die Menschen brauchen zu essen!«

»Mercurius, sag du es dem Herrscher!« Ablavius wandte sich direkt an den Geheimdienstchef, und damit verletzte er grob die Vorschriften des kaiserlichen Protokolls. Nur Konstantin hatte das Recht, jemandem das Wort zu erteilen. Deshalb hüllte sich Mercurius in Schweigen.

»Also, laß hören!« befahl der Kaiser.

»Der Gardepräfekt spricht die Wahrheit, Herr.«

»So? Und warum hast du bis jetzt geschwiegen? Warum hast du mich nicht informiert, wenn du dieser Meinung bist? Wer betreibt hier wessen Geschäfte?«

Noch nie war eine Beratung bei Konstantin in so quälender Atmosphäre verlaufen.

»Herr, du hast letzthin diesem hergelaufenen Möchtegernphilosophen viel Zeit gewidmet. Du hast geruht, uns, deine alten und ergebenen Diener, zu vernachlässigen. Vielleicht solltest du uns in Pension schicken, wenn es deiner Gnade gefällt, oder auf den Scheiterhaufen, wenn du meinst, daß wir vor dir schuldig sind.«

»Was sagst du, Julianus?«

Der ehrenwerte Julianus senkte den Blick und murmelte: »Ich bin derselben Meinung.«

Konstantin umklammerte krampfhaft die Lehnen seines Sessels.

»Also heraus mit der Sprache! Seid ihr sicher?«

Alle bejahten.

»Dann weg mit ihm!« brüllte der Kaiser. »Auf der Stelle. Macht den Henkern Beine! Wer ist zuständig? Mercurius? Auf der Stelle, hast du gehört? Sein Kopf muß rollen!«

»Wie sollen wir ihn denn ...«

»Das interessiert mich nicht! Wie du willst! Soll ich mich damit auch noch befassen ... Übrigens ... wenn danach nicht augenblicklich die Kornschiffe eintreffen, dann könnt ihr euer Testament machen. Ich komme auch ohne euch aus. Am besten schafft ihr euch selbst aus der Welt, wie es alten Römern ansteht. Ist euch das klar? Wenn eine Woche nach Sopaters Tod kein Korn im Hafen ist, könnt ihr euch die Venen öffnen und braucht mir nicht mehr unter die Augen zu kommen.«

Ist er wahnsinnig? fragte sich Ablavius. Gut, daß er uns geglaubt hat, diesmal ist es gut. Aber was soll künftig werden? Wer herrscht jetzt über die Welt?

»In drei Tagen wird das Korn im Hafen sein!« versprach der finstere Geheimdienstchef ruhig wie immer. Und wohl zum erstenmal wartete er nicht ab, bis der Kaiser sich erhob, sondern fragte: »Erlaubst du, daß ich jetzt gehe und deinen Befehl ausführe?«

»Geh!«

Noch bevor er den Henkern seine Anweisungen erteilte, schickte Mercurius einen Vertrauensmann mit der schnellsten Barke aus. Er brachte der Kornflotte, die eine Tagesreise vom Hafen entfernt vor Anker lag, die Botschaft, alle Segel zu setzen und Kurs auf die schöne neue, aber hungrige Stadt zu nehmen.

Konstantin hatte jetzt alles. Meist genügte eine stumme Geste oder ein Blick, und schon wurde jeder Wunsch oder Befehl erfüllt. Die Welt gehörte ihm, und ebenso die neue Stadt. An den Grenzen herrschte Frieden. Die Völker zitterten vor seinen Launen. Er fühlte sich kräftig und gesund. Er konnte haben, was sein Herz begehrte, nur daß er nichts begehrte. Seine Mutter war tot. Sie hatte er bis ans Ende ihres langen Lebens geliebt. Crispus und Fausta hatte er selbst auf dem Gewissen. Und viele andere. Nun auch diesen Sopater, mit dem er sich gern unterhalten hatte und gerade ein wenig vertrauter geworden war. Er hatte noch drei Söhne und zwei Töchter, aber kein inniges Verhältnis zu ihnen. Nie hatte er den Mut gefunden, mit ihnen über ihre Mutter zu sprechen. Oder über seine Pläne. Was hätte er ihnen auch sagen sollen? Sie waren keine begabten Kinder. Ihnen sollte er das Reich hinterlassen? Er war unendlich einsam und fragte sich immer häufiger, welchen Sinn die Welt und das Universum und sein eigenes Leben hatten.

Er bemerkte nicht, daß nicht mehr er herrschte, sondern daß sich andere, die schlauer waren, seiner bedienten.

XII

DIE AUFTEILUNG DES REICHS

Der Staat war geeint, aber einen Thronfolger schien es nicht zu geben. Konstantin ging auf die Sechzig zu. Er holte Ärzte aus allen Teilen der Welt an seinen Hof. Sie fragten ihn nach seinen Beschwerden, doch er konnte nicht antworten. Eigentlich hatte er keine. Er wollte möglichst lange leben. Er war rüstig, ritt noch immer wie ein Jüngling, focht mit den jüngeren Offizieren wie einer von ihnen und warf den Diskus beinahe wie einst. Als sie ihn fragten, wieviel er äße und tränke und ob er allzu ermüdende Vergnügungen mit Frauen oder Knaben miede, vernahmen sie, daß er genau so lebte, wie sie ihm nur empfehlen konnten.

»Du führst ja das Leben eines Heiligen, Herr. Du hast noch viele Jahre vor dir. Mach dir keine Gedanken. Vielleicht solltest du nur auf den Schlaftrunk verzichten ...«

»Aber ohne ihn kann ich kein Auge zutun. Göttliche Sorgen bringen mich um den leichten und gesegneten menschlichen Schlaf ...«

»Ich kann nur für die gewöhnlichen Sterblichen sprechen«, sagte der Arzt Hilarion, von Geburt Grieche, aber in Rom aufgewachsen, wo er von klassischen Meistern der Heilkunst sowie von ägyptischen Magiern unterwiesen worden war. »Meinem Wissen entzieht sich natürlich, was den Göttern und denen, die ihnen nahe sind, ansteht. Dennoch erlaube ich mir den Rat, Herr: Mache öfter einen Spaziergang am Abend oder in der Nacht, ermüde dich durch körperliches Training, lies oder denke nach, hin und wieder eine durchwachte Nacht schadet auch nichts, aber verzichte auf den Becher ... Jedes einschläfernde Getränk ist ein Gift. Darf ich fragen, wie lange du es schon nimmst?«

»Über zehn Jahre.«

»Jeden Abend?«

»Ja.«

Der Arzt seufzte.

»Ich wiederhole, Majestät, ich habe nur gelernt, Sterbliche zu behandeln, aber ich bin überzeugt, daß dies sogar für dich zuviel ist. Ein gewöhnlicher Mensch würde bei solchem Mißbrauch übellaunig, in sich gekehrt, argwöhnisch werden ... Sein Verhalten würde sich ändern, er würde nur noch seinen Launen und dem Zufall gehorchen ...«

»Was willst du damit sagen?« fragte der Kaiser drohend. Sehen sie mich etwa so? fragte er sich erschrocken.

»Mit deiner Erlaubnis spreche ich nur darüber, wie Schlafmittel dieser Art, zumal wenn sie regelmäßig genommen werden, auf gewöhnliche Menschen wirken.«

Konstantin wollte nichts mehr hören. Er duldete nur noch Ratgeber und Höflinge um sich, die ihm zum Mund redeten. Trotzdem wandte er sich wegen seiner schweren Schlaflosigkeit auch an die christlichen Priester, die seit Sopaters Tod wieder mehr Einfluß bei Hof hatten.

»Vielleicht solltest du während der Nacht innig zum Höchsten beten?« schlug einer von ihnen vor.

»Du verstehst nichts. Meine Gebete sind sehr angespannte Gespräche mit Gott über irdische und himmlische Dinge!«

Ebenso unüberlegt wie er die Beseitigung seines Freundes, des Philosophen Sopater befohlen hatte, verfügte er auf eine bloße Anzeige hin die Zerstörung der Aphroditetempel in Aphaca und Heliopolis in Libanon. Mercurius, der als einer von wenigen noch immer wagte, ihm unangenehme Wahrheiten zu sagen, informierte ihn, daß diese Entscheidung Unmut hervorgerufen hatte, weil sie von der

Vormachtsstellung des Christentums gegenüber den klassischen Kulten zeugte. Konstantin versuchte zu erläutern, daß er gegen die alten Kulte nichts habe, daß aber gerade diese beiden Tempel zum Ort abstoßendster Prostitution geworden seien.

»Ich gehe nicht gegen die Göttin der Liebe vor, sondern gegen die Schulen der Unmoral, in denen die gottgegebene Schönheit des menschlichen Körpers auf unerhörte Weise entweiht wird.«

»Du hast natürlich recht wie immer, aber wenn wir schon auf Erden ein Reich des Friedens errichten wollen, wie du zu befehlen geruhtest, dann müssen wir gegen alle toleranter sein . . .«

»Ich will nichts anderes!«

Wegen des immer größeren Bedarfs an Geld und Wertgegenständen ließ er indessen die Gold- und Silberstatuen verschiedener Götter und Göttinnen zugunsten der Staatskasse einschmelzen. Zur selben Zeit, vielleicht um ein Gleichgewicht herzustellen, bekräftigte er durch ein Gesetz, daß allen heidnischen Priestern die gleichen Privilegien wie den christlichen zuständen, also die Befreiung von Steuern, Militärdienst und allen anderen staatlichen Pflichten.

»Das hat mit meinen Sympathien für diesen oder jenen Kult nichts zu tun«, betonte der Kaiser. »Es ist nur eine formale Bestätigung der Gleichrangigkeit aller Religionen.«

Die Einwohner der neuen Stadt debattierten lebhaft darüber, wie Konstantins Statue auf dem hohen Obelisk mitten in der Stadt zu verstehen sei. Die einen meinten, daß es sich um seine Apotheose handelte, und zwar in Gestalt des Sonnengottes, dessen Symbole er trug. Das war vom Standpunkt des Mithraskults ganz annehmbar. Zugleich sprachen die christlichen Priester von Jesus als der »Sonne der Gerechtigkeit«, also konnten sie den Kaiser auch »Abglanz dieser Sonne über der irdischen Gerechtigkeit« nennen. Sicher und für alle sichtbar war nur, daß der steinerne Kaiser eine goldene Kugel als Symbol der Welt in der Hand hielt und um den Kopf einen Strahlenkranz trug wie die Sonne.

Die Freunde des Arius unter den christlichen Bischöfen hatten in der Zwischenzeit wieder mehr Einfluß gewonnen. Eusebius von Nikomedia, den der Kaiser seinerzeit nach Illyrien verbannt hatte — eine Einmischung in rein kirchliche Angelegenheiten —; stand nach wie vor in brieflicher Verbindung mit seinem Freund Ablavius. Ossius von Cordoba, Konstantins langjähriger, ja ältester christlicher Berater, Anhänger von Athanasius und Gegner von Arius, war in seine Heimat Spanien zurückgegangen. An seiner Stelle kehrte Eusebius von Nikomedia an den Hof zurück, und das hatte er Constantia zu verdanken.

Seit Konstantin seinen letzten Rivalen Licinius beseitigt hatte, lebte die Halbschwester des Kaisers an seinem Hof, aber zurückgezogen und fast unbemerkt. Sie bat darum, den Bruder vor ihrem Tod noch einmal sehen zu dürfen, und er besuchte sie in ihrer Wohnung mit den großen Fenstern, die auf das Marmarameer hinausgingen.

»Du besuchst mich zum erstenmal, seit ich in diese wunderbare Stadt gezogen bin. Und zum letztenmal, Bruder ...«

»Sicher nicht zum letztenmal!« Konstantin wunderte sich, wie sehr seine jüngere Schwester gealtert war. Sie war sehr mager und sah krank aus. Ihre Haut war wie dünnes Pergament, die Nase spitz. Er hatte erwartet, eine Frau in den Fünfzigern zu sehen, er erinnerte sich Constantias auch als Mädchen, aber er traf eine Greisin an, die zu schwach war, sich zwischen ihren Kissen aufzurichten. »Wir haben noch viel Zeit, uns zu sehen und zu sprechen. Wenn du wieder gesund bist, könntest du bei mir ein wenig die Hausherrin spielen ...«

»Du kannst nicht sagen, daß ich nicht stets auf dich gehört hätte, Konstantin. War ich nicht immer gehorsam?«

»Ja, Constantia, aber nicht ich habe Schweres von dir verlangt. Das war der Imperativ unserer Pflichten.«

»So ist es, mein armer Bruder.«

»Warum arm?«

»Ich sage dir, was keiner mehr sagen kann, seit deine Mutter tot ist. Du hast den Vater deiner Gattin, den Bruder deiner Gattin und sie, deine wunderschöne Gattin und deinen erstgeborenen Sohn umgebracht, und damit verglichen wäre es nichts, wenn du jetzt auch mich erdrosseln ließest. So wie du auch Licinius beseitigt hast, nachdem du mich gezwungen hattest, ihn zu heiraten und meine besten Jahre mit diesem ekelhaften lüsternen Greis zu verbringen ...«

»Flavia Julia Constantia!« sagte der Kaiser scharf. »So darf niemand mit mir sprechen.«

»Aber ich spreche so zu dir, Bruder, denn mir ist es schon gleichgültig. Ich weiß, daß ich bald vor Gottes Angesicht treten werde. Du kannst mir nichts mehr anhaben ...«

»Hast du mich hergebeten, um mich zu schelten?« fragte er leiser.

»Nein, ich möchte dich auf dem Sterbebett um etwas bitten.«

Konstantin griff nach ihrer schmalen, heißen Hand.

»Wenn ich deinen Wunsch erfüllen kann ... Ich verspreche es.«

»Du kannst. Ich verlange nichts, was du nicht könntest. Rufe den guten Bischof Eusebius von Nikomedia wieder an deinen Hof. Höre seinen Rat. Ich sage nicht, daß du ihm folgen sollst, denn du als Kaiser hast zu befehlen. Aber erlaube ihm zurückzukehren, und bevor du grausame Entscheidungen triffst, höre erst ihn an. Es kann dir nur nützen.«

»Gut. Da ich es versprochen habe, werde ich ihm noch heute schreiben. Aber warum wünschst du dir gerade das?«

»Deinetwegen! Deinetwegen, Konstantin. Trotz allem, was ich dir gesagt habe, und du weißt selbst, daß es die Wahrheit ist, mußt du als größter Kaiser in die Geschichte eingehen. Du bist nicht Nero, mein Bruder. Du mußt ein Heiliger sein. Trotz allem ein Heiliger. Du brauchst jetzt nur noch Menschen wie den Bischof Eusebius, die dir ein wenig dabei helfen ...« Sie schloß erschöpft die Augen, sank in die Kissen. Konstantin ließ vorsichtig ihre Hand los, sie reagierte nicht. Vielleicht schlief sie schon.

Eusebius kehrte zurück, Athanasius protestierte vergebens. Das arianische Problem war wieder gegenwärtig. Konstantin überlegte verärgert, wer es lösen könnte. Mercurius war Heide, Julianus für die immer komplizierteren geschäftlichen Transaktionen unentbehrlich. Der Tod Constantias erinnerte ihn daran, daß er noch andere nahe Verwandte hatte. Sein ältester Halbbruder, Constantias leiblicher Bruder Dalmatius, der erste Sohn seines Vater, Constantius Chlorus, mit seiner legitimen Gattin, Theodora, lebte bescheiden und zurückgezogen als Richter und Zensor in Antiochia. Er berief ihn in die neue Stadt und übertrug ihm das Richteramt für heikle Fälle. Dalmatius arbeitete diskret, stets nur im Namen des Kaisers.

Es wurde eine Synode anberaumt, die in Cäsarea stattfinden sollte und unter dem Einfluß des dortigen Bischofs Eusebius sicher im Sinne der Arianer entschieden hätte. Deshalb verweigerte Athanasius die Teilnahme, und es wurde eine Synode nach Tyrus einberufen. Hier verteidigte sich Athanasius anfangs erfolgreich, behauptete, daß alle Vorwürfe auf Verleumdung beruhten wie seinerzeit die Anklage wegen Mordes an seinem Mitbruder Arsenius. Indes wurde ihm ziemlich überzeugend nachgewiesen, daß er sich gewalttätig und eines christlichen Priesters unwürdig aufführte, und so verließ er das Konzil, was für viele einem Schuldbekenntnis gleichkam. Die Synodalen gelangten zu der Auffassung, daß er kein Bischof mehr sein könne. Konstantin hörte davon und schickte die Kirchenväter unverzüglich nach Jerusalem, wo sie an der Einweihung der von Helena gestifteten Kirche am Heiligen Grab beiwohnen und Frieden schließen sollten. Arius wurde zur Gänze rehabilitiert, und man beschloß, ihn während einer feierlichen Ostermesse wieder in die Kirche aufzunehmen. Jetzt befanden sich sowohl Athanasius als auch Arius in der neuen Hauptstadt und mußten davon überzeugt werden, sich dem Beschluß zu beugen.

Ein paar Tage vor Ostern ließ Konstantin seinen Halbbruder eilig zu sich rufen.

»Stell dir vor, als ich gerade in die Stadt einritt, begegnete er mir plötzlich, und ich habe ihn nicht einmal sogleich erkannt. Ich habe ihn in den Palast gebeten, zur selben Zeit wird auch Arius kommen. Laß uns versuchen, sie endlich miteinander zu versöhnen ...«

Man führte die beiden hohen Priester in einen kleineren Salon und bat sie, ein wenig zu warten. Konstantin jedoch hatte plötzlich wichtige Nachrichten über Persien erhalten und forderte Dalmatius auf, sie allein zu empfangen und mit ihnen zu sprechen. Arius behauptete, daß Athanasius gedroht habe, die Abfahrt der ägyptischen Kornflotte verhindern zu wollen, falls er, Arius, die Erlaubnis erhalte, wieder öffentlich zu predigen und seinen Platz in der Kirchenhierarchie einzunehmen. Athanasius wies die Beschuldigung von sich, schloß jedoch nicht aus, daß Gott eine Stadt bestrafen könne, die eine solche Sünde beging. Die beiden alten Geistlichen hätten im Kaiserpalast beinahe eine Schlägerei begonnen und einander die Bärte ausgerissen. Dalmatius ging schließlich hinaus, um sich mit Konstantin zu beraten, denn er wußte nicht mehr, was er tun sollte. Der gegen Athanasius geäußerte Vorwurf wog schwer. Alle am Hof erinnerten sich noch gut, daß der Kaiser wegen des unbewiesenen Verdachts, er habe die Kornschiffe aufgehalten, selbst seinen Freund Sopater hatte umbringen lassen. Dalmatius wurde nicht beim Kaiser vorgelassen, dem die komplizierten Beziehungen zu Persien natürlich wichtiger waren als all das Pfaffengeschwätz.

Nach dem Verlassen des Palastes ging jeder der beiden Bischöfe seiner Wege. Arius wurde plötzlich übel, er suchte eilig die nächste Latrine auf, und hier starb er. Es wurde eine Untersuchung eingeleitet, denn man hielt es sogar für möglich, daß Athanasius in einem unbewachten Augenblick Arius Gift in den Becher geschüttet habe. Die schrecklichen Umstände, unter denen der doch so rüstige Greis zu Tode gekommen war, das plötzliche Erbrechen und der heftige Durchfall deuteten auf Vergiftung hin. Konstantin hatte nun endgültig genug von Athanasius und den Arianern. Er verbannte Athanasius nach Augusta Treverorum und ließ den Bischofsstuhl in Alexandria vorerst unbesetzt. In der neuen Hauptstadt wurde Eusebius von Nikomedia zum einflußreichsten christlichen Priester und Freund des Kaisers, der ihn doch erst vor wenigen Jahren durch ebenso plötzlichen Beschluß relegiert hatte. Deshalb konnte niemand sicher sein, ob nicht eines Tages alles wieder umgestoßen und Athanasius im Triumph zurückkehren würde. Die Höflinge wußten längst, daß sich der Kaiser zwar noch so stellte, als träfe er allein die endgültigen Entscheidungen, daß er aber unter dem Einfluß verschiedener Ratgeber diese Entscheidungen häufig änderte. Unabänderlich und unwiderruflich war es nur, wenn ein Mensch auf seinen Befehl durch Gift, durch das Henkerbeil oder auf andere unnatürliche Weise zu Tode kam.

Die Latrine, in welcher der Bischof Arius seine Seele ausgehaucht hatte, wurde noch lange gegen ein geringes Entgelt als Sehenswürdigkeit gezeigt.

Für Arius' überraschenden und seltsamen Tod in einer öffentlichen Bedürfnisanstalt unmittelbar nach dem Besuch im kaiserlichen Palast und kurz vor seinem späten Triumph gibt es verschiedene Zeugnisse. Es geschah 336. Der Schweizer Historiker Jacob Burckhardt schreibt: »Ob er Gift bekommen hatte und von wem, bleibt zweifelhaft; Konstantin hatte kein Interesse dabei.« Bei dem deutschen Historiker und Verfasser der jüngsten Konstantin-Biographie, Eberhard Horst, heißt es: ». . . ein merkwürdiger Tod zu diesem Zeitpunkt, der Gerüchte auslöste oder als Gottesurteil angesehen wurde.« Die orthodoxe »Allgemeine Kirchengeschichte« erläutert: ». . . schon näherte sich der Tag, da Arius feierlich in die

Kirche zu Konstantinopel aufgenommen werden sollte, als der achtzigjährige Greis unerwartet starb, was die Orthodoxen als Gottesstrafe ansahen, während seine Anhänger nicht versäumten, die Nicäner des Giftmordes an ihm zu beschuldigen.« Dabei darf man nicht vergessen, daß die orthodoxe Kirche Athanasius als einen ihrer Begründer betrachtet..

Bleibt die Frage nach dem Motiv. Ein Motiv hatten Arius' Gegner, denn wie wir gesehen haben, war allgemein bekannt, daß der Kaiser in seinen Entschlüssen schwankend und nur der Tod endgültig war. Athanasius gelang es nicht mehr, in den Osten zurückzukehren. Sein Bischofssitz in Alexandria blieb bis 340 unbesetzt, und dann, schon nach Konstantins Tod, übernahm ihn der Arianer Gregor aus Kappadokien.

EIN TAG DER ÜBERRASCHENDEN WENDUNGEN

Zum erstenmal seit so vielen Jahren war ein Usurpator aufgetreten. Calocerus, ein Aufseher der kaiserlichen Dromedare auf Zypern, rief sich zum Herrscher aus und nahm den Purpur. Konstantin bat seinen Halbbruder, den Richter Dalmatius, das Problem zu lösen. Dalmatius ließ sich von Ablavius nur eine Legion und die nötige Anzahl Schiffe geben, zog aus, unterdrückte die Unruhen und verurteilte den vorwitzigen Calocerus zum Tode. All das war schnell erledigt, hatte aber gravierende Folgen. Dalmatius' Einfluß bei Hof verstärkte sich. Ablavius, Julianus und der stets geheimnisvolle Mercurius fielen Konstantin bereits lästig, und er traute ihnen auch nicht. Dalmatius war nur wenige Jahre jünger als er und vom gleichen Blut, der Sohn desselben Vaters. Durch sein langjähriges äußerst bescheidenes und zurückhaltendes Auftreten hatte er gezeigt, daß er nicht nach Rang und Würden strebte. Jetzt hatte er die erste Rebellion umgehend und ohne Aufsehen erstickt und auch in der Kirchenfrage zu einem glücklichen Kompromiß gefunden — in der neuen Hauptstadt und im Osten gewannen Priester die Oberhand, die Arius nahestanden und bisweilen »Halbarianer« genannt wurden, weil sie das Wort »wesensgleich« für die Beziehung zwischen Vater und Sohn als »unbiblisch« verwarfen. Sie sagten, der Sohn sei nicht gleichen, sondern ähnlichen Wesens wie der Vater, das heißt »wesensähnlich«. Konstantin wollte von den theologischen Spitzfindigkeiten nichts mehr hören, er überließ alles Dalmatius. Athanasius, der nunmehrige Bischof von Augusta Treverorum, mochte ruhig mit Ossius in Spanien korrespondieren und im Westen gewisses Ansehen genießen.

Konstantin war zufrieden, doch seine große Erfahrung sagte ihm, daß das Auftauchen eines Usurpators kein Zufall sein konnte. Die Völker des Imperiums wußten, daß er schon ein älterer Mann war und seit langem keine Heldentat vollbracht hatte. Keiner seiner Söhne hatte sich mit Ruhm bedeckt, die Thronfolge war ungeklärt. Der Frieden war etwas Wunderbares, aber ein allzu langer Frieden konnte eine gewisse Unruhe hervorrufen. Diokletian hatte ein System hinterlassen, das zwar nicht funktionierte, von dem er aber zumindest gehofft hatte, daß es ihn überdauern würde. Konstantin glaubte, ein Regierungssystem für die Ewigkeit schaffen zu müssen. Und das hatte für ihn auch mit dem Erbfeind im fernen Osten, mit Persien, zu tun.

Er wollte sich um keinen Preis eingestehen, wie einsam er war. Manchmal schob er den Becher mit dem Schlaftrunk beiseite und versuchte in der Zurückgezogenheit seines Ruhegemachs sogar zu Gott zu beten. Doch der war entweder taub, oder der Kaiser beherrschte nicht die Sprache, in der er ihn anrufen konnte. All das erfüllte ihn mit Verwirrung und Verzweiflung, und am Ende half wieder nur das Elixier, das ihm bleischweren Schlaf schenkte.

Diokletian und viele Herrscher vor ihm hatten versucht, die Beziehungen zwischen den Staaten, aber auch innerhalb des Imperiums durch Eheschließungen zu regeln. Eines Nachts fiel Konstantin ein, daß Ablavius eine hübsche Tochter hatte. Sein ältester Mitarbeiter, sein ehemaliger Adjutant aus der Jugendzeit, verdiente, auf besondere Weise ausgezeichnet zu werden, also verheiratete er Ablavius' Tochter mit seinem dritten Sohn Constans, obwohl dieser noch ein Knabe war.

Kurz darauf befahl er den Reichsrat, alle Minister und angesehenen Heerführer, die Mehrheit der Präfekten zu sich. Keinen hatte er vorab über die Tagesordnung informiert, und so gelang ihm die Überraschung vollkommen:

»Nach reiflicher Überlegung und zahllosen Gebeten zur höchsten Gottheit tue ich hiermit meinen unwiderruflichen Beschluß über die neue Reichseinteilung und das neue Verwaltungssystem kund. Hört!« Ausnahmsweise saß Konstantin nicht bequem im Thron zurückgelehnt, sondern stand vor seinen Beratern und Mitarbeitern, die natürlich ebenfalls standen und kaum zu atmen wagten. »Unsere zwölf Diözesen und mehr als hundert Provinzen werden in vier große Präfekturen zusammengefaßt.«

Durch den Saal ging etwas wie ein Seufzer, fast ein Flüstern. Wer würde avancieren? Wer diese vier Reichsteile regieren? War es die Rückkehr zu Diokletians Tetrarchie? Konstantin hatte drei lebende Söhne, die bereits den Titel Cäsar trugen. Constantinus junior war neunzehn, Constantius junior achtzehn und Constans zwölf Jahre alt.

»Über Gallien, Spanien und Britannien wird mein ältester Sohn, der Cäsar Contantinus herrschen, wie er es in seiner Residenz Augusta Treverorum bereits erfolgreich begonnen hat; über Kleinasien, Syrien und Ägypten mein zweiter Sohn, der Cäsar Constantius; über Italien, Afrika und das nördliche Illyrien mein jüngster Sohn, der Cäsar Constans, dem als Präfekt sein Schwiegervater, mein getreuer Ablavius zur Seite stehen wird ...« Der Kaiser legte eine Pause ein und wußte, daß die Spannung stieg, denn noch stand die Mitteilung über die größte und wichtigste

Region des Imperiums samt der neuen Hauptstadt aus. »Und über Mösien, Thrakien, Mazedonien und unsere neue Hauptstadt wird mein Neffe Dalmatius junior, der Sohn meines Halbbruders Dalmatius herrschen. Dalmatius junior ernenne ich hiermit zum Cäsar, und als Präfekt wird ihn sein guter Vater unterstützen ...«

Jetzt endlich brach sich die allgemeine Überraschung in einem aufgeregten Wispern Bahn. Konstantin hatte das erwartet, er ließ sich auf dem Thron nieder, um seine Lippen spielte ein Lächeln. Er sah auf einmal viel jünger aus und wirkte, als hätte er eben nicht eine Mitteilung von schicksalhafter Bedeutung, sondern einen gelungenen Scherz gemacht. Manche versuchten, aus den Mienen von Ablavius und Dalmatius senior etwas abzulesen. Ablavius, der erfahrene Politiker und Diplomat, stand aufrecht und sah seinen Kaiser ruhig an. Er verriet durch nichts, ob er vorher gewußt hatte, was Konstantin verkünden würde. Dalmatius indes hatte unwillkürlich einen Schritt rückwärts getan, nach einer Säule getastet und sich daran gelehnt, als drohte er unter der unerwarteten Bürde zusammenzubrechen. Er war ehrlich überrascht, sogar bestürzt und erschrocken, um so mehr, als Konstantin jetzt Details ausführte und in diesem Zusammenhang sagte, Dalmatius' zweiter Sohn, Hannibalianus, übernehme mit dem Titel eines armenischen Königs die Kontrolle über die Gebiete an der Grenze zu Persien, Armenien, Kappadokien und Mesopotamien. Im gleichen Atemzug gab Konstantin die Verlobung seiner Tochter Constantia mit Hannibalianus bekannt, obwohl sie ziemlich nahe miteinander verwandt waren und in Constantius Chlorus einen gemeinsamen Großvater hatten.

Alle fühlten das Bedürfnis, die neue Ordnung im Staat zu kommentieren. Sie flüsterten, stellten zahllose Fragen. Obwohl er es nicht betont hatte, verstand sich wohl von selbst, daß Konstantin der oberste Kaiser blieb. Da niemand auf eine plausible Erklärung kam, beruhigten sich die Anwesenden bald und schauten wieder ihren Kaiser an. Er versuchte nicht einmal, sein lausbübisches Lächeln zu unterdrücken.

»Fahren wir fort ... Dies Werk hat den Segen der höchsten Gottheit und wird mir, dem *Augustus maximus,* helfen, wie bisher zum Ruhm des Imperiums, zum Besten der Völker in aller Welt, im Interesse ewigen Friedens und allgemeinen Wohlstands zu regieren ...«

Er verkündete die Trennung von Zivil- und Militärgewalt. Den Bauern wurde verboten, ihren Boden zu verlassen. Er ernannte Präfekten für die beiden ersten Cäsaren. Anstelle von Ablavius, der jetzt einer der vier hohen Präfekten war und auf Grund der neuen Prinzipien nicht gleichzeitig Kommandeur der Garde, also auch Stellvertreter des Kaisers als oberster Kommandeur, bleiben konnte, setzte er zwei Großfeldherren für Reiterei und Fußvolk ein — den *magister equitum* und den *magister peditum.* Er bestimmte neue Garnisonen, und zwar alles Provinzstädte. Seine Zentralregierung reorganisierte er ebenfalls, indem er die Funktion eines Quästors für den Palast einführte. Diesem neuen »Hofminister« vertraute er auch die Kontrolle über den Geheimdienst an. Die Minister bekamen den neuen Titel *comites,* das heißt Begleiter des Kaisers.

Das Ganze schien gut durchdacht, und alle fragten sich erstaunt, ob es dem Kaiser allein eingefallen war oder ob er sich doch mit jemandem beraten hatte. Mit wem? Beim feierlichen Essen kam es aber bereits zu Veränderungen, was neue Verwirrung stiftete, denn niemand wußte mehr, welche der einander widersprechenden Entscheidungen Gültigkeit hatte. Konstantin war so launisch und wetterwendisch geworden. Er erklärte jetzt, Ablavius dürfe vorerst die Hauptstadt nicht verlassen, er brauche ihn hier, zumal angesichts des baldigen Krieges gegen Persien ... Nach Westen werde zunächst ein anderer gehen. In der Eile kam er nicht darauf, wen er ernennen sollte ...

»Ablavius wird mir nachher selbst jemand empfehlen, der vertrauenswürdig ist ...«

Auch Mercurius schickte er nicht fort.

»Überleg dir, wer eines Tages wirklich dein Nachfolger werden soll ... Keiner von uns ist unsterblich, ich hoffe sogar, vor dir zu sterben. Es würde mir schwerfallen, mich an einen neuen Schnüffler zu gewöhnen ...«

Mercurius verneigte sich im Sitzen, mit seinem bekannten halbironischen Lächeln.

»Wenn du erlaubst ...«, schaltete sich Dalmatius unsicher ein.

»Dir erlaube ich künftig alles, Bruder.«

»Ich bin dir zutiefst dankbar für die Ehre und Gnade, und ich danke dir auch demütig im Namen meiner beiden dir treu ergebenen Söhne. Aber ich verstehe nicht ... Warum hast du diese herrliche Stadt nicht einem deiner leiblichen Söhne überlassen?«

»Das ist mein Entschluß.«

»Und was Hannibalianus betrifft ... König von Armenien ist doch dein alter Freund Tiridates!«

»Sag es ihnen jetzt, Mercurius!« gebot Konstantin.

Der Geheimdienstchef räusperte sich. »Wir hatten bisher noch nicht Gelegenheit, euch mitzuteilen, daß der persische König Sapor II., dieser doppelgesichtige und habgierige Tyrann, der sich Bruder der Sonne und des Mondes nennt und der noch vor kurzem, um uns zu täuschen, unserem großen Kaiser aus Anlaß der Einweihung unserer Stadt ergebenste Grüße und schöne Geschenke sandte, plötzlich Armenien überfallen, König Tiridates gefangengenommen, geblendet und nach Persien verschleppt hat. Die christliche Kirche und das Volk Armeniens haben sich an unseren Kaiser um Hilfe gewandt.«

Wieder trat tiefe Stille ein. Dieser Tag war wirklich voller überraschender Wendungen. Von Konstantin wurde sonst immer häufiger gemunkelt, er sei gleichgültig geworden und halte die Zügel des Reiches nicht mehr fest in der Hand. Vielleicht zeigte er gerade deshalb erneute Initiative, und das auf mehreren Gebieten zugleich.

»Ich habe gestern einen Brief an den persischen König Sapor diktiert. Julianus, verlies ihn.«

Julianus erhob sich und übernahm eine Pergamentrolle von einem Sklaven, der offensichtlich schon eine Weile zu diesem Zweck bereitstand.

»Ich beschwöre dich, Bruder, behüte und beschütze alle deine Untertanen, die an Gott Vater, Sohn und Heiligen Geist in ihrer Dreieinigkeit glauben, wie auch ich an sie glaube, und so sage ich dir von meiner reichen Erfahrung. Denn wenn ich den göttlichen Glauben bewahre, werde ich zum Licht der Wahrheit gelangen. Vom Licht der Wahrheit geleitet, kann ich wiederum den göttlichen Glauben erkennen und in mich aufnehmen. So begreife ich den heiligen einzigen Glauben, und ich sage dir, die Tatsachen bestätigen ihn ... Mit der göttlichen Kraft im Bündnis bin ich von jenen fernen westlichen Ufern des Ozeans aufgebrochen und habe Schritt für Schritt den ganzen bekannten Erdkreis in der sicheren Hoffnung auf Rettung aufgerichtet ... Diesen Gott rufe ich an. Von seinem Licht erleuchtet, bekenne ich mit reinem, unbeflecktem Angesicht, daß er derjenige ist, der in der Höhe wohnt ...«

Die Lesung war monoton. Der Kaiser wandte sich wieder dem Essen zu, am anderen Ende der Tafel kam ein Gespräch auf.

»Ich würde das direkte Einmischung in die inneren Angelegenheiten eines Nachbarstaates nennen«, murmelte ein hoher Beamter, der sich mit Außenpolitik beschäftigte.

»Mehr noch«, fügte der dritte Stellvertreter des neuernannten Reitereigroßfeldherrn hinzu. »Es klingt wie eine Kriegserklärung.«

Konstantins Brief an Sapor ist im wesentlichen authentisch, ebenso die unerwartete Reichsteilung und die unvorhergesehene Beförderung des jüngeren Dalmatius. Der Brief könnte unter Mitwirkung von Eusebius von Nikomedia entstanden sein (den man stets säuberlich von Eusebius von Cäsarea unterscheiden muß, was in-

sofern schwerfällt, als beide gleichnamigen christlichen Bischöfe der arianischen Lehre anhingen und gleichermaßen Einfluß auf Konstantin hatten). Die Erwähnung des »Lichts« allerdings und der ganze moralisierende Ton zeugen von dem Bemühen, die christlichen Vorstellungen der an Sapors Hof herrschenden, vom Zoroastrismus geprägten Religion und Ideologie anzunähern.

FÜR ALLES BEZAHLEN

Die christliche Partei am Hof erstarkte zusehends. Neben hohen christlichen Beamten wie Ablavius und Julianus, die aber in erster Linie römische Staatsfunktionäre waren, beobachtete man in den Sälen und Wandelgängen der kaiserlichen Paläste mehr und mehr niedere und hohe Geistliche. Konstantin indes hatte seine persönliche Stellung zur Kirche noch nicht endgültig festgelegt. Er war auf der Hut, seine andersgläubigen Untertanen nicht vor den Kopf zu stoßen. Sogar öffentlich in der Stadt aufgestellte Kreuze trugen eingefügte Schicksalsamulette, und eine Doppelstatue zeigte Konstantin und seine Mutter, Helena, welche zusammen ein Kreuz trugen, in dessen Mitte eine Kette sichtbar war: Symbol für den Zauber, der dem neuen Rom den Sieg über alle Völker und die Sicherheit vor allen feindlichen Angriffen bringen sollte.

Konstantin fand Gefallen an öffentlichen Auftritten vor dem Volk, dem er lange Reden, wahre Predigten hielt. Er wollte seine Untertanen belehren und Stimmung für den schicksalhaften Krieg gegen Persien machen. Er wußte, daß nach so langen Friedensjahren große Anstrengungen nötig waren, um die Kriegsmaschinerie in Bewegung zu setzen. Mit vorsichtigen Worten widerlegte er die Vielgötterei, er sprach über Vorsehung, Erlösung und das göttliche Gericht. Er schrieb diese Reden lateinisch, ließ sie aber ins Griechische übersetzen, weil er diese Sprache für vornehmer hielt.

Dalmatius nahm eine Einladung des Bischofs Eusebius von Nikomedia zum Abendessen mit einiger Bange an. Er tat sich nicht gern hervor, war noch immer unsicher in seiner neuen hohen Stellung, hatte Angst vor Spitzeln. Er traute nicht einmal seinem großen Halbbruder, in dessen Schatten er so lange gelebt hatte, er wußte, daß er jähzornig und bisweilen erbarmungslos war. Hoffentlich nahm er ihnen dieses Treffen nicht übel und vermutete in seinem Mißtrauen nicht eine Verschwörung!

»Du hättest von vornherein wissen müssen, was kommt!« begann der schlaue Priester. »Vor einem neuen Krieg mußte Konstantin das Reich aufteilen, schon um seine Dynastie aufzuwerten. Er wird Crispus nie verschmerzen. Weißt du, verehrter Dalmatius, wenn wir schon so unter vier Augen als zwei reife Männer sprechen, die vom Leben nicht mehr viel zu erwarten haben ...«

»Das trifft auf mich zu, Vater, aber von dir würde ich es nicht sagen. Mir scheint, dir steht die höchste Karriere bevor ...«

»So Gott will«, entgegnete der Geistliche. »Könnte ich, sein frommer und gehorsamer Diener, mich einem solchen Entschluß widersetzen? Aber darum geht es jetzt nicht. Wir beide können uns sicher darauf einigen, daß Diokletian, dieser letzte große Feind unseres heiligen Glaubens, in einer Sache dennoch recht hatte. Ein Alleinherrscher ohne Kontrolle verliert am Ende immer den Verstand ...«

»Das will ich nicht gehört haben!« Dalmatius stand auf.

»Setz dich. Hab keine Angst, hier haben die Wande keine Ohren. Hier sind wir von meinen Fratres bewacht. Ich fahre fort. Wir wissen ebenfalls, daß die Idee von der gemeinsamen Herrschaft vierer gleichberechtigter Regenten keinen Bestand hatte. Diokletian wollte es, und nun muß auch Konstantin den Staat in vier Stücke teilen ...«

»Was ist deine Absicht, Eusebius? Sicher nicht, daß ich meinem Bruder all das erzähle.«

»Natürlich nicht.« Der Bischof lächelte unerschrocken.

»Ich will dir erklären, was für die Zukunft die einzige Lösung ist. Unsere heilige Kirche muß den Kaisern auch bei der Herrschaft über diese Welt zur Seite stehen. Vielleicht wird es nach Konstantins Tod zwischen seinen und deinen Söhnen zum Krieg kommen, wie es nach Diokletians Abdankung bei seinen Nachfolgern der Fall war. Außerdem sind da noch die beiden Söhne deines Bruders Julius Constantius, Gallus und Julianus, die sich jetzt vermutlich zurückgesetzt fühlen ...«

»Das glaube ich nicht.«

»Es gibt gewisse Erfahrungen aus der Geschichte, Dalmatius. Aber gleichviel. Gott ist unser Verbündeter. Die heilige Kirche ruht auf einem ewigen Fundament, auf Christus. Und wir hohen Priester sind ebenso sündige sterbliche Menschen wie die Kaiser. Auch unter uns kommt es zu Rivalitäten, Streit, Auseinandersetzungen, wir sind schwach und eitel, und es wundert mich, daß du mir das noch nicht gesagt hast. Dennoch weiß ich es. Die Hirten sind sterblich, aber die Kirche ist für die Ewigkeit geboren und muß herrschen. Schon hier auf Erden kann einzig die Kirche herrschen. Verstehst du? Deshalb brauche ich jetzt schon deine Hilfe und die deiner gottesfürchtigen Söhne. So ein Bündnis kann allen dienlich sein. Du brauchst mir nicht gleich zu antworten. Übereile nichts, denke nach. Und vergiß nicht, worin Konstantins Vorzug gegenüber Diokletian liegt, ein entscheidender Vorzug.«

»Worin?«

»Konstantin ist der größere Sünder. Konstantin hat viele von denen auf dem Gewissen, die ihm am nächsten standen. Aber er hat eine große Familie ... Diokletian hat ziemlich keusch gelebt und nur eine Tochter hinterlassen. Konstantin hat drei Söhne, Halbbrüder und deren Söhne, Töchter, die er noch verheiraten kann ... Er hat eine große Familie, er hat eine Dynastie gegründet. Das will ich dir sagen: Wer auch immer von euch Prinzen gegen einen anderen in den Krieg zieht, wer auch immer Sieg und Herrschaft davonträgt, es wird einer aus der Dynastie sein, und zwar auf jeden Fall der Fähigste und Tapferste, also vor allen anderen zum Kaiser Berufene. Und der Frömmste, denn siegen wird nur jener, der sich auf die wichtigste Hilfe verläßt, auf die Kirche. Er wird im Namen der Kirche herrschen. Noch tausend und mehr Jahre. Und wessen Wille könnte das sein, Dalmatius, wenn nicht Gottes Wille?«

Konstantin war nicht mehr so populär wie einst. Zuerst hatte alle Welt die Geschwindigkeit bewundert, mit welcher er die neue Stadt errichtet und sogar bevölkert hatte. Jetzt sahen alle, daß es unmöglich war, hier Ordnung zu halten. Die reicheren Einwohner bezahlten Wächter, um ihr Eigentum vor Räubern zu schützen. Vor ihren Sänften liefen bewaffnete Diener her und bahnten ihnen einen Weg durch die Menge. Die Armen waren unzufrieden, obwohl sie kostenlos Brot und Spiele bekamen. Alle äußerten sich immer kritischer über das Regime des Kaisers: in den ersten zehn Jahren, so hieß es, sei er ein trefflicher Fürst, in den folgenden zehn ein Räuber gewesen, und das dritte Jahrzehnt habe er als *pupillus,* als unmündiges Kind, begonnen.

Die Feier zum dreißigsten Jahrestag seines Machtantritts, die natürlich in der neuen Hauptstadt stattfand, konnte niemanden mehr begeistern. In gewisser Weise wiederholte sich nur, was man schon bei der Einweihung der Stadt gesehen hatte. Festzüge, Spiele, Gottesdienste, Verteilung von Geschenken. Nur daß der christliche Akzent noch deutlicher war.

»Was ist das für ein *Pontifex maximus,* der nicht einmal dem ewigen Jupiter opfert?« fragten die einen.

»Und was ist das für ein Kaiser und Gott auf Erden, dem man keine Opfer bringen muß?« fragten andere.

Außer Eusebius von Nikomedia, der jetzt fast ständig um ihn war, empfing Konstantin recht häufig auch den Bischof Eusebius von Cäsarea. Dieser gelehrte Priester machte sich anheischig, eines Tages die Biographie des Kaisers zu schreiben. Konstantin war deshalb hin und wieder bereit, ihm aus seinem Leben zu erzählen.

»Natürlich wirst du am Ende veröffentlichen, was du selbst dazugedichtet hast, mein lieber Eusebius. Wie soll ich das aus dem Jenseits kontrollieren?«

»Wenn du mir eine Bemerkung erlaubst, Herr: An Jahren, mit denen das Erdenleben gemessen wird, zähle ich mehr als du. Warum glaubst du, mich aus dem Jenseits beaufsichtigen zu müssen, da ich doch voraussichtlich vor dir dort sein werde?«

Konstantin winkte ab, als wisse er es ganz genau. »Ich werde bald sterben, und du wirst weiterleben. Schreib, was du willst, ich kann mich nicht wehren ...«

Er antwortete nie auf die Frage, die ihm immer wieder gestellt wurde: warum er die Hauptstadt und den größten Teil des Reiches ausgerechnet Dalmatius anvertraut habe. Der Grund war ganz einfach: Hätte er das Zentrum von Reich und Welt einem seiner Söhne gegeben, so wären, davon war er überzeugt, sofort Zank und Streit ausgebrochen. So fanden sie sich vielleicht damit ab, daß ihr Vetter eine Art Statthalterrolle in der gemeinsamen Hauptstadt spielte. Er mußte immer wieder an Crispus denken. Crispus war wie er der erstgeborene Sohn, nur von einer illegitimen Mutter. Und der Begabteste. Crispus wäre der beste Thronfolger gewesen. Was wäre geschehen, hätte man mich seinerzeit umgebracht? fragte er sich traurig. Wenn Crispus mit der Verschwörung Erfolg gehabt, seine Stiefmutter geheiratet, jung und voller Energie die Macht angetreten hätte? Aber das war nicht vorstellbar. Ist es denn möglich, daß ich ein Mörder bin? Ein neuer Nero? Habe ich nicht immer nur getan, was zum Wohl des Reiches war?

Zum hundertsten-, zum tausendstenmal fragte er sich, ob Crispus mit seiner Fausta geschlafen hatte. Warum war Fausta in jener Sommernacht auf dem Dachgarten vor ihm weggelaufen? Was waren diese geheimen Papiere und vertraulichen Meldungen wert gewesen? Hatte jemand Interesse daran gehabt, ihn hinters Licht zu führen und so zum Mord an seinem Sohn und der einzigen geliebten Frau zu veranlassen? Es hatte keinen Sinn, eine neue Untersuchung einzuleiten. Über allem lag längst der Schleier des Vergessens, die materiellen Beweise waren verloren oder vernichtet. Hätte es irgend jemand geholfen, wenn jetzt der Nachweis seiner Schuld oder Unschuld erbracht wurde? War je ein Mensch wiederauferstanden? Hätte er sie nur verbannt, aus seiner Nähe verjagt, ja in eine Höhle ohne Tageslicht gesperrt, dann könnte er sie jetzt rufen lassen und von neuem befragen ... Von neuem? Er hatte sie nicht einmal gefragt, hatte ihnen nicht erlaubt, sich zu wehren, vielleicht zu rechtfertigen. Er hätte ihnen vergeben können, wenn sie schuldig waren. Oder sie um Verzeihung bitten. Nein, besser war es, die Völker glaubten, daß er recht gehandelt hatte, daß er auf Grund seines höchsten Pflichtbewußtseins so hatte handeln müssen, um ein Beispiel dafür zu geben, daß das Interesse des Staates und der erhabenen Moral immer über das persönliche Glück zu stellen war. Aber hätte er jetzt Crispus zum Leben erwecken können, er hätte ihm nicht nur Fausta und alles gegeben, was schön und wertvoll war auf Erden, sondern auch das eigene Leben, nur damit er den Staat und die neue Stadt übernähme.

Manchmal zweifelte er an Mercurius und spielte mit dem Gedanken, ihn zu töten. Das immer gleiche, kalte und leicht ironische Lächeln in dem hageren Gesicht konnte ihn zur Raserei bringen. Aber wem hätte er einen solchen Auftrag geben sollen? Er vermochte sich nur vorzustellen, daß er Mercurius befahl, sich selbst zu entleiben. Wenn er sich jedoch diese Szene ausmalte, wurde ihm klar, daß er vor seinem Geheimdienstpräfekten Angst hatte.

Allein in den großen Sälen des Palastes, führte er immer häufiger Selbstgespräche: »Ich mußte für alles bezahlen. Dafür, daß ich der größte aller Kaiser bin. Ich habe bezahlt und zahle jeden Tag weiter. Jetzt müssen wir nur noch die Perser schlagen, und meine Kinder, meine Cäsaren, müssen lernen, wie man die Welt lenkt . . .«

Bei sich nannte er seine Söhne und die Söhne des Halbbruders Kinder. Es tröstete ihn, daß Helena zufrieden gewesen wäre. Sie hatte immer gesagt, daß die Familie zusammenhalten müsse, daß es nichts Stärkeres gebe als Blutsbande.

MOBED, DER PERSICHE MAGIER

Die Vorbereitung des Feldzugs gegen die Perser erfüllte Konstantin mit Befriedigung. Er fühlte sich wieder jung, freute sich auf die morgendlichen Beratungen mit den Kommandeuren, auf die strategischen Besprechungen. Sehr sorgfältig prüfte er die Anweisungen über die Versorgung der Legionen, verlangte detaillierte Berichte über alles. Mit einem Wort, er tat das, was ihm immer Ruhm eingebracht hatte und wovon er etwas verstand. So konnte er wenigstens vorübergehend alles andere vergessen.

Während seiner gesamten Karriere hatte er keinen einzigen Krieg und nur wenige Schlachten verloren. Jetzt trug er anstelle der Krone wieder den kaiserlichen Helm, zog die Offizierssandalen an — seine festen, sonnengebräunten Beine sahen nicht aus wie die eines Zweiundsechzigjährigen. Den obersten Stab für die Vorbereitungen verlegte er an das andere Ufer des Bosporus nach Nikomedia.

Der Ausgang der Kriege, die das Römische Reich gegen Persien führte, war seit Jahrhunderten symptomatisch für seine Stärke oder Schwäche. Schon Julius Cäsar hatte sein Heer gegen dieses mächtige Land im Osten führen müssen, Crassus war im Kampf gegen Persien gefallen, Kaiser Valerius war von den Persern auf schändliche Weise ermordet worden, Galerius hatte seine Armee an sie verloren und vor ihnen fliehen müssen, worauf er beim Durchschwimmen des Euphrat zusammen mit dem armenischen König Tiridates fast ertrunken wäre. Erst Diokletian hatte die Perser besiegen, befrieden, scheinbar zur Vernunft bringen können, aber nun hoben sie wieder den Kopf, und es war wohl Konstantins, des größten aller Kaiser, Aufgabe, mit Hilfe der höchsten Gottheit den mächtigen Feind zu schlagen und dauerhaften Frieden an der östlichen Grenze des Römischen Reichs zu schaffen.

Konstantin war vorsichtig. Er ließ aus allen Teilen des Imperiums Verstärkung kommen. Einige Legionen marschierten zu Fuß über den ganzen Kontinent, andere trafen mit Schiffen ein. Für all das brauchte es Zeit. Und Konstantin wußte natürlich, daß solche Truppenbewegungen nicht geheimbleiben konnten. Aber König Sapor mochte ruhig wissen, was ihm bevorstand. Andererseits konnten die anderen, wenn auch unbedeutenden Feinde Hoffnung schöpfen, daß die Stunde für Rebellionen geschlagen habe. Darum mußte gut überlegt werden, wieviel Soldaten in den Garnisonen verblieben, wie viele Legionen in Britannien, Gallien, an den Grenzen zu den germanischen und gotischen Stämmen, welche Kräfte Afrika schützen mußten, ohne dessen Korn die Versorgung der großen Städte gefährdet war. Deshalb war es wichtig, möglichst viel über alle eventuellen Gefahren und Drohungen, über die Stimmung des Volkes und die Atmosphäre in den einzelnen Regionen zu wissen.

Dem Kaiser war bekannt, daß einige Politiker und Militärs munkelten, er habe bei der Reorganisation von Verwaltung und Heer einen Fehler gemacht, indem er die Truppen in den Städten zum Nachteil des Grenzschutzes verstärkte. Die Soldaten in den großen Ansiedlungen waren eine Belastung für die Einwohner, eine Quelle von Unruhe, Unmoral und sogar Kriminalität. Nun, jetzt würden sich die Städte erleichtert fühlen, weil die militärischen Einheiten nach Osten abzogen, und an den Grenzen würde es keine Veränderung geben. Er hielt sie für ausreichend gesichert. Den Soldaten ließ er sagen:

»Ihr seid ein Stand geworden, der im Frieden überaus gut lebt. Statt in die Einsamkeit und Öde der Grenzstellungen verbannt zu sein, habt ihr die Vergnügungen und den Überfluß der Städte genossen. Aber wenn die Stunde des Kampfes kommt wie jetzt, ist es eure Pflicht, euch zu schlagen wie die Löwen und zu fallen wie die Helden der alten Legenden . . .«

Sapor schickte eine Abordnung an Konstantins Hof, die höflich anfragte, ob der große Kaiser vielleicht einen Feldzug vorbereite, gegen wen und warum? Der persische König, Bruder von Sonne und Mond, sehe keinen Grund, daß seine Krieger mit denen des Kaisers im Westen die Schwerter kreuzten, aber was des letzteren geschätzten Brief darüber betreffe, wie sich die Perser den Christen gegenüber zu verhalten hätten, so möge er gnädigst verzeihen, doch dies sei eine Einmischung in innere Angelegenheiten, die man bedauernd zurückweise.

Die persische Abordnung wurde von einem Magier geleitet, den alle Mobed nannten. Die Römer wußten nicht, ob das ein Name oder ein Titel war, auch über seine Herkunft konnten sie nichts erfahren. Mobed erzählte Ablavius bereitwillig, worin seine Aufgabe bestand, aber er wollte nicht von ihm hören, was die römische Seite seinem König zu bestellen habe. Er bat um eine Audienz bei Kaiser Konstantin persönlich.

»Mein König, der große Sapor, ist schon vor seiner Geburt gekrönt worden. Die Tiara wurde auf den schwangeren Leib seiner Mutter gelegt. Wir Magier wußten, daß das Kind ein Knabe sein werde, und zwar ein großer, siegreicher König. Die Weisen verwalteten das Reich bis zu seiner Mündigkeit; zehnmal am Tag wurde ihm in seinem Palast die feierliche Aufwartung gemacht. So sind bei uns die Sitten. Er hat eine neue Hauptstadt, Madain, gegründet, so wie ihr am Ufer des Marmarameers eine wunderbare Stadt errichtet haben sollt, wie ich erfahren habe. Mein König erheischt die Antworten deines Herrschers auf die brüderlichen Fragen, die zu überbringen ich mir die Freiheit nehmen möchte.«

»Es wäre logisch, mein Mobed, wenn mein Herrscher den deinigen träfe, sofern beide das wünschen, aber ich sehe nicht ein, warum du als Diener deiner Majestät nicht über alles mit mir, dem Diener meines Kaisers, verhandeln könntest. Ich werde jedoch selbstverständlich deine Wünsche Wort für Wort Konstantin übermitteln.«

Konstantin lehnte es ab, den persischen Magier zu empfangen.

»Soll er mit Hannibalianus sprechen. Sag ihm, daß er mein Bevollmächtigter für den Osten und armenischer König ist, also im Rang über Mobed als Abgesandtem steht. Natürlich wirst du dabei sein und in Wirklichkeit die Gespräche führen.«

Ablavius unterrichtete wiederum Mobed, der seinerseits ein Treffen mit Hannibalianus verweigerte.

»Was für ein armenischer König? Armenien ist unsere Provinz. Dieser Hannibalianus interessiert mich überhaupt nicht. Wir würden seine Existenz lediglich zur Kenntnis nehmen, wenn er ungebeten in eine Region Persiens einzudringen versuchte, zum Beispiel in Armenien. Dann müßte er Bekanntschaft mit seinem Vorgänger, eurem einstigen Freund Tiridates, schließen. Aber nur durch Tasten. Denn solchen nehmen wir das Augenlicht, manchmal reißen wir ihnen auch die Zunge aus ...«

»Da du angefangen hast zu drohen, Mobed, halte ich es für besser, das Gespräch zu beenden. Ich entziehe dir die Gastfreundschaft. Dich schützt jetzt nur das heilige Recht des Unterhändlers. Aber ich wünsche dir nicht, daß wir uns je auf dem Schlachtfeld begegnen.«

Konstantin nahm den Besuch der persischen Delegation nicht allzu ernst. »Sie wollten durch diese Geste zeigen, daß sie friedliebend sind, und der Welt beweisen, daß sie alles versucht haben. Schluß mit den Verhandlungen. Jetzt fällt die Entscheidung. Sapor weiß es!«

Auf die Vorbereitung der Feldgeistlichen wurde viel Aufmerksamkeit verwandt. Viele Bischöfe aus dem Osten mußten mit dem römischen Heer ziehen. Konstantin forderte auch spezielle große Zelte für Gottesdienste an.

Ostern feierte er zusammen mit seinem Stab in Nikomedia.

KRANKHEIT UND TOD

Eines Morgens kam Kaiser Konstantin nicht zu der Beratung, bei der die Möglichkeit der Zusammenarbeit der Truppengattungen bei der Überquerung der großen Flüsse erörtert werden sollte. Die Präfekten der Reiterei und des Fußvolks sollten referieren, und der Befehlshaber der Pioniere sollte neue Ideen über den schnellen Bau von Schiffsbrücken entwickeln. Man wußte, daß dem Kaiser besonders an dem Gespräch über die Brücken lag, denn er hatte selbst zwei entscheidende Schlachten durch die Forcierung von Flüssen gewonnen. Um so mehr erstaunte es die Anwesenden, als die Nachricht kam, sie sollten ohne ihn beraten. Noch mehr wunderten sie sich, daß sie nicht von einem Adjutanten überbracht wurde, sondern von dem christlichen Bischof Eusebius. Der Schauplatz der künftigen großen Schlachten, Mesopotamien, hatte seinen Namen den Flüssen Euphrat und Tigris zu verdanken, es gab hier eine Menge Zuflüsse, Kanäle und Sumpfgebiete. Die Kommandeure begannen das Terrain und die strategischen Möglichkeiten zu studieren, einigten sich indes bald, daß sie ohne den Kaiser nichts beschließen würden.

Konstantin ließ sich den ganzen Tag weder vor den ständigen Beratern noch vor den Soldaten sehen. Er wollte nicht einmal Ablavius oder Mercurius empfangen. Die Priester kümmerten sich um ihn. Als der Kaiser auch am folgenden Morgen nicht bei der im voraus anberaumten

Beratung erschien, begab sich Ablavius zu seinem Privatquartier. Die Gardisten vor der Tür waren in Verlegenheit.

»Verzeih, edler Kommandeur und Präfekt, aber wir dürfen niemanden, ausnahmslos niemanden einlassen ... Der Herr empfängt nicht.«

»Wer hat das gesagt? Kaiser Konstantin selbst?«

»Nein. Der heilige Bischof Eusebius hat seinen Befehl weitergegeben.«

»Ist er drinnen? Beim Kaiser? Eusebius?«

»Ja. Sie beten.«

»Du holst mir augenblicklich den Pfaffen her!«

Der Soldat zögerte, gab aber unter dem scharfen Blick seines einstigen Kommandeurs bald nach. Wenige Minuten später kehrte er mit dem Bischof zurück, der sehr laut anhob: »Wie kannst du es wagen, deinen Kaiser im Gebet zu unterbrechen! Er läßt dir sagen ...«

»Hör zu!« Ablavius packte den Geistlichen mit der Linken an den Brustfalten der Soutane und setzte ihm die Spitze des kurzen Schwerts an die Kehle. »Ich wünsche meinen Kaiser jetzt sofort zu sehen, verstanden? Gehen wir!«

Die verdutzten Wächter wichen zur Seite. Noch immer von der blanken Waffe bedroht, ging Eusebius voran. Ablavius zweifelte, ob Konstantin überhaupt noch am Leben war. Er traf ihn im Bett an, ungewöhnlich bleich.

Konstantin begrüßte ihn mit schwacher Stimme, aber sichtlich erfreut: »Mein guter Ablavius! Sei mir willkommen. Steck das Schwert ein, was willst du hier damit?«

»Sie wollten mich nicht zu dir lassen, Herr, und ich hatte schon Angst, daß dir dieser arianische Pfaffe ...«

»Ich weiß, daß du mehr für Athanasius warst, obwohl du dich nie in diese Streitigkeiten eingemischt hast. Das weiß ich zu schätzen.« Konstantin war erschöpft, konnte nicht weitersprechen, legte die rechte Hand auf die linke Brustseite. Langsam erholte er sich. »Aber lassen wir das.«

»Hast du wirklich befohlen, niemand zu dir zu lassen?«

»Ja. Ich wollte nicht, daß ihr mich so seht. Verstehst du? ... Außerdem habe ich das Gefühl, daß ich bald mit seinem obersten Kommandeur zu tun haben werde ...« Er wies auf Eusebius und versuchte zu lächeln. »Ich muß mich auf diesen Rapport vorbereiten.«

Ablavius setzte sich ganz ungeniert auf den Bettrand und griff nach den Händen des Kaisers. Sie waren heiß.

»Herr! Die Priester und die Religion in allen Ehren. Du weißt, daß ich schon lange Christ bin. Aber wir müssen jetzt wichtige Entscheidungen treffen. Erstens wäre es viel besser zu erklären, daß du ein bißchen krank bist und dich erholen mußt, als wenn du dich nicht sehen läßt und keiner etwas weiß. Denn die Legionen könnten glauben, daß du nicht mehr am Leben bist, daß dich jemand getötet hat und das verheimlicht. Und wenn das Heer unruhig wird ...«

»Du hast recht. Ich bin einverstanden. Du hast freie Hand zu erklären, was du für erforderlich hältst.«

»Und zweitens werde ich natürlich sofort die besten Ärzte holen lassen. Du mußt jetzt deinen Körper kurieren. Ich weiß, Seele ist Seele, aber Körper ist Körper. Eusebius selbst holt jeden Augenblick den Arzt, wenn ihm irgendwas weh tut ...«

»Gut, gut ... Mach, was du denkst. Ich möchte ...«

Der Präfekt und alte General, Konstantins Adjutant aus der Jugendzeit, erschrak furchtbar. Noch nie hatte er seinen Kaiser in solchem Zustand gesehen, so unentschlossen, noch nie hatte seine Stimme so ängstlich und bittend geklungen.

»Was befiehlst du, Herr? Sag es bitte!«

»Ich möchte nach Helenopolis. Ins Bad. Vielleicht hilft mir das heiße Wasser und der Name meiner Mutter ...«

Konstantin hatte seinerzeit über den heißen Quellen in der alten bithynischen Stadt Drepanum Paläste und Bäder bauen und dem Ort nach seiner Mutter den Namen Helenopolis geben lassen. Die Ärzte waren der Meinung, daß ein Aufenthalt im Bad nicht schaden könne. Konstantin, der immer geritten oder auch gern zu Fuß marschiert war, mußte jetzt in einer Sänfte mit geschlossenen Vorhängen reisen. So wurde er zum Hafen gebracht und die Sänfte in die Kabine einer vergoldeten Barke mit Purpursegeln gesetzt. Ablavius wechselte die Leibwache aus und befahl, daß nur seine zuverlässigsten Leute um den Kaiser waren. In seiner Nähe waren jedoch auch Bischof Eusebius und einige jüngere Geistliche. Die Wachen standen vor den Gemächern der Majestät, die Priester waren zusammen mit den Ärzten drinnen bei ihm. Er hatte es ausdrücklich verlangt.

Nach ein paar Tagen befahl er den Bediensteten: »Bringt mir das Festgewand ...«

»Du bist noch schwach, hoher Herr, du kannst jeden auch so empfangen ... Deine Erhabenheit ist in deiner Person, nicht in den Kleidern ...«

»Tut, was ich befohlen habe.«

»Wen sollen wir rufen? Wen möchtest du im Festgewand empfangen?«

»Niemanden!«

Aus großen Truhen nahmen die Sklaven rasch alles, was gebraucht wurde. Der Barbier kam, die Kammerdiener kamen. Sie halfen dem Kaiser, aufzustehen und sich anzukleiden, brachten seinen Bart in Ordnung, wuschen ihm das Haar und kämmten es sorgfältig.

»Bringt einen Spiegel!«

Zwei Sklaven rannten in das Ankleidezimmer und schleppten einen großen Spiegel herbei.

»Laßt mich!« Er schob die vielen Hände weg, die ihn zu halten versuchten. Ein paar Augenblicke gelang es ihm, ohne Hilfe aufrecht zu stehen. Unter dem Diadem mit den zwei Perlenreihen und den vielen Edelsteinen erschienen Schweißperlen. Zum erstenmal spürte er, wie schwer der goldgestickte Purpurmantel über dem feierlichen Gewand war. Er konnte sich kaum auf den Beinen halten.

»Und jetzt bringt den weißen Leinenmantel, den meine Mutter aus dem Heiligen Land geschickt hat . . .«

Wenn die paar Bediensteten, Eusebius und die drei oder vier Priester sowie die diensthabenden Ärzte, die als einzige dem seltsamen Geschehen beiwohnten, anfangs noch gedacht hatten, daß der Kaiser wegen seines angegriffenen Gesundheitszustandes solche launischen und sinnlosen Anordnungen gab, so begriffen sie jetzt, daß nichts zufällig war, und willfahrten ihm um so eifriger.

»Helft mir beim Umkleiden.«

Er warf einen letzten Blick in den Spiegel. Ihm war, als nähme er von jemandem Abschied. Noch einmal betrachtete er sich als Kaiser. Dann ließ er sich völlig entkleiden und zog nur den leichten Umhang aus Galiläa an.

»Das könnt ihr alles wegbringen. Den Purpur werde ich in diesem Leben nicht mehr anfassen. Jetzt will ich mich hinlegen, ich bin müde . . .«

Noch immer wagte keiner der Anwesenden, ein Wort zu sagen.

»Ich möchte schlafen. Wenn ich aufwache, wünsche ich mit dir zu sprechen, Vater Eusebius . . .« Zum erstenmal redete er den Priester so an, wie es die Christen taten.

Er schlief ein paar Stunden. Als er die Augen öffnete, sah er Eusebius, der vor seinem Bett kniete und betete. Etwas erholt von den Anstrengungen des Stehens und Umkleidens, bemühte er sich um einen scherzhaften Ton: »So, Bruder Bischof, jetzt bin ich dein Katechumene. Wirst du streng mit mir sein, wenn du mich in die Geheimnisse unseres Glaubens einweihst?«

»Herr! . . . Mein Bruder Konstantin, du hast mit Gottes Willen und beseelt vom Heiligen Geist das ökumenische Konzil geleitet! Du kennst die heiligen Mysterien besser als ich. Wende dich direkt an den Herrn, er hat dich seit langem erwählt und gesalbt, er mag dich lenken, im Namen . . .«

»Gut, gut! Heb dir noch etwas für meine Begräbniszeremonie auf. Du weißt, daß ich eigentlich die Absicht hatte, mich im Jordan taufen zu lassen ...«

»Ja, Herr ... ich meine, Konstantin.«

»Also verkünde es nach allen Seiten. Was weiß ich ... Ich glaube nicht, daß ich jemals dorthin gelangt wäre. Aber es klingt gut. Natürlich weiß ich nicht, was dort im Jenseits ist ...«

»Bitte, lästere jetzt nicht.«

»Nein. Also ... Ich weiß, daß viele spekulieren und sich kurz vor ihrem Tod taufen lassen wollen, weil sie glauben, daß sie dann reiner vor das Antlitz ihres Schöpfers treten. Ich halte ihn nicht für so naiv, nicht zu wissen, wer die Taufe absichtlich aufgeschoben hat, um inzwischen ruhig sündigen zu können. Wenn mir nicht angerechnet wird, daß ich immer alles in bester Absicht getan habe, in dem Wunsch, das Reich und damit den Glauben zu festigen, dann schneide ich nicht gut ab ...«

»Ich bitte dich inständig, sprich wenigstens öffentlich nicht in diesem ironischen Ton. Das geziemt sich wirklich nicht für einen Katechumenen. Eben in jenem höheren Interesse, das du selbst erwähnst, sollte das Volk nicht wissen, wie du während deiner Krankheit geredet hast.«

»Du hast ja recht ...«

Er mußte sich wieder ausruhen, schloß sogar die Augen. Eusebius wartete geduldig.

»Vielleicht sollte ich jetzt sagen, daß ich glücklich bin, wirklich glücklich, weil ich in das ewige Leben eingehe und vom göttlichen Licht angestrahlt werde. Ich weiß nicht ... Unglücklich bin ich jedenfalls nicht. Ich bin müde. Ich freue mich, daß ich mich jetzt ausruhen darf, ich werde lange schlafen, jahrhundertelang, jahrtausendelang ...« Er wunderte sich ein wenig. »Du weinst doch nicht etwa, Eusebius, alter Pfaffe, was hast du denn? Du wirst doch ein Monstrum wie mich nicht etwa gern haben?«

Der Kaiser befahl, nach Nikomedia gebracht zu werden,

aber nicht in den großen Palast mit dem vertrauten Dachgarten, sondern in die luxuriöse Villa Achyrona. Während sie über den sanft wogenden Bosporus fuhren, zog er die Vorhänge vom Kabinenfenster zurück und betrachtete das Meer, die Möwen, den lebhaften Verkehr der Kriegs- und Handelsschiffe.

Aus dem Bett stand er nicht mehr auf. Im Liegen entwikkelte er noch einmal staatsmännische Tätigkeit, ließ die Kommandeure und Würdenträger rufen, die rechtzeitig auch aus der neuen Hauptstadt und aus den fernen Provinzen eintrafen. Er nahm Abschied von denen, die er besser kannte, und machte ihnen kleine Geschenke zur Erinnerung. Dann diktierte er ein Testament, als dessen Vollstrekker er seinen zweiten Sohn mit Fausta, Constantius junior, bestimmte.

»Und nun noch zwei kaiserliche Anordnungen, die meinem Eusebius nicht sehr behagen werden ...« Eusebius stand während aller dieser Audienzen an eine Wand des Sterbezimmers gelehnt. »Ablavius! Schreib auf: Die Verfolgung des Bischofs Athanasius wird eingestellt!«

»Herr!« rief Eusebius aus dem Hintergrund. In Gegenwart offizieller Gäste gebrauchte er die protokollarische Anrede. »Er ist kein christlicher Bischof, sondern ein gewöhnlicher Verbrecher. Er hat unseren Mitbruder Arius vergiftet ...«

»Dafür haben wir auf Erden keine Beweise. Wenn es ist, wie du sagst, wird Gott ihn richten. Siehst du, mein guter Ablavius hält ihn in diesem Fall für unschuldig ... Laßt mich wenigstens auf dem Sterbebett mit euren langweiligen theologischen Streitigkeiten in Ruhe. Ich habe an die Notwendigkeit und den Nutzen der engen Zusammenarbeit zwischen der christlichen Kirche und dem irdischen Reich geglaubt, damit Einigkeit herrscht. Einigkeit, versteht ihr? Ein geeinigtes Reich und eine einheitliche Kirche! Das hütet mir!«

Er sprach immer leiser, wußte es, vermochte jedoch die

Stimme nicht zu heben. Er war nicht einmal sicher, ob er sich noch verständlich machen konnte. Die Schmerzen in der Brust waren nicht unerträglich. Er hatte keine Angst, ja er war sogar neugierig auf den Tod. Nur daß er sich schwach fühlte. Ein wenig schämte er sich, so schwach zu sein.

Eusebius taufte ihn in Gegenwart einiger weniger Priester. Der Kaiser wollte keine größere Zeremonie. Und der Klerus wollte nicht, daß sich herumsprach, wie spät Konstantin in Wirklichkeit das heilige Sakrament empfangen hatte.

Am Tag nach der Taufe diktierte der Kaiser noch ein Gesetz, das die Flamines, heidnische Sonderpriester, mit den christlichen Priestern gleichstellte und sie von Steuern und anderen Pflichten gegenüber dem Staat befreite. Auch als getaufter Herrscher bekümmerte er sich um seine Untertanen, die anderen Religionen und Kulten anhingen.

Am zweiten Tag nach der Taufe empfing er Ablavius.

»Setz dich her, wie neulich, als du wirklich Angst um mich hattest. Da habe ich begriffen, daß du mein einziger Freund bist ... Sag mir, was glaubst du, haben Fausta und Crispus ...?«

Ablavius schwieg.

»Ich sehe, daß du mich jetzt nicht belügen kannst. Sag die Wahrheit! War es eine böswillige Verleumdung?«

Ablavius brach in Tränen aus.

»Jetzt fängst du auch noch an zu weinen! Du wirst es vielleicht nicht glauben, aber vor ein paar Tagen hat sogar Eusebius hier geschluchzt. Was soll das Gejammer? Vorläufig sterbt nicht ihr, sondern ich. Ich weiß, du warst mir am treuesten ergeben, Ablavius. Seit früher Jugend, erinnerst du dich ... Ich weiß, warum du mir nicht antworten willst. Weil du nicht weißt, was schlimmer für mich wäre. Wenn sie unschuldig waren, daß ich sie umgebracht habe. Wenn sie schuldig waren, daß sie mir das angetan haben. Vielleicht werde ich sie bald selbst fragen können. Ich werde eine Menge Mut brauchen, um ihnen dort in die Augen zu sehen ...«

Er hielt ein Weilchen inne, fuhr dann fort. »Glaubst du an dieses Paradies, mein Freund? Oder nur an den modrigen Hades? Vor der Hölle, wenn es sie gibt, hat mich ja wohl die Taufe gerettet, was meinst du?«

Konstantin sprach ruhig, vernünftig, als ginge es nur um die nächste Etappe einer gemeinsamen Reise oder eines Feldzugs.

Plötzlich, fast mitten im Satz, schlummerte er ein, war aber nach einer Viertelstunde wieder wach und fuhr lebhaft fort, da Ablavius sich nicht vom Platz gerührt hatte: »Weißt du, woran ich mich am liebsten erinnere?«

»Woher sollte ich, Herr?«

Der Kaiser faßte vertraulich nach seiner Hand.

»Ich sage es dir gleich. Aber vorher versprich mir, daß du nicht zu traurig sein wirst ...«

»Das kann ich dir nicht versprechen.«

»Sei ein Soldat. Sei mein Freund. Du bist nicht mehr so jung, um nicht zu wissen, daß du mir bald folgen wirst ...«

»Danke, daß du mich tröstest.«

»Vielleicht bin ich jetzt stärker. Eben weil ich vor nichts mehr Angst zu haben brauche. Und ich bin glücklich, weil ich mich noch erinnern kann. Daran, wie ich von Sirmium, als ich Galerius verließ, zu meinem Vater geritten bin. Drei von den sechs Wochen habe ich wohl im Sattel geschlafen. Ich habe mich gefragt, ob Galerius versuchen würde, mich aufzuhalten, aber richtig geglaubt habe ich nicht daran, und ich hatte keine Angst ... So wie ich auch jetzt keine Angst habe, wirklich nicht. Das war vielleicht das Schönste in meinem ganzen Leben, reiten, Tag und Nacht reiten, über den ganzen Kontinent reiten, der Macht und der Kaiserwürde entgegen. Alles habe ich schon damals geahnt, alles ... Mein Crispus war nicht ganz so, nein ... Er hatte etwas von der Sanftmut seines Großvaters, meines Vaters, des bleichen Constantius. Vielleicht wäre er zu weich und gut gewesen, allein unser Imperium zu regieren, was meinst du?« Ablavius schwieg, er fühlte, daß die Hand des Kaisers immer schlaffer wurde, und rührte sich nicht. »Jedenfalls war er von besserem Holz als alle Söhne Faustas, nicht wahr? ... Jetzt ist es zu spät, darüber nachzudenken. Haltet euch an das Testament! Hilf meinen Söhnen, Ablavius, hilf ihnen ...« Fast schon umnachtet, fragte er tonlos: »Und was soll ich Fausta als Geschenk mitnehmen?«

Der alte Präfekt glaubte, der Kaiser sei wieder nur eingeschlummert. Doch die Zeit verging, und er kam nicht mehr zu sich.

Es gibt zahlreiche Legenden über Konstantins Tod wie auch darüber, ob er überhaupt getauft wurde. Historisch ist nichts bewiesen.

Intensive Vorbereitungen auf den Krieg gegen Persien wurden im Frühjahr 337 getroffen. Es ist sicher, daß die Römer mit einer Abordnung Sapors verhandelt haben, aber wir besitzen keine glaubwürdigen Angaben, worüber und mit welchem Ergebnis.

Konstantin der Große starb am 22. Mai 337 in Nikomedia.

Der Status eines Katechumenen war im frühen Christentum für Menschen vorgesehen, die sich auf die Taufe vorbereiteten und während dieser Zeit von speziellen Lehrern, Katecheten, in der Glaubenslehre, Katechese, unterrichtet wurden.

Eusebius von Nikomedia, der nach unserer Darstellung Konstantin taufte und nach seinem Tod Patriarch von Konstantinopel wurde, starb 341 mit etwa siebzig Jahren.

Viel berühmter ist sein Namensvetter Eusebius von Cäsarea, geboren 270, der 315 Bischof wurde und den Sitz in Cäsarea bis zu seinem Tod 339 behielt. Er hat eine Weltgeschichte geschrieben, eine Geschichte der christlichen Kirche in zehn Bänden, das »Leben Konstantins« — das für uns am wichtigsten ist — und vieles andere. Sein Werk ist eine der bedeutendsten zeitgenössischen Quellen, obwohl man vielem, was er sagt, mit einer gewissen Reserve begegnen muß, zumal er sich auch selbst häufig widerspricht.

Ihr Gegner in der Polemik um die Lehre des Arius, Athanasius, wurde 296 in Alexandria geboren und starb 373. Er gilt als »Vater der Orthodoxie«. Die orthodoxe »Allgemeine Kirchengeschichte« sagt: ». . . wenn Eusebius (von Cäsarea) der gelehrteste theologische Historiker war, so war sein jüngerer Zeitgenosse Athanasius der größte Dogmatiker, d.h. der größte spekulative Theologe seines Jahrhunderts«.

XIII

BEISETZUNG UND EPILOG

Tiridates hatte in einem Palast der persischen Hauptstadt Madain zwei größere Räume und einen Leibsklaven zur Verfügung. Dieser Sklave, ein Christ, las ihm vor, half ihm beim Umkleiden, wusch und pflegte ihn, betete mit ihm zu Gott. Da er keine anderen Zerstreuungen hatte, gab sich der einstige armenische König dem Essen und Trinken hin. Er war ziemlich feist geworden und bewegte sich langsam und ungeschickt, nicht nur, weil er blind war, sondern auch weil sein Körper träge geworden war. Natürlich konnte er keinen Sport mehr treiben. Nachdem er das Augenlicht verloren hatte, waren seine früheren ständigen, quälenden Kopfschmerzen verschwunden.

Er hörte, daß die Perser verbreiteten, sie hätten ihn zur Strafe dafür geblendet, weil er der König einer, wie es jetzt hieß, ihrer Provinzen gewesen war. Das begriff er nicht. Sein griechischer Arzt hatte ihn schon lange darauf hingewiesen, daß er möglicherweise das Augenlicht verlieren würde. Er entbehrte die Farben, das Grün von Laub und Gras, das Blau von Himmel und Meer. Waren die Erinnerungen der Toten an das Leben so wie seine an die Buntheit der Welt? Aber Leben war auch, mit empfindsamer Hand über ein Seidenkissen zu streichen, mit dem Haar einer Sklavin zu spielen, ihr weiches Gesicht, ihre Haut zu liebkosen.

Jener Mobed, der mit der Abordnung an Konstantins Hof gewesen war, besuchte ihn bisweilen, denn er fand

Vergnügen an Gesprächen mit dem scharfsinnigen einstigen Herrscher und Heerführer, Athleten und Weltreisenden. Er berichtete ihm, daß Konstantin gestorben war und vorher noch die Taufe empfangen hatte.

»Du lügst doch nicht, Mobed?«

»Nein. Warum sollte ich?«

»Was weiß ich ... Vielleicht nur um zu sehen, wie ich reagiere. Also ich werde den Rest meines Lebens hier verbringen ... Als Gefangener.«

»Hast du etwas anderes erwartet?«

»Ja. Ich habe gehofft, daß Konstantin euch schnell besiegen und mich befreien würde. Ich wollte in meinem Garni sterben, in Armenien.«

»Habe ich dir nicht erzählt, daß er seinen Neffen Hannibalianus zum armenischen König ernannt hat, als lebtest du nicht mehr?«

»Einerlei. Er hatte recht. Ich bin blind und krank, wie sollte ich regieren. Ich wäre nur gern in meinem Land begraben worden. Aber gleichviel ... Weißt du, daß es mir zu verdanken ist, meinem Vetter Gregor und mir, daß Armenien als erster Staat der Welt das Christentum angenommen hat? Das kann niemand mehr ändern. Niemand. Ihr am allerwenigsten. Hast du eine Ahnung, wie und wo Konstantin begraben wurde? Und was jetzt werden soll?«

Die römischen Legionen, die wegen des Feldzugs gegen Persien zum größten Teil im Osten konzentriert waren, wurden durch die Nachricht vom Tod des Kaisers in wirkliche Verzweiflung gestürzt. Die Gemeinen zerrissen ihre Kleider und jammerten, die Offiziere klagten, sie seien verwaist. Die Generale allerdings hatten keine Zeit für Trauerbekundungen. Sie beraumten Sitzungen an, beschlossen, Konstantins Testament zum Teil zu akzeptieren. Das hieß, daß sie die Herrschaft seinen jungen Söhnen übertragen wollten, aber vorerst gestanden sie ihnen nur den Cäsarentitel zu, keiner wurde zum Augustus ausgerufen. Mit dieser Botschaft wurden Eilkuriere an alle ferner gelegenen Einheiten entsandt.

Vorübergehend wurde Dalmatius junior interniert, der laut Testament den Teil des Reiches regieren sollte, in dem sie sich gerade befanden. Sie waren bereit, die Söhne anzuerkennen, nicht den Neffen. Den Prinzen schickten sie die Aufforderung, umgehend zur Beisetzung ihres Vaters in die neue Stadt zu kommen. Als erster traf der zwanzigjährige Constantius junior ein.

Große und aufrichtige Trauer herrschte in Rom, obwohl Konstantin ihm den Rang der Hauptstadt aberkannt hatte. Thermen und Märkte waren geschlossen, alle Theatervorstellungen abgesagt, Spiele und Belustigungen verboten. Der Senat bedauerte, daß er nicht mehr das Recht hatte, diesen Kaiser, der die Taufe empfangen hatte, in die Reihen der Götter zu erheben, aber er ordnete an, ein Porträt Konstantins zu malen, das ihn bei himmlischer Ruhe in kosmischen Sphären darstellte.

Die sterblichen Überreste des Kaisers wurden von einem unendlich langen Trauerzug über den Bosporus geleitet, Soldaten und Geistliche begaben sich singend zum Hafen, bestiegen die zahlreichen Schiffe und Boote, und am anderen Ufer setzten sie ihren Weg fort bis zum größten kaiserlichen Palast, wo Konstantins Leichnam im Thronsaal aufgebahrt wurde. Das staatliche Protokoll hielt sich an die alten Bräuche, obwohl die christlichen Bischöfe protestierten: In seinem Goldsarg trug der Kaiser wieder das purpurne Feierkleid. Aber um ihn her brannten große weiße Wachskerzen.

Die germanischen Gardisten hielten Tag und Nacht Totenwache.

Die Würdenträger des Reiches kamen in langer Reihe, warfen sich vor dem Toten auf die Knie. Auch die Einwohner der Hauptstadt defilierten. Die einfachen Leute weinten aufrichtig.

Auf der Münze, die aus Anlaß seines plötzlichen Todes

geprägt wurde, trug der Kaiser das Prädikat eines Gottes, aber es fehlten die anderen heidnischen Symbole wie Scheiterhaufen, fliegender Adler oder Tempel einer griechischen oder römischen Gottheit. Die eine Seite zeigte Konstantins Porträt, aber wie unter einem Schleier, auf der anderen Seite lenkte er eine Quadriga, die zum Himmel und zur Sonne emporstrebte, und von dort streckte sich ihm eine große Hand entgegen. Diese Symbolik war einmal für die Christen annehmbar, die an den Propheten Elias und an die Hand Gottes denken mochten, andererseits war sie auch keine Beleidigung für die Anhänger der anderen Religionen.

Der Trauerzug begab sich vom kaiserlichen Palast über das Forum Constantini durch den größeren Teil der Stadt bis zum vierten Hügel, wo das zur Apostelkirche gehörende Mausoleum bereit war. An der Spitze schritt Constantius, denn Constantinus junior und Constans waren nicht rechtzeitig eingetroffen. Ihm folgten die Legionen, zuerst die Lanzenträger, dann Soldaten in schwerer Rüstung. Vor der Kirche nahmen die Soldaten im Halbkreis Aufstellung, und die christlichen Priester übernahmen den toten Kaiser. Die Apostelkirche war eine Basilika, das Mausoleum ein separates Bauwerk gleich daneben. Auf Grund seines testamentarisch geäußerten Wunsches war auch hier ein Altar aufgestellt, so daß die Zeremonie vor seinem Sarkophag stattfinden konnte.

Das Volk sagte freilich, die Kirche der zwölf Apostel stehe genau an der Stelle, wo sich früher ein Tempel der zwölf Gottheiten befunden habe. Man erzählte, Konstantin habe verlangt, als dreizehnter christlicher Apostel anerkannt zu werden. Und der Grundriß dieser Kirche gleiche dem jenes Gotteshauses, das seine Mutter in Jerusalem am Heiligen Grab errichtet hatte. Einige behaupteten, er habe sich gewünscht, daß seine Totenfeier der altrömischen Apotheose der Kaiser — ihrer Erhebung in den göttlichen Rang — gleiche und gehofft, nach dem Tode angebetet zu werden wie Gottes Sohn. Eusebius von Cäsarea hielt es für nötig, das energisch zu bestreiten. Zwei Jahre nach Konstantins Tod erklärte er, bei der Feier zum dreißigsten Jahrestag seines Herrschaftsantritts habe ein Kleriker dem Kaiser gesagt, er werde »im ewigen Leben erhoben sein, um an der Seite von Gottes Sohn zu herrschen«. Eusebius betonte, Konstantin habe darauf unwillig reagiert und gesagt, der bloße Gedanke an so etwas sei Vermessenheit, und er wünsche einzig, »zum Volk Gottes zu gehören«.

Constantius als einziger anwesender Sohn des Kaisers verließ sich am meisten auf jene Generale, die ihm schmeichelten und sagten, er sei berufen, das ganze väterliche Erbe anzutreten. Constantius war erst zwanzig Jahre alt. Sein Vater hatte sich mehr mit dem um ein Jahr älteren Constantinus junior abgegeben, aber der sollte erst noch in der Hauptstadt eintreffen. Der dritte Bruder Constans war noch ein Knabe. Die Soldaten töteten als ersten Konstantins Halbbruder Julius Constantius als möglichen Thronprätendenten. Seine Söhne, Gallus und Julianus, wurden nur verschont, weil sie noch sehr jung waren. Ablavius versuchte mit seiner Autorität den Legionen Einhalt zu gebieten. Sie beseitigten auch ihn. Er überdauerte seinen Herrn und Freund nicht lange, dem er zeit seines Lebens gedient hatte. Bald darauf räumten die Soldaten Dalmatius aus dem Weg, der nach Konstantins Willen in der Hauptstadt und im östlichen Teil des Reichs hatte herrschen sollen. Und zum Opfer fiel ihnen auch sein Bruder Hannibalianus, der neu ernannte König Armeniens.

Der junge Constantius führte das blutige Bacchanal an, fühlte er sich doch als Vollstrecker des väterlichen Testaments. Auf den Geist dieses Testaments freilich nahm er keine Rücksicht. Er glaubte, daß er nun die Liebe der Soldaten gewinnen und sich auf dem Thron halten könne.

Die Brüder waren damit nicht einverstanden. Unter den Söhnen Konstantins und Faustas kam es schon im ersten Jahr nach dem Tod des Vaters zum Kampf um die neue

Hauptstadt und damit um den Ostteil des Imperiums. Erst im September einigten sie sich darauf, daß der fünfzehnjährige Constans diese Region übernahm und Constantius sich zurückzog.

Bald kam es im Westen zum offenen Krieg zwischen den Legionen des Constantinus junior und des Constans. Constans hatte die besseren Berater oder Heerführer. Nur drei Jahre nach dem Tod Konstantins, der jetzt schon überall der Große hieß, fiel im Bruderkrieg sein ältester lebender Sohn und Träger seines Namens.

Constantius führte den Krieg gegen die Perser, wie ihn sein Vater geplant hatte. Aber hinter seinem Rücken begann im Reich der Zerfall. In Gallien rief ein höherer Offizier, Magnentius, zum Aufruhr. Schließlich war dort kein einziger Soldat mehr gewillt, für den jungen Constans zu kämpfen. Der jüngste Nachkomme des noch vor wenigen Jahren allmächtigen Kaisers floh von Stadt zu Stadt, von Dorf zu Dorf, bis ihn die Mörder in einem pyrenäischen Weiler ereilten.

Jetzt war das gesamte Reich wieder unter einem Zepter. Herrscher war Constantius, ein Jüngling, der sich durchaus wie ein orientalischer Despot verhielt. Er erklärte: »Alles, was ich wünsche, ist gültig wie das Kirchengesetz und wie der Wille Gottes!«

Der einstige Berater seines Vaters, der jetzt schon hochbetagte spanische Bischof Ossius, konnte das nicht gutheißen. Auch der halsstarrige Athanasius widersetzte sich dem jungen Herrscher. Constantius ließ ihn wegen Hochverrats anklagen, so daß der ehemalige Patriarch von Alexandria in die Wüste fliehen mußte, um das nackte Leben zu retten.

Da Constantius keine Kinder hatte, vermutlich sogar impotent war, entsann er sich seiner jungen Vettern Gallus und Julianus, obwohl seine Soldaten ihren Vater getötet hatten. Gallus ernannte er sogleich zum Cäsar. Dann bekam er Angst vor dem möglichen Rivalen und ließ ihn beseitigen.

Von den männlichen Nachkommen blieb allein Julianus, der Sohn des Julius Constantius am Leben. Des Großen Konstantin Überzeugung, er habe eine mächtige Dynastie geschaffen, welche die Herrschaft über die Welt behaupten werde, hatte sich als irrig erwiesen. Der letzte Sproß des Geschlechts, Julianus, unternahm den Versuch, das Rad der Geschichte nicht nur aufzuhalten, sondern zurückzudrehen und dem Imperium eine Ordnung aufzuzwingen, wie sie noch vor Diokletian geherrscht hatte. Er verwarf das Christentum, betete wieder die alten Götter an und opferte ihnen, damit sie ihm zu neuem Ruhm verhalfen. Deshalb wurde er Apostata, der Abtrünnige, genannt. Von einem Pfeil in die Leber getroffen, fiel er sechzehn Jahre nach Konstantins Tod im Kampf gegen die Perser. In der Einsicht, daß damit eine neue Blütezeit des Christentums anbrechen würde, seufzte er nur: »Du hast gesiegt, Galiläer!«

Und den Sonnengott rief er im Todesröcheln an: »Helios, du hast mich verlassen.«

Mit ihm ging nur eineinhalb Jahrzehnte nach dem Tod Konstantins, des Kaisers, der sich für den Größten gehalten hatte, der letzte Nachkomme der Dynastie unter und damit die Hoffnung, daß die Ideologie des geeinigten Reiches überleben würde.

Mit Konstantin, genauer nach dem Tod von Julianus Apostata, begann im Grunde die Herrschaft des Christentums. Das ist eine andere Geschichte. Eine ziemlich lange Geschichte. Schon bald war die Mahnung vergessen, die der erste, im Namen des Vaters, des Sohnes und des Heiligen Geistes getaufte römische Kaiser formuliert hatte, das Prinzip, dem er trotz Morden, Grausamkeiten und Inkonsequenzen bis zum Ende seines Lebens treu geblieben war:

»Keiner soll den anderen belästigen; wie sein Herz es will, soll jeder es haben, jeder es halten.«

INHALT